Kohlhammer

Volker Pfeifer

Didaktik des Ethikunterrichts

Bausteine einer
integrativen Wertevermittlung

4., erweiterte und überarbeitete Auflage

Verlag W. Kohlhammer

4. Auflage 2021

Alle Rechte vorbehalten
© W. Kohlhammer GmbH, Stuttgart
Gesamtherstellung: W. Kohlhammer GmbH, Heßbrühlstr. 69, 70565 Stuttgart
produktsicherheit@kohlhammer.de

Print:
ISBN 978-3-17-034888-2

E-Book-Format:
pdf: ISBN 978-3-17-034889-9

Für den Inhalt abgedruckter oder verlinkter Websites ist ausschließlich der jeweilige Betreiber verantwortlich. Die W. Kohlhammer GmbH hat keinen Einfluss auf die verknüpften Seiten und übernimmt hierfür keinerlei Haftung.

Dieses Werk einschließlich aller seiner Teile ist urheberrechtlich geschützt. Jede Verwendung außerhalb der engen Grenzen des Urheberrechts ist ohne Zustimmung des Verlags unzulässig und strafbar. Das gilt insbesondere für Vervielfältigungen, Übersetzungen, Mikroverfilmungen und für die Einspeicherung und Verarbeitung in elektronischen Systemen.

Inhalt

Vorwort 11

I. Jeder macht sein Ding 15

- Facetten der Lebenswelt Jugendlicher heute 15
- Das Individualisierungskonzept 16
- Wertewandel 18
- Die Wertelandschaft heutiger Jugendlicher 21
- Strukturmerkmale der Jugendphase heute 24
- Didaktische Konsequenzen 27

II. Wertevermittlung im Ethikunterricht 30

- Unterrichtsmodelle 30
- Begriffliche Unterscheidungen 34
- Das Problem des Wertepluralismus 39
- Reflexives Urteilsvermögen 42
- Orientierungswissen 44
- Urteilen und Handeln 46
- Begriff der moralischen Kompetenz 52

III. Didaktische Grundmodelle 59

- Die bildungstheoretische bzw. kritisch-konstruktive Didaktik ... 61
- Das curriculare Modell – der lernzielorientierte Ansatz 71
- Die kritisch-kommunikative Didaktik 76
- Fazit: Diskursmodell und integratives Reflexionsmodell ... 79

IV. Aufbauprinzipien einer Unterrichtseinheit 86

- Phänomenologische Grundlegung und didaktische Transformation ... 86
  - Beispiel einer phänomenologischen Reflexion über Gefühle 89
  - Verfremdung des Alltäglichen 91
  - Das Lebenswelt-Konzept 93
  - Das Postulat der vorurteilsfreien Einstellung 94
- Übungen zu Unterrichtseinstiegen bzw. zum Aufbau eines Problemfeldes ... 96
  - Mind-Mapping 99

- Concept-Mapping 100
- Bildassoziation 101
- Das Schreibgespräch 102
- Rollenspiele 102
- Wertklärung 102
- Handlungssituationen 103
- Beispiel einer Auftaktstunde 105
- Die didaktische Schleife 106
- Beispiel einer schülerzentrierten Unterrichtseinheit (Projektarbeit) 109
- Die Phasierung von Lernprozessen: Das Bonbonmodell 111
- Selbstreguliertes Lernen mit Lernaufgaben 112
- Zentrale Punkte beim Planen von Ethik- und Philosophiestunden 116
- Strukturskizze für die Planung einer Unterrichtseinheit 117
- Doppelstundenanalyse: Ein typischer Bauplan einer Doppelstunde 118
- Binnendifferenzierung 118
- Das Höhlengleichnis als idealtypische Figur eines philosophischen Lernprozesses 120

V. Das Gespräch als Leitmedium des Ethikunterrichts 124

- Kommunikationspsychologische Aspekte 125
- Die themenzentrierte interaktionelle Methode (TZI) als Haltung und Modell 127
- Gesprächsformen im Ethikunterricht 135
- Das Sokratische Gespräch 136
  - Das „Sokratische Paradigma" 137
  - Die Maieutik des Sokrates aus konstruktivistischer Sicht 140
  - Das Sokratische Gespräch im Ethikunterricht 141
  - Gesprächssteuernde Impulse 143
  - Schrittfolge 145
  - Die Kunst des richtigen Fragens 146
  - Das Metagespräch 148
- Die Diskursethik als Hintergrundtheorie Sokratischer Gespräche .. 149

VI. Arbeit am Logos: Textrezeption und Textproduktion 152

- Vorstruktur und Vorurteil 152
- Wie lässt sich das Vor-verständnis explizieren? 157
- Verfahren der Texterschließung 157
  - Die Västeras-Methode 159
  - Strukturskizzen 159

- Argumentationsschemata 160
- Posterpräsentation 162
- Sprechaktanalysen 163
- Sprachreflexion: Der feine Unterschied zwischen be-schreiben und be-werten 164
- Handlungs- und produktionsorientierte Verfahren 167
- Textinszenierungen 167
- Erstellen von Hypertexten 172
- Mit Bleistift und Papier nachdenken … 173
- Schreiben von Essays 175
- Bewerten von Essays – Ein Kriterienraster 178
- Gedankenexperimente 178
- Methoden der Texterschließung – Eine Zusammenstellung 180

VII. Ethisches Argumentieren 186

- Das Münchhausen-Trilemma 187
- Was ist ein gutes Argument? 189
- Moralische Gründe 191
- Ethische Normenkonflikte 191
  - Strukturmerkmale 191
  - Lösungsstrategien 193
  - Dilemma-Diskussionen 196
- Ethisches Argumentieren anhand von Fallanalysen 199
  - Grundlagen 199
  - Das Toulmin-Schema 203
  - Der naturalistische Fehlschluss 207
  - Schritte einer ethischen Urteilsfindung 210
  - Fallbeispiele 213
  - Ein Argumentationsplakat 217
- Was heißt kohärentes Argumentieren? 222
  - Die Kohärenzmethode anhand von John Rawls 222
- Konkrete Diskurse – Gentechnik in Szene setzen 232
- Ethisches Argumentieren in der Sekundarstufe 235
- Der Ethikunterricht als interdisziplinäre Herausforderung 239

VIII. Die affektive Dimension des Ethikunterrichts 249

- Welchen Stellenwert haben moralische Gefühle? – Ein Thesenraster   249
- Wahrnehmungsfunktion 251
- Urteilsfunktion 254
  - Schamgefühl 256
  - Kognition und Emotion 257

- Moralische Basisemotionen 259
- Begründungsfunktion 262
  - Mittel zur Förderung des Einfühlungsvermögens 267
- Heuristische Funktion 271
- Die Gilligan-Kontroverse 272
  - Unterschiede zwischen Fürsorge- und Gerechtigkeitsmoral 275
  - Grenzen der Care-Ethik 276
  - Die „erweiterte Denkungsart" (S. Benhabib) 277
  - Rationalitätstypen 282
- In-Beziehung-sein: soziale Anerkennung und persönliche Wertschätzung 285

IX. Bilder im Ethikunterricht 293

- Die Macht der Bilder 293
- Bildanalphabeten 294
- Denken in Bildern 295
- Möglichkeiten der Verwendung und Interpretation von Bildquellen ... 296
- Visiotype 300
  - Strukturmerkmale 303
- Allgemeine Schritte einer Bild-Interpretation 304
- Elemente einer Bilddidaktik im Ethikunterricht 305
- Als die Bilder das Laufen lernten … Filme im Ethikunterricht 306
- Ganz praktisch: Was es zu bedenken gibt beim Einsatz von Filmen ... 307
- Fragebogen zur Vorbereitung eines Unterrichtsgesprächs 308
- Kameraperspektiven und Kamerabewegungen – Eine kurze Übersicht 308
- Medienethik 309
- Medienethik und Medienkompetenz 312

X. Lehr- und Lernprozesse im Ethikunterricht 318

- Der Prozess moralischen Lernens aus kognitiv-konstruktiver Sicht (Lawrence Kohlberg) 318
  - Stufe und Sequenz 320
  - Dilemma-Methode und „+ 1-Konvention" 323
  - Schema einer Dilemma-Diskussion 326
  - Kritische Rückfragen an Kohlberg 330
    - 1. Das Stufenkonzept 330
    - 2. Dilemma-Methode 332
    - 3. Der Weg vom Urteilen zum Handeln 333
- Das Just Community Konzept 338

Inhalt

- Wie funktioniert eine „Gerechte Schulgemeinschaft"? 338
- Elemente einer Gerechten Gemeinschaft 339
- Aktives Lernen: „Learning by Deweying" 341
- Kritische Rückfragen 344
- Wertklärung („value clarification") 345
  - Kritische Rückfragen 347
- Das „Compassion"-Projekt 348

XI. Bildungsstandards im Philosophie- und Ethikunterricht .. 352

- Eine Momentaufnahme 352
- Konzeption von Bildungsstandards 353
- Bildungsstandards im Philosophie- und Ethikunterricht 355
  - Moralische Kompetenz 355
- Kritik 358
- Operatoren im Fach Philosophie / Ethik 359
- Bewertungskriterien für eine schriftliche Arbeit 360
- Allgemeine Kriterien für die Qualität von Lernerfolgskontrollen ... 361
- Bewertungskriterien für die mündliche Leistung 361

Schluss 363

Literatur 364

Register 369

Vorwort

Gegenwärtig ist die Philosophie/Ethik (Praktische Philosophie) mehr denn je gefragt und herausgefordert. Ethische Fragen sind nicht nur im praktischen Alltag allgegenwärtig; sie erfreuen sich auch einer Hochkonjunktur in der Öffentlichkeit. Ethik-Kommissionen, Ethik-Räte, Ethik-Seminare werden eingerichtet bzw. veranstaltet, offensichtlich um einem dringenden Bedürfnis nach einer je unterschiedlichen ethischen Reflexion nachzukommen. Die fortschreitende Individualisierung, Pluralisierung, Medialisierung und Digitalisierung der Lebensformen, Migration und Multikulturalität, Globalisierung der Märkte, Ökologie oder neue Chancen, aber auch Risiken der Gen-, Neuro- und Medizintechnik werfen Fragen von ungeahnter Tragweite auf. Sie fordern in ganz besonderer Weise unsere ethische Orientierung und noch eindringlicher unser ethisches Selbstverständnis heraus.

Welchen Beitrag können die Schule und die Philosophie / Ethik zu einer humanen Gestaltung unserer hochkomplexen Welt angesichts dieser gegenwärtigen Herausforderungen leisten?

Die vieldiskutierten Pisa-Studien markieren sicherlich einen Meilenstein in der deutschen Schulgeschichte. So viel Reform von Schule wie in den Jahren seit Erscheinen jener Berichte war wohl noch nie. Im Zentrum der sehr unterschiedlichen Programme und Reformmaßnahmen steht ein Bemühen um mehr Effizienz der schulischen Lehr- und Lernprozesse. Durch eine Vielzahl von flächendeckenden Maßnahmen will ein Verbund von Politik, Verwaltung und Wissenschaft die Schulen mobiler und effizienter machen, so dass deren Absolventen im globalisierten Kampf der ökonomischen Systeme eine ansehnliche Spitzenposition erreichen können. Inzwischen ist die weit verbreitete Euphorie in Sachen Bildungsmanagement einer gewissen wohltuenden Nüchternheit gewichen. Die Arbeit vor Ort, an der Basis in den Schulen zeigt immer mehr, dass vernünftig konzipierte Reformkonzepte nur dann eine Chance zur nachhaltigen Umsetzung haben, wenn sie die genuine „Eigenstruktur des Pädagogischen" (Herwig Blankertz) grundsätzlich berücksichtigen. So sind – um nur ein Beispiel zu nennen – die von vielen hochgehaltenen Bildungsstandards kein unumstößliches Dogma mehr, das es auf alle Fälle wörtlich zu exekutieren gilt. Sie müssen vielmehr in einem unterrichtspraktischen Diskussions- und Evaluationsprozess ständig überprüft und den Gegebenheiten vor Ort angepasst werden.

Positiv zu bewerten ist allerdings, dass die Pisa-Diskussionen einen gewissen fachdidaktischen Reflexionsschub ausgelöst haben. Unabhängig von einem ökonomisch ausgerichteten Effizienzdenken macht es didaktisch sehr wohl

Sinn, über Rahmenbedingungen und Voraussetzungen eines nachhaltigen Vermittlungsprozesses in den einzelnen Schulfächern (neu) nachzudenken. Für das Fach Philosophie/Ethik geht es dabei z.B. um die Frage, wie ethisches Argumentieren zu vermitteln ist, so dass à la longue eine Urteilskompetenz in moralischen Kontroversen nachhaltig aufgebaut werden kann. Darüber hinaus ist zu fragen, was auf dem didaktischen Feld des Philosophie- und Ethikunterrichts geschehen muss, damit dieses Fach seine Potentiale zu einer ganzheitlichen Persönlichkeitsentwicklung der Schülerinnen und Schüler wirksam entfalten kann. Dies ist nicht nur als eine Kompensation einer vielfach zu beobachtenden einseitig naturwissenschaftlichen Erziehung gedacht, sondern als deren pädagogisch notwenige komplementäre Ergänzung.

Diese für eine Didaktik des Philosophie- und Ethikunterrichts konstitutiven Fragen werden in dem vorliegenden Buch dargestellt und analysiert. Dabei soll sein didaktisches Profil und Gelände umrissen bzw. markiert werden.

Ein philosophisch ausgerichteter Ethikunterricht unterscheidet sich von anderen Fächern vor allem durch den besonderen Standpunkt, von dem aus er die Wirklichkeit betrachtet. Es ist im Wesentlichen der Standpunkt des menschlichen Selbstverständnisses, der individuellen Selbstwahrnehmung, der unser moralisches Handeln bestimmt. Eigenes und Fremdes wird durch das Auge der ersten Person gesehen, die sich in ihren Handlungen selbst wahrnimmt und dadurch moralisches Bewusstsein erlangt. Dazu bedarf es einer Schule der Selbsterfahrung und Selbstreflexion. Es geht keinesfalls um eine narzisstische Nabelschau, sondern darum, wiederkehrende Muster unseres Verhaltens zu erkennen. Diese Einsichten können zu einem von Argumentations- und Urteilskraft getragenen Orientierungswissen führen. Die Schüler gewinnen in der Selbstreflexion Distanz zu sich selbst, geben ihrem je eigenen Leben Transparenz und Kontinuität und können so als unvertretbare Individuen Verantwortung für ihr eigenes Handeln übernehmen.

Diese hier in nuce entworfene Konzeption soll in den folgenden Kapiteln entwickelt werden.
- Am Anfang einer didaktischen Elementarisierung von Unterricht steht die Reflexion auf die Adressaten: Kinder – Jugendliche – Heranwachsende. Der Philosophie- und Ethikunterricht braucht in besonderem Maße den Anschluss an die Lebenswirklichkeit der Schülerinnen und Schüler (Kapitel I).
- Begriffe wie „Wertevermittlung" oder „Werteerziehung" sind komplex und voraussetzungsreich. In Kapitel II sollen zu deren Analyse erforderliche grundlegende terminologische Differenzierungen vorgenommen werden.
- Die für den Philosophie- und Ethikunterricht relevanten didaktischen Grundmodelle sind Gegenstand von Kapitel III.

- Kapitel IV befasst sich mit Problemen der konkreten Unterrichtsgestaltung.
- Qualität und didaktischer Stellenwert des für den Philosophie- und Ethikunterricht adäquaten Unterrichtsgesprächs sollen in Kapitel V untersucht werden.
- Der Arbeit am Text kommt gerade in Zeiten medialer Berieselung und Infantilisierung eine elementare didaktische Bedeutung zu (Kapitel VI).
- In unübersichtlichen Zeiten ist ein hinreichend solides Orientierungswissen gefragt. Dieses kann im Medium philosophisch-ethischen Argumentierens besonders stimuliert und gefördert werden (Kapitel VII).
- Im Sinne einer ganzheitlichen didaktischen Konzeption braucht die kognitive Schiene ein affektiv-emotionales Pendant. Wie verhalten sich Kognition und Emotion im Philosophie- und Ethikunterricht zueinander? (Kapitel VIII)
- Die Macht der Bilder zu analysieren erscheint als ein in unseren Zeiten unverzichtbares didaktisches Muss, ebenso die Entwicklung von Medienkompetenz (Kapitel IX).
- Wie lässt sich der Prozess moralischen Lernens konzipieren und plausibilisieren? In Kapitel X soll die Relevanz der Theorie von Lawrence Kohlberg untersucht werden.
- Abschließend werden die für den Philosophie- und Ethikunterricht relevanten Bildungsstandards und Beurteilungskriterien dargestellt und analysiert (Kapitel XI).

Ein entsprechend konzipierter Philosophie- und Ethikunterricht erhält so mit Fug und Recht den Stellenwert einer unverzichtbaren vierten Kulturtechnik (E. Martens) – neben Rechnen, Lesen und Schreiben. Diese ist in unserer von Migration und Multikulturalität gezeichneten Gegenwart von fundamentaler Bedeutung. Der Ethik- und Philosophieunterricht kann als ein taugliches Mittel zur Förderung von Inklusion und Integration gesehen werden. Dadurch, dass es ihm ganz zentral um die Entwicklung von praktischer Urteilskraft geht, schützt er vor Dogmatismus und fördert auf vielfältige Weise eine genuin demokratische Grundhaltung. Dabei geht es vor allem um eine entscheidende Grundkompetenz: in einer rationalen und selbstkritischen Manier sich dem Zwang des besseren Arguments zu beugen (J. Habermas). Es gilt das Argument, auf das sich alle am Gespräch Beteiligten einigen können. Dies ist zugleich eine wirksame Prophylaxe gegen Vorurteile, Lügen und Hass. So können die Schülerinnen und Schüler zu einem interkulturellen Dialog und Konsens befähigt werden. Sie lernen, sich mit Empathie in ihnen fremde kulturelle Muster einzufühlen, um sie dann fair, mit Gründen zu beurteilen. Auf der anderen Seite gibt es für Schülerinnen und Schüler mit Migrationshintergrund die Chance, unsere Grundwerte – Freiheit, Menschenrechte und Demokratie – kennen zu lernen und zu schätzen. Hier zeigt es sich, dass der Ethikunterricht zu Beginn des 21. Jahrhunderts ein geradezu ideales Integrationsfach ist.

Das Buch wendet sich in erster Linie an
- Philosophie- und Ethiklehrer und -lehrerinnen
- Studenten, Referendare und Studienseminare
- Kolleginnen und Kollegen, die sich in den neuen oder alten Bundesländern über eine nachhaltige, didaktisch reflektierte Gestaltung des Philosophie- und Ethikunterrichts den Kopf zerbrechen.

Staufen, im August 2020 *Dr. Volker Pfeifer*

I. Jeder macht sein Ding …

Facetten der Lebenswelt Jugendlicher heute

> *Mit jeder Bewegung auf dem unendlichen Spielfeld der Freiheit gehen Krisen von Beziehungen einher … Lebt der Mensch, der seine Freiheit ausleben will, am Ende sich selbst aus? Gehen moderne Gesellschaften an ihrer Atomisierung zugrunde, an Solidaritätserschöpfung?*
> (F. Kamphaus)

> *… Irrtum: Anderen helfen kann geradezu ein „Egotrip" sein, weil man nur auf diese Weise herausfinden kann, wer man ist.*
> (U. Beck)

Zu einer Didaktik des Ethikunterrichts gehört ganz elementar die Reflexion auf den Adressaten: Kinder – Jugendliche – Heranwachsende. In welcher „Welt" leben sie? Wie nehmen sie selbige wahr, versuchen sie sie zu beschreiben und zu bewerten? Was macht ihnen Sorge oder gar Angst und was lässt sie trotz allem mehr oder minder verhalten optimistisch in die Zukunft blicken? Ethikunterricht, dem es um eine Reflexion der moralischen Entwicklung Jugendlicher geht, muss hier, am Ist-Stand der Schüler ansetzen. Nicht um diesen nur affirmativ zu verdoppeln, sondern um ihn überhaupt sinnvoll transformieren zu können.

Wenn Schüler versuchen, ihre Lebenssituation kritisch zu beschreiben, greifen sie häufig zu folgenden Formulierungen:

„Wir haben keine klaren Lebensziele mehr. Also: pauschal leben!"

„Wir müssen gesellschaftliche Klischees erfüllen: Erfolg haben …"

„Zu viele Optionen … heillose Zersplitterung"

„Wir vergessen die essentiellen Dinge … Mit-Menschlichkeit …"

„Ich habe Angst vor bürgerlicher Anpassung: Familie, Beruf, Kinder."

„ZU VIELE OPTIONEN, MEDIENÜBERFLUTUNG LÄHMT EINEN"

„Keine festen Ideale … individuelle Aufsplitterung überall, auch in den Werten …"

„Kaum ernsthafte Gespräche! Immer bloß Fun …"

„Die Angst, etwas zu verpassen … alles nutzen müssen."

Das Individualisierungskonzept

Für solche Äußerungen liegen ähnlich plakative Typologien von Gesellschaft parat: Wir leben heute in einer „Informations-, Risiko-, Erlebnis-, Netzwerk- oder Spaßgesellschaft".[1]

Diesen Konzeptualisierungen scheint eines gemein zu sein: sie vereinfachen perspektivisch und versuchen Komplexität zu reduzieren. So fokussieren sie je nach Ansatz und Standort des Beobachters bestimmte Facetten und Strukturen, blenden andere jedoch notgedrungen aus. Wirklichkeit ist ein Konstrukt, das je nach Konstrukteur unterschiedlich ausfällt. Immerhin kommt diesen Konstrukten ein unverzichtbarer heuristischer Wert zu. Sie ermöglichen und tragen die Versuche einer hinlänglich plausiblen Typologisierung unserer Gesellschaft.

Neben der Kommerzialisierung und der Medialisierung („Generation Handy") ist es vor allem ein Theorem, das für die Lebenswelt Heranwachsender konstitutiv zu sein scheint: der Prozess der Individualisierung bzw. Pluralisierung. Ihm kommt daher auch eine besondere didaktische Relevanz zu.

Individualisierung als sozialer Prozess umfasst drei Strukturmomente:
(a) Als erstes ist die Herauslösung der Menschen aus traditionalen Sozialformen und -bindungen im Sinne nicht hinterfragbarer Herrschaftszusammenhänge gemeint. Dies entspricht dem freisetzenden Moment von Individualisierung als einer Erweiterung von Optionen, also Wahlmöglichkeiten.
(b) Damit einher geht, und dies ist in gewissem Sinne der Preis, der für die Individualisierung zu zahlen ist, ein Verlust an traditionalen Sicherheiten im Hinblick auf handlungsleitende moralische Normen und Werte. Für die betroffenen Subjekte impliziert dies einen Stabilitätsverlust, einen Verlust an fraglos Geltendem.
(c) Schließlich kommt es in einem weiteren Schritt zu einer neuen Art der sozialen Einbindung des Individuums. „Der einzelne wird zwar aus traditionellen Bindungen und Versorgungsbezügen herausgelöst, tauscht dafür aber die Zwänge des Arbeitsmarktes und der Konsumexistenz und der in ihnen enthaltenen Standardisierungen und Kontrollen ein. An die Stelle traditioneller Bindungen und Sozialformen (soziale Klasse, Kleinfamilie) treten sekundäre Instanzen und Institutionen, die den Lebenslauf des einzelnen prägen und ihn gegenläufig zu der individuellen Verfügung ... zum Spielball von Moden, Verhältnissen, Konjunkturen und Märkten machen".[2]

Im Pluralismusbegriff schlägt sich seinerseits eine zur sozialen Struktur verfestigte Vielfalt von Normen, Lebensformen und philosophischen Begründungsmustern nieder. Dieser Begriff wird seit den späten 60er Jahren des vorigen Jahrhunderts bevorzugt zur schlagwortartigen Charakterisierung der Lebenswelt in modernen bzw. postmodernen Gesellschaften verwendet.

Der grundsätzlich ambivalente Individualisierungsprozess lässt sich an der Institution „Fernsehen" anschaulich aufzeigen. In der schwerlich zu übersehenden medialen Überflutung zeigt sich die Dialektik zwischen Freiheit und Repression besonders deutlich. Die Freiheit im Medienkonsum wird mit Standardisierung bzw. Risiken von Manipulation bezahlt.

> „Die Menschen sitzen von Kindheit an in einer Wohnung. Sie blicken starr nach vorne auf eine Wand und folgen gebannt einem dort ablaufenden Schauspiel. Sie ergötzen sich an den dorthin projizierten Bildern, also an bloßen Schatten, flüchtig ihrer Erscheinung wie ihrer Essenz nach ... Die Menschen aber sind von all diesem Schein fasziniert, sie nehmen ihn für Wirklichkeit. ... Diese Einschnürung und Verkümmerung vollziehen sich im Zeichen der Freiheit, einer neuen und gigantischen Wahl- und Programmfreiheit. Platons Gleichnis ist eingelöst. Es gilt heute viel wörtlicher als im alten Athen. Die Menschheit sitzt, lebt und denkt, ja sie liebt sich inzwischen sogar vor Bildschirmen ... Das Spiegelkabinett der Informationsgesellschaft – Bildschirme ringsum und Realität nichts anderes mehr als ihre eigene Simulation – ist die neue und wörtliche Form, die Platons Höhle angenommen hat."[3]

Individualisierung rückt das Potential zur Selbstgestaltung, das individuelle Tun in den Mittelpunkt. Die Gestaltung der vorgegebenen Biografie wird zur Aufgabe, zum Projekt des Individuums. In der Auseinandersetzung mit den neuen systemischen Zwängen kristallisiert sich das „eigene Leben", die biografische Gestaltung von sozialer wie moralischer Identität heraus. Das Modell, nach dem das eigene Leben gewissermaßen als Kopie traditionaler Blaupausen gelebt werden konnte, läuft offensichtlich aus. Individualisierung erfordert also die Fähigkeit, die Gegensätze der Welt im eigenen Leben aushalten, überbrücken zu können. Jede und jeder muss sich nun einen eigenen Reim machen auf die zu vollziehenden existentiellen Wahlentscheidungen.

Um dies bewerkstelligen zu können, sind die Individuen auf Andere angewiesen. „Individualisierung allein, gleichsam als autistischer Massenindividualismus gedacht, ist ein Unbegriff, ein Unding. Individualisierung steht unter dem normativen Anspruch der Ko-Individualisierung, d. h.: der Individualisierung mit- oder gegeneinander. Aber die Individualisierung (der) des Einen ist oft genug die *Grenze* der Individualisierung des (der) Anderen. So werden mit zunehmender Individualisierung auch die nervigen Grenzen derselben mit erzeugt, Anders gesagt: Individualisierung ist ein durch und durch gesellschaftlicher Sachverhalt oder gar nichts. Die Vorstellung eines *autarken* Ich ist pure Ideologie."[4]

Diese neuerdings von Beck propagierte „Ko-Individualisierung" schließt einen altruistischen Individualismus, der sich qualitativ von modisch inszenierter Ich-Imagepflege und ausschließlicher Egotrip-Mentalität unterscheidet, durchaus mit ein. Ebenso verträgt sie sich mit bewusst gewählten (non)konformistischen Lebensformen. Konkret: Frau kann Hausfrau, Mutter im klassischen Sinne als individualistische Wahllebensform sein wollen.

Hier stellen sich dann für den Ethikunterricht aufregende grundlegende Fragen:

→ Wie kann das Individuum bei der Gestaltung des eigenen Lebens in sich selbst Halt und Grund finden?
→ Worin liegt die Legitimationsquelle der Selbstbegrenzung der Individualisierung heute, in einer von Säkularisierung und Wertepluralismus gezeichneten „diffusen Postmoderne"?[5]
→ Ist das Zeitalter des Individualismus das Zeitalter der Bastelmoralen?
→ Welche gemeinsamen Normen und Werte lassen sich für die Aufgabe einer individuellen Lebensführung im Dialog mit anderen Lebensentwürfen und Menschenbildern finden und plausibel machen?
→ Welche Rolle kommt dabei der biografischen Selbstreflexion zu?

Wertewandel

Der Individualisierungsprozess bedingt einen ständig fortschreitenden gesellschaftlichen Wertewandel. Auf der einen Seite wird ein vorwiegend negatives Bild gezeichnet. Es ist immer wieder von „Ego-Gesellschaft", „Moral-Vakuum" oder „Atomisierung der Gesellschaft" die Rede. Die andere Seite betont, dass die sog. „Selbstentfaltungswerte" keinesfalls die Bereitschaft zum Engagement schwächen. Es wird behauptet, dass selbst eine hedonistische, vor allem den Genüssen des Lebens zugewandte Lebensorientierung noch förderlicher für das gesellschaftliche Engagement sei als eine vorrangig „traditionelle" Grundeinstellung. In der gegenwärtigen Diskussion um den „Wertewandel" lassen sich grob drei Ansätze unterscheiden.

1. Die Postmaterialismustheorie:[6]

Wertprioritäten

Wertorientierung	Bedürfnisstrukturen		Items
Postmaterialistisch	soziale Bedürfnisse	**Ästhetisch**	- *Schönere Städte*
			- *Ideen zählen mehr als Geld*
		Intellektuell	- *Freiheit der Meinung*
	Selbstverwirklichung	**Zugehörigkeit**	- *Humanere, weniger unpersönliche Gesellschaft*
		Achtung	- *Mitsprache in Wirtschaft und Politik*
Materialistisch	Physische Bedürfnisse	**Sicherheit**	- *Starke Verteidigungskräfte*
			- *Verbrechensbekämpfung*
			- *Aufrechterhaltung der Ordnung*
		Versorgung	- *Stabile Wirtschaft*
			- *wirtschaftliches Wachstum*

Inglehart gründet seine Theorie auf zwei Hypothesen. Eine Gesellschaft mit niedrigem Lebensstandard schätzt materielle Werte in besonderem Maß (Mangelhypothese). Jugendliche, die in einer ökonomisch sicheren und wohlhabenden Gesellschaft aufwachsen, neigen immer mehr zu postmateriellen Werten (Sozialisationsthese). Dazu zählen Selbstverwirklichung, Lebensqualität oder Ästhetik.

> „Der Terminus ‚Postmaterialist' bezeichnet eine Reihe von Zielen, die betont werden, *nachdem* die Menschen materielle Sicherheit erreicht haben und *weil* sie diese materielle Sicherheit erlangt haben. Die Postmaterialisten bewerten wirtschaftliche und physische Sicherheit nicht negativ – sie bewerten sie positiv, wie jeder dies tut, aber im Gegensatz zu Materialisten geben sie den Zielen Selbstverwirklichung und Lebensqualität noch höhere Werte".[7]

Die Dichotomisierung in Materialisten und Postmaterialisten kennzeichnet nach Inglehart am prägnantesten den generationsspezifischen Wertewandel in einer Gesellschaft.

2. Werteverfallstheorie
Im Zentrum steht die These einer schleichenden Auflösung tradierter Werte. Von ihr geht eine ernsthafte Bedrohung des gemeinschaftlichen Zusammenhalts aus, die zu einer Atomisierung von Gesellschaft führen kann. Als Indi-

zien hierfür werden allgemein die abnehmende Bindungsfähigkeit der Individuen (Scheidungsstatistiken) sowie der Bedeutungsverlust tradierter Sekundärtugenden wie Höflichkeit, Ordnungsliebe oder Pünktlichkeit gewertet. Vor allem sind es die stark präferierten Selbstentfaltungswerte gegenüber den Pflicht- und Akzeptanzwerten, die diesen Trend klar belegen sollen. Es wird allgemein beklagt, dass die soziale Dimension des Handelns verloren gehe. Der Einzelne verfolgt rücksichtslos und ausschließlich seine individuellen Vorteile. Gelegentlich ist sogar von einer „moralischen Verdummung der Gesellschaft"[8] die Rede. Die traditionellen Tugendkodizes, die es alle damit zu tun haben, das souveräne Ich zu binden, zerfallen immer mehr.

3. Wertesynthesetheorie
Sie sieht den Wertewandel als einen prinzipiell mehrdimensionalen Prozess, in dem sich konstruktive wie destruktive Elemente ausmachen lassen. Die gesellschaftliche Wertelandschaft ist eine nicht immer leicht zu sortierende Gemengelage von individualistischen Egoismen, mehr oder minder radikalen hedonistischen Einstellungen und einer Vielfalt von unkonventionellen Formen sozialen Engagements, das von Toleranz und Bereitschaft zum Verzicht getragen ist. Hier sind gewisse Differenzierungen hilfreich.
– Was gestern noch galt, hat heute seine Verbindlichkeit verloren. An die jeweilige Stelle tritt eine neue Norm, ein anderer Wert. Es handelt sich hierbei um einen Prozess der Abwertung und Ersetzung althergebrachter Wertvorstellungen und damit verbundener normativer Ansprüche durch neue Setzungen (z. B. der Wert „Gehorsam" wird durch „Emanzipation" ersetzt).
– Norm und Wert bleiben bezüglich ihrer Geltung im Wesentlichen unverändert. Was sich ändert, sind die typischen Handlungsmuster oder Sachverhalte, denen der betreffende Wert zugesprochen wird. Diese Veränderung (Wandel) stellt keine Abwertung, sondern eine Umwertung dar. Sie geht Hand in Hand mit einem geschichtlich sich wandelnden Selbstverständnis des Menschen und mit raschen soziologischen Veränderungen, die neue Situationen und Handlungsmöglichkeiten eröffnen (z. B. „Tapferkeit" wird nicht mehr auf Kriegshandlungen bezogen, sondern auf die Bewältigung schwieriger Alltagssituationen).
– Die radikalste Möglichkeit eines Werte- und Normenwandels ist die Negation von einzelnen Werten und Normen im Sinne einer ersatzlosen Streichung. Es soll weder für neue Werte Platz geschaffen, noch sollen traditionelle Werte umgewertet werden. Vielmehr wird für einen bestimmten Lebensbereich beansprucht, dass für ihn überhaupt nichts moralisch verbindlich und allgemein gelten soll. Die Angelegenheit wird so entmoralisiert, zur moralisch weitgehend irrelevanten Privatsache erklärt (z. B. freiwilliges Sexualverhalten zwischen Erwachsenen).[9]

Die Wertelandschaft heutiger Jugendlicher

Die empirische Werteforschung versucht immer wieder und mit immer feinerem Instrumentarium die Wertewirklichkeit Jugendlicher zu erfassen. Hier ein paar für unseren didaktischen Zusammenhang relevante zusammenfassende Befunde.

Grundsätzlich verlangen Jugendliche immer deutlicher für moralische Forderungen alltagsweltlich nachvollziehbare, pragmatische Begründungen. Die Idee der Gleichheit und ein gemeinsames Interesse an Schadensvermeidung erhalten vorrangige Bedeutung. Strikter Regelgehorsam tritt zu Gunsten einer die konkreten Handlungsumstände berücksichtigenden Perspektive deutlich zurück, wenn es darum geht, allgemeine moralische Prinzipien anzuwenden. Gewisse Umcodierungen setzen sich immer mehr durch: Verhalten, das niemandem Schaden zufügt, wird entmoralisiert und dem privaten Bereich zugeordnet; Verhalten, das anderen schadet, wird dem moralischen Bereich zugeschlagen (z. B. politisches Handeln). Allgemein ist also nicht so sehr eine Erosion von Moral zu beobachten, sondern eher deren Wandel. Universelle Werte werden umcodiert und different kontextualisiert.

Zu den bedenkenswerten Resultaten der Shell-Studie 2000 gehört, dass Jugendliche sich bei der Wahl ihrer Lebenskonzepte sehr offen und flexibel verhalten. Betrachtet man die einzelnen Wertaussagen und ihre Gewichtungen, so dominieren in allen Dimensionen die Zustimmungen zu den selbstbezogenen Werten: Die Dimension „Autonomie" erlangt insgesamt die höchsten Werte, das einzelne Item „Selbstständig denken und handeln" den besten aller vergebenen Notenwerte, den Mittelwert 4,34. In den weiteren personbezogenen Dimensionen erhalten jeweils die selbstbezüglichen Items die höchsten Schätzungen: in der Dimension „Attraktivität" erhält „Spaß haben, viel erleben" den Wert 3,95, in der Dimension „Authentizität" – „so bleiben wie man ist" – den Wert 3,82 und in der Dimension „Selbstmanagement" das Item 14 „Selbstbeherrschung" den Wert 3,70. Diese Befunde sprechen für ein Selbstkonzept, nach dem Jugendliche ihrem Selbstwertgefühl folgen, sich selbstbewusst darstellen und selbstverantwortlich zu behaupten suchen. Mit dem Selbstbezug geht allerdings auch eine deutlich feststellbare, intrinsisch motivierte Sozialbindung einher. Die Tugenden der „Menschlichkeit" wie Hilfsbereitschaft, Teilen und Akzeptanz des Anderen werden mit Mittelwerten zwischen 3,98; 3,76 und 3,88 bewertet und somit höher eingestuft als die technischen Fähigkeiten oder die konventionellen Sekundärtugenden. Hier zeigt sich ein klarer Trend zur „Wertesynthese" von Selbstentfaltungswerten und Pflicht- bzw. Akzeptanzwerten, der auch durch die Ergebnisse der Shell-Studie 2006 bestätigt wird. Der von zahlreichen Werteforschern vorhergesagte stete Geländegewinn von Selbstentfaltungswerten bis hin zum Hedonismus ist definitiv nicht eingetreten.

Zwischen der persönlichen Lebensgestaltung und den gesellschaftlichen und politischen Lebensbereichen besteht jedoch eine deutlich feststellbare

Distanz. Exemplarisch hierfür ist die Haltung zu den Institutionen. Auf die Frage „Wie viel Vertrauen bringst Du diesen Organisationen entgegen?" geben die Jugendlichen Umweltschutz- und Menschenrechtsgruppen Spitzenwerte (3,8 bzw. 3,5). Schlusslicht sind Arbeitgeberorganisationen, Kirchen und politische Parteien (2,6 bis 2,4).

> „Ich kann nicht in Institutionen denken. Das mache ich für mich, in meinem Alltag. Ein ganz einfaches Beispiel. Ich saß in einer Kneipe, da war eine alte Dame, die hat sich ihr Essen da geholt. Sie war nicht gut zu Fuß. ‚Ich helfe Ihnen', das ist für mich auch eine Sache von Engagement. Das ist dann eher die Richtung, in der ich dann tätig bin. So Institutionen sind nicht mein Ding. Da müsste es wirklich schon um Leben und Tod gehen. Dann schon. Aber ich habe wirklich einen Horror vor solchen Vereinigungen, egal in welcher Richtung. Ich habe dieses Unabhängigkeitsdenken. Da geht's doch oft wieder darum, dass einer der Boss sein will. Das wird dann immer alles aufgefressen von irgendwelchen internen Machtkämpfen. Und das stinkt mir so."[10]

Jugendliche sind jedoch – so die Shellstudie von 2019[11] – weiterhin der Meinung, dass es sehr wichtig ist, sich für Politik zu interessieren. Der weltweite Aufstand Jugendlicher für Klimaschutz in der Fridays for Future-Bewegung spricht hier eine eindeutige Sprache. Freundschaft, ein gutes Familienleben und gute Partnerschaft zählen für die allermeisten Jugendlichen immer noch zu den wichtigsten Werten. Materielle Werte, z. B. ein hoher Lebensstandard und die Durchsetzung eigener Interessen, werden als nicht mehr so wichtig angesehen. Im Ganzen rangieren bei jungen Menschen idealistische Werte wieder höher.

Ein doch besorgniserregendes Ergebnis der Studie ist die Affinität der Jugendlichen zu populistischen Argumentationsmustern. Diese haben – so die Studie – ein gemeinsames Merkmal. Sie fokussieren auf Gefühle und weitaus weniger auf rational reflektierte Aussagen. Im Vordergrund stehen Appelle an Ressentiments und Ängste. So kommt es in der Regel zu wenig konsistenten Aussagen. Das rationale Nachdenken, eine reflexive Grundhaltung bleiben auf der Strecke.

Um die Qualität der Zustimmung zu populistischen Einstellungen untersuchen zu können, unterscheidet die Shellstudie zwischen fünf „Populismuskategorien":

> „Etwa 12 % der Jugendlichen (Altersgruppe 15 bis 25 Jahre) lassen sich als **Kosmopoliten** beschreiben. Sie befürworten, dass Deutschland viele Flüchtlinge aufgenommen hat, und lehnen so gut wie alle populistisch gefärbten Aussagen ab. 27 % der Jugendlichen gehören zu den **Weltoffenen.** Auch sie begrüßen mehrheitlich, dass Deutschland viele Flüchtlinge aufgenommen hat. 28 % der Jugendlichen bilden die im Vergleich größte Gruppe der **Nicht-eindeutig-Positionierten.** Auch von ihnen bejaht die Mehrheit die Aussage, dass es gut sei, dass Deutschland viele Flüchtlinge aufgenommen hat. Zugänglich sind sie aber oftmals für Aussagen, die auf ein diffuses ‚Meinungsdiktat' abzielen und die an ein vorhandenes Misstrauen gegenüber Regierung und sogenanntem Establishment anknüpfen. Zu den **Populismus-Geneigten** zählen

> 24 % der Jugendlichen. Von ihnen findet es nur etwa jeder dritte gut, dass Deutschland viele Flüchtlinge aufgenommen hat. Den populistisch gefärbten Aussagen ‚In Deutschland darf man nichts Schlechtes über Ausländer sagen, ohne gleich als Rassist beschimpft zu werden' und ‚Der Staat kümmert sich mehr um Flüchtlinge als um hilfsbedürftige Deutsche' stimmen hier hingegen so gut wie alle zu. Vergleichbares gilt für die Aussage ‚Die Regierung verschweigt der Bevölkerung die Wahrheit'.
> Als **Nationalpopulisten** können 9% der Jugendlichen bezeichnet werden. Sie stimmen allen populistisch aufgeladenen Statements durchgängig zu, distanzieren sich von der Aufnahme von Flüchtlingen und betonen darüber hinaus auch ihre generell ablehnende Haltung gegenüber Vielfalt. Weniger Kontrolle über das eigene Leben, generelles Benachteiligungsempfinden sowie Distanz gegenüber Vielfalt sind typisch für Affinität zum Populismus."[12]

Diese von der Shellstudie zahlenmäßig belegte Affinität der Jugendlichen zu populistischen Denkmustern lässt sich auch in der Welt der Erwachsenen verfolgen. Insofern ist es ein gesamtgesellschaftliches Problem. Neben den Medien, den Parteien oder den Gewerkschaften ist es vor allem der Bereich der Bildung, also der Schulen, dem eine immens wichtige Aufgabe zufällt. Im Besonderen kann der Ethikunterricht, dem Projekt der Aufklärung folgend, den Schülerinnen und Schülern zu einer rationalen Grundhaltung verhelfen. Eines seiner Hauptziele besteht ja darin, sie zu einer ethisch-moralischen Urteilsbildung zu befähigen. Sie sollen lernen, differenziert und kritisch zu argumentieren. Das durch den Ethikunterricht so erarbeitete Orientierungswissen ermöglicht den Schülerinnen und Schülern eine kritische Auseinandersetzung mit der Vielfalt einer pluralistischen Gesellschaft. Der so konzipierte Ethikunterricht kann also jene Affinität zu populistischem Denken und Handeln schwächen oder sogar überwinden. Und er kann einen wesentlichen Beitrag zu einem liberal-demokratischen Miteinander leisten.

Es geht darum, die den Schülerinnen und Schülern durch Elternhaus, im Netz und in der Peergroup zugänglichen populistischen Themen und Aussagen kritisch zu hinterfragen.

Durch eine Faktenrecherche lassen sich – in einem ersten Schritt – die tatsächlichen Aussagen als richtig oder falsch deklarieren. Populistische Lügen lassen sich so vergleichsweise leicht als populistische Lügen entlarven. In einem zweiten Schritt bekommen die Schülerinnen und Schüler Gelegenheit, anhand von Projektarbeit oder Fallanalysen populistische Ad-hoc-Meinungen, Standpunkte oder Hetze kritisch zu reflektieren und so ständig wiederkehrende Argumentationsmuster zu erkennen. Wenn sie sich so eigenaktiv auf den Weg machen, die Schwächen und Gefahren populistischer Denkweisen zu erarbeiten, werden sie nicht so leicht auf die stark emotionalisierten Thesen der Populisten hereinfallen.

Undurchschaubare und unzugängliche Institutionen und deren Entscheidungsstrukturen schrecken ab, demotivieren und produzieren Ohnmachtgefühle. Jugendliche sind offensichtlich sehr viel stärker daran interessiert, ihr Leben in die eigenen Hände nehmen zu können. Das impliziert auch den Anspruch auf gesellschaftliche Partizipation, Autonomie und zwischenmenschliche Verbindlichkeit.

Die hervorstechenden Züge im komplexen Bild der Wertelandschaft heutiger Jugendlicher ließen sich in etwa so zusammenfassen:

> „Wenn Autoritäten schwinden und biografisch auf vieles kein Verlass mehr ist, wird man sich zunehmend situationsgerecht und reagibel den eigenen Wertecocktail zusammenbasteln, ebenso, wie man sich in Eigenregie seine Biografie zusammenbastelt. Konkret ereignisbezogene Entscheidungen werden prinzipiengeleitete ersetzen – nicht immer, aber immer öfter. Es verfallen dabei jedoch keineswegs die Werte an sich, sondern nur deren Dauerhaftigkeit und überindividuelle Gültigkeit. Doch mit diesem möglichen Verlust ist ein Gewinn an Vielfalt und biografisch bedarfsgerechten Setzungen verbunden …
> Wir haben es zunehmend mit einer ‚Gesellschaft der Zwischentöne' zu tun. Das große ‚Sowohl-als-Auch' rückt an die Stelle des ‚Entweder-oder', und das dynamische Offenbleiben ersetzt statische Endgültigkeiten. Festlegungen auf Zeit, das kompetente Managen der eigenen Biografie, das Aufspringen bei attraktiven Mitfahrgelegenheiten – dies rückt an die Stelle von Langstrecken-Zugfahrten auf fremdvorgegebenen Lebenslauf-Gleisen, weil die Reiseziele anders geworden sind, weil sie sich plötzlich unterwegs verändern können und weil sie mit anderen Mitteln erreicht werden können."[13]

Strukturmerkmale der Jugendphase heute

Trotz aller Differenzierungen und Pluralisierungen lassen sich zentrale Strukturmerkmale der modernen Jugendphase grob umreißen:

(a) *Jugend ist Gegenwartsjugend:* Jugendliche haben eine Grundorientierung am Hier und Jetzt. Die Aktualität des Augenblicks gewinnt ein Übergewicht gegenüber einer ohnehin reichlich ungewissen Zukunft. Perspektiven und Einstellungen, die über den Tag hinausgehen, verlieren merklich an Bedeutung. Gegenwärtige Vergnügungen scheinen wichtiger als zukünftige Belohnungen oder als in der Vergangenheit eingegangene Verpflichtungen.
Hinzu kommt, dass heute die Lebensphase „Jugend" sehr lang gestreckt ist. Sie dauert im Schnitt etwa 15 Jahre, beginnt so früh wie noch nie und besitzt kein klar markiertes Ende. Es ist für Jugendliche in der Regel unklar, ob und wann sie in einen Beruf kommen und ob sie eine traditionelle Familie gründen. Dadurch ist eine große Offenheit entstanden, gepaart mit Ungewissheit.

(b) *Jugend ist individualisierte Jugend:* Lebenspläne und -stile Jugendlicher pluralisieren und individualisieren sich zusehends. Ein selbstverständliches und allgemein fraglos geteiltes Werte- und Normensystem steht nicht mehr zur Verfügung. Die Individuen sehen sich auf sich selbst zurückgeworfen und müssen mehr an Leistungen auch in Form von Selbstdefinitionen erbringen. Sie zeigen sich zugleich als empfindlicher, wenn sie in Frage gestellt werden. Erfolg oder Scheitern des Lebenslaufs wird immer mehr den eigenen, selbstverantworteten Entscheidungen zugerechnet. Das Leben wird immer mehr zu einer „ewigen Baustelle", eine langfristige Planung scheint unmöglich. Man muss offen bleiben für kurzfristige Korrekturen und Schwenks. Die Erweiterung der Lebensmöglichkeiten zwingt den Einzelnen zu immer mehr Entscheidungen, bei gleichzeitig wachsender Unsicherheit über die Richtigkeit der getroffenen Entscheidungen. Ganz gleich, ob es sich um Konsum-Waren, um Medienangebote oder um die Aufnahme von immer neuen Beziehungen handelt: es gibt eine verwirrende Fülle von Optionen. Dieses Überangebot an konsumptiven Reizen schafft Entscheidungs-Dilemmata: Mit welchen plausiblen Gründen soll man sich wofür entscheiden, und welche Garantie gibt es, dass die einmal getroffene Entscheidung die richtige war? Der Stellenwert von Körperlichkeit und sinnlicher Erfahrung als Instrument zur Selbstvergewisserung nimmt zu. Laute Musik gilt als ein Mittel, eine gewisse Sicherheit und Geborgenheit zu erlangen.

„Die Popkultur verwandelt die schweren Sinnzeichen der Kultur in leichte und ungefährliche. Mit dieser Verwandlung soll aller Widerstreit, alle Gewalt ein Ende finden; der ewige Friede des Rave, die taghelle Nacht der globalen Party ist für sie das letzte Projekt nach dem Krieg aller Projekte. RAVE = AVE. Humanistische Bildungsideale sind ein Hindernis für den globalen Vertretungsanspruch von Pop."[14]

Eine der vielen Folgen des modernen Individualisierungsprozesses zeigt sich im Entstehen neuer Lebensformen. Das Leben als Single, die „Homo- oder Lesben-Ehe", zahlreiche Formen der Partnerschaft ohne Trauschein („living apart together") oder die Möglichkeit, sich vergleichsweise leicht scheiden zu lassen und einen zweiten oder dritten Versuch ehelicher Gemeinsamkeit zu starten, gehören zum Repertoire der Wahlmöglichkeiten. Ein spezielles Problem stellen in diesem Zusammenhang die sog. Scheidungskinder dar. In Deutschland wird derzeit jede dritte Ehe geschieden. Die Konsequenzen von Scheidungen für die kindliche Persönlichkeitsentwicklung sind vielfältig und offensichtlich grundsätzlich ambivalent. Auf der einen Seite sind bei rund einem Drittel der betroffenen Kinder mittel- und langfristig mehr oder minder ausgeprägte Verhaltensauffälligkeiten festzustellen: soziale Bindungsängste, geringe Impulskontrolle, erhöhte Abhängigkeit von Gleichaltrigen oder Probleme, längerfristige Lebensperspektiven zu entwickeln. Scheidungskinder scheinen ein charakteristisches Selbstbild zu haben. Darin spielen Ängste eine zentrale Rolle: die Angst, verletzt, verlassen oder betrogen zu werden. Daraus resultiert die Schwierigkeit zu vertrauen oder die Neigung, eigene Gefühle zu kaschieren bzw. zu verleugnen. Auf der anderen Seite lässt sich vornehmlich bei älteren Kindern ein Zugewinn an Autonomie beobachten. Durch die Orientierung an unterschiedlichen, gelegentlich schnell wechselnden Rollenkontexten haben sie eine höhere Planungs- und Gestaltungskompetenz entwickeln können.

(c) *Jugend ist Leitbild- und Expertenjugend*: Zum einen hat sie allgemein mehr Mitsprache beim Aushandeln von Entscheidungen in Familie oder auch Schule bekommen bzw. sich erkämpft. Jugendliche sind auch viel bewunderte und genutzte Experten z. B. im Computerbereich. Im Bereich von Mode und Kleidung sind sie, von der Werbebranche mächtig unterstützt, zu Trendsettern avanciert. Viele Erwachsene versuchen, jugendtypische Verhaltensweisen in ihre jeweiligen Lebensstilrepertoires zu integrieren. Das führt zum Teil zu einer „Entspezifizierung der Jugendphase" (Baacke). Dadurch entsteht für die Jugendlichen ein Unterscheidungs-Problem: sie sehen sich genötigt, sich ihres Lebensstatus, ihrer Handlungs- und Lebensweise selbst zu vergewissern.

Generell lernen heute nicht nur Jugendliche von Erwachsenen, sondern diese auch von jenen.

In einer schnell sich wandelnden Welt verschiebt sich das Beziehungsgefüge, das zwischen den unterschiedlichen Alterskohorten besteht, ständig. Bildungswissen, moralisches Vorbild, selbst Lebenserfahrung liegen nicht ausschließlich auf der einen Seite, während im anderen Lager Neugier, experimentierfreudiges Suchen und gewagtes Explorieren anzusiedeln wäre. Immer mehr Erwachsene brechen aus und versuchen sich – wie Jugendliche – in neuen Partner-Konstellationen oder ändern ihre beruflichen Interessen und Schwerpunkte.

(d) *Jugend ist Gleichaltrigenjugend*: Die gestiegene Bedeutung der altershomogenen Gruppen (Peers, Cliquen) ist schwerlich zu übersehen. Sie bieten emotionale Stabilisierung und Geborgenheit („sozialer Uterus"). Sie sind auch Orte, an denen sich eine subkulturelle Gegenwelt und jugendkulturelle Lebensformen entwickeln können. Hier kann es auch zu Lösungen jugendalterspezifischer Probleme kommen. Durch die vielfältigen Bemühungen um Selbststilisierung in Kleidung oder Verhalten schimmert ganz deutlich eine Sensibilität für „soziale Anerkennung" hindurch.

(e) *Jugend ist Multi-media-Jugend*: Sie verfügt nicht selten in ihren Zimmern über eine medienparkähnliche Ausstattung. Die Medialisierung des Alltags verändert in subtiler Form die Wahrnehmungs- und Bewusstseinsstrukturen. Was die audiovisuellen Medien zeigen, gilt häufig als bare Münze. „Video, ergo est": Ich sehe es, also ist es. Die Bilderflut und die Optionsvielfalt an Deutungen und Zeichen favorisiert den Habitus des schnellen, vorwiegend oberflächlichen Signalentzifferns und weniger das geduldige, behutsame und differenzierte, kontextsensitive Deuten und Kommunizieren von Bild- und Sprachzeichen.[15]

(f) Eng damit zusammenhängend ein letzter Punkt: *Kinder und Jugendliche leben in einer von Globalität geprägten Zeit.* Eine ständig steigende Informationsdichte bietet einerseits die Möglichkeit der Horizonterweiterung, der Bereicherung und der Toleranz. Am anderen Ende des Spektrums können jedoch auch Indifferentismus, Verunsicherung und letztlich kulturelle Entwurzelung liegen.

Didaktische Konsequenzen

Welche prinzipiellen Zielformulierungen für den Ethikunterricht ergeben sich aus dieser Skizze der Lebenswelt von Kindern und Jugendlichen? Oder etwas spezieller gefragt: Was kann der Ethikunterricht dazu beitragen, den Heranwachsenden in einer Gesellschaft, die aus Episoden, Fragmenten und scheinbaren Beliebigkeiten besteht, eine gewisse sittliche Orientierung anzubieten? Diese Orientierung zielt nicht bloß auf soziale Anpassung und gesellschaftliche Konformität. Ihr geht es primär um sittliche Autonomie. Der Jugendliche soll von fragloser Hinnahme oder naiver Übernahme herkömmlicher und lautstark propagierter aktueller Verhaltensmuster befreit werden zu autonomer Moral. „Die Autonomie des Willens ist das alleinige Prinzip aller moralischen Gesetze und der ihnen gemäßen Pflichten."[16]

Welche konkreten Ziele ergeben sich aus dieser kantianisch imprägnierten Ethik-Konzeption?

(1) Als erstes geht es darum, den Schülern zu einer Selbstwahrnehmung zu verhelfen. Im Bewusstmachen eigener Wünsche und Bedürfnisse, in der Wahrnehmung quasi „instinktiver" Abwehrmechanismen lernt der Jugendliche seine persönlichen Einstellungen und Werte kennen. Er lernt auch und vor allem, sich selbst zu fragen, was er eigentlich will und wie er sich in diesem Wollen selbst versteht. Das Wissen um den eigenen Standort, den je eigenen Wert, ist eine elementare Voraussetzung selbstkompetenten Handelns.

(2) Der in der Selbstreflexion erfahrene Selbstwert gibt Mut zu verantwortlicher Selbstgestaltung, zu eigenem Wollen und Handeln.

(3) Um in einer unübersichtlich gewordenen Welt pluralistischer Vielfalt sich hinlänglich orientieren und zurechtfinden zu können, bedarf es der Urteilskraft. Sie bildet die fundamentale Voraussetzung autonomer Lebensführung und der Übernahme von Verantwortung in persönlicher, gesellschaftlicher und politischer Hinsicht.

(4) Dazu gehören ganz wesentlich Kritik- und Konfliktfähigkeit. Unter die Fähigkeit zu begründeter Kritik kann konstruktive Selbstkritik ebenso wie Kritik an gesellschaftlichen Vorurteilen und Sachzwängen gefasst werden. Konfliktfähigkeit meint das Wahrnehmen, Akzeptieren und Ertragen von Konflikten. Sie impliziert, zu sich selbst zu stehen, aber auch

zulassen zu können, dass andere begründetermaßen anders denken, handeln und leben.
(5) Zur eigenen kritischen Standortbestimmung gehört die Auseinandersetzung mit fremden Wertmustern und Lebensentwürfen. Das hierfür geeignete Medium ist das Gespräch. „Der Weg zur moralischen Urteilsbildung in unserer Zeit ist nicht die willkürliche Setzung der Moral durch das einzelne große Individuum und die suggestive Vermittlung dieser Moral an die Masse, er ist auch nicht der Weg der moralischen Bevormundung einer Gruppe durch eine andere, sondern dieser Weg ist das Gespräch, in welchem jeder den anderen zu begründeter Rechenschaftsabgabe anhält und das Gute gemeinsam in Richtung auf einen frei akzeptierten Konsens gesucht wird".[17] Ethische Normen entstehen in der Regel induktiv, sie wachsen von unten her, aus der menschlichen Erfahrung heraus. Dieser moral-genetischen Grundregel folgt dann auch der didaktische Duktus: Ethikunterricht nimmt seinen Ausgang von den konkreten Wahrnehmungen und Erfahrungen der Schüler, dem Schülerhorizont, und prozediert von da aus reflexiv und problemorientiert zu den sich zeigenden Sachverhalten und begrifflichen Differenzierungen.
(6) Schließlich: ein dem Orientierungsbedürfnis von Jugendlichen Rechnung tragender Ethikunterricht muss die Möglichkeit zum konkreten Handeln mitberücksichtigen. Er muss versuchen, auf konkrete Fragen konkrete Antworten zu geben, nicht als fertig verpackte Patentrezepte, sondern als Anregung und Hilfe zu eigener Identitätsfindung.

Aufs Ganze gesehen kann ein so konzipierter Ethikunterricht vor dem Hintergrund gegenwärtiger Probleme und Dilemmata zur Selbstaufklärung des Individuums in moralisch-praktischer Hinsicht beitragen.

> „(Er) zielt letztlich auf nicht mehr und nicht weniger als auf die Selbstsicherheit, die ein Individuum gewinnt, das unter dem Anspruch lebt, ein nachdenkliches und vorausschauendes, ein begründendes und erschließendes Wesen zu sein – ein Wesen, das von seinen Abhängigkeiten und Unzulänglichkeiten weiß und deshalb von sich aus größten Wert darauf legt, in Übereinstimmung mit sich selbst zu sein".[18]

Anmerkungen

[1] Vgl. Armin Pongs, In welcher Gesellschaft leben wir eigentlich?, München 1999.
[2] Ulrich Beck, Risikogesellschaft. Auf dem Weg in eine andere Moderne, Frankfurt 1986, S. 211.
[3] Wolfgang Welsch, Platons neue Höhle; in: Erwachsenenbildung 34 (1988), S. 32.
[4] Ulrich Beck, Das Zeitalter des „eigenen Lebens"; in: Aus Politik und Zeitgeschichte, B 29/2001, S. 3.
[5] Vgl. Wolfgang Welsch, Unsere Postmoderne, Berlin 1997, S. 81.
[6] Vgl. Robert Inglehart, Vergleichende Wertewandelforschung; in: W. Berg-Schlosser (Hg.), Vergleichende Politikwissenschaft, Frankfurt 1992, S. 125ff.
[7] Vgl. Robert Inglehart, a. a. O., S. 127.
[8] Vgl. Gerhard Schmidtchen, Ethik und Protest, Opladen 1993, S. 78ff.

Anmerkungen

[9] Vgl. dazu: Helmut Klages, Brauchen wir eine Rückkehr zu traditionellen Werten?, in: Aus Politik und Zeitgeschichte, Bd. 29/2001, S. 7ff.

[10] Shell Studie Jugend 97, Opladen 1997, S. 77.

[11] Jugend 2019 – 18. Shell Jugendstudie. Eine Generation meldet sich zu Wort, Weinheim 2019.

[12] Ebd., S. 125.

[13] Shell Studie Jugend 2000, Opladen 2000, S. 155. – Vgl. dazu auch: Gertrud Nunner-Winkler, Wandel in den Moralvorstellungen; in: Wolfgang Edelstein (Hg.), Moral im sozialen Kontext, Frankfurt 2000, S. 299ff. – Gisela Behrmann, Werte und Sozialisation, in: Gotthard Breit u. a. (Hg.), Werte in der politischen Bildung, Schwalbach 2000, S. 136ff. – Eckart Liebau, Erfahrung und Verantwortung: Werteerziehung als Pädagogik der Teilhabe, Weinheim 1999. Vgl. 15. Shell Jugendstudie „Jugend 2006". Frankfurt 2006, bes. S. 24, 35, 177 und 191.

[14] Thomas Assheuer, Im Reich des Scheins; in: DIE ZEIT v. 11.4.2001, S. 37ff.

[15] Vgl. Wilfried Ferchow, Jugend in den 90iger Jahren; Ethikunterricht kontrovers, Heft 3, Frankfurt 1995, S. 15ff. – Dieter Baacke, Die 13- bis 18jährigen. Weinheim 1993, S. 268ff. – Wilhelm Heitmeyer, Was treibt die Gesellschaft auseinander? Frankfurt 1997, S. 317ff. – Judith S. Wallerstein / Julia Lewis. „Für andere kann die Ehe funktionieren, aber nicht für mich". Die erste Langzeituntersuchung über die Auswirkung von Scheidung; in: Psychologie Heute, März 2002, S. 46ff. Vgl. dazu auch die 15. Shell Jugendstudie „Jugend 2006", Frankfurt 2006, S. 35: „Typisch zur Bewältigung des Lebensphase Jugend ist heute ein sehr hohes Ausmaß an persönlicher Selbstorganisation, eine große Kompetenz der Problemverarbeitung und der flexiblen Virtuosität des Verhaltens. Jugendliche müssen früh ihren eigenen Lebensstil entwickeln und einen Lebensplan definieren".

[16] Immanuel Kant, Kritik der praktischen Vernunft, A 58.

[17] Karl Ernst Nipkow, Moralerziehung. Gütersloh 1981, S. 56. – Ders., Bildung in einer pluralen Welt, Gütersloh 1998. – Vgl. dazu: Volker Eid u. a. (Hg.), Moralische Kompetenz. Chancen der Moralpädagogik in einer pluralen Welt, Mainz 1995. – Eckart Liebau, Erfahrung und Verantwortung, München 1999.

[18] Volker Gerhardt, Selbstbestimmung, Stuttgart 1999, S. 101.

II. Wertevermittlung im Ethikunterricht

> *Die Angst vor der Klasse, die den Ethiklehrer manchmal befällt, kann er nur dadurch überwinden, dass er die ethische Theorie für die Schule aus der Lebenswirklichkeit entwickelt. Denn nur in dieser Form ist Moral lehrbar.* (Ferdinand Fellmann, 2000)

> *Es ist ein Irrglaube, ein Bildungssystem komme ohne Vermittlung von Werten aus! Viele Lehrer leisten diese Wertevermittlung durch ihr Beispiel und durch Diskurse in ihren jeweiligen Fächern. Aber es ist auch auf wertevermittelnde Fächer zu achten ...*
> (Roman Herzog, 1997)

Wie kann das Schulfach „Ethik" eine Antwort auf die durch Enttraditionalisierung und Individualisierung aufgeworfenen gesellschaftlichen Probleme versuchen? Wie kann es didaktisch sinnvoll an die Lebenswirklichkeit der Schüler anschließen? Mit welchen didaktischen Modellen lassen sich die gesellschafts- und sozialisationstheoretisch induzierten Zielformulierungen umsetzen?

Unterrichtsmodelle

In unserer föderalistisch strukturierten Bildungslandschaft haben sich seit den frühen 80er Jahren unterschiedliche didaktische Konzepte herauskristallisiert. Anhand einer Vielzahl von Lernzielkatalogen und thematisch-inhaltlichen Gestaltungsprinzipien lassen sich grob vier nicht ganz trennscharfe didaktische Kategorisierungen vornehmen:[1]

(1) *EU als praktische Philosophie*: Hier geht es vornehmlich um eine kognitive Auseinandersetzung mit ethischen Systemen. Im Zentrum steht ein Studium klassischer philosophischer Texte (Aristoteles, Kant u. a.). In der Praxis ist ein solcher Unterricht vornehmlich bildungstheoretisch ausgerichtet. Der entsprechend definierte Bildungsgehalt der hermeneutisch erschlossenen und diskursiv behandelten Texte der philosophischen Ethik ist maßgeblich. Die Philosophie ist also klar dominierende Bezugsdisziplin. Befindlichkeiten und Interessen der Schüler finden in der Einstiegsphase ihre didaktische Berücksichtigung. Sie werden in der Regel nicht direkt aufgegriffen und problematisiert.

(2) *EU als Lebenshilfe*: Im Zentrum stehen die Selbstfindung des Individuums und die Gestaltung seines Sozialverhaltens als Grundelemente einer allgemeinen reflektierten Lebensbewältigungspraxis. Der Schüler mit seinen situativen und existentiellen Lebensproblemen ist Ausgangs- und Mittelpunkt des Unterrichts. Es geht allgemein um Fragen des guten Lebens, des richtigen Handelns und des Sinns des Lebens. Primäre Bezugsdisziplin ist

viel weniger die Philosophie, sondern eher die Pädagogik und die Psychologie. Die konsequente Orientierung an der Lebenswelt der Schüler legt ein induktives methodisches Vorgehen nahe. Die Lehrperson sieht sich weniger in der Rolle des Wissensvermittlers, sondern eher als diskreter Ratgeber, Begleiter und Dialogpartner.

Kritiker dieses Ansatzes betonen, dass der EU Gefahr laufe, zu einer moralisch unverbindlichen kommunikativen Spielwiese zu werden unter einer notorischen Vernachlässigung kognitiver und logischer Kompetenzen. Die angestrebte „ethische Kompetenz" beschränke sich auf das Kennen und Anerkennen der gesellschaftlich geltenden Werte.[2]

(3) *EU als Moralerziehung* mit dem Ziel einer moralischen Unterweisung in die allgemein anerkannten Grundwerte und Normen der bestehenden Gesellschaftsordnung (Grundgesetz, Menschenrechte u. Ä.). Diese Konzeption will sittlich erziehen und als wertorientierter Unterricht explizit Werteerziehung sein. Es geht ganz praktisch um ein Einüben in die gelebte Sittlichkeit der Tradition. „Es soll zu Glaubensüberzeugungen, Gesinnungseinstellungen, Grundhaltungen und persönlichen Wertrangordnungen erzogen werden, die den normativen Orientierungsgütern der eigenen Gesellschaft entsprechen".[3] Das Problem ist, wie und in welchem Umfang unter diesen Vorgaben eine reflektierte Urteilsbildung möglich sein soll, die den Schüler in die Lage versetzt, Werte samt deren philosophischen und religiösen Implikationen selbstständig zu erkennen und zu eigenem wie fremdem Verhalten kritisch Stellung beziehen zu können. Eine ontologische bzw. erkenntnistheoretische Prämisse liegt dieser Konzeption von EU eindeutig zugrunde: Das Sollen geht vom Sein aus und die sittlichen Grundsätze sind nicht das Resultat von Urteilen, sondern essentielle Qualitäten des Seins, die es auf keinen Fall einfach zu beschließen, festzusetzen gilt, sondern die lediglich zu entdecken sind.

(4) *EU als ethische Reflexion*: Im Zentrum steht eine „klärende Reflexion ethischer Grundsätze angesichts einer kontingenten Lebensbewältigungspraxis" (Treml). Ihr geht es wesentlich um die Ausbildung einer genuin ethischen Kompetenz, der Fähigkeit zur ethischen Urteilsbildung. Nicht Moralität selbst soll gelehrt werden, sondern jene Fähigkeiten sollen vermittelt und eingeübt werden, die Bedingungen der Möglichkeit einer autonomen ethischen Urteilsbildung sind. Diese Urteilskompetenz soll den Schülern zu tragfähigen Orientierungsmustern für die eigene Lebenspraxis verhelfen. In einer kritisch-reflexiven Auseinandersetzung mit konkurrierenden Wertvorstellungen lernen sie, ihren eigenen Standort zu finden und argumentativ zu begründen. In einem auf ethische Reflexion gegründeten Ethikunterricht überwiegen dann eher die Fragen als glatte, fertig verpackte Antworten. Jede Position, jeder Geltungsanspruch muss sich einer kritischen Prüfung stellen.

Ein Problem besteht hier wohl vor allem darin, zwischen einer Haltung des radikalskeptischen „Anything goes" und schlecht begründetem Dogmatismus zu vermitteln.

Diese etwas plakativ formulierten Konzepte können hinsichtlich ihres didaktischen Profils noch differenzierter dargestellt werden. Es lassen sich vier Ansätze zur Moral- oder Werterziehung unterscheiden:[4]

Moralerziehung als
(a) Wertübermittlung
(b) Wertklärung
(c) Wertanalyse
(d) Förderung der moralischen Urteilskraft

Konzepte der Moralerziehung im Überblick:

	moralphilosophische Position	Bild vom Kind/ von menschlicher Entwicklung	Aufgabe der Erziehung
Wertübermittlung	materiale Werteethik, der Kritik entzogen, durch Mythos oder Tradition geheiligt, „wahr"	kindliche Natur als roh und unbehandelt, bedarf notwendig der Führung, nicht selbstverantwortlich, wird mit einem Normensystem gefüllt	Erziehung kann, darf und muss substantiell moralisieren; Zwecke heiligen Methoden; eine solche indoktrinäre Erziehung ist selbst Teil des vorausgesetzten Systems
Wertklärung	Moral wird hauptsächlich in ihrer psychologischen Funktion als Orientierungssystem gesehen; eine klare individuelle Moral ist besser als gar keine	optimistische Auffassung: allmählich kommt die ‚an sich' gute Natur des Kindes hervor; Recht auf Selbst-Bestimmung	Erziehung hat den Prozess der Selbstfindung zu unterstützen, darf jedoch keine Normen vorgeben, wohl aber zu Normenbewusstsein anleiten
Wertanalyse	kognitive Klarheit über Normen/Normenkonflikte steht im Mittelpunkt; Verpflichtung auf Regeln rationalen Entscheidens; keine Aussagen zur Substanz	rationalistisches Menschenbild; Entwicklung der Kognition und des Regelbewusstseins als Garanten von Moralität	Erziehung ist Belehrung über die Implikationen moralischer Probleme und allmählicher Einübung in die Prozeduren geregelter Entscheidung über Normen
Förderung der moralischen Urteilsfähigkeit Moralische Erzie-	zwischen Wertdogmatismus und -relativismus bzw. -individualismus	der Heranwachsende macht Stufen der Moralentwicklung durch; Ent-	Erziehung hat sich der Entwicklungslogik einerseits anzupas-

hung durch moralische Atmosphäre	kann allein noch das Prinzip „Gerechtigkeit" universelle Gültigkeit für sich beanspruchen; die Beurteilung von Gerechtigkeitsfragen ist zuvörderst ein kognitives Problem	wicklung der kognitiven Komplexität geht einher mit adäquaterem Urteil; moralisches Urteil lässt keine sicheren Prognosen für ein entsprechendes Handeln zu	sen, andererseits jedoch den Übergang zur nächsthöheren Stufe zu stimulieren. Dies kann durch Gruppen-Diskussion über moralische Dilemmata und/oder über eine entsprechende Schulorganisation (just community) geschehen

Diese Vielfalt an didaktischen Modellen und Konzeptionen hat die vielerorts geführte Diskussion um eine Didaktik des Ethikunterrichts zweifelsohne vorangebracht. Konzeptionelle Elemente sind klarer herausgearbeitet, Begriffe stärker differenziert und anhand von grundlegenden Frage- und Problemstellungen das didaktische Terrain deutlicher markiert und strukturiert worden. Dies gilt in besonderem Maße für die besonders engagiert geführten Auseinandersetzungen um LER („Lebenskunde – Ethik – Religionskunde"). Um eine breite Palette von didaktisch relevanten Fragen ist mit mehr oder minder plausiblen Argumenten mitunter recht zäh gestritten worden. Curriculare, schultheoretische, bildungstheoretische und bildungspolitische Probleme haben sich mit didaktisch-methodischen Fragestellungen zu einem dichten, nicht immer leicht zu entwirrenden Knäuel zusammengefunden. Eine konsensverdächtige Einsicht scheinen solche Diskussionen zu Tage gefördert zu haben: Voraussetzungen und Zielvorgaben eines modernen Ethikunterrichts sind so mannigfaltig und komplex, dass die Konzentration auf *ein* konzeptionelles Modell problematisch zu sein scheint.

Jeder Versuch einer Werterziehung vollzieht sich in drei Dimensionen: (1.) dem Bereich der Reflexionen, des Urteilens; mögliches Objekt dieser Reflexionen sind (2.) vorgefundene, tradierte Wertmuster; die kritisch-reflexive Auseinandersetzung mit ihnen mündet schließlich (3.) direkt oder indirekt in konkretes soziales Handeln. Werterhellung, Wertanalyse und Wertentwicklung stehen offensichtlich in einem notwendigen komplementären Spannungsverhältnis. Eine den pluralistischen Bedingungen unserer Gesellschaft entsprechende, moderate Form der Wertübermittlung oder Wertübertragung bedarf vor allem kritisch reflexiver Urteilskraft. Diese Urteilskraft, will sie nicht inhaltsarm, abstrakt und folgenlos bleiben, sieht sich ihrerseits auf gesellschaftliche bzw. traditionelle Normen und auf praktische Umsetzungen verwiesen. Nur so kann – positiv gewendet – ein Dreifaches gesichert werden: gemeinsam akzeptierte Wertgrundlagen, überprüfbare

Verfahren kritischer Reflexion und die Freiheit bzw. Identitätsbildung der Schülerinnen und Schüler.

Zwei Grundprobleme jeder öffentlichen Moralerziehung ziehen sich wie ein roter Faden durch die jeweils unterschiedlich positionierten Ansätze. Es ist einmal jene schwierige Gratwanderung zwischen Indoktrination und Dogmatismus einerseits und einem Indifferentismus und radikaler Skepsis andererseits. Wie läßt sich dieses Paradox jeder Moralerziehung plausibel lösen? Wie lässt sich eine moralische Erziehung mit universalistischer Absicht mit den partikularen Bedingungen, vor allem dem Eigenwillen und den kontingenten Lebensumständen der Schüler zusammen bringen? Ein zweites Problem hängt mit dem Lernort der Moralerziehung zusammen. Wie lässt sich Moralerziehung effizient gestalten unter den spezifischen Bedingungen der Institution Schule?

Begriffliche Unterscheidungen

Moral und Ethik: Eine Auseinandersetzung um das Lehren und Lernen von „Werten" kommt ohne eine hinlängliche Klärung der Begriffe „Moral" und „Ethik", „Werte" und „Normen" schwerlich aus.

Unter „Moral" soll hier allgemein ein Netzwerk von Überzeugungen hinsichtlich gebotener und unerlaubter Handlungsweisen verstanden werden. Diese Handlungsweisen können sich auf unterschiedliche schutzwürdige und schutzbedürftige Lebewesen (z. B. Feten, Tiere, zukünftige Generationen) beziehen. Solche Moral-Überzeugungen lassen sich in allgemeinen Soll-Sätzen, in Handlungsnormen, ausdrücken. Normen sind also generalisierte Verhaltenserwartungen. Sie können ganz grob in moralische und rechtliche unterschieden werden.

Die Ethik steht in einem mehrdeutigen Verhältnis zur Moral. Einmal versucht sie, als „philosophische Theorie der Moral" oder als „Reflexionsform der Moral" das Insgesamt der vorfindlichen „Moralen" anhand gewisser Prinzipien kritisch zu untersuchen. Zu dieser vorgefundenen und gelebten Moralität gehören z. B. praktische Lebensregeln, Maximen, Rechtsordnungen, Standeskodizes sowie moralische Gefühle wie Scham, Schuld oder Empörung. Die Ethik erfindet also nicht die Moral, sondern findet sie einfach vor. Sie möchte sie klären, sortieren und systematisieren.

In einem breiter gefassten Zugriff hat es die Ethik mit „dem guten und gerechten Handeln" zu tun. Sie gilt dann als der Versuch, „von der Idee eines sinnvollen menschlichen Lebens geleitet auf methodischem Weg und ohne Berufung auf politische und religiöse Autoritäten oder auf das von altersher Gewohnte und Bewährte allgemeingültige Aussagen über das gute und gerechte Handeln"[5] zu machen. In dieser Definition wäre die übliche Unterscheidung von Moral und Ethik aufgehoben. Bei John Rawls wie auch bei Jürgen Habermas werden beide klar getrennt: ethische Forderungen beziehen sich auf Fragen des „guten Lebens", moralische auf Fragen der „Gerechtigkeit".[6]

Für die weitere Erörterung der Probleme einer Moralerziehung ist ein grundlegender struktureller Aspekt des Moralbegriffs konstitutiv. Moral und die ihr zugrundeliegenden Werte und Normen stehen in einem dreidimensionalen Beziehungsgeflecht. Sie beziehen sich einmal auf das Individuum als Handlungssubjekt (ICH), zum anderen auf die soziale Mitwelt (DU) und schließlich auf die Natur (ES).

> MORAL: Objektbereich: Gelebte Moral (Ethos):
> z. B. Verhaltensregeln, Normen, Wertmaßstäbe
> Zu unterscheiden von (a) persönlichen Vorlieben
> (b) gesellschaftlichen Konventionen
>
> ETHIK: Philosophische Theorie der moralischen Praxis (Moraltheorie / Moralphilosophie)
> Bemüht sich um eine systematische, logisch konsistente Begründung moralischer Prinzipien
> Analysiert die dafür typischen Argumentationsmuster

Werte und Normen:
Allgemein lassen sich Werte als Orientierungsmuster für menschliches Handeln bestimmen. Wahrheit, Gerechtigkeit oder Schönheit sind in erster Linie Ideen, die wir bestimmten Dingen (Gütern), Personen oder Verhältnissen zuschreiben. Sie sind also grundsätzlich keine eigenen „Wesenheiten" (Rudolf Lotze), die ein für sich bestehendes, erfahrungsunabhängiges und objektives „Reich der Werte" (Nicolai Hartmann) bilden. Es fällt auf, dass in zahlreichen gegenwärtigen Debatten um Werte die Vorstellung von einer solchen objektiven Wertordnung, der wir uns in unseren subjektiven Werturteilen anzunähern haben, noch eine erhebliche Rolle spielt. Tatsächlich spricht allerdings vieles für die Annahme, dass Werte von uns definiert, aber nicht konstituiert, sondern lediglich geklärt, diskursiv begründet und in eine plausible Rangfolge gebracht werden. Sie stehen häufig in Konflikt miteinander und bleiben innerhalb einer Kultur relativ konstant. Nicht sie „verfallen", sondern das Bewusstsein von ihrer Geltung verblasst bzw. schichtet sich um. Werte sind prinzipiell abhängig von einem wertenden Subjekt, von einem wertenden Bewusstsein. Sie beruhen auf einer Einstellung, einer Wert-Haltung. Aus dem „Blickwinkel" einer bestimmten Werthaltung wird eine konkrete Situation allererst als moralisch relevant wahrgenommen, um dann eingehend bewertet werden zu können. Diese Wertinterpretation orientiert sich „am Verfahren der Urteilskraft und damit an der Logik der Reflexion,

nämlich der Beziehung einer praktisch besonderen Situation auf ein Praktisch-Allgemeines, das als solches immer erst zu suchen, aber niemals in der Allgemeingültigkeit einer Norm oder eines Wertes gegeben ist"[7].

Für die didaktische Fundierung einer Moralerziehung scheinen folgende Elemente des Wertbegriffs relevant und zielführend.

Entgegen aller naturalistischen (Biologismus), gesellschaftlich-funktionalen (Niklas Luhmann) oder historisch-kulturellen (J. F. Lyotard) Skepsis spricht vieles für die Annahme universeller Werte. Gerechtigkeit oder Wahrheit zeichnen sich durch einen wesentlichen Aspekt des Unbedingten aus. Sie lassen sich nicht einfach auf subjektive Wertschätzungen oder partikulare Bedingungen reduzieren. Was vielfältig bedingt und somit auch gewissermaßen relativ ist, das sind ihre jeweiligen Verwirklichungsgrade. Davon grundsätzlich zu trennen ist ihre unbedingte Aufgabe.

Für die Vermittlung von Werten kommt hier noch ein anderer Aspekt ins Spiel. Der Aufbau von Werthaltungen scheint nur über die Schiene der Gefühle, des Emotionalen realisierbar. Schon beim Kleinkind lässt sich beobachten, dass es seine Bezugsperson erst dann als korrektive Instanz akzeptiert, wenn es sich mit ihr emotional identifiziert. Emotionen kommt offensichtlich ein genuin wertender Charakter zu. Wenn Kinder oder Heranwachsende Gefühle zum Ausdruck bringen, so erschließen sie sich damit aus der bewertenden Perspektive eines körperlichen Wesens ihre Umwelt. In diesen emotional geprägten Artikulationen legen sie sich à la longue darauf fest, wer oder wie sie sein möchten, welches Leben sie führen wollen. Gefühle sind also – so scheint es zumindest – nicht bloß irrationale, blinde Kräfte. Sie bringen vielmehr in sprachlich-symbolischer Form (E. Cassirer) zum Ausdruck, was uns wichtig ist.

Vieles spricht dafür, dass die „starken Wertungen" (Charles Taylor) tief in unserem Gefühlsleben verankert sind. Ein didaktisch relevanter Wertbegriff muss wohl diesem Kern menschlicher Erfahrung Rechnung tragen. Das schließt in keinerlei Weise aus, dass es für die kognitive Seite noch viel zu tun gibt. Wertorientierungen müssen logisch konsistent und hinlänglich kohärent begründet werden. Der Ursprungsort grundlegender Wertorientierungen scheint jedoch ein affektiv-emotionaler zu sein. Der weitere Weg führt dann über die Kontingenz individueller Biografien und kultureller Traditionen zu sprachlich vermittelten Wertverallgemeinerungen, in die Emotionales wie Rationales integriert sind. Werte entstehen – so läßt sich knapp zusammenfassen – „in Erfahrungen der Selbstbildung und Selbsttranszendenz" (Hans Joas). Wertbindungen sind nicht das Resultat rational-argumentativer Diskurse. Sie erwachsen vielmehr aus Erfahrungen, in denen wir über uns hinausgeführt werden und in denen uns das Erfahrene subjektiv evident und affektiv als unabweisbar „gut" erscheint. Die bloße Kenntnis von Werten kann also schwerlich Wertbindungen knüpfen.

Aus diesem Wert-konzept ergeben sich an dieser Stelle zwei Folgerungen, die es dann später didaktisch auszubuchstabieren gilt.

Begriffliche Unterscheidungen 37

(a) Eine Vermittlung von Werten scheint nicht wirklich intentional steuerbar. Sie findet aber andererseits immer statt. Da Werte aus Erfahrungen entstehen, muss der Ethikunterricht versuchen, den Schülern die Möglichkeit zu geben, wertkonstitutive Erfahrungen zu machen oder ihnen bei der Artikulation und Interpretation solcher Erfahrungen hilfreich zu sein.

(b) Werterziehung basiert also auf einer fortlaufenden Bearbeitung von Erfahrungen, die Schüler in Schule, Familie, mit Freunden, Geliebten, mit ihren Jobs oder ihren freiwilligen inner- oder außerschulischen Engagements machen.

Die Aufgabe, eine Werttheorie zu konzipieren, welche die Möglichkeiten und Bedingungen einer nachhaltigen Wertbindung bei Kindern und Jugendlichen berücksichtigt, – dies sei hier nur kurz angemerkt – ist gegenwärtig wohl nur interdisziplinär zu lösen, indem die Philosophie vor allem mit der Neurobiologie, den Kognitionswissenschaften und der Entwicklungspsychologie kooperiert.

Die Unterscheidung zwischen „Werten" und „Normen" wird häufig durch einen uneinheitlichen, bisweilen konfusen Sprachgebrauch mit zahlreichen Überschneidungen und Widersprüchlichkeiten erschwert. Normen werden im Allgemeinen als Handlungsvorschriften bezeichnet. Sie drücken aus, dass eine bestimmte Handlung geboten, erlaubt oder verboten ist. Werte hingegen stellen ideale Orientierungsmuster dar. Sie werden von den Menschen in unterschiedlichem Maße erstrebt bzw. geschätzt. Zwischen Normen und Werten besteht ein enger Zusammenhang. Zu jeder Gebotsnorm gibt es einen Wert, der konkretisiert, d. h. verwirklicht werden soll. Umgekehrt kann jedem Wert ein bestimmte Norm als eine Art Handlungsregel zugeordnet werden. Dem Wert „Gerechtigkeit" enspricht also die Norm „Handle und verhalte dich gerecht!", oder noch konkreter „Behandle deine Schüler gerecht und lass dich bei ihrer Bewertung nicht von Sympathie oder Antipathie leiten!"

NORMKOMPONENTEN

1. Charakter der Norm
    (a) technische Norm
    (b) Moralnorm
    (c) Rechtsnorm
2. Inhalt / Bedeutung der Norm
3. Anwendungsbedingung

4. Normautorität

5. Normadressat(en)

6. Sanktionen bei Normverstoß

Eine vollständig bestimmte Norm enthält Angaben zu all diesen Komponenten.

Ebenen der Ethik:
Ethische Problemstellungen lassen sich in einem auch für didaktische Fragen klärenden Überblick auf unterschiedlichen Ebenen[8] ansiedeln.

(1) *Deskriptive Ethik*: Sie beschreibt in neutraler Manier, aus der Beobachterperspektive, tatsächlich vorhandene Wert- und Moralvorstellungen bei Individuen, Gruppen, Schichten und ganzen Gesellschaften. Werte und Normen werden als soziale Tatsachen behandelt. Sie arbeitet mit historischen, soziologischen oder auch ethnologischen Methoden. Ein wichtiges Anliegen der deskriptiven Ethik ist, eine Erklärung des Wertewandels zu liefern.

(2) *Normative Ethik*: Sie ist wertend und versucht aus der Teilnehmerrolle, Normen zu begründen oder die Gültigkeit von Rechten, Pflichten, Maximen, obersten Werten, höchsten Prinzipien, obersten Gütern etc. aufzuzeigen.

(3) *Metaethik*: Sie geht analytisch vor und untersucht die Bedeutung der moralischen Sprache: Was heißt „gut"? Welches sind die Bedeutungen des Begriffs „Verantwortung"? Mit welchen Sprechakten geht man Verpflichtungen ein? Metaethik in diesem Sinne ist eine analytische Theorie der Bedeutung der Moralsprache. Man kann zwei metaethische Grundpositionen unterscheiden: den Kognitivismus und den Nonkognitivismus (Emotivismus). Für den Emotivisten gibt es – im Gegensatz zum Kognitivisten – keine objektiven moralischen Aussagen. Nach seiner Meinung beschreibt z. B. der Satz „Die Würde des Menschen ist unantastbar" keine mit dem Verstand erfassbare äußere Realität. Er ist vielmehr Ausdruck eines bloß subjektiven Gefühls, einer Emotion.

(4) *Angewandte Ethik*: Sie behandelt allgemeine Praxisfelder und analysiert grundlegende Argumentationsstrukturen z. B. der Bio-Ethik, Medizin-Ethik, Wissenschafts-Ethik, Medien-Ethik, Wirtschafts-Ethik oder Technik-Ethik.

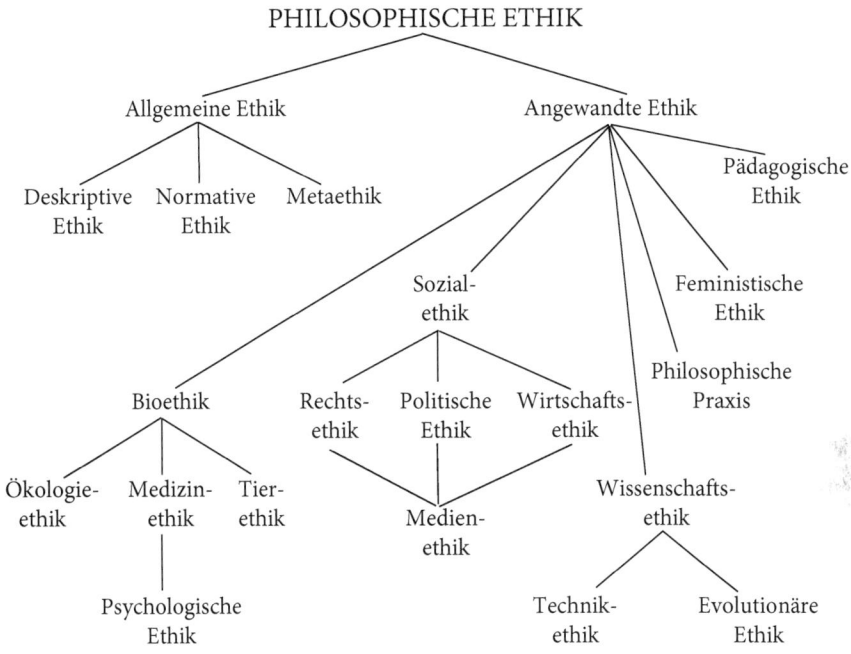

(aus: A. Pieper, 1998, S. 9)

Das Problem des Wertepluralismus

Die Rechtfertigung von Moralansprüchen erfolgt heute zumindest in demokratisch verfassten Gesellschaften vor dem Hintergrund von pluralen ethischen Positionen und Argumentationen. Diese Pluralität tritt bei moralisch-ethischen Konflikten in nahezu allen Lebensbereichen auf.

Der Pluralismus, mit dem der Ethikunterricht sich auseinandersetzen muss, ist daher nicht nur ein politischer und gesellschaftlicher, sondern viel grundsätzlicher ein ethischer bzw. moralphilosophischer Pluralismus. Rein empirisch betrachtet bezeichnet der Pluralismus eine Vielfalt von Religionen (religiöser Pluralismus), von Werten (Wertpluralismus) und von gesellschaftlichen Gruppen (politischer Pluralismus). Diese Vielfalt und Unterschiedlichkeit wird unter einem normativen Blickwinkel anerkannt und gutgeheißen. Für den politischen Pluralismus lassen sich vier konstitutive „Kerntheoreme"[9] ausmachen:

(1) legitime Vielfalt
(2) die regulative Idee des Gemeinwohls
(3) Konsens und Konflikt
(4) die Konkurrenztheorie der Demokratie.

Im Rahmen einer pluralistischen Demokratietheorie sollen sie maximale individuelle Freiheit mit der Möglichkeit stabiler kollektiver Bindungen und Gemeinsamkeiten garantieren. Der ethische Pluralismus zeigt sich vor allem auf der 5. ethischen Ebene (Eudaimonistische Ethik) in unterschiedlichen Konzeptionen des „guten Lebens". Fragen wie „Wer will ich sein? Was will ich aus meinem Leben machen? Was ist gut für mich? Wofür investiere ich Lebenszeit?" können auf individuell unterschiedliche Weise beantwortet werden. Dabei brauchen, sofern nicht gegen Rechte anderer verstoßen wird, noch keine moralischen Probleme zu entstehen. Fragen des guten Lebens haben wesentlich mit Authentizität zu tun, während es in moralisch-normativen Fragen um den Begriff der Autonomie geht. Um diesen begründen und ausbuchstabieren zu können, stehen jedoch wiederum eine Fülle von Positionen und Argumentationen zur Verfügung.

Mit der Pluralität der Argumente und Werte stellt sich ein für den Ethikunterricht höchst prekäres Problem. Es handelt sich um jene viel beschworene Gratwanderung zwischen Indoktrination und Indifferenz. Der Ethikunterricht – so wird immer wieder postuliert – darf in keiner Weise ideologisch indoktrinieren, soll aber anderseits die Gefahr der Indifferenz vermeiden. Das institutionalisierte Gebot weltanschaulicher Neutralität soll auf keinen Fall in einen uferlosen Relativismus münden, der alles gelten lässt und bei den Heranwachsenden vor allem Gleichgültigkeit, Resignation oder gar Zynismus erzeugen kann. Hier wäre das Argumentier- und Diskurspotential des Ethikunterrichts kaum genutzt. Sowohl eine achselzuckende anything-goes-Haltung wie ein engstirniger bzw. fundamentalistischer Dogmatismus haben eigentlich aufgehört, differenziert zu argumentieren. In beiden Fällen, wenn auch mit unterschiedlichem Resultat, herrscht ein Reflexionsstopp. Der Versuch, in einer konsistenten wie kohärenten Argumentation (Teil)Konsense zu erzielen oder Dissense zu markieren und auszuhalten, findet nicht mehr statt.

Von einer inhaltlich-thematischen Seite hat vor allem Otfried Höffe schon recht früh versucht, das Problem des Wertepluralismus zu lösen oder zumindest beträchtlich zu entschärfen.

> „Die Qualifikation ‚pluralistisch' (darf) vom sittlichen Standpunkt aus nicht absolut gesetzt werden. In einem ethisch angemessenen Verständnis des Begriffs pluralistische Gesellschaft muß man vielmehr Bereiche, die pluralistisch sein sollen, von solchen, die es nicht sein dürfen, unterscheiden. Zum *pluralisierbaren* Bereich gehören die Bedürfnisse und Talente, die Mode- und Geschmacksvorstellungen, schließlich weitgehend die Formen der Weltinterpretation und des Selbstverständnisses. Die Überzeugungen, die die menschliche Selbstrealisation leiten, können persönlichen und gruppenmäßigen Freiräumen überlassen bleiben – sofern sie nicht die Selbstrealisation anderer beeinträchtigen. *Nicht pluralisierbar* dagegen sind die Grund- und Rahmenbedingungen, die den Ausgleich rivalisierender Selbstrealisationen regeln: Voraussetzungen von Kommunikation und Bedingungen einer humanen Konfliktbewältigung."[10]

Um einem kruden Sozialdarwinismus zu entgehen, sind *elementare Verbindlichkeiten* erforderlich, die einen gerechten und humanen Umgang mit Konflikten ermöglichen. Daher ist kein absoluter Pluralismus sinnvoll, sondern ein relativer. Um jene schöpferische Vielfalt unterschiedlicher persönlicher, politischer, religiöser oder geistiger Interessen möglich werden zu lassen, brauchen moderne Gesellschaften offensichtlich als Arbeits- und Kommunikationsgrundlage ein Set an allgemein gültigen normativen Verbindlichkeiten. Sie sind dem Streit individueller Bekenntnisse und Daseinsentwürfe prinzipiell enthoben. Indem wir zwischen der im Prinzip *einen* Ethik elementarer Verbindlichkeiten und der Pluralität ethischer Lebensentwürfe unterscheiden, überwinden wir die Alternative von Indoktrination und Relativismus.

Den Menschenrechten kommt in diesem Zusammenhang eine besondere Bedeutung zu. Als persönliche Freiheitsrechte, politische Mitwirkungsrechte sowie Sozial- und Kulturrechte sind sie Bedingungen der reziproken Anerkennung von grundsätzlich gleichberechtigten Personen. Sie sind einem legitimen Pluralismus entzogen und als solche jeder Rechts- und Staatsordnung vor- und aufgegeben.

Dabei kommt es vor allem auf eine für die pluralistische Gesellschaft konstitutive Tugend an: die *Toleranz*. Sie ist kein Feigenblatt für Gleichgültigkeit oder Interessenlosigkeit. Zu ihrer ethischen Tiefendimension gehört das Bewusstsein um die prinzipielle Eigen- und Selbstwertigkeit anderer, fremder Ethiken. Andersdenkende können so bejaht werden in ihrem Lebensrecht, ihrem Entfaltungswillen und ihrer Freiheit. Konkret manifestiert sich eine solche Grundhaltung in der Fähigkeit des Zuhörens, des Eingehens auf den anderen, in der Fähigkeit und Bereitschaft, sich in seine Lebenswirklichkeit einzufühlen und sich angesichts neuer Informationen zu revidieren. Toleranz ist aber kein Selbstzweck. Sie ist wesentliche Bedingung und Ausdruck menschlicher Freiheit. Daher endet sie dort, wo Würde und Freiheit verletzt werden. Ihr Maß findet sich also letztlich in den Menschenrechten.

Menschenrechte und die daraus abgeleiteten Grundrechte sind, was Begründung und vor allem Anwendung betrifft, keinesfalls ein homogener Block an unverrückbaren Vorgaben. Sie bedürfen vielmehr der historisch-philosophischen Explikation und vor allem einer inhaltlichen Interpretation und entsprechenden Applikation. Dabei konfligieren sie sehr häufig untereinander. Freiheit steht gegen Gleichheit, oder das Recht auf Leben gegen das Recht auf Selbstbestimmung. Eine plausible Güterabwägung muss getroffen werden. Bei ihrer konkreten Umsetzung kommt es zwischen den verschiedenen politischen Lagern nicht selten zu erbitterten Kontroversen, die dann höchstrichterlich entschieden werden. Hier ist also kritisch differenzierende Urteilskraft gefragt.

Reflexives Urteilsvermögen

Urteilsfähigkeit ist nach Kant das Vermögen, das Einzelne mit dem Allgemeinen zu vermitteln. Dies kann in einer zweifachen Weise geschehen. Wenn das Allgemeine gegeben ist, ist Urteilskraft nötig, um das Besondere dem Allgemeinen unterzuordnen. Aber es ist auch das Umgekehrte denkbar: Gegeben ist der konkrete Fall, zu dem eine passende allgemeine Regel gefunden werden soll. Kant unterscheidet daher in seiner ‚Kritik der Urteilskraft' die *bestimmende* von der *reflektierenden* Urteilskraft.

> „Urteilskraft überhaupt ist das Vermögen, das Besondere als enthalten unter dem Allgemeinen zu denken. Ist das Allgemeine (die Regel, das Prinzip, das Gesetz) gegeben, so ist die Urteilskraft, welche das Besondere darunter subsumiert, … *bestimmend*. Ist aber nur das Besondere gegeben, wozu sie das Allgemeine finden soll, so ist die Urteilskraft bloß *reflektierend*."[11]

Durch die reflektierende Urteilskraft werden also die individuelle und die universale Perspektive miteinander vermittelt. Beim ethischen Argumentieren muss also zumindest dreierlei berücksichtigt werden: In der Situationsanalyse werden die konkreten und signifikanten Details identifiziert; die Normenanalyse stellt jene Prinzipien und Normen bereit, nach denen geurteilt werden soll. Schließlich kommt es in einer sich daran anschließenden Güterabwägung zu einem abschließenden, aber grundsätzlich revisionsoffenen Urteil.[12]

Die vornehmlich kognitiven Dimensionen des ethischen Reflexionsbegriffs hat wohl als erster Otfried Höffe prägnant zur Sprache gebracht. Seine richtungsweisenden Formulierungen sind inzwischen in zahlreichen curricularen Präambeln, Lernzielbeschreibungen oder didaktischen Entwürfen übernommen worden.

> „Der Unterricht in Ethik, so sein Spezifikum, sollte sich auf die kognitiven Momente sittlichen Handelns konzentrieren, diese Momente aber vollständig behandeln. Er sollte den Schülern helfen, im Ausgang von eigenen und fremden Erfahrungen die sittlichen Probleme, die im schulischen und außerschulischen Leben auftreten, zu erkennen, zu artikulieren und nach allgemein verbindlichen Kriterien und Verfahren zu bewältigen. Er sollte also zur Entwicklung der Fähigkeit des Schülers beitragen, die sittlichen Aufgaben, die sich etwa angesichts persönlicher, gesellschaftlicher und politischer Konflikte, die sich angesichts der Verschiedenheit und Konkurrenz von Werten, Normen und Weltanschauungen stellen, allererst zu sehen, sie ihrer sittlichen Struktur nach wahrzunehmen und zu interpretieren, sie zu analysieren und dafür Begründungs-, Beurteilungs- und Kritik-Aspekte nach Maßgabe von Selbstbestimmung und sozialer Verantwortung zu finden. Die Aufgabe des Ethikunterrichts liegt im methodischen – und natürlich auch altersgemäßen – Einüben in die Wahrnehmungs-, die Sprach- und die Argumentationskompetenz angesichts sittlich-praktischer Gehalte. Lernziel des Ethikunterrichts ist sittliche Reflexion (mit Information, Interpretation etc.), das heißt eine Reflexion, die nicht um des Wissens, sondern um der Sitt-

lichkeit von Praxis willen durchgeführt wird; Lernziel ist Reflexion als Moment sittlicher Kompetenz."[13]

Diese nicht-maximalistische Auffassung von Ethikunterricht hat den unbestreitbaren Vorteil, dass sie die Möglichkeiten dieses Faches nicht überschätzt. Sozialwissenschaftliche Theorien, philosophische Positionen oder Argumentationsmuster lassen sich rekonstruieren, analysieren und auf gegenwärtige Problemkonstellationen transferieren. Dazu ist ein beträchtliches Maß an intellektuellem Aufwand nötig. Diese vorwiegend kognitive Schiene wird jedoch schon verlassen, wenn die Schüler versuchen, sich ihrer bislang für selbstverständlich gehaltenen Werthaltungen bewusst zu werden, um sie mit anderen plausiblen Einstellungen zu konfrontieren. Dafür ist ein gewisses Maß an reflexiver Selbstwahrnehmung und Sensibilität für fremde Wertpositionen erforderlich. Bei diesen Operationen spielt neben der Fähigkeit diskursiver Begründung vor allem eine affektive Komponente eine wesentliche Rolle: Die Bereitschaft und Fähigkeit, sich in andere und deren Wertewelt hineinzutasten (Empathie).

Ethisches Lernen – dies soll hier festgehalten werden – kommt ohne elementare Formen „*ethischen Wissens*" nicht aus. Dazu gehört zum einen

(1) *das Faktenwissen*: Ohne rudimentäre, aber sachlich zutreffende Kenntnisse der Zellbiologie lassen sich in bioethischen Fragen wohl schwerlich seriöse ethische Urteile bilden. Sachlichkeit als selbstevidentes Gebot wissenschaftlichen Arbeitens verhindert in der Regel hohes Moralisieren.

(2) Vernetztes *Zusammenhangswissen*: um das Knäuel an Problemen in aktuellen Fallanalysen zu lösen, bedarf es naturwissenschaftlicher (z. B. Biologie, Chemie), sozialwissenschaftlicher (z. B. Soziologie, Psychologie) oder philosophischer (Anthropologie, Ethik) Kenntnisse. Der fächerübergreifende, interdisziplinäre Ansatz scheint in solchen Fällen die adäquate Methode.

(3) *Prinzipienwissen*: zur Lösung anstehender Probleme (z. B. Ökologie, Embryonenforschung oder Sterbehilfe) bedarf es ethischer Prinzipien (Goldene Regel, Kategorischer Imperativ oder utilitaristische Urteilsprinzipien). Sie vermitteln uns eine gewisse Orientierung, zeigen eine mögliche Richtung plausibel begründbarer Urteile und Entscheidungen an.

(4) *Konsequenzenwissen*: um die mannigfaltigen Fernwirkungen technologischen Könnens abzuschätzen, bedarf es neben einschlägigem Sachwissen einer gewissen Imaginationskraft. Der Risikobegriff ist ein klares Beispiel dafür, dass sich in diesen abschätzenden Blicken in die Zukunft nicht nur Kognitives, sondern sehr viel Affektives als eine „Heuristik der Furcht" (Jonas) niederschlägt. Ethische Urteilskraft meint auch einen „richtigen", d. h. verantwortungsbewussten Umgang mit Angst bzw. Furcht.

(5) Wissen um die Notwendigkeit *nicht pluralisierbarer ethischer Verbindlichkeiten* (z. B. Toleranz). Dabei handelt es sich um Rahmennormen, die eine humane Konfliktbewältigung ermöglichen.[14]

Orientierungswissen

Das unter (5) genannte Wissen ist *eine* Dimension des häufig eher schlagwortartig zitierten und postulierten normativen Orientierungswissens.

> „Sittliches Orientierungswissen … gibt weder *eine* (dogmatische) Antwort für alle, aber es gibt auch nicht ein beliebiges und unverbindliches Nebeneinander zufälliger Antworten. Wir leben auch in der Schule in einer multikulturellen und multireligiösen Welt. Alles kommt darauf an, wie Menschen mit verschiedenen letzten Voraussetzungen und Traditionen mit ihren Mitmenschen umgehen, die nicht in jeder Hinsicht die gleichen letzten Orientierungen haben. Wenn die Schüler begreifen, dass Menschen für ihr Leben letztlich verbindliche, nicht beliebig änderbare Orientierungen gesucht und gefunden haben, dann erzieht das zur gelebten Toleranz und zur Achtung vor denjenigen, die ein anderes Zentrum ihres Denkens, Handelns, Leidens und Hoffens für sich als verbindlich anerkennen."[15]

„Orientierung" impliziert nicht eine Möglichkeit, fertiges Wissen zu übernehmen und ihm mehr oder weniger blind zu folgen. Der reflexive Gebrauch dieses Begriffs meint etwas anderes. Eine Karte ist für Wanderer zwar ein unentbehrliches Mittel des Sich-Zurechtfindens in fremdem Gelände. Sie nimmt ihnen jedoch weder die Wahl ihres Ziels noch die des Weges dahin ab.[16] Auf den Ethikunterricht übertragen hieße das: die Auseinandersetzung mit exemplarischen Wertentscheidungen und Handlungsvollzügen lässt dem Schüler einen reflexiven Spielraum: Es liegt an ihm, sich für die eine oder andere Position, Haltung oder Handlungsweise zu entscheiden. Dabei sind in der kritischen Auseinandersetzung mit anderen seine eigenen Gründe und Begründungen maßgebend. Nicht am Gedachten, an den präsentierten Beispielen soll sich der Schüler orientieren, sondern in erster Linie im Denken. Es geht also weniger um eine Erziehung zu festen Werten als zum reflexiv-kritischen Werten und Urteilen. Moralisches Lernen ist nicht bloßes Verinnerlichen, sondern individuelle Interpretation, nicht eine spezifische Form von Abrichtung, sondern Kompetenzerweiterung. Reflexive Orientierung führt also zu keinem vorgegebenen Kanon substantieller Werte, den es nur zu übernehmen, zu internalisieren gälte. Dies würde einem Hauptziel des Ethikunterrichts diametral widersprechen: der moralischen Autonomie. Gründe, die jemanden dazu bringen, Interessen und Rechte anderer zu respektieren, müssen von ihm selbst eingesehen und akzeptiert und nicht bloß andemonstriert oder ansozialisiert werden. Das Grundprinzip der Ethik ist das „der Selbstbestimmung durch eigene Gründe" (Volker Gerhardt).

Die *andere* Dimension des Orientierungsbegriffs zielt auf die ganze Sphäre der persönlichen Lebensgestaltung und -bewältigung. Auch hier soll Fremdbestimmung durch Selbstbestimmung ersetzt werden. Der Ethikunterricht kann dazu beitragen, dass Kinder und Jugendliche durch die Entwicklung von Reflexivität, von Unterscheidungs- und Kritikfähigkeit lernen, mit dem Druck der mächtigen Konsum-, Medien- und Unterhaltungsindustrie kritisch und souverän umzugehen, anstatt ihm passiv und hilflos ausgesetzt zu sein. Die Kraft zur reflexiven Selbstbestimmung verhilft dazu, im (neo)aristotelischen Sinne ein „gutes Leben" zu führen, das auf die Grundfrage „Wer sind wir und welches Leben wollen wir leben?" eine befriedigende Antwort zu geben weiß. Eine Orientierungshilfe des Ethikunterrichts kann hier vornehmlich als Hilfe zur Selbsthilfe, zur Orientierungsautonomie gesehen werden. Höffe hat auch diesen zweiten Aspekt schon 1979 angesprochen, wenngleich später nur zögerlich weiterverfolgt.

> „Man bildet sittliche Kompetenz nicht schon durch Analyse und theoretische Kritik von menschlichen Verhaltensformen, sondern erst durch ein Einüben in Selbst-Distanz und Sozial-Kontrolle, durch eine kritische Aneignung von Kommunikations- und Interaktionsmustern und durch die dabei immer wieder neu zu vollziehende Anerkennung seiner selbst und seiner Mitmenschen im Sinne von Vernunftwesen".[17]

Sittliche Kompetenz impliziert also die Fähigkeit und Bereitschaft, sich von seinen unreflektierten Neigungen und dem sozialen Erwartungsdruck zu distanzieren. Aus dieser doppelten Distanz wird eine kritische Reflexion gewohnter Verhaltensmuster und spontaner Handlungen erst möglich. In dem ständigen Bemühen um Selbst- und Lebensgestaltung bildet sich auch die individuelle moralische Identität. Das, was ich bin, wird gewissermaßen bestimmt durch die moralischen Grundsätze und Maximen meiner persönlichen Lebensgestaltung. Dadurch grenze ich mich von den anderen ab.

Im reflektierten Handlungswissen läuft ein normenethischer mit einem strebensethischen Strang zusammen. In dieser Kombination zeichnet sich das Profil einer *moralischen Kompetenz* ab, wie sie im Ethikunterricht angestrebt werden sollte. Darunter fallen z. B.
1. die Fähigkeit, für sich selbst, die eigene Existenz und das eigene Glück, zu sorgen,
2. die Fähigkeit zur Wahrnehmung und Achtung fremder Denk- und Lebensformen unter Wahrung der eigenen,
3. die Fähigkeit, Kritik zu üben oder couragiert Widerstand zu leisten, wenn in der eigenen Umgebung die tragenden Werte verletzt werden,
4. die Fähigkeit, die eigenen Interessen und Bedürfnisse so zurückzunehmen, dass die Natur geschont und benachteiligte Gruppen einen gerechten Anteil am Wohlergehen der Menschen haben,
5. die Fähigkeit, Widersprüche, Aporien und Ambivalenz auszuhalten.[18]

Diese Beispiele „moralischer Schlüsselqualifikationen" umfassen sowohl formale wie auch materiale Bestimmungen ethischer Kompetenz. Sie können mit Höffe als universale „Grundnormen" angesehen werden.[19]

Schema: *Orientierungswissen im Ethikunterricht*

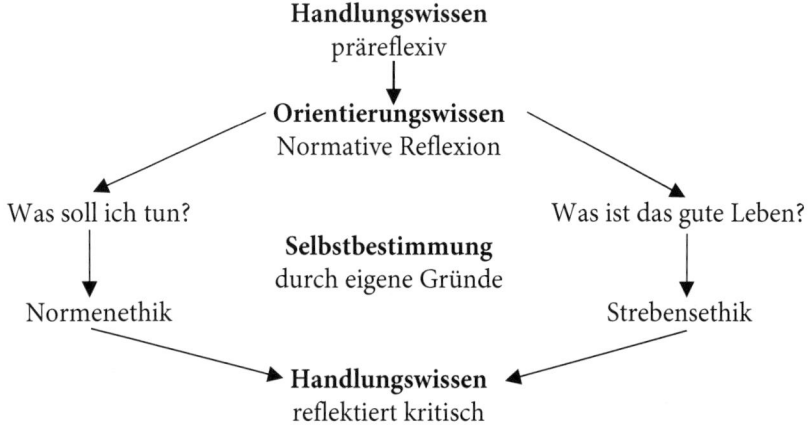

Urteilen und Handeln

Zum alltäglichen Geschäft des Ethikunterrichts gehört es, zu untersuchen, welche Normen und Werte oder noch elementarer welche Interessen, Wünsche und Bedürfnisse menschlichem Handeln in bestimmten konkreten Situationen zugrunde liegen. Dazu ist eine ordentliche Portion an analytischem Spürsinn nötig. Die normativen Aspekte müssen erst empathisch wahrgenommen, interpretiert und dann beurteilt werden. Dazu werden Begriffe, Argumentationsmuster und Moraltheorien rekonstruiert und auf die konkrete Fallkonstellation angewendet. Eine zentrale Frage ist, ob es bei diesem Wahrnehmen, Argumentieren, Kommunizieren und Urteilen als einem externen Prozess bleibt, oder ob diese Operationen irgendwie das persönliche Verhalten und Handeln der Schüler prägen. Rein theoretisch wären drei Fälle denkbar: Richtiges Urteilen steht in keinem irgendwie erkennbaren Zusammenhang mit entsprechendem Handeln. Es besteht also ein unüberbrückbarer Hiatus zwischen Urteilen und Handeln. Auf der anderen Seite dieses Spektrums stünde die These, dass richtiges Urteilen gar nicht anders kann, als sich seinen direkten Weg in die Praxis zu suchen und zu finden. Von gewissen untypischen Ausnahmen abgesehen formiert eine rationale Einsicht unsere Motivation und unseren Willen so mächtig, dass dieser quasi automatisch entsprechend handeln muss. In der Mitte ließen sich nun eine ganze Reihe von ausgewogeneren Positionen ausmachen. Ihnen gemeinsam ist, dass sie das Urteilen wenn auch nicht als hinreichende, so doch als notwendige Bedingung für richtiges Handeln sehen. Ansonsten gibt es nicht wenige Hürden, die verhindern, dass ein richtiges und differenziertes Urteil vom Urteiler auch exekutiert würde. Der Weg von einer klaren und deutlichen kognitiven Einsicht bis zu deren praktischem Vollzug ist nicht selten ein langer und kurvenreicher.

Kant hatte ein stets mögliches Auseinanderklaffen von Urteil und Handeln klar vor Augen.

> „Das oberste Principium aller moralischen Beurteilung liegt im Verstande, und das oberste Principium des moralischen Antriebes, diese Handlung zu tun, liegt im Herzen; diese Triebfeder ist das moralische Gefühl. Dieses Principium der Triebfeder kann nicht mit dem Principio der Beurteilung verwechselt werden. Das Principium der Beurteilung ist die Norm, und das Principium des Antriebes ist die Triebfeder. Die Triebfeder vertritt nicht die Stelle der Norm. Das hat einen praktischen Fehler, wo die Triebfeder wegfällt, und das hat einen theoretischen Fehler, wo die Beurteilung wegfällt."[20]

Beide, Verstand und „Herz", müssen offensichtlich zusammenwirken. Dies scheint allerdings schwierig, da sie beide aus unterschiedlichem Stoff gewirkt sind. Kant fragt weiter, wie der Mensch nun zu einem solchen „moralischen Gefühl" kommen könnte.

> „Worauf kommt es denn nun an, daß der Mensch ein solches moralisches Gefühl habe? Jeder kann einsehen, daß die Handlung verabscheuungswürdig ist, nur der aber, der diesen Abscheu fühlt, hat ein moralisches Gefühl. Der Verstand verabscheut nicht, sondern sieht die Abscheulichkeit ein und widersetzt sich derselben; aber die Sinnlichkeit muß nur verabscheuen; wenn nun die Sinnlichkeit dasjenige verabscheut, was der Verstand als abscheulich einsieht, so ist dieses das moralische Gefühl. Den Menschen dahin zu bringen, daß er die Abscheulichkeit des Lasters fühle, ist gar nicht möglich. Denn ich kann ihm nur das sagen, was mein Verstand einsieht, und so weit bringe ich ihn auch, daß er einsieht, aber daß er den Abscheu fühlen soll, wenn er nicht solche Reizbarkeit der Sinne hat, ist nicht möglich. ... Also läßt sich so was überhaupt nicht hervorbringen. Der Mensch hat nicht solche feine Organisation, durch objektive Gründe bewogen zu werden, es ist keine Feder von Natur, die da könnte aufgezogen werden, solches hervorzubringen."[21]

Der Verstand ist also auf das „moralische Gefühl", auf moralische Sensibilität als Bedingung der Möglichkeit von vernünftiger moralischer Praxis angewiesen. Alleine scheint er trotz der Klarheit und Eindeutigkeit seiner Sätze ohnmächtig. Es fehlt ihm eine Art von Resonanzboden, der die Theorie Wirklichkeit werden lassen könnte. Eine direkte Transformation zwingender „objektiver Gründe" in entsprechende Praxis kann es nicht geben. Die dafür erforderliche „feine Organisation", die den direkten Übergang möglich machen könnte, steht nach Kant nicht zur Verfügung. Was uns bleibt – und das ist gar nicht wenig – ist,

> „einen *habitum* hervorzubringen, der nicht natürlich ist, aber doch die Natur vertritt, der durch die Nachahmung und öftere Ausübung zum *habitu* wird ... Aber alle Methoden, die Laster bei uns verabscheuungswürdig zu machen, sind bei uns falsch. Wir

> sollen schon von Jugend auf einen unmittelbaren Haß und Abscheu wider solche Handlungen einflößen, aber nicht einen mittelbaren, der nur einen pragmatischen Nutzen hat. Wir müssen nicht eine Handlung als verboten oder als schädlich vorstellen, sondern als an sich selbst innerlich verabscheuungswürdig. Z. E. das Kind, was da lügt, muß nicht bestraft, sondern beschämt werden; man muß einen Ekel, einen Abscheu, eine Verachtung gegen dasselbe hegen, so als wenn es mit Kot beworfen wäre; durch solche öftere Wiederholung können wir bei ihm einen solchen Abscheu wider das Laster erregen, der ihm zum *habitu* werden kann."[22]

Diese Form von Habitualisierung, die in Richtung Selbstkonzept und moralischer Identität tendiert, kann nach Kant grundsätzlich die Motivationslücke zwischen Vernunft und Handeln schließen helfen.

Im Begriff der *moralischen Sensibilisierung* steckt eine Möglichkeit, den Hiatus zwischen Urteilen und Handeln wenn nicht zu schließen, dann doch zu verkleinern. Kinder und Jugendliche, die für die genuin moralischen Dimensionen ihres und fremden Handelns sensibilisiert, „feinfühlig" werden, haben den Ort bloß theoretischen, also begriffslogischen ethischen Argumentierens schon verlassen. Sie haben die kognitive Ebene in Richtung affektiven „Betroffenseins" hinter sich gelassen. Die Wahrscheinlichkeit, dass sie sich engagieren, Partei ergreifen, punktuell Verantwortung übernehmen, um so zu ihren eigenen, selbst gewonnenen moralischen Einsichten zu stehen, ist beträchtlich gestiegen. Grundsätzlich gilt, dass Moral nichts ist, das sich „beweisen" ließe. Sie meint eine qualitativ ganz andere Form von Gewissheit. Und wer über kein moralisches Empfinden verfügt, dem sind Werte schwerlich zu vermitteln.

Ein Sachverhalt scheint konsensverdächtig: Wenn wir im Ethikunterricht Selbstdenken (Autonomie) und Mündigkeit fördern wollen, um Indoktrination und Manipulation auszuschließen, dann scheint die Priorität von Urteilsbildung und moralischer Sensibilisierung vernünftig.

> „Ziel der moralischen Erziehung kann es … nicht sein, Kinder gut zu machen, sondern ihnen bei der Interpretation und Anwendung ihrer moralischen Intuitionen behilflich zu sein."[23]

Was heißt dies konkret? Zunächst müssen sie selbst-reflexiv versuchen, sich darüber Klarheit zu verschaffen, wie und warum sie eigenes oder fremdes Handeln bewerten. Das geht über das hinaus, was „*Wertklärung*" (value clarification) meint. Am Anfang stehen nämlich weniger Imperative und Normen, sondern eigene Wahrnehmungen. Regeln oder Prinzipien der Moral werden intuitiv erkannt, da sie den menschlichen Interaktionen inhärent sind. Moralische Erziehung hat es daher ganz wesentlich mit der Artikulation und Klärung der in didaktisch arrangierten Situationen anfallenden oder entwickelten moralischen Wahrnehmungen der Schüler zu tun. Teil dieser Intuitionen sind die Gefühle: Empörung, Hass, Schuld, Scham, Schadenfreude oder Reue.

Die Klärung der moralischen Wahrnehmungen erfolgt weniger monologisch, sondern vor allem dialogisch, im Gespräch mit anderen und deren je unterschiedlichen Intuitionen. Die empathische Wahrnehmung fremder Wertschätzungen in Form von Interessen oder Wünschen ist eine Voraussetzung, sich daran abzuarbeiten und die eigenen Präferenzen deutlicher in den Blick zu bekommen. Heinz Schmitt spricht in diesem Zusammenhang sehr plastisch von der „inneren Beratung des Ich mit sich selbst"[24]. Sie ist kein solipsistisches Geschehen, sondern der kreative Bezug des Jugendlichen auf seine Umgebung unter Einbeziehung eigener Bedürfnisse und Ansichten über sich selbst. Dieses authentische und vertrauensvolle Gespräch mit anderen über gemeinsame oder unterschiedliche Einstellungen und Meinungen greift lediglich die in den alltäglichen, schulischen oder außerschulischen Interaktionen virulenten Sachverhalte auf.

Auf eine sensible Aufnahme der eigenen moralischen Wahrnehmungen und deren weitere Klärung in einer empathischen Kommunikation mit anderen folgt in einem fließenden Übergang der argumentative Diskurs. In ihm sollen die einzelnen Positionen und Ansprüche untersucht und auf ihre moralische Plausibilität hin abgeklopft werden. Dabei geht es vor allem darum, die Schüler für die Notwendigkeit einer möglichst guten, d. h. zwingenden Begründung zu sensibilisieren. Sie können dabei im Laufe vieler Begründungsversuche, kritischer Rückfragen und Neuformulierungen ein Gespür für jenen „Stoff" entwickeln, aus dem moralische Gründe gewirkt sind.

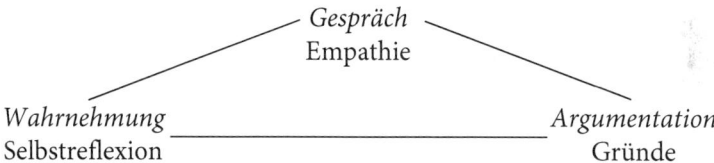

Der Ethikunterricht leitet also zu *selbst-reflexivem, kommunikativem und diskursiv-argumentativem* Handeln an. Um in diesen drei Feldern eine gewünschte *Habitualisierung* herbeizuführen, braucht es Zeit.

> „Alle ‚Verinnerlichungen' sind labil, moralische Gewohnheiten fragil, Überzeugungen immer erneut Lernen ausgesetzt …"[25]

Und doch können hier, sofern das Einüben entsprechend konsequent und mit „pädagogischem Takt" (Herbart) erfolgt, à la longue gewisse Grundhaltungen angelegt bzw. entwickelt werden. Dabei spielt das Unterrichtsgespräch eine herausragende Rolle. Es ist ein geradezu ideales Lernmedium für den Ethikunterricht. Eine Vielzahl von moralisch relevanten Operationen können „gesprächshalber" erprobt und eingeübt werden: zu-hören – wahrnehmen – artikulieren – einfühlen – imaginieren – revidieren – analysieren oder begründen. Werte wie Toleranz, Fairness oder Mitgefühl können im sensiblen, umsichtigen und kohärenten Unterrichtsgespräch didaktisch elementarisiert werden. Im Gespräch mit ihren Schülern über deren Wahrnehmungen bzw. Intuitionen kann die Lehrperson in einem prägnanten Sinne Vorbild sein oder sich in performative Widersprüche verstricken. Über Toleranz in einem indoktrinierenden Gestus zu verhandeln wäre ein zugespitztes Beispiel dafür.

In der Habitualisierung eines Reflexions-, Kommunikations- und Argumentier-Duktus prozessiert sich eine indirekte Vermittlung von Werten. Diese sind prinzipiell nicht lehrbar im Sinne eines propositionalen Wissens. Aber sie sind erlernbar auf dem nicht selten mühsamen und frustrierenden Weg des reflexiven wie diskursiven Gesprächs. Darin liegen die größten Chancen zur Selbstveränderung.

> „Den Sinn und die Notwendigkeit von Toleranz, von Verständnisbereitschaft gegenüber dem anderen und Fremden, von Rücksichtnahme, Achtung, Fairneß zu vermitteln dürfte umso eher gelingen, je weniger die Atmosphäre und die Interaktionen im Klassenzimmer dazu in Diskrepanz stehen bzw. je mehr die entsprechenden Lernprozesse den Charakter des *learning by doing* haben."[26]

Dabei scheint es schon beinahe trivial zu betonen, dass die Motivation oder Demotivation zu Moral und moralischer Entwicklung in einem für den Ethikunterricht spezifischen Sinne der zwischenmenschlichen Unterrichtsatmosphäre entspringt. Sie zeichnet sich vor allem durch Anerkennung, Wärme und Vertrauen aus.

Mit dem Moment der indirekten Wertvermittlung hängt eine bestimmte Konzeption *moralischen Lernens* zusammen. Auf moralischem Gebiet besitzt man wie auf geistigem Gebiet nur das wirklich, „was man selbst erobert hat" (Piaget). Das zur Selbstbestimmung fähige Ich ist nicht einfach Resultat oder Produkt eines Anpassungsprozesses, sondern kontinuierliche Selbstkonstruktion. Moralisches Lernen ist also nicht bloß

> „Verinnerlichen, sondern Deutungsarbeit, nicht Abrichtung, sondern Kompetenzeröffnung, und die ist von Anfang an individuelle in dem Sinne, dass es für Geltungsansprüche moralischer Sätze keine eigenen Medien außerhalb der Kommunikation … gibt, die das Sittengesetz exekutieren würden. Alles Lernen findet unter der Voraussetzung einer operativen Subjektivität statt, die sich auf diese Weise fortsetzt, aber nur in Austauschtauschprozessen mit der Umwelt, also kommunikativ".[27]

In der Auseinandersetzung mit kontroversen Positionen und Wertmustern modelliert sich der Heranwachsende, formiert so sein Selbst und seine charakterliche Identität.

Moralische Identität bildet sich vor allem auch in Akten ethischen Urteilens.[28] Diese unterscheiden sich grundsätzlich von anderen Formen der Erkenntnis. Ein Wissen des moralisch Guten ist nicht ein Wissen von etwas, auf das der Erkennende quasi neutral wie auf einen beliebigen Sachverhalt blickt. Im Erkennen steckt hier ein Moment von Anerkennen, das sich auch als Bekennen artikulieren und steigern kann. Aus einem bloß deskriptiven Sagen, was ist, wird ein präskriptives Sagen, was sein soll. Beim ethischen Urteil ist die geläufige Trennung in Subjekt und Objekt kaum mehr möglich. Das Subjekt ist von vorneherein und durchgängig in den beurteilten Sachverhalt involviert. Es ist persönlich und existentiell gefordert. Moralische Urteile als integrierte Erkenntnis- und Willensakte sind daher nicht nur ichbestimmt, sondern auch ichbestimmend. Im moralischen Urteil kommen kognitive und voluntative Aspekte zusammen. Das Ineinanderverschränktsein, die ursprüngliche Synthesis beider Aspekte macht seine Qualität aus. Im sittlichen Urteil findet sich einmal ein Wissen um die rechten Ziele und Zwecke sowie um die adäquaten Mittel und Wege zu deren Realisierung. Hinzu kommt dann deren individuelle Anerkennung. Darin steckt in der Regel mehr als ein bloßes Wünschen oder Liebäugeln. Vielmehr wird der überzeugt Urteilende auch das in seinen Möglichkeiten und Fähigkeiten Liegende tun, um das Geurteilte in Praxis umzusetzen. Die Nähe zwischen sittlicher Einsicht und Wille kann so groß sein, dass letzterer sich beugt und dem „Sittengesetz" (Kant) freiwillig Folge leistet.

Diese Nähe resultiert in einem starken Bedürfnis, genau das zu tun, was man für moralisch richtig hält. Es kann im Ethikunterricht geweckt bzw. habitualisiert und zu einem integralen Bestandteil des Selbstkonzepts der Schüler werden. Die Person, das moralische Subjekt modelliert sich an und mit den Bildern, die wir von uns selbst machen. Der Schüler möchte sich als eine Person sehen, die, um mit sich übereinzustimmen, stets danach trachtet, das rational Eingesehene auch zu praktizieren. Zu ihrem Proprium gehört der Wunsch, in der Lage zu sein, die eigenen Handlungen gegenüber anderen zu rechtfertigen, und zwar mit Gründen, die sie vernünftigerweise nicht zurückweisen können. Dieser Wunsch ist jedoch nicht selbst rational begründbar. Er kann als eine existentielle, vorrationale Entscheidung zugunsten von Rationalität verstanden werden.

Eine *indirekte Vermittlung von Werten* bleibt im Ethikunterricht grundsätzlich möglich, ist jedoch fragil und ungewiss. Habitualisierungen brauchen Zeit und vollziehen sich eher verdeckt. Das Problem der Willensschwäche wird nicht durch niveauvolles rationales Argumentieren gelöst. Die Persönlichkeit der Schüler, durch vor- oder außerschulische Sozialisation und Einflüsse geprägt, spielt eine nicht zu unterschätzende Rolle. Der Ethikunterricht kann moralisches Lernen intendieren, aber nicht determinieren, weil Lernen ein aktiver, autopoietischer Prozess ist. Ob es dem Einzelnen gelingt, Einsicht, Wollen und Handeln in Übereinstimmung zu bringen, hängt auch von zahlreichen situativen, insofern kontingenten Faktoren ab. Die moralische Praxis lässt sich zwar im Unterricht simulieren und didaktisch reduziert aufbereiten. Ob das so Abgehandelte sich in persönliches Handeln überführen lässt, bleibt grundsätzlich offen.

Und doch kann der Ethikunterricht den Schülern bei der Bewältigung der Komplexität ihres Lebens helfen. Beim Hineinwachsen in eine Welt und dem

Finden eines eigenen Selbst brauchen sie pädagogische Hilfe. Diese besteht im Wesentlichen in einer Interpretation und Integration ihrer moralischen Intuitionen im Rahmen ihrer Subjektwerdung.

Begriff der moralischen Kompetenz

Schema: *Moralische Kompetenzen*

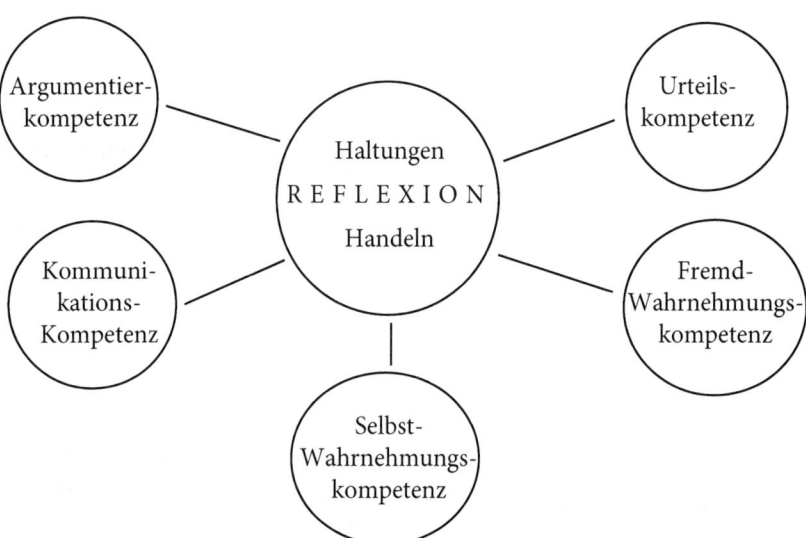

Unter *moralischer Kompetenz* soll hier ein Vermögen (Können) verstanden werden, das sich aus unterschiedlichen basalen Fähigkeiten konstituiert: Wahrnehmen – Kommunizieren – Argumentieren – Urteilen. Solche Fähigkeiten haben die Tendenz, sich mittel- oder langfristig zu Verhaltensdispositionen zu habitualisieren, die zu bestimmten Handlungen führen können. Moralische Kompetenz ist nötig, um sittlich mündig zu werden. Mündigkeit besteht jedoch nicht darin, vorgegebene Normen und Werte zu internalisieren. Der Prozess der Wertevermittlung erschöpft sich nicht in einem Anleiten zu gesellschaftlicher Konformität. Sein wesentliches Ziel bildet die sittliche Autonomie (Kant). Durch die im Ethikunterricht praktizierte moralische Erziehung soll den Heranwachsenden geholfen werden, sich von fragloser und naiver Übernahme herkömmlicher Wert- und Verhaltensmuster zu befreien, um ihr Leben eigenverantwortlich gestalten zu können. Dabei fällt der Reflexion eine ganz zentrale Rolle zu.

Das Konzept der moralischen Kompetenz ist von unterschiedlichen *theoretischen Ansätzen*[29] her untersucht und ausformuliert worden. Neben dem *sozialisationstheoretischen* (Parson) und *lerntheoretischen* (Bandura) Ansatz sind es vor allem

(1) die Forschungen zum *Empathie*-Begriff (Martin Hoffmann),
(2) der *Wertklärungs*-Ansatz (Raths / Harmin),
(3) die *Identitäts- und Selbstkonzeptforschung* (Epstein / Kegan) und
(4) die *kognitive Entwicklungspsychologie* (Piaget / Kohlberg), deren Ergebnisse auch für eine Didaktik des Ethikunterrichts relevant sind.

Zu (1):
Martin Hoffmann hat Empathie als stellvertretende mitfühlende Reaktion gegenüber einer anderen Person definiert. Sie erhält damit den Status eines reifen moralischen Motivs und steht im Zentrum seiner Theorie der Moralentwicklung. In der Folge von Hoffmann sind sechs ontogenetische Empathieformen unterschieden worden. Sie stellen im Unterschied zum Kohlberg-Modell keine invariante, hierarchische Sequenz dar. Frühere Formen der Empathie sind teilweise in den spätern aufgehoben oder bestehen selbstständig fort.
1. *Symbiotische Empathie*: Direkte Spannungsübertragungen durch Körperkontakt lösen empathischen Kummer („empathic distress") aus (Säugling).
2. *Konditionale Empathie:* Emotionale Schlüsselreize lösen konditionierte Reflexe aus, d. h. das unangenehme Gefühl, das früher durch eigene schmerzhafte Erfahrungen verursacht wurde, wird durch Gefühlsäußerungen einer anderen Person reaktiviert. Das Kind unterscheidet noch nicht zwischen sich und dem anderen (bis zum ersten Lebensjahr).
3. *Egozentrische Empathie*: Das Kind kann jetzt zwischen seinem Selbst und dem anderen unterscheiden, aber noch nicht zwischen seinen eigenen inneren Befindlichkeiten und denen des anderen (das erste Lebensjahr).
4. *Rollenübernahme* (role taking): Das Selbst wird immer differenzierter vom anderen unterschieden, die Schlussfolgerungen von eigenen inneren Befindlichkeiten auf die eines anderen werden vorsichtiger. Etwa mit vier Jahren kann ein Kind durch die gedankliche Rollenübernahme eines anderen empathisch erregt werden.
5. *Sympathischer Kummer* (bzw. Freude): Das Selbst und die anderen werden immer mehr als Personen mit eigener Lebensgeschichte und eigener Identität begriffen. Freude und Schmerz können nicht nur in bestimmten, miterlebten Situationen mitgefühlt, sondern auch im symbolisch übermittelten oder rekonstruierten Kontext von Lebenserfahrungen nachgefühlt werden (zunehmend nach dem vierten Lebensjahr).
6. *Solidarität*: Die Kombination von empathischem Affekt und der Wahrnehmung der unglücklichen Lage einer Gruppe scheint die entwicklungsmäßig fortgeschrittenste Form empathischen Leidens zu sein.[30]
Empathie als moralisches Vorstellungs- und Einfühlungsvermögen kann und soll im Ethikunterricht eingeübt und gewissermaßen habitualisiert werden. Die Korrelation zwischen empathischem und prosozialem Verhalten ist offenkundig. Die Fähigkeit zur Einfühlung, zu Rollenübernahme und Perspektivenwechsel ist eine wesentliche Voraussetzung für die Wahrnehmung

moralischer Sachverhalte und Probleme wie auch die Motivation sittlichen Handelns. Zur Urteilsbildung sind dann allerdings noch andere, reflexiv-kognitive Faktoren konstitutiv.[31]

Zu (2):
Hauptziel dieses Ansatzes ist, durch eine immer wieder betriebene Reflexion über eigene oder fremde Werte die persönlichen Wertmuster zu klären und bewusst zu machen. Dadurch soll – wiederum à la longue – eine Verankerung konsistenter Wertvorstellungen im Selbstkonzept des Urteilenden und Handelnden ermöglicht werden. Ausgangspunkt ist die Feststellung eines bedenkenswerten Defizits: es gibt immer mehr Jugendliche, die – apathisch, verunsichert und desorganisiert – an einer „Verwirrung der Werte" (Raths / Harmin) leiden. Durch unterschiedliche Formen der Selbst-Reflexivität soll daher die Fähigkeit zur Selbstwahrnehmung und Fremdbeobachtung stimuliert werden. Die Eigentätigkeit der Schüler – Handlungsorientierung als immanentes Unterrichtsprinzip – wird so konsequent in den Mittelpunkt gerückt. Die Frage ist, was eine Artikulation und Begründung persönlicher Wertpräferenzen didaktisch leisten kann.[32]

Zu (3)
Die Selbstkonzeptforschung definiert „Identität" als eine Einheit aus Selbstkonzept, Selbstwertgefühl und Kontrollüberzeugung eines Menschen. Identität meint also einen Prozess ständiger Selbstkonstruktion, der grundsätzlich offen ist. Das Individuum konstruiert seine Erfahrungen in Relation zu dem, was es umgibt, zu einem sinnvollen Ganzen. Dieser Vorgang lässt sich in drei Teilprozesse untergliedern: (a) die perzeptiv und kognitiv ausgerichtete Selbstwahrnehmung. Die Frage lautet: „Sehe ich mich richtig?"; (b) die emotional und evaluativ ausgerichtete Selbstbewertung, das Selbstwertgefühl. Die Frage lautet: „Fühle ich mich gut?" Das Selbstwertgefühl bezeichnet die Befindlichkeit des Individuums, die sich ausdrückt in Wohlbefinden, Selbstzufriedenheit, Selbständigkeit, Sinnerleben und Selbstachtung; (c) das funktional ausgerichtete Kontrollbewusstsein. Die Frage lautet hier: „Bringe ich etwas zustande? Kann ich etwas bewirken?"

> Zusammengefasst: „Im Selbstkonzept bildet der Betroffene aus seinen Selbstwahrnehmungen ein generalisiertes kognitives Muster von sich selbst, im Selbstwertgefühl versucht er, aus den erfahrungsbezogenen Selbstbewertungen zu einer generalisierten Einschätzung seiner inneren Befindlichkeit zu gelangen, und in der Kontrollüberzeugung entwickelt er ein generelles Konzept, inwieweit er über die Fähigkeit verfügt, Zustände und Ereignisse selbst beeinflussen zu können."[33]

Auf allen drei Ebenen kann Schulunterricht insgesamt und Ethikunterricht im Besonderen wirksam werden.

Verhalten von Kindern und Jugendliche mit einem schwachen bzw. einem positiven Selbstkonzept:[34]

Kinder und Jugendliche mit einem tendenziell wenig entwickelten (schwachen) Selbstkonzept neigen zu folgendem Verhalten:	Kinder und Jugendliche mit einem tendenziell gut entwickelten (positiven) Selbstkonzept neigen zu folgendem Verhalten:
– sind abhängig von Lehrkräften und anderen „Autoritäten" – wollen Standards, die andere setzen, immer entsprechen – vermeiden es, eigene Meinungen und Standpunkte zu vertreten – verwerfen neue Ideen oder alternative Erklärungen häufig – kritisieren andere, um selbst besser dazustehen – vermeiden es, neue und komplizierte Probleme aufzugreifen – vermeiden Führungsrollen in Gruppen, selbst wenn sie dazu aufgefordert werden – vermeiden es, über persönliche Interessen und Vorlieben zu sprechen – stellen selten Fragen, die andere zu Stellungnahmen herausfordern – sind wenig interessiert an andern Dingen als solchen, die von Dritten aufgeworfen werden – können sich nicht in die Gefühle anderer eindenken – bringen sich selbst immer wieder ungewollt in schlechte Situationen – versuchen sich immer selbst zu bestätigen – geben rasch auf, wenn ein Problem schwierig wird – sind bei Problemlösungen stark von anderen abhängig – drücken sich häufig negativ über sich aus – über- oder unterschätzen ihre Arbeit und Leistungen – sind im Blick auf die eigene Zukunft pessimistisch – sind sehr inkonsistent und ändern häufig ihre Meinung – sind oft entscheidungsunfähig – können sich sozial schlecht einpassen und sind scheu sowie überempfindlich gegenüber Kritik	– sind risikobereit und risikofreudig – bringen auch unpopuläre Ideen zum Ausdruck – suchen nach neuen Problemen – lieben die Zusammenarbeit in Gruppen – hinterfragen sich und ihre Ideen selbst – finden sich in kritischen und widersprüchlichen Situationen zurecht – übernehmen Führungsrollen – bringen ihre Interessen ein – drücken Ideen und Erfahrungen mit eigenen Beispielen aus – übernehmen Verantwortung – sind an neuen Ideen interessiert und prüfen sie offen – setzen sich mit den Gefühlen anderer auseinander – glauben, dass sie von anderen geschätzt werden – vermeiden für sie schädliche Situationen – vernachlässigen destruktive Gruppen – freuen sich am Erfolg anderer – ziehen Aufgaben durch – haben Vertrauen in ihre Arbeit und Leistungen – zeigen die eigene Arbeit gerne anderen – haben von sich ein positives Selbstbild – beurteilen ihre Arbeiten und Leistungen fortwährend – nehmen Lob mit Stolz und Tadel ohne verletzt zu sein an – setzen sich realistische Ziele – sind optimistisch in Bezug auf ihre Zukunft

| – haben eine niedrige Motivation
– haben Mühe, Lob und Tadel zu akzeptieren
– sind negativ gegenüber Wettbewerb
– haben eine schlechte Einstellung zur Schule und zu Lehrkräften	

Diese detaillierte Zusammenstellung zeigt deutlich, dass ein positives Selbstkonzept gerade für den Ethikunterricht außerordentlich wichtig ist. Die grundlegenden Operationen, die vollzogen werden: Selbstwahrnehmung – Fremdwahrnehmung – diskursives Argumentieren – engagiertes, verantwortliches Handeln innerhalb oder außerhalb der Schule auch in Sachen eigener Lebensgestaltung bauen darauf auf. Die kommunikative Kompetenz (z. B.: Zuhören, Einfühlen, Revidieren) oder überhaupt die Versuche zur moralischen Sensibilisierung sind ebenfalls in starkem Maße auf ein hinreichend positives Selbstkonzept angewiesen. Andererseits können Schule und Ethikunterricht im Besonderen dabei mithelfen, das Selbstkonzept Heranwachsender zu stimulieren. Wenn Schülern durch die Lehrperson z. B. etwas zu-gemutet wird, wenn man ihnen etwas zutraut, sie eigenverantwortlich und selbstständig arbeiten lässt, wenn man sie adäquat verstärkt, ihnen aber auch zu einer realistischen Einschätzung ihrer selbst verhilft, wenn man sie grundsätzlich akzeptiert, sie als Person anerkennt, im Unterrichtsgespräch behutsam und einfühlsam auf sie eingeht, ihre Interessen und ihre Lebenswirklichkeit wahr- und aufnimmt und ihnen aufzeigt, dass sie etwas bewirken können, zumindest in ihrem persönlichen oder schulischen Umfeld, dann sind günstige Voraussetzungen gesetzt, ihr Selbstkonzept zu fördern. Für den Ethikunterricht bietet der facettenreiche Umgang mit Normen, Werten und Gefühlen ein zusätzliches Potential, für den Auf- und Ausbau eines Selbstwertkonzepts zu sensibilisieren.

Zu (4)
Die kognitive Entwicklungspsychologie von Jean Piaget und Lawrence Kohlberg darf als einer der bedeutendsten Zugänge zu einer Theorie der moralischen Kompetenz betrachtet werden. Von ihnen und ihren SchülerInnen ist in den letzten beiden Jahrzehnten die wohl umfangreichste Forschung zur Moralentwicklung von Kindern und Jugendlichen betrieben worden.[35]

Anmerkungen

[1] Vgl. dazu grundsätzlich: Alfred Treml, Ethik als Unterrichtsfach in den verschiedenen Bundesländern; in: ethik kontrovers 2 (1994), S. 18ff. – Martin F. Meyer, Ethikunterricht in Deutschland, Koblenz 1997. – Reinhard Schilmöller u. a. (Hg.), Ethik als Unterrichtsfach, Münster 2000.

[2] Vgl. Christian Lange, Das Unterrichtsfach „Lebensgestaltung – Ethik – Religionskunde" (LER); in: Schilmöller 2000, S. 151ff.

Anmerkungen

[3] Wolfgang Brezinka, Werte-Erziehung in einer wertunsicheren Gesellschaft; in: Herbert Huber (Hg.), Sittliche Bildung. Ethik in Erziehung und Unterricht, Asendorf 1993, S. 60.

[4] Ich stütze mich im Folgenden auf: Ewald Terhart, Lehr-Lern-Methoden. Weinheim, 4. Aufl. 2005, S. 155–165. – Vgl. dazu mit einer ganz ähnlichen Modellierung: Hans-Georg Ziebertz, Ethisches Lernen; in: Georg Hilger u. a. (Hg.), Religionsdidaktik. München, 3. Aufl. 2005, S. 402–420. Ziebertz unterscheidet zwischen vier Modellen: „Wertübertragung – Werterhellung – Wertentwicklung – Wertkommunikation". Vgl. dazu auch: Reinhold Mokrosch, Wer blickt da noch durch?; in: ders. u. a. (Hg.), Wertethik und Werterziehung. Göttingen 2004, S. 233–247. Mokrosch unterscheidet zwischen einem „Wertvermittlungsmodell", „Wertklärungsmodell", „Wertentwicklungsmodell", „Wertanalysemodell" und einem „Modell zur Sensibilisierung für eine Überlebensverantwortung" und versucht, diese nicht immer trennscharfen Ansätze auf den Problemkomplex der Embryonenforschung anzuwenden. Er kommt zu dem nicht weiter belegten Ergebnis, dass sich das Wertentwicklungs- (Dilemmamethode) und Werteanalysemodell (Normen-und Wertanalyse) am zweckdienlichsten herausgestellt habe.

[5] Otfried Höffe, „Ethik" und „Tugend"; in: ders., Lexikon der Ethik, München 1997, S. 66.

[6] Vgl. Rainer Forst, Kommunitarismus und Liberalismus; in: Axel Honneth (Hg.), Kommunitarismus, Frankfurt 1995, S. 181ff.

[7] Manfred Riedel, Norm und Werturteil, Stuttgart 1979, S. 96. – vgl. auch: Jean Pierre Wils, Werte und Normen; in: Adam / Schweitzer 1996, S. 332ff. – Hartmut v. Hentig, Ach, die Werte, München 1999, S. 67ff. Hentig führt zwölf Basiswerte an, unter die sich alle weiteren subsumieren lassen: Leben, Freiheit, Frieden, Seelenruhe, Gerechtigkeit, Solidarität, Wahrheit, Bildung, Liebe, Gesundheit, Ehre, Schönheit. – Zu Begriff und Entstehung der Werte vgl. auch die souveräne Darstellung von Hans Joas, Die Entstehung der Werte, Frankfurt 1997 und Christian Krijnen, „Wert"; in: Marcus Düwell u. a. (Hg.), Handbuch Ethik, Stuttgart 2002, S. 527f. und Margit Stein, Wie können wir Kindern Werte vermitteln? – Werterziehung in Familie und Schule, München 2008, S. 17ff. – Vgl. auch unten das Kapitel „Ethisch Argumentieren" S. 171ff.

[8] Vgl. dazu Konrad Ott, Erörterung einiger Einwände, die gegen Moral und Ethik vorgebracht werden; in: ethik kontrovers, Heft 4, 1996, S. 16ff.

[9] Vgl. Nipkow 1998, S. 40ff.

[10] Höffe 1994, S. 34.

[11] Immanuel Kant, Kritik der Urteilskraft, 1790, A XXIIIff.; in: Werke, hg. v. W. Weischedel, Bd. 8, S. 251. – Vgl. auch „Kritik der ästhetischen Urteilskraft, ebd., S. 390ff., wo Kant folgende Maximen des „gemeinen Menschenverstandes" nennt: „1. Selbstdenken; 2. An der Stelle jedes Andern denken; 3. Jederzeit mit sich selbst einstimmig denken. Die erste ist die Maxime der *vorurteilsfreien*, die zweite der *erweiterten*, die dritte der *konsequenten* Denkungsart".

[12] Vgl. das Kapitel „Ethisches Argumentieren", S. 171ff.

[13] Otfried Höffe, Ethik und Politik, Frankfurt 1979, S. 463f.

[14] Vgl. dazu: Hentig 1999, „Welches Wissen brauchen die Jugendlichen?", S. 89ff.

[15] Ruth Dölle-Oelmüller, Sittliche Orientierung in der multikulturellen Gesellschaft unseres Rechts- und Verfassungsstaates in Europa; in: J. D. Gauger (Hg.), Sinnvermittlung, Orientierung, Werte-Erziehung, St. Augustin 1998, S. 22 – vgl. dazu auch: Hans-Joachim Werner, Moral und Erziehung Darmstadt 2002, S. 25f. mit einem Überblick der verschiedenen Ursachenanalysen und Bewertungen ethischer Orientierungsprobleme in der erziehungswissenschaftlichen Literatur. – Werner Stegmaier (Hg.), Orientierung – Philosophische Perspektiven, Frankfurt 2005.

[16] Kant veranschaulicht in seiner Schrift „Was heisst: Sich im Denken Orientieren?" dieses subjektive Moment an der Orientierungsmetapher sehr eindrucksvoll: „Sich orientieren heißt, in der eigentlichen Bedeutung des Worts: aus einer gegebenen Weltgegend (in deren vier wir den Horizont einteilen) die übrigen … zu finden. Sehe ich nun die Sonne am Himmel, und weiß, dass es nun die Mittagszeit ist, so weiß ich Süden, Westen, Norden und Osten zu finden. Zu diesem Behuf bedarf ich aber durchaus das Gefühl eines Unterschiedes an meinem eigenen Subjekt, nämlich der rechten und linken Hand. Ich nenne es ein Gefühl; weil diese zwei Seiten äußerlich in der Anschauung keinen merklichen Unterschied zeigen." Werke, hg. v. W. Weischedel, Bd. 5, 1975, S. 269. Etwas Analoges geschieht auch beim moralischen Urteilen. Moralische Orientierung ist ohne die konstitutive Eigentätigkeit des Subjekts nicht zu haben: „Man lernt das am gründlichsten, und behält das am besten, was man gleichsam aus sich selbst lernet". Kant, Über Pädagogik, Werke, hg. v. W. Weischedel, Bd. 10, 1975, S. 736. Daher müsse man bei der Ausbildung der Vernunft „sokratisch" verfahren. – Zum Orientierungsbegriff grundsätzlich vgl. auch: Werner Stegmaier (Hg.), Orientierung – Philosophische Perspektiven, Frankfurt 2005, bes. S. 14–53.

[17] Höffe 1979, S. 461.
[18] Vgl. dazu: Hentig 1999, S. 97ff.
[19] Vgl. Nipkow 1998, S. 135: Zu solchen unverrückbaren Grundforderungen zählen 1. die Verpflichtung auf eine Kultur der Gewaltlosigkeit und der Ehrfurcht vor allem Leben; 2. die Verpflichtung auf eine Kultur der Solidarität und der gerechten Wirtschaftsordnung; 3. die Verpflichtung auf eine Kultur der Toleranz; 4. die Verpflichtung auf eine Kultur der Gleichberechtigung von Mann und Frau; 5. die Verpflichtung, die allen anderen zugrunde liegt, jeden Menschen menschlich zu behandeln.
[20] Immanuel Kant, Eine Vorlesung über Ethik; hg. v. Gerd Gerhardt, Frankfurt 1990, S. 46f. – Kritisch dazu: L. W. Beck, A Commentary on Kant's Critique of Practical Reasons, Chicago 1960, S. 222.
[21] Kant, ebd., S. 55.
[22] Ebd.
[23] Walter Herzog, Die Banalität des Guten; in: Zeitsch. f. Pädagogik 37 (1991), S. 41.
[24] Heinz Schmitt, Didaktik des Ethikunterrichts, II, Stuttgart 1984, S. 35.
[25] Jürgen Oelkers, Pädagogische Ethik, München 1992, S. 150.
[26] Winfried Franzen, Ethikunterricht; in: Heiner Hastedt / Ekkehard Martens (Hg.), Ethik. Ein Grundkurs, Hamburg 1994, S. 312.
[27] Oelkers, 1992, S. 154. – Vgl. dazu auch: Edmund Kösel, Die Modellierung von Lernwelten, Elztal-Dallau 1997, S. 27ff. – Jürgen Habermas, Erläuterungen zur Diskursethik, Frankfurt 1991, S. 131.
[28] Vgl. dazu: Heinz-Eduard Tödt, Versuch zu einer Theorie ethischer Urteilsfindung; in: Zschr. f. Evangelische Ethik, 21 (1977), S. 87. – Otfried Höffe, 1979, S. 394ff.
[29] Vgl. den Überblick bei: Volker Eid u. a. (Hg.), Moralische Kompetenz. Chancen der Moralpädagogik in einer pluralen Welt, Mainz 1995, S. 19ff.
[30] Vgl. Heinz Schmitt, Didaktik des Ethikunterrichts, I, Stuttgart 1983, 60. – vgl. M. L. Hoffmann, Eine Theorie der Moralentwicklung im Jugendalter, in: L. Montada (Hg.), Brennpunkt der Entwicklungspsychologie, Stuttgart 1979, S. 253ff. – Ausführlicher zu M. L. Hoffmann und neueren Untersuchungen zum Empathie-Begriff vgl. Marcus Dietenberger, Moral, Bildung, Motivation, Weinheim 2003, S. 55–68.
[31] Vgl. das Kapitel „Die affektive Dimension des Ethikunterrichts", S. 232f.
[32] Vgl. Kapitel „Lehr- und Lernprozesse im Ethikunterricht", S. 289f.
[33] Volker Eid 1995, S. 34f. – Zur didaktisch-pädagogischen Relevanz des Selbstwertkonzepts vgl. auch Rolf Dubs, Lehrerverhalten, Zürich 1995, S. 357ff. – Ausführlicher zum Identitäts-Begriff („Identitätskompetenz") mit neueren Untersuchungen dazu vgl. Marcus Dietenberger, Moral, Bildung, Motivation, Weinheim 2003, S. 110–120.
[34] Nach Rolf Dubs, 1995, S. 365.
[35] Vgl. Kapitel „Lehr- und Lernprozesse im Ethikunterricht", S. 289f.

III. Didaktische Grundmodelle

> *Für Unterrichten und für Unterrichtsplanung gilt:*
> *Das Ergebnis ist unverfügbar. Lernen ist ein*
> *autopoietischer, unverfügbarer Prozess.*
> (Annette Scheunpflug)

Modelle sind Erkenntnishilfen in unübersichtlichem Gelände. Sie leisten eine gewisse Reduktion von Komplexität. Vereinzelte Aspekte aus einem komplexen Geschehen werden hervorgehoben, andere tendenziell vernachlässigt. Der Modellbegriff impliziert also stets ein Moment von Unabgeschlossenheit, Aspekthaftigkeit und Vorläufigkeit. Modelle können modifiziert, umstrukturiert oder, wenn sie kein erhellendes Licht auf das zu klärende Stück Wirklichkeit werfen, ganz aufgegeben werden.

Ein didaktisches Modell ist ein erziehungswissenschaftliches Konstrukt zur Analyse und Modellierung von Unterricht. Es erhebt in der Regel den Anspruch, theoretisch zusammenhängend und praktisch relevant die Voraussetzungen, Möglichkeiten und Grenzen des Lehrens und Lernens aufzuhellen.

Es ist bis heute nur unvollständig gelungen, das komplexe und vielschichtige Unterrichtsgeschehen durch Theorien in befriedigender Weise darzustellen. Die unterschiedlichen allgemeindidaktischen Theorieansätze konkurrieren teilweise miteinander um eine möglichst relevante Aufklärung von Unterricht. Dadurch, dass sie sich jeweils auf Teilausschnitte der Wirklichkeit konzentrieren, wird das Phänomen Unterricht beispielsweise als Bildungsgeschehen, Regelkreis, Kommunikation oder prozesshafte Struktur fokussiert.

Die Feststellung von Paul Heimann aus dem Jahre 1948 scheint auch heute noch im Wesentlichen unverändert zu gelten: „Was heute zur Verfügung steht, ist – realistisch gesehen – ein nicht leicht überschaubares Aggregat empirisch gewonnener biologischer, psychologischer, soziologischer, didaktischer Aussagen, die sich zu einem widerspruchsfreien erziehungswissenschaftlichen System vorerst noch nicht zusammenschließen lassen".[1]

Die didaktische Landkarte der 90er Jahre – so hat es den Anschein – ist reichlich unübersichtlich geworden, obgleich der akademische Streit zwischen den paradigmatischen Grundrichtungen weitgehend abgeflaut ist und eine gewisse Stagnation bzw. Konsolidierungsphase eingetreten ist. Keine der etablierten Grundpositionen vermag eine durchweg befriedigende und allgemein überzeugende Antwort auf die elementaren didaktischen Fragen zu geben:

> → Was soll
> → Wozu
> → Wie
> → Wem gelehrt werden?

Das explosionsartige Anwachsen potentiell relevanter Wissensbestände schafft große Selektionsprobleme. Lassen sich plausible Selektionskriterien formulieren? Welche von den Wissenschaften bereitgestellten Erkenntnisse sollen didaktisiert, d. h. in Schulwissen transformiert werden? Wie lassen sich solche Transformationen didaktisch legitimieren? Was soll mit welchen methodischen Zugriffen und Verfahren den Schülerinnen und Schülern vermittelt werden? Wie ist die Lernbereitschaft (Motivation) und Lernfähigkeit der Adressaten beschaffen?

In einer Zeit, die von immer weiter und schneller um sich greifender Individualisierung, Pluralisierung, auch Globalisierung bestimmt wird, fallen überzeugende Antworten auf solche exemplarischen Fragen außerordentlich schwer. Lehr- und Lernprozesse scheinen unter diesen Bedingungen prinzipiell noch weniger planbar, ungewisser und kontingenter abzulaufen. Vieles, wenn nicht gar alles, scheint von der Eigentätigkeit und Selbstorganisation der Lernsubjekte abzuhängen. Die Didaktik muss sich mit möglichst akzeptablen Lernangeboten unter möglichst effizienten Rahmenbedingungen zufrieden geben. Unsere gegenwärtige Situation erinnert an Heisenbergs Bild vom „leckgeschlagenen Schiff"[2], das wir auf hoher See notdürftig reparieren müssen, ohne die Möglichkeit zu haben, einen festen Hafen anzulaufen, in dem eine gründliche, solide und langfristige Überholung des Schiffes realisiert werden könnte. So sind wir gezwungen, unter Zeitdruck zu improvisieren. Dabei besteht unter Umständen die Möglichkeit, auf Bewährtes zurückzugreifen, das wir aus unterschiedlichen Modellen und Ansätzen nehmen, es situationsgerecht modifizieren oder neu kombinieren.

Der Entwurf einer Fachdidaktik vor dem Hintergrund dieser gegenwärtigen Schwierigkeiten ist zwar schwieriger, aber umso dringender erforderlich. Dabei kann die Allgemeine Didaktik mit ihren Kategorien und Differenzierungen durchaus orientierend sein. Eine lineare Übertragung derselben auf die jeweilige Fachdidaktik ist jedoch wenig sinnvoll. Die Ergebnisse der Allgemeinen Didaktik bedürfen einer kritisch-differenzierenden Transformation. So dekliniert sich z. B. der Begriff der „Erfahrung" im Ethikunterricht ganz anders als im Musik- oder Physikunterricht. Der fachdidaktische Zugriff wird noch bestimmter, wenn es darum geht, das von den einschlägigen Fachwissenschaften bereitgestellte Wissen auf seine Bedeutsamkeit für die individuelle und gesellschaftliche Existenz der Kinder und Jugendlichen in Gegenwart und Zukunft zu untersuchen. Fachdidaktikerinnen und -didaktiker sollen daher nicht das Wissen der Einzelwissenschaften verein-

Die bildungstheoretische bzw. kritisch-konstruktive Didaktik 61

facht in die Schule übersetzen, sondern jenes Wissen unter didaktischen Fragestellungen nach Lösungspotentialen für Lebensprobleme explizit befragen.

Im Folgenden werden drei didaktische Modelle[3] präsentiert und auf ihre Relevanz für die Didaktik des Ethikunterrichts hin untersucht:
(a) die bildungstheoretische bzw. kritisch-konstruktive Didaktik (Wolfgang Klafki)
(b) das curriculare Didaktikmodell (Chr. Möller)
(c) die kritisch-kommunikative Didaktik (Rainer Winkel)

Die bildungstheoretische bzw. kritisch-konstruktive Didaktik

Unter den gegenwärtigen Modellen der Allgemeinen Didaktik weist die bildungstheoretische ohne Zweifel die längste Tradition auf. Sie geht in ihren theoretischen Grundlagen auf die Anfänge der geisteswissenschaftlichen Pädagogik bei Wilhelm Dilthey (1833–1911) zurück. In ihrer langen Entwicklung hat sie sich vor allem durch eines ausgezeichnet: sie war flexibel genug, sich den wechselnden geistesgeschichtlichen Strömungen und Bedürfnissen anzupassen.

Im Zentrum der bildungstheoretischen Didaktik, so wie sie Wolfgang Klafki entwickelt hat, steht als handlungsorientierende Kategorie der Bildungsbegriff.

> „Bildung nennen wir jenes Phänomen, an dem wir – im eigenen Erleben oder im Verstehen anderer Menschen – unmittelbar der Einheit eines objektiven (materialen) und eines subjektiven (formalen) Moments innewerden. Der Versuch, die *erlebte* Einheit der Bildung sprachlich auszudrücken, kann nur mit Hilfe dialektisch verschränkter Formulierungen gelingen: Bildung ist Erschlossensein einer dinglichen und geistigen Wirklichkeit für einen Menschen – das ist der objektive oder materiale Aspekt; aber das heißt zugleich: Erschlossensein dieses Menschen für diese seine Wirklichkeit – das ist der subjektive oder formale Aspekt ... Bildung ist *kategoriale Bildung* in dem Doppelsinn, daß sich dem Menschen eine Wirklichkeit ‚kategorial' erschlossen hat und daß eben damit er selbst – dank der selbstvollzogenen ‚kategorialen' Einsichten, Erfahrungen, Erlebnisse – für diese Wirklichkeit erschlossen worden ist."[4]

Es geht also im Wesentlichen um eine schon bei Kant und Hegel vorgezeichnete dialektische Verschränkung von Ich und Welt, von Autonomie und Objektivität. Diese klassische Folie transformiert Klafki in zahlreichen Modifikationen und passt sie den ökonomischen, gesellschaftlichen und politischen Bedingungen der Gegenwart an. Bildung heute identifiziert er mit drei Grundfähigkeiten:

→ der Fähigkeit zur *Selbstbestimmung*: Jeder gebildete Einzelne ist in der Lage, über seine individuellen Lebensbeziehungen sowie in beruflichen, ethischen und religiösen Dingen selbst zu bestimmen;
→ der Fähigkeit zur *Mitbestimmung*: Jeder soll die gemeinsamen kulturellen, gesellschaftlichen und politischen Verhältnisse mitbestimmen, insofern er Anspruch, Möglichkeit und Verantwortung dafür hat;
→ die Fähigkeit zu *Solidarität*: Jeder soll sich als Rechtfertigung seines Anspruchs auf Selbst- und Mitbestimmungsfähigkeit auch für diejenigen einsetzen, denen eben solche Selbst- und Mitbestimmungsmöglichkeiten vorenthalten werden.[5]

Zusammengefasst definiert Klafki Bildung als die Fähigkeit eines Menschen, sachkompetent, selbstbewusst, kritisch und solidarisch zu denken und zu handeln. Bildung als kategoriale Bildung hat einen doppelten Aspekt: Objektorientiert geht es darum, dem Heranwachsenden die komplexe Wirklichkeit zu erschließen; subjektorientiert meint dieser Prozess, dass der junge Mensch durch selbstvollzogene Einsichten, Erfahrungen oder Erlebnisse für diese Wirklichkeit erschlossen worden ist.

Schema:	*Bildungstheorien*	
Materiale Bildungstheorien:		*Formale* Bildungstheorien:
Sie gehen von den Wissensinhalten aus und fragen, welche Inhalte bedeutsam genug sind, um von Schülern gelernt zu werden.		Sie orientieren sich an den Interessen und Bedürfnissen der Schüler und fragen, welche basalen Fähigkeiten für sie gegenwärtig oder zukünftig wichtig sind.

Allgemeinbildung:
Der Begriff der „Allgemeinbildung" ist vor allem bildungspolitisch bis in unsere Gegenwart heftig umstritten. Welches allgemeine Wissen, welche Grundfähigkeiten und -einstellungen brauchen Jugendliche heute? Gibt es eine Chance, in diesen Fragen einen Konsens zu erzielen, trotz der Vielfalt widersprüchlicher Wahrnehmungen und Perspektiven?
Klafki unterscheidet in seiner Bestimmung des Begriffs „allgemeine Bildung" zwischen drei Bedeutungsmomenten:
- einmal muss sie als Voraussetzung für Selbstbestimmung Bildung für alle gleichermaßen sein;

– zum anderen ist sie, um das Mitbestimmungs- und Solidaritätsprinzip einlösen zu können, Allgemeinbildung als Aneignung der alle gemeinsam angehenden gegenwärtigen und zukünftigen Fragen- und Problemstellungen;
– schließlich bedeutet Allgemeinbildung auch Bildung in allen Grunddimensionen menschlicher Interessen und Fähigkeiten. Dazu gehören ein verantwortlicher Umgang mit dem eigenen Körper, kognitive und handwerklich-technische Möglichkeiten, die Ausbildung zwischenmenschlicher Beziehungsmöglichkeiten, die ästhetische Wahrnehmungs-, Gestaltungs- und Urteilsfähigkeit sowie die ethische und politische Entscheidungs- und Handlungsfähigkeit.[6] Allgemeinbildung als viel- und allseitige Bildung zielt also auf eine Entwicklung kognitiver, emotionaler, ästhetischer, sozialer, praktischer und moralisch-ethischer Fähigkeiten – die letzteren im Sinne von verantwortlichem Urteilen und Handeln. Es geht idealiter gesprochen um eine Bildung von „Kopf, Herz und Hand" (Pestalozzi).

Eine wichtige Voraussetzung für die Verwirklichung von „Bildung im Medium des Allgemeinen" ist die Konzentration auf „epochaltypische Schlüsselprobleme".

→ die ökologische Problematik als Frage nach der Erhaltung der natürlichen Grundlagen menschlicher Existenz;
→ alte und neue Kriegsgefahren und gegenläufige bzw. vorbeugende Friedensarbeit;
→ die wachsende Weltbevölkerung und damit die Welternährungsfrage;
→ die Problematik der gesellschaftlich produzierten, alten und neuen Ungleichheiten innerhalb unserer Gesellschaft und im Weltmaßstab;
→ die weltweiten Vernetzungen und Abhängigkeiten zwischen den verschiedenen Ländern und Regionen der Welt;
→ die neuen Informations-, Kommunikations- und Steuerungsmedien, ihre Möglichkeiten und Gefahren;
→ die spannungsreichen Begegnungen zwischen verschiedenen Kulturen, Ethnien, Religionen und damit die Aufgabe multikultureller bzw. interkultureller Erziehung;
→ das Problem der schwieriger gewordenen individuellen und sozialen Identitätsentwicklung von Kindern, Jugendlichen (und Erwachsenen) in einer dynamischen, komplizierten, spannungsvollen, widerspruchsreichen Erfahrungswirklichkeit.[7]

Die Auseinandersetzung mit zentralen Gegenwartsproblemen hat für Klafki einen inhaltlichen und einen formalen Aspekt. Inhaltlich geht es darum, mit den Schülern die jeweils problemspezifischen strukturellen Erkenntnisse zu erarbeiten. Unter einem formalen Aspekt sollen die Schüler dazu gebracht

werden, sich gewisse Einstellungen und Fähigkeiten anzueignen, deren Bedeutung über den Bereich des jeweiligen exemplarischen Schlüsselproblems hinausgeht. Klafki hebt vier inhalts- bzw. kommunikationsbezogene basale Einstellungen und Fähigkeiten heraus.
- Kritikbereitschaft und -fähigkeit einschließlich der Bereitschaft und Fähigkeit zur Selbstkritik.
- Argumentationsbereitschaft und -fähigkeit, d. h. das Bemühen, eigene Positionen und eigene Kritik verständlich und authentisch in das Gespräch bzw. den rationalen Diskurs mit anderen einzubringen. Dazu zählt auch die Bereitschaft zur Revision eigener Meinungen und Positionen.
- Empathie im Sinne der Fähigkeit, eine Situation, ein Problem, eine Handlung aus der Lage des jeweils anderen, von der Sache Betroffenen, sehen und kritisch beurteilen zu können.
- Schließlich die Bereitschaft und Fähigkeit zum „vernetzenden Denken" bzw. „Zusammenhangsdenken".[8]

In der *kritisch-konstruktiven* Weiterschreibung der bildungstheoretischen Didaktik nimmt Klafki auch Elemente der lerntheoretischen Didaktik auf. So legt er nun großen Wert auf den emanzipatorischen Ansatz, auf die Integration von Methodenfragen, den Vorrang der Zielbestimmung vor Inhaltsfragen und überhaupt auf die Methodik als ein genuin didaktisches Problem. *Kritisch* ist diese Didaktik ihrem eigenen Anspruch nach, weil sie sich am Ziel der Befähigung aller Kinder und Jugendlichen zu wachsender Selbstbestimmungs-, Mitbestimmungs- und Solidaritätsfähigkeit in allen Lebensbereichen orientiert. Zugleich versucht sie, den Ist-Soll-Abstand der Bildungsinstitutionen durch permanente Reformen zu verringern, indem sie den gesamtgesellschaftlichen Demokratisierungsprozess zu fördern hilft. Hier findet die Didaktik im weiteren Sinne ein breites Betätigungsfeld. Sie untersucht die Zusammenhänge, die der Umsetzung der anvisierten emanzipatorischen Lernziele im Wege stehen. Sie ist einmal breit angelegte Sozialisationsforschung und analysiert die Lebenswelt – Fähigkeiten, Prägungen, Interessen oder Gefühle – der Adressaten. Andererseits untersucht sie als Institutionsforschung die institutionellen Strukturen der einschlägigen Lernorte. Die Qualifizierung *konstruktiv* weist auf den durchgehenden Praxisbezug hin, der für diese didaktische Konzeption konstitutiv ist. Im Zentrum des Bemühens steht die Praxis einer humaneren und demokratischeren Schule. Alle Modellentwürfe oder Unterrichtskonzepte müssen sich vor allem daran messen lassen. Im Einzelnen hat es hier die Didaktik im engeren Sinne mit der Bestimmung von Lernzielen, den darauf ausgerichteten Inhalten und Themen, den adäquaten methodischen Verfahren des Lehrens und Lernens, den dabei eingesetzten Medien und schließlich mit effizienten Kontroll- und Beurteilungsmaßnahmen zu tun.

Nicht zu übersehen ist, dass Klafki seiner kritisch-konstruktiven Didaktik einen Bildungsbegriff zugrundelegt, der neben dem Moment des Kategorialen ganz wesentlich kommunikations- und argumentationstheoretische Elemente enthält.

„Bildung im Sinne des Selbst- und Mitbestimmungs- sowie des Solidaritätsprinzips ist nicht zuletzt durch die Einsicht gekennzeichnet, dass es notwendig ist, einerseits ein Höchstmaß an Gemeinsamkeiten anzustreben, andererseits aber doch immer die Möglichkeit zu unterschiedlichen und kontroversen Auffassungen, Problemlösungsversuchen, Lebensentwürfen zu gewährleisten und zu verteidigen. Bildung ist in diesem Verständnis zentral durch die Fähigkeit charakterisiert, im Sinne jener Einsicht zu handeln, also Kontroversen rational austragen zu können, d. h. aber auch, sich selbst und anderen die argumentative Begründung eigener Positionen und Entscheidungen abzuverlangen. Sie hat also nichts mit Beliebigkeit und prinzipienlosem Pluralismus zu tun. Sie besteht in der im Durcharbeiten einiger solcher Zentralprobleme gewonnenen Fähigkeit, für eigene, begründbare Überzeugungen sich einzusetzen und argumentativ zu werben und sie doch für Kritik offenzuhalten, die Freiheit zu eigenen Wertungen und Entscheidungen individuell und kollektiv durchzusetzen und gleichzeitig die Möglichkeit von Alternativen zur eigenen Position nicht manipulativ oder durch offenen oder versteckten Einsatz von Gewalt ausschalten zu wollen".[9]

Primat der Didaktik
Curriculumstheorie und lerntheoretische Didaktik haben für Klafki die Notwendigkeit begründet, die in der geisteswissenschaftlichen Tradition angelegte These von einer direkten Koinzidenz von Inhalts- und Zielbestimmung aufzugeben. Die Fachdidaktik erhält erst durch eine klare Unterscheidung zwischen Unterrichtsziel (Intention) und Unterrichtsinhalt ihre spezifische Aufgabenstellung. Darin sieht Klafki den Grund für seine These vom Primat der Didaktik gegenüber der Fachwissenschaft. Fachdidaktische Entscheidungen können grundsätzlich nicht aus den Fachwissenschaften abgeleitet werden. Die Einzelwissenschaften entwickeln als solche keine hinreichenden didaktischen Auswahlkriterien. Didaktische Entscheidungen sind allerdings sehr wohl auf die jeweilige Bezugswissenschaft verwiesen. Aufgabe der kritisch-konstruktiven Didaktik ist es, fachwissenschaftlich relevante Inhalte auf ihre fachdidaktische Bedeutsamkeit hin zu befragen. Hinreichendes Kriterium für eine solche Analyse ist der von Klafki entsprechend transformierte Bildungsbegriff. „Fachdidaktiken" – so resümiert er – „müssen als selbständige wissenschaftliche Disziplinen im Grenzbereich oder besser: im Beziehungsfeld von Erziehungswissenschaften und Fachwissenschaften bzw. allgemeiner Didaktik und Fachwissenschaften entwickelt werden."[10]

Kritik
Ein Großteil der immer wieder geübten Kritik konzentrierte sich auf den Bildungsbegriff. Er wurde als „abgewirtschaftet" oder als diskreditiertes ideologisches Statusmerkmal eines gesellschaftlich wurzellos gewordenen Bildungsbürgertums kritisiert. Anderen wiederum galt Klafkis Transformation des klassischen Bildungsbegriffs als unzulässige Verkürzung, Mediatisierung oder Instrumentalisierung, die den nötigen „Schutz vor dem Andrängen der Außenwelt" (Adorno) nicht mehr gewährleiste und so Gefahr laufe, zur Halbbildung zu verflachen.[11] Heinz Schmitt betonte vor allem die Unbestimmtheit der propagierten Zielbegriffe Selbstbestimmung oder Solidarität. Mit ihnen wären didaktische Auswahl- oder Verfahrensentscheidungen schwerlich zu treffen.[12]

Die dialektische Verschränkung von Selbstbestimmung, Mitbestimmung und Solidarität, so wie sie in der bildungstheoretischen Didaktik vorgenommen wird, ist eine durchaus plausible Fortschreibung des „Projekts Aufklärung". Die Selbstbestimmung gehört wohl zu den weitgehend unbezweifelten Prämissen neuzeitlicher und gegenwärtiger Ethik. Ihr kommt somit auch als didaktische Zielkategorie hohe Priorität zu. Sie entfaltet und limitiert sich zugleich als Mitbestimmung im sozialen und politischen Raum. Demokratisierung als kultureller Prozess manifestiert sich in einem immer differenzierter werdenden Repertoire von Möglichkeiten und Chancen der Mitbestimmung. Diese spiegelt sich auf der Ebene konkreter Unterrichtsgestaltung in dem Bemühen, Schüler soweit wie irgend sinnvoll in die Planung, Organisation und Durchführung von Unterricht zu integrieren. Das Prinzip der Solidarität schließlich ist konstitutiv für die wiederum „klassische" Idee von Humanität (Mitmenschlichkeit).

Diese Zielkategorien (Selbstbestimmung, Mitbestimmung, Solidarität) werden festgemacht an den epochaltypischen Schlüsselproblemen. Sie haben ebenfalls einen hohen Grad an Plausibilität. Man denke etwa – jenseits von Medientrends – an die Friedensfrage, die ökologische Problematik oder an die Frage nach dem Funktions- und Bedeutungswandel menschlicher Arbeit heute. Es muss allerdings hinzugefügt werden, dass sie als solche nicht unmittelbar evident sind. Sie sind das Ergebnis eines gesamtgesellschaftlichen Diskurses. Sozialwissenschaftler, Pädagogen und Didaktiker prüfen in einem im Idealfalle interdisziplinären Gespräch, ob einer in die Diskussion eingebrachten Problemstellung der Rang eines „Schlüsselproblems" zukommt oder nicht. Dabei wird über die mehr oder minder gravierende Bedeutung von Problemlagen natürlich sehr viel leichter ein Konsens erreicht werden als über bestimmte Lösungen. Diese müssen prinzipiell offen bleiben. Zur bildenden Auseinandersetzung gehört ganz zentral die exemplarisch erarbeitete Einsicht, dass und warum die Fragen nach „Lösungen" der großen Gegenwarts- und Zukunftsprobleme ganz unterschiedliche Antworten zulassen.

Epochaltypische Schlüsselprobleme sind grundsätzlich etwas anderes als die jeweils aktuellen Modethemen. Aktualität ist nur eines, keinesfalls das wichtigste Selektionskriterium. Es handelt sich dabei auch nicht um fixierte Themenkataloge, in denen konkrete Einzelinhalte additiv gesammelt wären. Sie sind vielmehr auf einem abstrakteren Niveau von Problemstrukturen, Grundfragen, kategorialen Einsichten und Methoden angesiedelt. Deren Aneignung muss exemplarisch, anhand von konkreten Beispielen erfolgen, die im Erfahrungs- und Zugänglichkeitsbereich der Lernenden liegen.

Die Identifizierung und Legitimierung von kategorialen Problemen ist ein ganz wesentliches Stück jeder Lehrplanarbeit, die von sich in Anspruch nimmt, hinreichend systematisch und rational zu arbeiten. Jeder Lehrplan stellt im Grunde eine sozial und diskursiv konstruierte Auswahl aus einem kulturellen Erbe dar. Ganz gleich, ob es sich dabei um Wissensbestände, Fähigkeiten, Fertigkeiten, Haltungen oder Werte handelt, wird dabei notwendig auf das Repertoire der zur Verfügung stehenden kulturellen Güter zurückgegriffen, durch die eine Gesellschaft sich selbst erhält. In jeder Lehrplanarbeit schlägt sich also eine Facette eigener sozialer und kultureller Identität nieder. Er ist Teil eines auch anderswo ständig stattfindenden kontroversen sozialen Selbstverständigungsprozesses. Was aus dem Erbe nämlich im jeweiligen Lehrplan Berücksichtigung findet, wird in mindestens zweierlei Perspektive entschieden, zum einen mit Blick auf die Sicherung der Identität und Stabilität der die Schule tragenden Kräfte, also mit Blick auf das kulturelle Erbe (affirmative Funktion); zum andern mit Blick auf die zukünftig zu bewältigenden Aufgaben, die künftige Sicherung der Überlebens- und Wettbewerbsfähigkeit dieser Kräfte und die Zukunft ihres Nachwuchses (progressive Funktion). Lehrplanarbeit lässt sich also begreifen

> „als Teil der Selbstthematisierung einer Gesellschaft, in der sie ein Bild von sich entwirft, ein Bild von dem, was sie für wichtig und bedeutsam hält, was zu lernen und zu können, zu wissen und zu diskutieren vorzüglich Sinn macht. Lehrpläne sind so zu begreifen als Identitätsentwürfe von Gesellschaften, über die sich ihre Mitglieder je definieren, zustimmend, abgrenzend, widersetzend oder ablehnend."[13]

Lehrplanarbeit ist also zum einen notwendig kontrovers – was nicht heißen soll, dass Konsense unmöglich sind –; zum anderen ist sie als hermeneutischer Prozess permanenten Revisionen und Fortschreibungen unterworfen. Diesem Sachverhalt hat Klafki mit seinem Didaktikmodell trotz aller Kritik in prägnanter Weise Rechnung getragen.

> Schema: *Curriculare Ableitungen:*
>
> 1. Schlüsselproblem:
>   *Aufbruch in die postindustrielle, globale Wissensgesellschaft*
>   ↓
> 2. Erziehungsziel:
>   *Global denken können*
>   ↓
> 3. Lernziel:
>   *Kennen und Schätzen fremder kultureller Identitäten*
>   ↓
> 4. Methodisches Feinziel:
>   *Perspektivenwechsel*

Insgesamt wird man sagen können, dass Klafki die Transformation des Bildungsbegriffs überzeugend gelungen ist. Bildung als doppelseitiger kategorialer Erschließungsprozess soll den Heranwachsenden helfen, ihre Umwelt reflektiert und verantwortlich wahrzunehmen. Dazu sind gewisse Fähigkeiten, Kompetenzen erforderlich. Klafki nimmt an dieser Stelle eine Argumentation auf, die S. B. Robinsohn schon früh in die Diskussion einbrachte:

> „Wir gehen also von der Annahme aus, dass in der Erziehung Ausstattung zur Bewältigung von Lebenssituationen geleistet wird; dass diese Ausstattung geschieht, indem gewisse Qualifikationen ... durch die Aneignung von Kenntnissen, Einsichten, Haltungen und Fertigkeiten erworben werden; und dass eben die Curricula zur Vermittlung derartiger Qualifikationen bestimmt sind."[14]

Qualifiziert sein, um grundlegende Lebenssituationen bestehen zu können, heißt nicht im behavioristischer Manier „an- und eingepasst" zu werden, um gewissen fremdbestimmten Anforderungen – z. B. der Wirtschaft – zu genügen. Dies würde grundsätzlich Klafkis Postulat der Selbstbestimmung widersprechen. Unter „Qualifikation" versteht er vor allem die Fähigkeit (Kompetenz) zu eigener Urteilsbildung, kritisch-reflektierter Entscheidung und verantwortlichem Handeln. Darin steckt auch ein Können, sich in die Lebenswelten fremder Menschen einzufühlen und von deren „Schicksal" betroffen zu sein. Die von ihm mitvollzogene Funktionalisierung des Bildungsbegriffs ist also keine einseitige, sondern berücksichtigt in ausgewogener Form rationale, kommunikative, affektive und performative Aspekte.

Um die allgemeinen Bildungsinhalte didaktisch „kleinzuarbeiten" bedarf es bestimmter Auswahlkriterien. Es ist also zu fragen: Wie abstrakt und wie konkret sollen diese Inhalte zur Sprache gebracht, in welcher Komplexität sollen sie präsentiert und analysiert werden? Wie kann Komplexität reduziert, aber auch in bestimmten Erfahrungs- und Handlungskontexten gesteigert werden? All dies gehört zum Problem einer didaktischen Transformation.

Klafki stellt hierfür drei Kriterien zur Verfügung, die auch heute noch von unverminderter Aktualität und Relevanz sind. Er unterscheidet zwischen dem elementaren, dem fundamentalen und dem exemplarischen Prinzip.

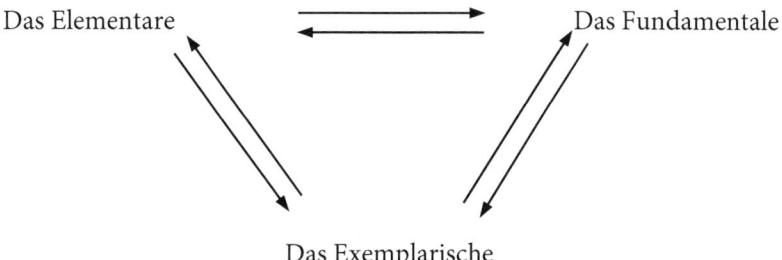

Das Elementare bezieht sich auf das Besondere, in dem sich ein Allgemeines zeigt. An einem konkreten Fall, einer spezifischen Situation, z. B. einer konkreten Redewendung leuchtet etwas Grundsätzliches, Allgemeines auf. Solche „elementaren" Vereinzelungen können dann auch als „typisch" bezeichnet werden. In und durch sie scheinen allgemeine Umrisse oder Grundrisse, die begrifflich abstrakt gefasst werden.

Das Fundamentale bezieht sich auf Erfahrungen, in denen grundlegende Einsichten auf prägnante Weise und vorwiegend intuitiv gewonnen werden. Während das Elementare sich auf der Sachebene (Erkenntnis der Objektwelt; Dimension der Fremdwahrnehmung) abspielt, geht es bei „fundamental" wirkenden Unterrichtsinhalten vornehmlich um die Ich- und Selbstwahrnehmung der Schüler. Durch das „Fundamentale" erschließt sich ihm eine existentielle Grunderfahrung, eine Grundeinstellung oder ein grundlegendes Lebensgefühl.

Das Exemplarische meint in erster Linie ein methodisches Prinzip. „Fundamentalia" und „Elementaria" müssen an passenden, d. h. eindrucksvollen, fruchtbaren Beispielen festgemacht und verdeutlicht werden.

Als ein Kriterienraster der didaktischen Reduktion sind diese drei Prinzipien für die Lehrplanarbeit wie auch für die unterrichtliche Umsetzung vor Ort immer noch sehr hilfreich.

Speziell für den Unterricht von Ethik (praktischer Philosophie) ist ständig zu fragen: auf welche elementaren Kenntnisse, Begrifflichkeiten, historisch-systematisches Wissen kommt es an? Welche affektiven Grunderfahrungen sollen durch welches Arrangement von Unterricht provoziert, ermöglicht werden? Und wie lässt sich beides, anhand welcher Beispiele (Bilder, Texte, Materialien u. ä.) anschaulich vermitteln? Diese fortlaufende und kontinuierliche Transformationsarbeit ist vor allem angesichts des gegenwärtigen Anhäufens von Wissensstoff und stets neuer existentieller Erfahrungen besonders akut.

Im Ganzen gesehen ist das immer wieder modifizierte und reformierte Didaktikmodell Klafkis ein geschmeidiges und flexibles Integrationsmodell. Es ermöglicht eine kohärente Planung, Organisation und Durchführung von Unterricht. Es gibt Möglichkeiten der didaktischen Rechtfertigung von Lernzielen, Inhalten, Fähigkeiten und Methoden, lässt aber den nötigen Spielraum für eine situationsgerechte Umsetzung in Unterricht vor Ort. Im Einzelnen integriert Klafki drei didaktische Strömungen:

→ aus der lerntheoretischen Didaktik übernimmt er die explizite Bedingungsanalyse der Unterrichtsplanung mit einer ausdrücklichen Analyse der Prozessstruktur;
→ aus der kommunikativen Didaktik stammt der Emanzipationsbegriff als Leitkategorie didaktischen Handelns, das durchgehend gesellschaftspolitische und ideologiekritische Denken sowie die Vorstellung von Lehren und Lernen als Interaktionsprozess;
→ aus der curricularen Bewegung ist vor allem der Gedanke der konsequenten Zielorientierung der Inhalte (teleologische Struktur) übernommen worden.

Für die Didaktik des Ethikunterrichts bietet das Modell von Klafki eine ganze Reihe von Anschlussmöglichkeiten. Neben der curricularen Dimension ist es vor allem die Ebene der durch Unterricht zu vermittelnden Kompetenzen, wo eine gewisse Nähe besteht. Die Fähigkeit zu kritischer Urteilsbildung impliziert neben einer konsistenten Begriffsbildung vor allem auch die Fähigkeit zum diskursiven Dialog und reflektierten Argumentieren. Der Schüler soll im Ethikunterricht auch zu einer rationalen, ideologiekritischen Wahrnehmung seiner Umwelt sowie zum Einfühlen in anderen Vorstellungswelten sensibilisiert werden.

Die für diese Grundkompetenzen konstitutive Fähigkeit zur ethisch-philosophischen Reflexion kann man mit Fug und Recht als „vierte Kulturtechnik"[15] bezeichnen. Und sie stimmt in Teilen mit dem überein, was bei Klafki kategoriale Allgemeinbildung heißt.

Das curriculare Didaktikmodell – der lernzielorientierte Ansatz

Im lernzielorientierten Modell haben Lernziele eindeutige Priorität. Zum Zielerstellungsprozess gehört das Aufstellen, Analysieren, Strukturieren und Operationalisieren von Lernzielen. Präzise gefasste Lernziele gelten als eine unabdingbare, wenn auch nicht hinreichende Bedingung für eine effektive Auswahl adäquater Methoden.

Außerdem kann – so wird argumentiert[16] – mit ihrer Hilfe der Lernerfolg zuverlässig kontrolliert werden.

Das lernzielorientierte Modell hat wesentliche Anregungen von der behavioristischen Lerntheorie erhalten. Lernen wird als Verhaltensänderung definiert. Ein Lernziel bezeichnet dann konsequent das erwünschte Endverhalten des Lernenden. Dieses Verhalten lässt sich unterschiedlichen Dimensionen zuordnen: Es kann im kognitiven, emotionalen oder aktionalen Bereich liegen. Daher unterscheiden die Taxonomien der Lernziele zwischen kognitiven, affektiven und pragmatischen Zielen. Hinzu kommt noch die Einteilung nach ihrer Konkretion in Richtziele, Grobziele und Feinziele. Letztere sollten dabei mit ersteren in einem logischen Zusammenhang stehen.

Konstitutiv für in Verhaltensänderungen resultierende Lernprozesse sind grundlegende Erfahrungen. Ob diese bewusst oder eher unbewusst, gezielt oder ungezielt herbeigeführt worden sind, spielt keine entscheidende Rolle. Als Lernprozess kann jeder Erfahrungsprozess aufgefasst werden, der seinerseits individuelle Verhaltensänderungen bewirkt. Für das konkrete Unterrichtsgeschehen ist es dabei wichtig, den Erfahrungsbegriff hinlänglich exakt zu umreißen. Mit welchem unterrichtlichen Arrangement – so wäre zu fragen – lassen sich welche Art von Erfahrungsmöglichkeiten schaffen, die dann zu welchen Änderungen des Verhaltens beitragen können?

Schema: *Lernen als Verhaltensänderung*

Lernender:	⟶	Lernprozess:	⟶	Lernender:
hat ein bestimmtes *Ausgangsverhalten*		bewirkt Verhaltensänderung		zeigt ein bestimmtes *Endverhalten*

Bei jedem Lernziel gilt es zwischen einem Inhalts- und einem Verhaltensteil zu unterscheiden. Der Inhaltsaspekt stellt die Stimuluskomponente, der Verhaltensteil die Reaktionskomponente dar. Am Beispiel der Taxonomie affektiver Lernziele von Krathwohl[17] soll dies verdeutlicht werden.

Stufen affektiver Lernziele

Beachtung:	→	Schüler ist von dem „intoleranten" Verhalten Jugendlicher (Filmszene) beeindruckt.
Reaktion:	→	Er ist bereit, im Klassengespräch ihm fremde Auffassungen und Einstellungen zu reflektieren.
Gewichtung:	→	Er toleriert fremdes Verhalten, soweit es durch Verallgemeinerung legitimiert werden kann.
Organisation:	→	Er setzt sich dafür ein, dass im Klassengespräch abweichende Meinungen akzeptiert und geschätzt werden.
Charakterisierung:	→	Er verhält sich in unterschiedlichen Situationen tolerant.

Die problemorientierte und diskursive Auseinandersetzung mit einem Inhalt kann idealiter über die Stufen Motivation – Argumentieren / Urteilen – konkretes Handeln zu einer Verhaltensänderung führen, die dann als verinnerlichte Werthaltung zu einem konstitutiven Merkmal der individuellen moralischen Identität werden kann.

Die Inhaltskomponenten von Unterricht können lernzieltheoretisch grundsätzlich unter dreierlei Perspektiven aufgefasst werden. Dementsprechend bestimmt sich das anvisierte „Verhalten". Je nachdem, ob z. B. der Inhalt „Toleranz" unter dem Gesichtspunkt kognitiver, pragmatischer oder affektiver Intentionen gesehen wird, geht es um ein Vermitteln von Wissen (z. B. historisch-systematische Kenntnisse), von Können (z. B. die Fähigkeit zu einem toleranten Gespräch) oder einer Grundhaltung (z. B. die relativ stabile Disposition zu tolerantem Verhalten).

Die in den Lehrplänen genannten Ziele haben grundsätzlich den Charakter von Empfehlungen oder Vorschlägen. Die eigenverantwortliche didaktische Entscheidung der Lehrperson vor Ort soll nicht eingeschränkt werden, sie ist vielmehr für die Operationalisierung der Lernziele unabdingbar. Für eine endgültige Entscheidung über sie nennt Christine Möller eine ganze Reihe von Kriterien:

– Das Kriterium der gesellschaftlichen Anforderungen: Ein Lernziel soll den Anforderungen der gegenwärtigen und zukünftigen gesellschaftlichen Verhältnisse entsprechen.
– Das Kriterium der basalen menschlichen Bedürfnisse: Ein Lernziel soll die Befriedigung eines fundamentalen menschlichen Bedürfnisses ermöglichen.
– Das Kriterium der demokratischen Ideen: Ein Lernziel soll demokratischen Ideen nicht widersprechen.
– Das Kriterium der Konsistenz: Ein Lernziel soll den anderen ausgewählten Lernzielen nicht widersprechen.

- Das Kriterium der verhaltensmäßigen Interpretation: Ein Lernziel soll in konkreten Verhaltensweisen ausgedrückt werden können.
- Das Kriterium der optimalen Erreichbarkeit durch schulisches Lernen: Ein Lernziel soll der voraussichtlichen Leistungsfähigkeit der Schüler entsprechen und im Rahmen der Ausstattung und der Organisation der Schule erreichbar sein.

Die Vorteile des lernzielorientierten Ansatzes werden allgemein in der Transparenz, der Kontrollierbarkeit und der Effizienz gesehen.

„Durch explizite Lernziel-, Methoden- und Kontrollverfahrensformulierung, durch eindeutige, konkrete Lernziel- und Methodenbeschreibung und durch einen einsehbaren, nachvollziehbaren Entscheidungsprozeß anhand gewisser Kriterien sowohl während des Lernplanungs-, des Lernorganisations- und des Lernkontrollprozesses ist diese Transparenz als ein wesentliches *demokratisierendes* Element gegeben. Mit einer solchen Transparenz und Offenlegung der Absichten werden diese erst diskutierbar: sie können angegriffen werden, man kann ihnen zustimmen."[18]

Kontrolle meint in diesem Zusammenhang für den Lehrenden in erster Linie eine selbstkritische Reflexion des eigenen unterrichtlichen Handelns. Mit Hilfe von explizit beschriebenen Lernzielen kann eine effiziente Lernorganisation erreicht, Lernsituationen geklärt und positive Verstärkungsmöglichkeiten für die Lehrperson geschaffen werden.

Vorschlag eines Lernzielrasters für den Ethikunterricht
Das Lehren und Lernen von Grammatikregeln, chemischen Formeln oder auch historischen Sachverhalten unterscheidet sich – trotz gewisser Ähnlichkeiten – grundlegend vom Vermitteln von Moral. Die Aufstellung und Prüfung beschreibender Sätze ist qualitativ etwas anderes als ein Reflektieren über normative Aussagen mit dem Ziel, darüber Einverständnis zu erzielen. Der Sprung von der Perspektive der dritten Person mit der dafür typischen Neutralität in die Perspektive der ersten Person mit dem für normatives Lernen erforderlichen persönlichen Engagement ist charakteristisch für den Ethikunterricht. Dies hat freilich auch Folgen für das methodische Vorgehen und die Art des Gesprächs im Unterricht.

Ein allgemeines Lernzielraster kann sich zwar an traditionelle Einteilungen – kognitive / pragmatische / affektive / aktionale Ziele – anschließen, muss jedoch auch wichtige Erweiterungen bzw. Modifikationen vornehmen, um dem Proprium des Faches gerecht zu werden. Diese werden sich am stärksten in den Zielfeldern „Können" und „Werten" niederschlagen.

Es soll zwischen vier „*Zielfeldern*" unterschieden werden, die ihrerseits wieder in verschiedene, aufeinander aufbauende „*Anforderungsprofile*" gegliedert werden können:

I. WISSEN (Informationen):
Hier geht es zunächst darum, anhand von Ausschnitten eines Wissensgebietes öffnende und hinführende *Einblicke* zu liefern. Darauf baut sich ein *Überblicks*-Wissen auf; die wichtigen Einzelteile werden im Zusammenhang gesehen. Wird die Differenzierung der Inhalte und die Betonung der Zusammenhänge noch stärker herausgearbeitet, so bilden sich feste *Kenntnisse*.

II. ERKENNEN (Probleme):
Auf einer ersten Stufe geht es um das *Bewusstsein* von Problemen. Die Probleme sollen in ihren zentralen Aspekten erfasst sein. Das sich daran anschließende Moment der *Einsicht* meint, dass eine Lösung des Problems erfasst bzw. ausgearbeitet wird. Wird eine Lösung des Problems kritisch überprüft und auf einen anderen Problemzusammenhang richtig übertragen bzw. angewandt, liegt ein *Verständnis* des Problems vor.

III. KÖNNEN (Operationen):
Hierzu gehören *sittliche Kompetenzen* (moralisch-ethische Fähigkeiten). Sie sind zum Vollzug von grundlegenden Operationen erforderlich. Diese Kompetenzen lassen sich gliedern in *Ich-, Du- und Sachkompetenzen.*

Zu den Ich-Kompetenzen wäre die Fähigkeit zu zählen, der eigenen Wahrnehmungen (z. B. Sinneseindrücke, Wünsche, Gefühle) gewahr zu werden, sie interpretieren und billigen, d. h. kritisch beurteilen zu können.

Zu den Du-Kompetenzen wären kommunikativ-diskursive (z. B. zu-hören, sich an Spielregeln des Gesprächs halten, sich artikulieren, sich revidieren können) und soziale Kompetenzen (z. B. Empathie, Mitgefühl) zu zählen.

Mit den Es-Kompetenzen sind die argumentativen Kompetenzen gemeint – z. B. die Perspektive wechseln, konsistent und kohärent argumentieren, kritisch differenziert urteilen.

IV. WERTEN (Einstellungen):
Das Werten hat neben dem Kompetenzaspekt – der Schüler kann seine normative Aussage hinlänglich begründen – vor allem auch einen performativen Aspekt. Es geht dabei um nur à la longue zu erreichende Grundeinstellungen, -haltungen, für die der Ethikunterricht günstige Bedingungen schaffen und die er durch vielseitiges Sensibilisieren anbahnen, fördern, auch habitualisieren kann.

Solche normativen Einstellungen reichen von einer noch unverbindlichen *Neigung* über eine schon relativ solide Disposition *(Bereitschaft)* bis hin zu einem entschlossenen und zielgerichteten *Engagement*. Sie sind letztlich konstitutiv für die jeweilige moralische Identität des Lernsubjekts.

Beispiele für solche wertenden Einstellungen wären: Offenheit, Interesse; Respekt, Fairness, Toleranz; Civilcourage.

Kritik

Die lernzielorientierte, curriculare Didaktik gehört zu den intentional-inhaltlichen Didaktikmodellen und rückt somit in die Nähe des bildungstheoretischen Ansatzes von Wolfgang Klafki. Von diesem unterscheidet sie sich vor allem dadurch, dass sie ein höheres Maß an Planbarkeit des Unterrichts für möglich hält. Sie baut weniger auf Spontaneität und den „fruchtbaren Moment", sondern auf eine konsistente Unterrichtsplanung. Ausgehend von klaren Zielvorgaben versucht sie konsequent, den Unterricht bis in methodische Nuancierungen hinein zu organisieren.

Die Forderungen nach einer gewissen Orientierung der Unterrichtsplanung an Lernzielen, nach einer groben hierarchischen Ordnung und nach einer grundsätzlichen Lernkontrolle haben sich inzwischen in allen didaktischen Ansätzen durchgesetzt. Insofern ist das lerntheoretische Modell für jede neu zu konzipierende Didaktik verbindlich. Allein die Euphorie und Faszination, die von diesem von vielen als „Unterrichtstechnologie" apostrophierten Konzept anfangs ausging, ist seit geraumer Zeit einem eher nüchternen Realismus gewichen.

Die Orientierung an griffig und verständlich formulierten Zielen macht zweifelsohne Sinn. Sie liefert ein lockeres Raster, durch das hindurch gerade spontane Abweichungen und fruchtbare Wendungen sich zeigen und möglich werden. Wichtig ist, dass nicht eindimensionale, lineare Unterrichtsabläufe präfiguriert werden, sondern immer noch viel Spielraum für Alternativen offen bleibt. Nur so wird der Unterricht den unterschiedlichen Interessen der Schüler gerecht.

Ein Hauptproblem der lernzielorientierten Didaktik liegt in ihrem behavioristisch geprägten Lernbegriff. Das Modell, in dem z. B. im affektiven Bereich Verhaltensänderungen dargestellt und erklärt werden, ist entschieden zu einfach. Die eigentlichen Prozesse oder Tiefenstrukturen, die den Lernprozess vor allem auf moralisch-ethischem Gebiet charakterisieren, werden kaum sichtbar. Die in Anlehnung an Piaget und Kohlberg entwickelte Lerntheorie vermag diese sehr viel differenzierter und plausibler zu deuten. Das Individuum konstituiert sich und seine Realität durch seine Interaktion mit anderen Subjekten innerhalb einer gemeinsamen Lebenswelt. Es entwickelt sich durch die Interaktion mit anderen und dadurch, dass es sich von seiner Umwelt abgrenzt, definiert. Lernen ist ein Prozess der konstruktiven Formierung und Transformierung von Strukturen und Kompetenzen durch das Individuum.

> „Der naive Glaube an die Veränderbarkeit menschlichen Verhaltens muss aufgegeben werden. Das Prinzip der Selbst-Referentialität muss anerkannt werden. Nur bestimmte Themen und Unterrichtsziele zu formulieren und im Unterricht zu behandeln ist noch keine Erziehung. Es wäre unfair, dem Lehrerstand die Hypothek einer ‚effektiven' Erziehung aufzubürden, ohne angemessene Denkansätze zu vermitteln und über das Prinzip der Selbst-Referentialität aufzuklären."[19]

Im Lichte einer konstruktivistischen Lerntheorie buchstabieren sich didaktische Grundbegriff wie Handlungsorientierung, Schülerorientierung oder Sozial- und Arbeitsformen im Unterricht neu. Konstitutiv für den konstruktivistischen Lernbegriff im Sinne von Piaget und Kohlberg sind vor allem die Annahmen, dass Wissen sich prinzipiell als ein Produkt von Lernprozessen begreifen lässt; ferner, dass Lernen in erster Linie einen Problemlösungsprozess darstellt, an dem das lernende Subjekt aktiv beteiligt ist; und – last not least – dass der Lernprozess durch die Voraussetzungen und Einsichten der unmittelbar Beteiligten selbst gesteuert wird.

Die kritisch-kommunikative Didaktik

Die kritisch-kommunikative Didaktik gewinnt ihr Profil in Abgrenzung von ihren Vorgängern, der bildungs- bzw. lerntheoretischen und curricularen Didaktik. Sie versteht sich als ein genuin „kritischer" und „kommunikativer" didaktischer Ansatz.

Die „kritische" Zielsetzung stammt aus der von der Frankfurter Schule konzipierten kritischen Sozialwissenschaft.

> „Kritisch ist diese Didaktik insofern, als sie vorhandene Wirklichkeiten, die Ist-Werte unserer Gesellschaft, eben nicht unkritisch akzeptiert, sondern – soweit dies Schule überhaupt kann – permanent zu verbessern trachtet, in Sollens-Werte zu überführen sucht. Erziehung, Schule, Unterricht habe Teil an der ‚emendatio rerum humanarum' (Comenius), an der Verbesserung der menschlichen Dinge, das heißt, sie entzünden sich an den Defekten der momentanen Wirklichkeit unter dem Horizont einer zukünftigen Möglichkeit. Und diese lautet für unsere Verhältnisse: Demokratisierung und Humanisierung aller Lebensbereiche."[20]

In dieser Dialektik zwischen gesellschaftlichem Sein und Sollen wurzelt das kritische Potential dieses Ansatzes. Die Postulate der Demokratisierung und Humanisierung werden dabei als grundgesetzlich verankerte Forderungen verstanden. Der didaktisch abgegrenzte Raum schulischen Lehrens und Lernens ist ein Teil der gesamtgesellschaftlichen Wirklichkeit und muss sich konsequenterweise kritisch mit ihr auseinandersetzen. Didaktische Fragen sind also stets mit gesellschaftlich-politischen Fragen verquickt. Das übergeordnete Ziel allen Lehrens und Lernens für die kritische Didaktik ist „Emanzipation". Die emanzipatorische Zielsetzung didaktischen Handelns und das emanzipatorische Erkenntnisinteresse korrespondieren miteinander. Damit hängt auch der ideologiekritische Grundzug zusammen. Die kritische Didaktik beschränkt sich nicht auf ein neutrales Erfassen und Untersuchen von Fakten, sondern analysiert diese stets ideologiekritisch und fragt, ob sie nicht den eigentlichen Zielsetzungen des Lehrens und Lernens im Wege stehen. Die Nähe zum revidierten „kritisch-konstruktiven" Ansatz von Wolfgang Klafki zeigt sich an dieser Stelle ganz deutlich.

Der zweite, noch grundlegendere Leitbegriff dieser Didaktik ist die unterrichtliche „Kommunikation". Winkel u. a. haben sich zu seiner Bestimmung an die Kommunikationstheorie von Peter Watzlawick und Jürgen Habermas sowie die Dialogphilosophie von Martin Buber angelehnt. Schulunterricht ist grundsätzlich „kommunikativ", weil er unter den Gesetzmäßigkeiten von Kommunikationsprozessen verstanden werden soll, d. h. kooperativer, transparenter, schülerorientierter, mit- und selbstbestimmender und störungsärmer sein sollte. Unterrichtliche Kommunikation ist prinzipiell ein Sonderfall allgemeingesellschaftlicher Kommunikation. Beiden geht es letztlich um die Mündigkeit selbstbestimmungsfähiger Subjekte. Kommunikation gilt als ein wechselseitiger Interaktionsprozess zwischen den Kommunikationspartnern Lehrperson und Lernsubjekt. Lehrer und Schüler sollen grundsätzlich als gleichwertige Personen gesehen werden. Verläuft dieser Prozess asymmetrisch, so kommt es unweigerlich zu Kommunikationsstörungen. Die kommunikative Didaktik interpretiert alle Unterrichtsschwierigkeiten vornehmlich unter dem Aspekt der Kommunikationsstörung. Das Hauptanliegen der Didaktik ist also, für eine störungsfreie Kommunikation zu sorgen.

Grundlegend für die kommunikative Didaktik ist ein Axiom, mit dem Peter Watzlawick das Kommunizieren unter Menschen gedeutet hat.

> „Jede Kommunikation hat einen Inhalts- und einen Beziehungsaspekt, derart, dass letzterer den ersteren bestimmt und daher eine Metakommunikation ist."[21]

Die Beziehungsebene ist in der Regel für ein gelungenes Kommunizieren wichtiger als die Inhaltsebene. Inhalte werden von SchülerInnen nur dann wahr- und aufgenommen, wenn die Beziehung zum Kommunizierenden nicht gestört ist.

Ist die Lehrperson nicht hinlänglich „akzeptiert", so werden deren Inhalte, wenn überhaupt, nur sehr selektiv rezipiert. Es ist sicherlich ein Verdienst der kommunikativen Didaktik, diesen den Pädagogen im Alltag nicht ganz unvertrauten Sachverhalt in den Mittelpunkt kommunikativ-didaktischer Überlegungen gerückt zu haben.

Die Kommunikation im Unterricht soll – so die zentrale Forderung der kommunikativen Didaktik – symmetrisch sein. Die Gesprächspartner sind grundsätzlich gleichberechtigt.

Ein Mehr an Wissen legitimiert keine Sonderposition vor allem auf Seiten der Lehrperson. Die Schüler tragen und bestimmen das Unterrichtsgeschehen voll mit. Jegliche Form von Herrschaftsverhältnis soll abgebaut werden. Der Lehrer sieht sich nach Auffassung Rainer Winkels nicht bloß als Informator, auch nicht als womöglich noch technologisch agierenden Moderator, sondern als pädagogisch verantwortlichen Berater von Lernsubjekten bei ihren notwendigen, je individuellen Lernprozessen.[22]

Die kritisch-kommunikative Didaktik hat ein Strukturmodell entwickelt, mit dem sie die Komplexität von Unterricht deskriptiv-empirisch zu erfassen sucht. Diese Erschließung soll dann zu dessen permanenter Verbesserung führen.

Schema: *Unterricht im Spiegel der kritisch-kommunikativen Didaktik*[23]

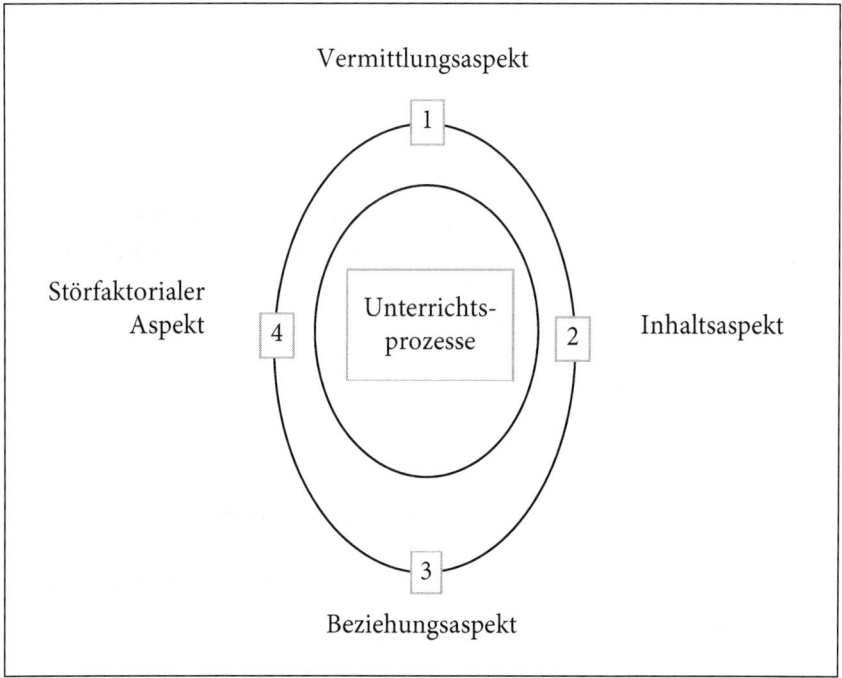

Zum *Vermittlungsaspekt* gehören im Wesentlichen die methodischen Zugriffe und Verfahren. Der *Inhaltsaspekt* umfasst all das, was im Unterricht behandelt wird. Der dritte Aspekt fokussiert die *Beziehungsstrukturen*. Dazu zählen im Einzelnen Elemente der sozialen Interaktion (z. B. persönliche Stellungnahmen, Anweisungen, Hilfeleistungen) sowie das schüler- oder lehrergerichtete Kommunikationsverhalten. Schließlich die „*störfaktorialen*" Gesichtspunkte: Dabei wird unterschieden zwischen Störungsarten (z. B. Provokationen), vom Lehrer, Schüler oder vom Lehr-/Lernprozess her stammenden Störungsfestlegungen, Störungsfolgen und Störungsursachen (z. B. gesellschaftliche – schulische – unterrichtliche oder psychisch-soziale).

Kritik

Der Kommunikationsbegriff ist das eigentlich konstitutive Element der kritisch-kommunikativen Didaktik. Sie begreift didaktische Prozesse als kommunikative und sieht ihre Aufgabe darin, Schule und Unterricht „kommunikativer" zu gestalten. Als Leitziele gelten die gesamtgesellschaftlich zu realisierende Demokratisierung und Humanisierung. Schulisches Lernen wird als ein gleichwertiger Teilbereich des gesellschaftlichen Lebens gesehen. Die kritisch-kommunikative Didaktik versteht sich ganz wesentlich als politisch. Daher legt sie auf Ideologiekritik großen Wert. Ihr Maßstab ist die Emanzipation der Lernenden. Emanzipation ist der normative Fixpunkt, auf den alles didaktische Geschehen ausgerichtet ist.

Die kritisch-kommunikative Didaktik stellt ein integratives Modell dar. Sie übernimmt wesentliche Elemente aus der Kommunikationspsychologie: Neben Watzlawick sind es vor allem Schulz von Thun mit seinem Kommunikationsmodell und die Themenzentrierte Interaktion nach Carl Rogers und Ruth Cohn mit ihrem Grundsatz „Störungen haben Vorrang …", die offensichtlich, wenn auch nur teilweise rezipiert worden sind. Das ideologiekritische und emanzipatorische Profil verdankt sich dem Einfluss von Jürgen Habermas und dem sozialwissenschaftlichen Ansatz der Frankfurter Schule.

Trotz gewisser Überschneidungen mit der kritisch-konstruktiven oder lernzieltheoretischen Didaktik hat sie konsequenter als ihre Vorgänger die didaktische Notwendigkeit einer konsequenten Schülerorientierung herausgearbeitet und zu begründen versucht. Dazu gehört auch, dass sie als partizipatives Planungsmodell Schüler in besonderem Maße an der unterrichtlichen Planung beteiligt. Ein weiteres Verdienst liegt darin, dass sie die Störfaktoren und -potentiale von Unterricht nicht marginalisiert, sondern in den Mittelpunkt der Unterrichtsanalyse gestellt hat.

Die Zentrierung auf den Schüler, die gesellschaftliche Perspektive und der Kommunikationsbegriff sind drei wesentliche Charakteristika, die für die Didaktik des Ethikunterrichts relevant sind. Für ein Bewusstmachen und kritisches Reflektieren von Normen und Werten scheint das Gespräch das adäquate Medium zu sein. Solches Reflektieren ist vor allem dann sinnvoll, wenn es auf Augenhöhe passiert, den Schüler mit seiner subjektiven Ausgangslage und Sehweise besonders ernst nimmt. Dass Werte in gesamtgesellschaftliche Zusammenhänge eingebettet sind, die differenziert wahrgenommen werden sollen, ist für eine Didaktik des Ethikunterrichts nicht minder verbindlich. Es bleibt jedoch zu fragen, ob diese drei allgemeinen und plakativ vorgetragenen „Bausteine" ausreichen, um jenes didaktische Gebäude errichten zu können, oder ob sie hierfür konkretisiert, modifiziert und durch weitere Elemente angereichert werden müssen.

Fazit: Diskursmodell und integratives Reflexionsmodell

Die Darstellung ausgewählter didaktischer Basismodelle hat gezeigt, dass es zahlreiche Überschneidungen gibt. Bildungstheoretische Aspekte werden durch lerntheoretische oder lernzielorientierte ergänzt und mit Anleihen aus der Kommunikationspsychologie integriert. Für die gegenwärtige allgemeindidaktische Diskussion scheint weniger ein Paradigmenwechsel als eine unter pragmatischen Gesichtspunkten vorgenommene Paradigmenverschmelzung charakteristisch zu sein.

Was den kritisch-konstruktiven Ansatz (W. Klafki) am auffälligsten mit dem kritisch-kommunikativen (R. Winkel) verbindet, ist ein zentrales diskursives Element Habermas'scher Provenienz. Diskurse unterscheiden sich von Diskussionen. In der Diskussion geht es primär um eine Konfrontation widersprüchlicher Positionen und Aussagen, um deren Richtigkeit oder Wahrheit jeweils gestritten wird. Diskurse – als der weitere Begriff – haben ihre Bedeutung im Prozess argumentativer Urteilsbildung und entfalten sich in einer allgemeinen kommunikativen Praxis, in der auch die Diskussion ihren besonderen Ort hat.

Das Diskursive wird als ein Element von „Kritik" verstanden; einmal als wesentliche didaktische Bedingung der Möglichkeit von Selbst- und Mitbestimmung, andererseits als das permanente reformerische Bemühen, gesellschaftliche Ist- den Soll-Werten anzunähern im Sinne von wachsender Demokratisierung und Humanisierung.

Die Diskurstheorie scheint also einen geeigneten sozialwissenschaftlichen Rahmen für eine *„Diskursdidaktik"* zu liefern. In ihr soll der Diskurs einen konstitutiven Platz bekommen. Als solche wäre sie ein für den Ethikunterricht verbindliches und orientierendes didaktisches Basismodell. Was sind nun die wesentlichen Elemente der Diskurstheorie, wie sie Jürgen Habermas in seinen zahlreichen Veröffentlichungen skizziert und propagiert hat, die in eine diskursiv angelegte Didaktik des Ethikunterrichts transformiert werden könnten?

Die von Habermas konzipierte Diskurstheorie bzw. Diskursethik ist zunächst Teil einer reflexiven Kultur, in der die vernunftorientierte Auseinandersetzung um Geltungsansprüche und Wertfragen zur Denk- und Lebensform geworden ist und die sich insoweit dem „Projekt Aufklärung" verpflichtet fühlt. Das „Mobile der Vernunft", das sich manchmal zu verhaken scheint, soll am freien wie maßvollen Schwingen gehalten werden.

Schema: *Sprechakt und Geltungsanspruch*

WELT	GELTUNGSANSPRUCH	SPRECHAKT
Objektive Welt	Wahrheit	deskriptiv
Soziale Welt	Richtigkeit	normativ
Innenwelt	Wahrhaftigkeit	expressiv

Beispiel: „Ich verabscheue sie, seit ich weiß, dass sie ihre Kinder prügelt".

→ Ist dieses Wissen gesichert d. h. *wahr?* (deskriptiver Sprechakt)
→ Ist seine Abscheu aufrichtig, d. h. *wahrhaftig?* (expressiver Sprechakt)
→ Ist die zugrundeliegende Norm gültig, d. h. *richtig?* (normativer Sprechakt)

Ob sprachlich verfasste Geltungsansprüche zu Recht bestehen, kann nicht autoritativ, d. h. durch den Machtspruch einzelner, auch Institutionen, entschieden werden. Sie müssen diskursiv überprüft werden. Diskursive Verständigung heißt für Habermas, dass bislang fraglos anerkannte Normen und Werte hinsichtlich ihrer allgemeinen Verbindlichkeit in Frage gestellt werden. Bei dem Diskurs handelt es sich um eine Prozedur, um ein formales Prüfverfahren, in dem strittige Geltungsansprüche argumentativ abgewogen werden.

Damit die Gemeinschaft der Argumentierenden die Möglichkeit hat, zu einem Konsens zu gelangen, müssen gewisse Diskursregeln eingehalten werden:
(1) Kein Sprecher darf sich widersprechen.
(2) Jeder Sprecher, der das Prädikat F auf einen Gegenstand A anwendet, muss bereit sein, F auf jeden anderen Gegenstand, der A in allen relevanten Hinsichten gleicht, anzuwenden.
(3) Verschiedene Sprecher dürfen den gleichen Ausdruck nicht mit verschiedenen Bedeutungen benutzen.
(4) Jeder Sprecher darf nur das behaupten, was er selbst glaubt.
(5) Wer eine Aussage oder Norm, die nicht Gegenstand der Diskussion ist, zur Sprache bringt, muss hierfür einen Grund angeben.
(6) Jedes sprach- und handlungsfähige Subjekt darf an Diskursen teilnehmen.
(7) Jeder darf jede Behauptung problematisieren.
(8) Jeder darf jede Behauptung in den Diskurs einführen.
(9) Jeder darf seine Einstellungen, Wünsche und Bedürfnisse äußern.
(10) Kein Sprecher darf durch innerhalb oder außerhalb des Diskurses herrschenden Zwang daran gehindert werden, seine in (6) bis (9) festgelegten Rechte wahrzunehmen.

Ein Einverständnis über kontroverse Geltungsansprüche kann unter Einhaltung der Diskursregeln prinzipiell dann erreicht werden, wenn das Universalisierungsprinzip U Anwendung findet. Es lautet:

> „Die Folgen und Nebenwirkungen, die sich aus einer allgemeinen Befolgung der strittigen Norm für (die Befriedigung der Interessen eines) jeden einzelnen voraussichtlich ergeben, müssen von allen zwanglos akzeptiert (und den Auswirkungen der bekannten alternativen Regelungsmöglichkeiten vorgezogen) werden können."[24]

Die Diskursregeln sind für Habermas so grundlegend, dass sie von den Teilnehmern an moralischen Argumentationen nicht sinnvoll bestritten werden können. Andernfalls verwickeln sie sich in einen performativen Widerspruch. Ein performativer Widerspruch ist ein Widerspruch zwischen dem, was man tut, und dem, was man behauptet oder bestreitet. Beispiel: „Ich behaupte, dass ich nicht sprechen kann."

Der eigentliche Witz der Diskursethik liegt nach Habermas darin, dass in den Strukturen verständnisorientierten und nicht bloß strategischen, eigennützigen Handelns „jene Reziprozitäten und Anerkennungsverhältnisse immer schon vorausgesetzt sind, um die alle moralischen Ideen kreisen – im Alltag wie in den philosophischen Ethiken"[25]. Die Argumentierenden sehen sich als Argumentierende genötigt, die in den Diskursregeln implizite „Moral" als unhintergehbares „Faktum" anzuerkennen.

Ob sie sich allerdings überhaupt auf eine moralische Argumentation einlassen, das normierte Sprachspiel mitspielen und ob sie die diskursiv möglicherweise gut begründete Handlungsnorm auch tatsächlich umsetzen, bleibt ungewiss. In der Diskursrationalität liegt keine unmittelbar handlungsleitende Kraft.

„Das Moralprinzip übernimmt nur die Rolle einer Argumentationsregel für die Begründung moralischer Urteile; als solche kann es weder zum Eintritt in moralische Argumentationen verpflichten, noch zur Befolgung moralischer Einsichten motivieren."[26]

Performativer Widerspruch im praktischen Diskurs?
© Derek Roczen

Moralische Einsichten haben als solche – dies betont Habermas immer wieder – nur die schwach motivierende Kraft, die von guten Gründen oder zwingenden Argumenten auszugehen pflegt. Einsicht schließt Willensschwäche nicht aus.

> „Ohne Rückendeckung durch entgegenkommende Sozialisationsprozesse und Identitäten, ohne den Hintergrund entgegenkommender Institutionen und normativer Kontexte kann ein moralisches Urteil, das als gültig akzeptiert wird, nur eines sicherstellen: der einsichtige Adressat weiß dann, dass er keine guten Gründe hat, anders zu handeln."[27]

Damit wäre der Kernbereich skizziert, in dem die Diskurstheorie als Orientierungsmodell für eine diskursiv konzipierte Didaktik des Ethikunterrichts gelten kann. Ethisches Argumentieren, moralisches Kommunizieren, das Führen praktischer Diskurse, die Analyse von Sprache unter normativen Gesichtspunkten (Sprechaktanalyse), das Postulat der Schülerorientierung und das Streben nach ideologiekritischer Mündigkeit (Autonomie) können hier angeschlossen und philosophisch fundiert werden. In diskursiv angelegten Unterrichtsgesprächen geht es um Prüfung, Kritik und Begründung von Normvorschlägen. In solchen Diskursen sind in paradigmatischer Form soziale Machtverhältnisse aller Art grundsätzlich aufgehoben. Was alleine zählt, ist „der zwanglose Zwang der besseren Argumente". Das Diskursmodell beruht ganz wesentlich auf der starken Annahme von Autonomie und kooperativer Verständigung. Quintessentielle Elemente aller Moral – „The moral point of view", Verallgemeinerung und Anerkennung / Respekt – können im Diskurs wie in einem Brennglas ansatzweise operationalisiert werden. Das didaktische Diskursmodell entspricht einem an Aufklärung und Problembewusstsein orientierten kritisch-reflexiven Ethikunterricht. Ihm geht es darum, eine Sensibilität dafür zu schaffen, dass moralische Geltungsansprüche argumentativ einzulösen sind. Dazu braucht es Konsequenz, Geduld und eine gehörige Portion Augenmaß. Wird dieser den Unterricht durchgehend prägende analytische Begründungsduktus eingehalten, so lassen sich am ehesten Indoktrination und Indifferenz vermeiden. Die SchülerInnen sollen auf der Basis eigenen Reflektierens Klarheit über den Sinn von Moral bekommen und Kriterien für die Qualität moralischer Argumente aufstellen können. Sie sollen als die eigentlichen Subjekte eines moralischen Lernprozesses agieren können. Die allgemeine inhaltliche Basis dieser moralisch-ethischen Reflexionen liefert der in den Grund- und Menschenrechten formulierte ethische Mindestkonsens. Dieser muss allerdings angesichts ständig neuer Problemlagen jeweils interpretiert und kontextualisiert werden.

Kritisch wäre zu fragen, ob die Reflexivität des Diskursmodells nicht durch affektiv-emotionale Dimensionen ergänzt, kontextualisiert und weiter differenziert werden muss, um einem ganzheitlich integrativen Bestreben des Ethikunterrichts eher gerecht werden zu können.[28]

III. Didaktische Grundmodelle

Schema: *Das integrative Reflexionsmodell*

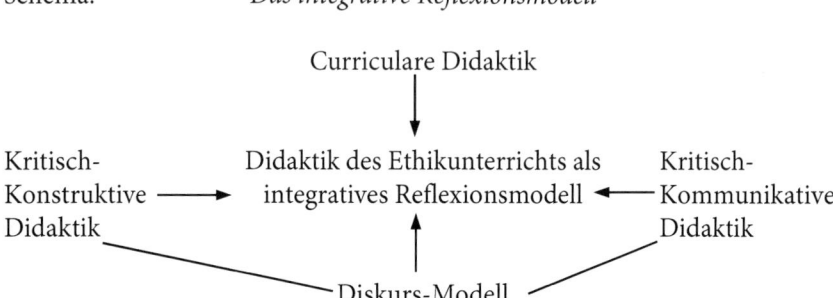

Anmerkungen

1. Paul Heimann, Didaktik als Unterrichtswissenschaft, Stuttgart 1976, S. 43.
2. Vgl. Werner Heisenberg, Ges. Werke, Abt. C, Bd. I, München 1984, S. 418.
3. Vgl. dazu grundsätzlich: Wilhelm H. Peterßen, Lehrbuch Allgemeine Didaktik, München 1996. – Werner Jank / Hilbert Meyer, Didaktische Modelle, Berlin 1994. – Ingbert von Martial, Einführung in didaktische Modelle, Hohengehren 1996. – Herbert Gudjons / Rainer Winkel (Hg.), Didaktische Theorien, Hamburg 1997. – Godwin Lämmermann, Grundriß der Religionsdidaktik, Stuttgart 1998, S. 92ff. – Wolfgang Klafki, Zum Verhältnis von Allgemeiner Didaktik und Fachdidaktik – Fünf Thesen; in: Meinert A. Meyer (Hg.), Allgemeine Didaktik und Fachdidaktik, Weinheim 1994, S. 42ff. – Annette Scheunpflug, Evolutionäre Didaktik. Unterricht aus system- und evolutionstheoretischer Perspektive, Weinheim 2001.
4. Klafki, Studien zur Bildungstheorie und Didaktik, Weinheim 1975, S. 43. – Vgl. dazu auch grundsätzlich: Volker Steenblock, Theorie der kulturellen Bildung, München 1999, S. 208ff. – Eine kritische Auseinandersetzung mit Klafki liefern neuerdings Meinert A. Meyer / Hilbert Meyer, Wolfgang Klafki – Eine Didaktik für das 21. Jahrhundert?, Weinheim 2007.
5. Vgl. Wolfgang Klafki, Neue Studien zur Bildungstheorie und Didaktik, Weinheim 1996, S. 52.
6. Ebd., S. 54.
7. Vgl. ders., Neue Studien, 1996, S. 36.
8. Ebd., S. 63.
9. Ebd., S. 62.
10. Ebd., S. 89.
11. Exemplarisch dafür: Werner Heldmann, Kultureller und gesellschaftlicher Auftrag von Schule, Krefeld 1990, S. 130ff.
12. Vgl. Heinz Schmitt, Didaktik des Ethikunterrichts I, Stuttgart 1983, S. 202ff.
13. Rudolf Künzli (Hg.), Lehrpläne: Wie sie entwickelt werden und was von ihnen erwartet wird, Zürich 1998, S. 20.
14. Saul B. Robinsohn, Bildungsreform als Reform des Curriculum, Berlin 1975, S. 45.
15. Vgl. Ekkehard Martens, Lesen, Schreiben und Rechnen – Philosophieren als vierte Kulturtechnik, in: Simone Dietz u. a. (Hg.), Sich im Denken orientieren, Frankfurt 1996, S. 71–84.
16. Vgl. vor allem: Christine Möller, Die curriculare Didaktik; in: Herbert Gudjons (Hg.), Didaktische Theorien, Hamburg 1997, S. 75ff.
17. Vgl. Ingbert von Martial, 1996, S. 252ff.
18. Christine Möller, 1997, S. 89.
19. Edmund Kösel, Die Modellierung von Lebenswelten, 1997, S. 67. – Vgl. das Kapitel „Lernprozesse im Ethikunterricht", S. 289ff.
20. Rainer Winkel, Die kritisch-kommunikative Didaktik; in: Herbert Gudjons, 1997, S. 94. – Vgl. dazu auch: Wilhelm Peterßen, 1996, S. 164ff.
21. Peter Watzlawick, Menschliche Kommunikation, Bern 1969, S. 56. – Watzlawick unterscheidet im Wesentlichen zwischen vier Axiomen: 1. „Man kann nicht nicht kommunizieren" (S. 53); 2. „Jede Kommunikation hat einen Inhalts- und einen Beziehungsaspekt"; 3. „Jede inhaltliche Mit-

Anmerkungen

teilung informiert gleichzeitig darüber, wie ihr Inhalt verstanden werden soll" (S. 39); 4. „Zwischenmenschliche Kommunikationsabläufe sind entweder symmetrisch oder komplementär, je nachdem, ob die Beziehung zwischen den Partnern auf Gleichheit oder Unterschiedlichkeit beruht" (S. 70).

[22] Rainer Winkel, Von der Didaktik zur Mathetik; in: Päd. Forum, 1993, S. 146–151.
[23] Vgl. Winkel, in; Gudjons, 1997, S. 101.
[24] Jürgen Habermas, Moralbewusstsein und kommunikatives Handeln, Frankfurt 1983, S. 103.
[25] Ebd., S. 141.
[26] Ders., Erläuterungen zur Diskursethik, Frankfurt 1991, S. 135.
[27] Ebd.
[28] Vgl. das Kapitel „Die affektive Dimension des Ethikunterrichts", S. 232ff.

IV. Aufbauprinzipien einer Unterrichtseinheit

> *„… meint man doch, der Anfang sei mehr als die Hälfte des Ganzen und es falle von ihm her viel Licht auf die behandelten Fragen."* (Aristoteles)

> *„Ein guter Thriller soll mit einem Erdbeben anfangen. Danach hat die Spannung allmählich zu steigen."* (Alfred Hitchcock)

Die in Lehr- bzw. Bildungsplänen allgemein beschriebenen und strukturierten Themen bedürfen einer adäquaten didaktischen Umsetzung. Sie müssen klein-gearbeitet, didaktisch operationalisiert werden. Ein zentraler Ort, wo sich dieser Reduktionsprozess abspielt, sind die Unterrichtsvorbereitungen. Die Lehrperson phantasiert bzw. imaginiert sich in die Vorstellungswelt der Schüler. Komplexe Sachthemen werden von einer abstrakten Höhe heruntertransformiert in deren Gedanken- und Gefühlswelt. So ergeben sich Anschlussmöglichkeiten für entsprechende Lernprozesse. Dabei hat sich seit geraumer Zeit eine deutlicher Wandel der Lernkultur vollzogen, vom bloß instruierenden zum entdeckenden bzw. erforschenden Lernen.

Phänomenologische Grundlegung und didaktische Transformation

Im Ethikunterricht geht es nicht zuletzt um eine möglichst exakte Beschreibung moralischer Phänomene. Welche Wertnuancen sind in welchen noch so beiläufigen Worten und Taten impliziert? Um Antworten auf diesen Typ von Fragen zu bekommen, kann ein selektiver Blick auf die philosophische Phänomenologie als grundlegender Denkrichtung gewissermaßen orientierend sein. Die phänomenologische Reduktion scheint grundsätzlich gewisse Ähnlichkeiten mit der didaktischen Reduktion zu haben. In beiden Fällen wird – wenngleich mit je unterschiedlich akzentuierter Zielsetzung – vereinfacht, fokussiert und strukturiert. Dies zeigt sich besonders in den unterrichtlichen Auftakt- bzw. Eröffnungsphasen.

Die Phänomenologie als philosophische Denkrichtung ist ein reichlich komplexer Sammelbegriff für sehr unterschiedliche Positionen und methodische Zugriffe. Diese zu rekonstruieren ist an dieser Stelle nicht erforderlich. Vielmehr sollen bestimmte elementare Vorgehensweisen aufgegriffen und auf ihre didaktischen Potentiale für den Ethikunterricht untersucht werden.

Der phänomenologischen Vorgehensweise – so wie sie von Husserl[1] und seinen Schülern praktiziert wurde – geht es um Aufklärung über die Wahrnehmung alltagsweltlicher Phänomene: eine Kugel, eine zufällige Handbewegung, ein flüchtiger Blick, ein einfach hingeworfenes Wort oder eine mehr oder minder dezidierte Stellungnahme. Das erste und primäre Objekt einer phänomenologisch ansetzenden Untersuchung sind die sinnlichen Erfahrungs- und Wahrnehmungsdinge. Wir fragen nach den Strukturen, Implikaten bzw. Präsuppositionen dieser ausschnitthaft wahrgenommenen Alltagswelt:

- Was nehmen wir genau wahr?
- Wie lässt es sich beschreiben?
- Was sind konstitutive Voraussetzungen dieser Wahrnehmungen?
- Welche Vor-urteile, Traditionen oder Konventionen haben unser Auge und Wertempfinden geführt?

Der Phänomenologie als Methode geht es also zunächst um ein akribisches Erfassen und Beschreiben der humanen Alltagspraxis. Sie wird so zu einer Schule des Sehens. Die feinen filigranartigen Präferenzen und Normierungen, die fremdem Handeln – vor allem Sprachhandeln – zugrunde liegen, werden hervorgehoben und ins Bewusstsein gerückt. Ein selbstkritischer Blick ins eigene Innere nimmt jene Setzungen wahr, die vor allem vom „Man" bestimmt sind: „man" macht das so, „man" tut das nicht. Was hier durch Einklammern (epoche) beiseitegeschoben wird, macht den Blick frei auf das, was noch übrigbleibt und gilt: das, was sich eigentlich und individuell unabweisbar als gewiss aufdrängt. Dieses jedoch muss weiter problematisiert werden. Der Weg führt von der natürlichen zur phänomenologischen Einstellung. Hierzu ist Distanz erforderlich. Sie wird durch eine besondere Form von Reflexivität gewährleistet. Reflexion meint hier Rückkehr des Subjekts zu sich selbst.

Die „reflektive Blickwendung" (Husserl) bedeutet ein Zurückbeugen des Blickes auf den Akt der Wahrnehmung. Dieser wird zum intentionalen Objekt der Reflexion. Dabei erfährt die jeweilige Wahrnehmung eine gewisse Umwandlung. Sie wandelt sich in reflektiertes, gewissermaßen objektiviertes Bewusstsein.

Konkret heißt das, dass die natürliche, naive Einstellung transzendiert, also überschritten wird. Das Individuum schaut sich selbst zu, beobachtet sich, wie es sich zur Welt der Dinge, zu den andern und zu sich selbst verhält und positioniert. Hier scheint ein zentraler Ort genuin ethischer Reflexivität zu sein. Sie kann – immer wieder eingeübt à la longue – zu einer spezifischen Form moralischer Sensibilität führen. In ihr treffen sich gewissermaßen eine analytische Sehschärfe mit selbstkritischer Eigen- und autonomer Fremdwahrnehmung.

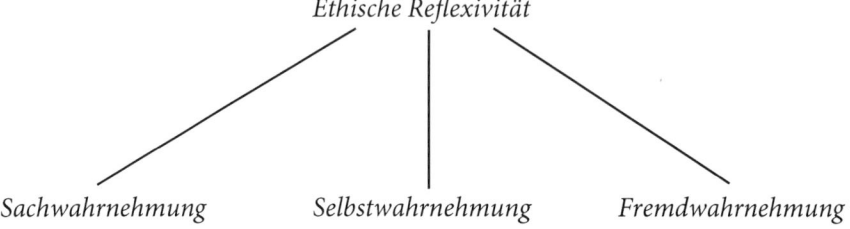

Wahrnehmungssituationen, in denen eine signifikante Veränderung stattfindet, in denen es zu einem Wandel, einer Korrektur von vermeintlichen Selbstverständlichkeiten kommt, eignen sich besonders gut zu einer Freilegung der verdeckten „Abschattungen" bzw. lebensweltlichen Implikationen. In ganz ähnliche Richtung gehen bewusst und zielgerecht eingesetzte Verfremdungen. Ein Stück vertrauter Alltagspraxis wird kontrafaktisch verfremdet, auf den Kopf gestellt gewissermaßen. Durch die dissonante Kontrastierung setzt ein Reflektieren über die bislang unbewusst gebliebenen, weil für selbstverständlich gehaltenen Seh- und Handlungsgewohnheiten und die implizierten Interessen oder Wertpräferenzen ein. Diese Fähigkeit zu distanzierter, selbstkritischer Reflexion fördert in aller Regel selbständiges Denken, ein zentrales Moment moralischer Autonomie.

Eigenständiges Wahrnehmen, Sehen und Beschreiben scheint vor dem Hintergrund unserer gegenwärtigen Medien- und Bildschirmkultur didaktisch von äußerster Wichtigkeit. Konfrontiert mit einer schier endlos fließenden Bilderflut ist eine gewisse Verlangsamung, ein bewusstes Verweilen an ausgesuchten Stellen nötig. So kann das Verborgene, Verdeckt, auch Übersehene freigelegt werden. Die aufklärerische Maxime des „Selbst denken" muss durch die Maxime „Selbst wahrnehmen, sehen und beschreiben" erweitert werden.

Phänomenologisches Beschreiben folgt einer Reihe von methodischen Postulaten:

→   es soll schlicht sehen lassen und beschreiben
→   nur das Phänomen sehen und beschreiben
→   so unvoreingenommen wie möglich sehen und beschreiben
→   so genau wie möglich sehen und beschreiben
→   so vollständig wie möglich sehen und beschreiben[2]

Diese sprachlich verfasste Beschreibungspraxis erfordert Imagination, Phantasie und kontrollierte Assoziation. Wie sieht das Zimmer, wie sieht die Situation aus der jeweiligen Sicht des anderen aus? Das zu untersuchende Phänomen wird umkreist, wird perspektivisch variiert. Es geht um das Einüben in einen reflektierten Perspektivismus. Jede ethische Reflexion impliziert die „Einbeziehung des Anderen" (Habermas). Die für den Ethikunterricht so elementaren Empathie-Übungen haben hier ihre systematische Verankerung.

Menschen in den unterschiedlichen alltagsweltlichen Situationen, ihre Gesichter oder Körperhaltungen werden beschrieben, um sich in deren Welt, ihre Emotionen und Gedanken hineintasten, einfühlen zu können.

Beispiel einer phänomenologischen Reflexion über Gefühle

Der Gefühlsraum
„Gefühle als ortlos ergossene, leiblich ergreifende Atmosphären sind nicht nur überhaupt räumlich, sondern bilden miteinander einen Raum eigentümlicher Struktur, die der Struktur des leiblichen Raumes darin parallel ist, daß sie in der Unterschicht gleichfalls ungegliederte Weite besitzt, die dann in einer zweiten Schicht von Richtungen überformt wird. Alle Gefühle bezeichne ich, sofern sie weit sind, und weil sie als Atmosphären sämtlich weit sind, als *Stimmungen,* als *reine Stimmungen,* aber insofern, als sie nichts als weit (d. h. frei von Richtungen) sind. Gefühle als Atmosphären, die von Richtungen oder Vektoren durchzogen werden, nenne ich *Erregungen,* mit einem Fremdwort könnte man auch von „Emotionen" sprechen. Wenn die Erregungen nicht um ein Thema zentriert sind, nenne ich sie *reine Erregungen.* Dem leiblichen Raum voraus hat der Gefühlsraum die strukturelle Fähigkeit zu einer thematischen Zentrierung, die den Philosophen öfters Gelegenheit gegeben hat, vom Gegenstand eines Gefühls oder gar von intentionalen Gefühlen zu sprechen, doch ist diese Rede zu roh; die thematisch zentrierten Erregungen oder, wie ich sage, die *zentrierten Gefühle,* die nach den reinen Stimmungen und den reinen Erregungen die dritte Schicht im Gefühlsraum bilden, sind als Atmosphären vielmehr im Sinn der Gestaltpsychologie zentrierte Gestalten, meistens mit einer eigentümlichen Gabelung des Zentrums, die bei der rohen Rede vom Gegenstand eines Gefühls gar nicht in den Blick kommt. Dieses begriffliche Skelett gilt es, mit Inhalt zu füllen.
Es gibt nur zwei reine Stimmungen: reines erfülltes Gefühl (Zufriedenheit) und reines leeres Gefühl (Verzweiflung) ... Verzweiflung kommt z. B. im Zwielicht des verbleichenden Tages, wenn alles – wie in der erwähnten Dämmerungsangst – fahl, kühl und ungreifbar wirkt, wie hinter Glas entrückt, oder im häßlichen, schmutzigen Häusermeer einer Großstadt an einem naßkalten Morgen ... Zufriedenheit ist die in bezug auf Richtungen neutrale Atmosphäre ruhiger Ausgewogenheit einer festen, dichten, tragenden, aber nicht beengenden Weite des Gefühls, wie sie beim Leben im harmonischen Familienkreis oder in der Gelassenheit der Mystiker oder im ruhigen, kraftvollen Selbstvertrauen herrschen kann. Die reinen Stimmungen sind in dem Sinn Grundstimmungen, daß sie alle komplizierten Gefühle grundieren: Es gibt kein Fühlen, kaum ein Erleben des Menschen, das nicht auch der atmosphärischen Alternative ‚Zufriedenheit oder Verzweiflung' unterworfen wäre.

Den reinen Stimmungen fügen die reinen Erregungen eine Gerichtetheit hinzu, die nicht strukturlos, aber diffus ist. Ihre Richtungen unterscheiden sich konträr von den leiblichen, die unumkehrbar aus der Enge in die Weite führen ...
Die Vektoren des gerichteten Gefühls organisieren sich zu Gestalten (im Sinne der Gestaltpsychologie), die Atmosphären sind. Allseitig gerichtete Erregungen können vom Standpunkt des Ergriffenen aus zentripetal oder zentrifugal oder beides sein. Einseitig zentrifugal ist die diffuse, ziellose Sehnsucht ... Einseitig zentripetal ist die ebenso diffuse Bangnis, die Bedrohlichkeit und das Mißtrauen als eine Atmosphäre ...
Zentripetal und zentrifugal zugleich sind die Ahnungen ...

> Aus den reinen Erregungen gehen die zentrierten durch Zusammenziehung der diffusen Atmosphäre um ein Thema hervor; so wird die Bangnis zur Furcht, die Sehnsucht zur Liebe ...
> Zentrierte Gefühle sind Gestalten, für deren Zentrierung im Fall optischer Gestalten der Gestaltpsychologe Wolfgang Metzger Beschreibungsmittel angegeben hat. Er unterscheidet Zentrierung im Verdichtungsbereich von Zentrierung im Verankerungspunkt. Der Verdichtungsbereich einer Gestalt ist die Stelle, wo sich ihr Gepräge anschaulich sammelt, beim Blatt der charakteristisch gezackte Umriß, Verankerungspunkt die Stelle, von der aus die Gestalt sich aufbaut, beim Blatt der Ansatz am Stiel. Das Grauen der Braut hat schon einen Verdichtungsbereich (Bräutigam, Haus), aber noch keinen Verankerungspunkt; es ist also im einen Sinn gegenständlich gebunden, im anderen gegenstandslos. Man sieht daran, wie unklar die Rede ist, daß gewisse Gefühle einen Gegenstand hätten. Erst in dem Augenblick, in dem das Grauen der Braut einen Verankerungspunkt gewinnt, nämlich die Gefahr, daß sie ermordet werden wird, wird die diffuse reine Erregung zur zentrierten Furcht.
> Eine große Klasse zentrierter Gefühle bedarf der Spaltung des Zentrums in Verdichtungsbereich und Verankerungspunkt. Dazu gehören Furcht, Zorn und Scham. Verdichtungsbereich des Zorns ist der Mensch oder Gegenstand, auf den man zornig ist, Verankerungspunkt aber der Sachverhalt, über den man zornig ist. Bei der Scham ist meistens der von Scham Ergriffene selbst ihr Verdichtungsbereich, aber nicht immer, weil man sich auch für einen Mitmenschen (Verdichtungsbereich) über dessen Verhalten (Verankerungspunkt) schämen kann, selbst wenn dieser sich gar nicht schämt; der Ausdruck „der Beschämte" ist also doppeldeutig (von Scham Ergriffener und Verdichtungsbereich der Scham). Wie beim Zorn (auf jemand und über etwas) macht es bei der Freude die Sprache leicht, Verdichtungsbereich und Verankerungspunkt zu unterscheiden: Es gibt Freude an etwas (Verdichtungsbereich) und Freude über etwas (Verankerungspunkt). Den Unterschied kann man sich leicht an der Freude des Kandidaten nach bestandenem Examen klar machen: Die Freude *über* das Bestehen ist Erleichterung, oft auch darüber, daß man den gefährlichen Prüfungsverlauf nun abschütteln kann. Die Freude *am* bestandenen Examen ist dagegen genießerisch und neigt zum Verweilen der Erinnerung beim erfreulichen Prüfungsverlauf; den Zug der Erleichterung gewinnt sie nur, wenn sie zugleich Freude über das Bestehen und die damit sich eröffnenden Aussichten ist. Es gibt Freuden an etwas (z. B. an einem schönen Anblick ohne weiteres Interesse), die nicht Freuden über etwas sind, und Freuden über etwas (z. B. Rettung aus einer Gefahr), die nicht Freuden an etwas sind, ebenso wie vollständig zentrierte Freude (an und über etwas) und gegenstandslose, nicht zentrierte Freude. Entsprechende Unterschiede kommen bei der Trauer vor, lassen sich aber nicht so leicht durch Präpositionen markieren ..."[3]

Diese Reflexion über Gefühle ist in verschiedener Hinsicht bemerkenswert und typisch für eine phänomenologische Vorgehensweise. Ausgangspunkt und Fundament zugleich ist eine sinnlich nachvollziehbare Grunderfahrung: Gefühle sind zunächst und vor allem in ihrer Unspezifität leib- und somit raumgebunden. Dieser diffuse Raum wird nun strukturiert. Eine Tektonik wird errichtet. Drei aufeinander fußende Geschosse werden eingezogen, konstituiert: Stimmungen – Erregungen – zentrierte Gefühle. Dabei dominiert ein konsequent durchgehaltener deskriptiver Duktus. Es geht um eine möglichst exakte Beschreibung der aufeinander aufbauenden Strukturen.

Die dabei benutzten Kategorien und Begriffe sind reine Beschreibungsmittel. Sie haben elementaren Charakter und sind nicht Teil einer ausgefeilten Systematik. Allgemeine, unspezifische, reine „Gefühle" werden gerichtet – es ist von „Richtungen" und „Vektoren" die Rede –, zentriert – es wird unterschieden zwischen „Verdichtungsbereich" und „Verankerungspunkt" – und so strukturiert. Der „Gefühlsraum" erhält eine klar profilierte und griffige Architektur. So kann eine anfänglich konturlose und diffuse Betroffenheit in einen Zustand der Besinnung, der begrifflich geprägten Reflexion überführt werden. Das introspektive Reden über Gefühle muss nicht in einem beliebigen und folgenlosen Impressionismus stecken bleiben. Ganz im Gegenteil: das häufig kritisierte Auseinanderfallen von Begreifen und Betroffensein soll hier durch ein gedankliches Durchleuchten elementarer Lebenserfahrungen mit genauen und geschmeidigen Begriffen verhindert werden.

Die phänomenologische Reflexion über Gefühle führt auch zu einem Aufbau eines begrifflich geordneten Problemfeldes. Aus einem anfänglich sehr vagen Gefühl ist eine erste Ordnung des Gefühlsraums geworden mit nachvollziehbaren Zusammenhängen und Unterscheidungen. Diese können im Unterricht nach einer Auftakt- bzw. Anfangsphase weiter differenziert und problematisiert werden.

Verfremdung des Alltäglichen

Bernhard Waldenfels hat in zahlreichen Untersuchungen wesentliche Elemente einer phänomenologischen Methode beschrieben und vorgeführt. Ein Schwerpunkt seiner Arbeiten kreist um die „Phänomenologie des Fremden". Dabei geht es ihm vor allem darum, den Kontrast von Fremdem und Eigenem phänomenologisch zu klären. Zur „Eigenheitssphäre" (Husserl) zählen der Leib, die Kleider, das Bett, die Wohnung, die Freunde, die Kinder, die Generation, das Heimatland, der Beruf usw.

„Die Phänomenologie würde weiterhin auf dem beharren, was sich zeigt und erscheint, doch gleichzeitig würde sie ihr verstärktes Augenmerk richten auf die Bedingungen, unter denen etwas erscheint. Das Phänomen ist selbst schon mehr als Phänomen, da es in Sehfelder, Handlungsstrukturen, sprachliche Regelungen und soziale Institutionen eingebettet ist. Wenn dies zutrifft, so können wir dem Augenschein des Alltäglichen nicht mehr dadurch entfliehen, daß wir uns einem unumschränkten *Überblick* annähern, und wir können Konflikten nicht entgehen, indem wir uns einer unumschränkten *Überverständigung* nähern.
Es bleibt nur der *schräge Blick* und die *schräge Rede,* die in ihrer verfremdenden Wirkung eine andere Welt anzielen, aber keine höhere. Husserls vielumstrittene *Epoche,* diese methodische Entwicklung der natürlichen Erfahrungswelt, wäre zu verbinden mit der *imaginativen Variation,* nur daß diese nicht mehr – wie bei Husserl – auf die Variation von Tatsächlichem zu beschränken, sondern zu einer Variation von Strukturen auszudehnen wäre. Dieses „freie Umphantasieren" könnte bereits auf der Ebene des spontanen Alltagsverhaltens einsetzen, wäre aber darüber hinaus anzuwenden auf

eingefleischte Denk-, Handlungs- und Sprachstrukturen, deren Widerständigkeit sich nur durch langes Bemühen überwinden läßt. Das philosophische Denken wäre dann nicht mehr bloß Sache einer reflektierenden Nachhut, die erntet, was andere gesät haben, sondern entspräche auf seine Weise der Forderung Nietzsches, nämlich Gesetze zu geben, das heißt, Ordnungen zu stiften und nicht nur Vorhandenes nachzubeten. Hierin gliche das philosophische Denken ebenso wie die wissenschaftliche Forschung dem künstlerischen Schaffen.

Damit komme ich zurück zum Anfang, nämlich zu der von Husserl vernachlässigten Unterscheidung von Gewöhnlichem, Ordentlichem und Außergewöhnlichem, Außerordentlichem. Letzteres ist nicht zu denken als Ausnahmeerscheinung, sondern als ständige *Kehrseite* des Ordentlichen und Geregelten, deren Fäden das sichtbare Gewebe unmerklich durchsetzen. Das Außerordentliche wirkt als Gegengift gegen die Verfestigung der Doxa zu einer Ortho-doxie, die unseren Blick erstarren macht und unser Reden und Tun einfrieren läßt. Das bringt kein Logos zustande, der um sich selbst kreist, auch kein Logos, der sich im Dia-log nur zerteilt, sondern nur ein ‚Polylog', der die Vielstimmigkeit und Unstimmigkeit der Erfahrung wahrt, indem er Verstimmungen zuläßt. Wir würden damit nicht abdanken vor dem Alltag, wie er leibt und lebt, aber auch nicht in eine höhere und umfassende Welt fliehen, die am Ende nichts wäre als ein Schatten ihrer selbst."[4]

Das Fremde, das von den eigenen Erfahrungen und Erfahrungsordnungen ausgeschlossen ist und in diesem Ausgeschlossensein sein „Wesen" und seine „Gegenwart" hat, erhält dann, wenn es als solches erfahren wird, genau jene Funktion, die Husserl der phänomenologischen Reduktion abverlangt. Die Erfahrung des Fremden impliziert ein Fremdwerden der eigenen Erfahrung, da diese im Zusammenstoß mit dem Fremden ihre Selbstverständlichkeit einbüßt. Die Erfahrung der „Fremdwelt" zeigt mir, dass die „Heimwelt" auch eine andere sein kann, und die Begegnung mit dem Fremden oder einer Fremdgruppe stößt mich darauf, dass ich oder die Eigengruppe auch andere Möglichkeiten hätten. Diese Verfremdung kann spontan auftreten, sie kann auch künstlich herbeigeführt und systematisch ausgewertet und natürlich bis zu einem gewissen Grade abgewehrt und unterbunden werden. Jedenfalls führt sie nicht auf den zentralen Weg zu einem Ersten, Letzten oder Ganzen; als Abweichung von … führt sie vielmehr auf Abwege, die im Fremden, also nirgends enden. Das Gewahrwerden eigener Lebens- und Vorstellungsgrenzen setzt dann, wenn es nicht durch Rationalisierungen überdeckt wird, einen „Möglichkeitssinn" frei, den keine Verwirklichung je befriedigt.[5]

Welche Elemente der phänomenologischen Vorgehensweise zeigen sich in den beiden Textpassagen?

- → sagen und beschreiben, was sich in strenger Sachlichkeit sagen und beschreiben lässt
- → phänomenologische Reduktion: Die Dimensionen, in denen sich „Alltäglichkeit" sedimentiert, werden aufgedeckt, decouvriert (Sehfelder / Handlungsstrukturen / Sprachregelungen / soziale Institutionen)

→ damit eng verwoben: eine Implikationsanalyse: Welche impliziten Wertungen stecken in unseren „alltäglichen" Wahrnehmungen, Handlungsweisen, unseren Sprechweisen und Institutionalisierungen von „Alltag"?
→ deren Verfremdung („schräger Blick") durch „imaginative Variation" (Die Begegnung mit Fremdem impliziert ein Fremdwerden der eigenen bislang vertrauten Erfahrung)
→ dialektisches bzw. multiperspektivisches Denken (das „Ungeregelte" als ständige Kehrseite, als notwendiges Implikat des „Geregelten")
→ Freisetzen von Alternativen, Kreativität und Möglichkeitssinn

Das Lebenswelt-Konzept

Im Unterschied zur Welt der Theorien und abstrakter Begrifflichkeiten stellt die „Lebenswelt" in der Sprache zahlreicher Phänomenologen einen primären, vor-wissenschaftlichen, a-theoretischen Lebensbereich dar. Sie ist der Boden, auf dem elementare Lebenserfahrungen gemacht werden, auf denen sich dann fundamentale Denkfiguren und Wertmuster aufschichten können.

> „Die Menschen leben in einer Umwelt, in der durch die verschiedenen Weisen sinnlichen Erfahrens die Dinge für sie einfach da sind, ihre räumliche und zeitliche Ordnung haben ... u. ä. m. Das ist zunächst vor und unangesehen aller Wissenschaft der Fall. Wissenschaft wird von den Menschen in der Umwelt, in der sie leben, ausgebildet. Die wissenschaftlichen Erkenntnisse sind Produkte aktiven Hervorbringens. Die gewöhnliche Welt aber, in der man (noch) nichts Wissenschaftliches produziert, liegt allem Wissenschaftlichen und allem anderswie Produzierten voraus. Ich finde sie vor, wenn ich und solange ich lebe. So wird sie von mir erfahren; so ist sie mir bewusst."[6]

In natürlicher Einstellung nehmen wir im Rahmen unserer Lebenswelt unbefangen, gewissermaßen naiv alles, was wir erleben und dem wir begegnen, hin. Wir nehmen grundsätzlich einmal hin, dass es und wie es ist.

Wenn wir diesen phänomenologisch konzipierten Begriff von Lebenswelt, wie er vor allem im Spätwerk Husserls anzutreffen ist, didaktisch transformieren und uns dabei der Lebenswelt der Adressaten von Ethikunterricht zu nähern versuchen, so ließen sich folgende Strukturelemente festhalten:

Ein wesentlicher Knotenpunkt im lebensweltlichen Netzwerk von Heranwachsenden ist die Begegnung mit den Forderungen der anderen. Sie stammen von den Eltern, von Lehrern, von Freunden. Die Verpflichtung, sich an gewisse Regeln zu halten, resultiert in diesem frühen Stadium aus Üblichkeiten und Überzeugungen, die im Allgemeinen nicht in Frage gestellt werden. So sieht die kleine Welt aus, in der wir als Kinder leben. Ihre Regeln sind uns Befehl.

Dieser enge Kreis weitet sich kontinuierlich über Schule, Freizeitvereine, über anonyme Gemeinschaften wie Stadt, Region oder ein ganzes Land. Der Gebrauch des ersten Personalpronomens im Plural signalisiert die je unterschiedlichen Identifikationen mit kollektiven Identitäten. Mit dem zunehmenden Umfang werden die Verhaltensregeln immer abstrakter und kodifizierter. Die Möglichkeit und Wahrscheinlichkeit einer spontanen Identifikation schwinden immer mehr. Und doch ist zu beobachten, dass die soziale Moral den Charakter der Selbstverständlichkeit trägt. Die Geschlossenheit der Lebensgemeinschaft und die Einheit der Lebensform spielen dabei eine ausschlaggebende Rolle. Hier kann ethische Reflexivität, phänomenologisch vorgehend, ansetzen bzw. entstehen. Es geht darum, den Schülern die Fähigkeit zu vermitteln, „aus dem toten Winkel seiner selbst"[7] herauszutreten, um ihr eigenes, konventionelles und für selbstverständlich gehaltenes Verhalten von außen betrachten zu können.

Im Ethikunterricht geht es ganz elementar um eine Beschäftigung mit menschlichen Interaktionen, so wie wir sie alltäglich erfahren können. Am Anfang steht somit zumeist ein mehr oder minder überschaubares Durcheinander von sozialem Mit- oder Gegeneinander. Diese in der Regel konfliktreichen sozialen Verhältnisse gilt es nicht bloß zu beschreiben. Worum es ganz entscheidend geht, ist ein Aufdecken der dem Handeln zugrunde liegenden impliziten Wertungen. Dabei kann eine andere Form von Rationalität eingeübt werden, die man im Unterschied zur begründenden als verstehende bezeichnen kann.

Diese aufdeckende (phänomenologische) und dann auch auslegende (hermeneutische) Rationalität lässt dem Angesprochenen die soziale Welt der Normen und Werte in einem anderen Lichte erscheinen und kann insofern auch zu einer Änderung seines Selbstverständnisses führen. So vermag der Ethiklehrer mit seinen Schülern – auf Augenhöhe gewissermaßen – zu den verborgenen Schichten der erfahrenen Lebenswirklichkeit vorzudringen, in denen sich unsere impliziten Wertungen bilden – die gilt es dann explizit zu machen.

Das Postulat der vorurteilsfreien Einstellung

In Analogie zur „ersten Epoche" geht es beim phänomenologischen Beschreiben zunächst um die Enthaltung von Vor-urteilen. Dazu wären zu zählen:

- individuelle Wünsche, Interessen, Gefühle
- wissenschaftliche Theorien
- Hypothesen, Meinungen jeder Art
- Traditionen

> „In sehr vielen Fällen ist es ... weder leicht noch ohne weiteres möglich, das Gegebene zu beschreiben. Es ist eine eigene Einstellung dazu erforderlich, ein ‚sich zur Gegebenheit bringen', in der Ausdrucksweise der Phänomenologie ... Das ‚sich zur Gegebenheit bringen' ist ... weniger ein positiver Akt als vielmehr eine ‚Abstraktion von', ein ‚nicht zur Geltung kommen lassen', eine Reduktion all der Einschläge, Zusätze,

Namen, welche die Unmittelbarkeit des Gegebenen beeinträchtigen und das Gegebene selbst ... verdecken. Zu diesen die Erkenntnis erschwerenden Verdeckungen gehören z. B. alle Wirklichkeitssetzungen, Deutungen, Zuteilungen zu irgendeinem Reich der Realität, dem physischen, dem psychischen usw."[8]

Am Anfang sollen nicht richtungsweisende allgemeine, voraussetzungsreiche Begriffe, Axiome oder bloße Meinungen stehen. Die zu untersuchende Wirklichkeit – deskriptiver oder normativer Art – soll also so weit wie möglich direkt, unmittelbar und unverstellt, d. h. nicht gefiltert und imprägniert von bestimmten für selbstverständlich gehaltenen prä-reflexiven Momenten wahrgenommen werden. Diese prä-reflexiven Momente werden jedoch nicht einfach beiseitegeschoben wie wertlose und bloß lästige Hindernisse. Sie spielen in ihrer Differenzqualität ein eminent wichtige Rolle und wir sollten sie daher ständig im Auge behalten. An ihnen können wir nachvollziehen, wie wir vom bloßen Meinen und Man-sagen zu bewusst vollzogenen Wahrnehmungen und Urteilen gelangen.

Das Gebot der vorurteilslosen Einstellung hat allerdings auch eine erkenntnisimmanente Grenze. Wenn wir noch so sehr darauf achten, dass uns nichts und niemand den direkten Blick auf die Phänomene verstellt, so sind wir doch auf eines stets angewiesen, und das ist unsere Sprache. Einen archimedischen Punkt außerhalb derselben, der uns einen Standort absoluter Objektivität garantieren würde, gibt es nicht. Die häufig sehr subtilen Imprägnierungen durch Sprache sind nicht gänzlich abzuschütteln.

Wenn ich z. B. analysieren will, wie ich über moralische Fragen rede, dann muss ich moralische Urteile von anderen Urteilen unterscheiden können. Ich befinde mich in einer schwierigen Situation: Ich möchte definieren, was ein moralisches Urteil ist. Diese Definition möchte ich mir erarbeiten, indem ich moralische Urteile analysiere. Um aber moralische Urteile analysieren zu können, muss ich schon wissen, welche Urteile moralische Urteile sind. Der Ausweg aus dieser Situation besteht darin, dass ich vertrauend auf mein vorphilosophisches Verständnis der moralischen Rede Annahmen darüber aufstelle, welche Urteile moralische Urteile sind. Dass ich mich mit dieser Vorgehensweise in einem Zirkel befinde, ist offensichtlich. Dieser Zirkel scheint jedoch ein Zirkel zu sein, der allem sprachanalytischen Philosophieren zugrunde liegt. Wir leben immer schon in einem Vorverständnis der Welt und unserer selbst, ehe wir nachdenken. Dieses Vorverständnis artikuliert sich immer sprachlich. Er beginnt immer schon „inmitten der Sprache, die wir immer schon sprechen, und inmitten der sprachlich erschlossenen Welt, in der wir vor aller Wissenschaft immer schon leben"[9]. Dieser Zirkel scheint kein schädlicher Zirkel zu sein. Die Annahmen darüber, welche Urteile moralische Urteile sind, bilden zwar den Ausgangspunkt meiner Untersuchung, sie sind aber keine der Diskussion entzogenen nicht-hinterfragbaren Prämissen, sondern können vielmehr im Verlauf der Untersuchung jederzeit problematisiert werden. Die Auseinandersetzung mit der Sprache der Moral ausgehend von vorphilosophischen Annahmen zur Sprache der Moral ist keine Einbahnstraße, sondern ein hermeneutischer Prozess.[10]

Der Sinn einer methodischen Enthaltung kann also nur darin liegen, zu einer möglichst vorurteilsfreien Einstellung zu kommen. Soweit Vorurteile durchschaut werden können, sollen sie von der „Sache selbst" losgelöst werden. Es geht grundsätzlich darum, von einer Welt „aus zweiter Hand" auf eine Welt „aus erster Hand" zurückzugehen. Der Sinn der Forderung nach Vorurteilsfreiheit liegt in einer kritischen und befreienden Haltung, einer fruchtbaren „*Gegen-Haltung*", nämlich einmal gegen wissenschaftliche Meinung, gegen Tradition, gegen eigene Vorstellungen, auch gegen die Sprache zu fragen: „Was ist X denn nun eigentlich wirklich?"[11]

Die aufgezeigten Elemente der phänomenologischen Methode legen bestimmte Weisen der Fragestellung nahe. Als eine Hilfe für die Praxis „phänomenologischen Fragens" sollen sie abschließend zusammengestellt werden:

Fragetypen:

1. Was nehmen wir genau wahr? (*Deskription*)
2. Wie lässt es sich präzise und vollständig beschreiben? (*Strukturanalyse*)
3. Was sind konstitutive Voraussetzungen dieser Wahrnehmungen? (*Reduktion*)
   a) Es sind meine Wahrnehmungen: welche persönlichen Faktoren (Erfahrungen / Gefühle …) schlagen sich darin nieder? (*Ich-Reflexion*)
   b) Welche Wertungen bzw. Vorurteile haben mein Auge bestimmt? (*Implikationsanalyse*)
   c) Welche philosophischen Traditionen oder Konventionen prägen unsere Wahrnehmungen? (*Präsuppositionsanalyse*)

Übungen zu Unterrichtseinstiegen bzw. zum Aufbau eines Problemfeldes

→ Beschreiben von alltäglichen Gegenständen (Tisch, Stuhl, Buch …).
  Es sollen dabei die materiellen, zeitlichen, räumlichen, sinnlichen und sozialen Qualitäten möglichst exakt beschrieben werden.
→ Beschreiben der eigenen Wahrnehmungen in verschiedenen Räumen, Zimmern, im Bett, auf dem Schulhof oder beim Spazierengehen, Fahrradfahren usw.
→ Beschreiben von Erinnerungen besonderer Augenblicke, eines Tages, einer Person.
  Im Zentrum steht dabei eine Phänomenologie des inneren Zeitbewusstseins. Das Wahrnehmen von Vergessenem, Verdecktem und möglicherweise von auf je unterschiedliche Art Verdrängtem kann so eingeübt werden.

→ Empathieübungen: als ein Sonderfall der Versuch, sich in die eigene Vergangenheit zu versetzen: z. B. „Wer war ich im Alter von 10 Jahren?" – Solche Übungen führen zu Fragen der personalen Identität und bieten so zahlreiche ethische Anschlussmöglichkeiten.
Für den Ethikunterricht ergiebig sind auch Einstiege, mit denen der Versuch gemacht wird, sich in die Perspektivik und Alltagswahrnehmung von Alten, Kranken, Behinderten oder „Verrückten" einzufühlen.

→ Übungen zur Wahrnehmung normativer Implikationen unserer Alltagspraxis.
In einem Gedankenexperiment wird ein Tag fingiert, an dem wir mit ständigen Zweifeln und abgrundtiefem Misstrauen anderen begegnen. Welche Implikationen lassen sich aus einer solchen Fiktion explizieren? Oder: Was wäre, wenn wir von einem bestimmten Zeitpunkt an durch einen inneren Zwang immer die Wahrheit sagen müssten? Mit dieser Übung lässt sich die Grundfigur des kategorischen Imperativs alltagsweltlich antizipieren.

→ Übungen zur Phänomenologie der Gefühle: wie lassen sich Sympathie, Mitleid, Hass, Rache, Empörung oder Scham beschreiben? In welchem Gefühlsraum lassen sie sich ansiedeln? Was unterscheidet Stimmungen, Erregungen von Gefühlen? Worauf sind Gefühle jeweils zentriert, was ist der Gegenstand eines Gefühls? Welche Gefühle haben genuin normative Implikationen?
Was sind „normale" Gefühle, was extreme? Wie lassen sich entgegengesetzte, wie verwandte Gefühle beschreiben?

→ Einstieg über lebensweltliche Reflexion: um z. B. in die von zahlreichen Sachthemen beladene Unterrichtseinheit „Recht und Gerechtigkeit" auf Augenhöhe, d. h. schülerzentriert einzuführen, ist es empfehlenswert, dem Phänomen „Gerechtigkeitsempfinden" nachzuspüren, z. B. mit der Frage: „Versuchen Sie, eine Situation in ihrem Leben zu beschreiben, in der sie das Gefühl hatten, ungerecht behandelt worden zu sein. Wie haben sie sich gefühlt? Wie lässt sich dieses Gefühl beschreiben, was ist darin impliziert?"
Gerade an diesem Beispiel lassen sich gewisse Merkmale eines phänomenologisch reduzierten Einstiegs aufzeigen.

Ausgangspunkt eines Nachdenkens über den Themenkomplex „Recht und Gerechtigkeit" ist nicht eine mit einem Text präsentierte allgemeine Theorie, eine Definition oder eine traditionelle Vorstellung (von Plato über Hobbes bis zu Rawls). Das Thema soll ganz aus der lebensweltlichen Schülerperspektive erschlossen werden. „Wo, wann und wie bin ich existentiell mit dem Thema konfrontiert worden? An welche Erfahrungen diesbezüglich erinnere ich mich noch besonders deutlich?" Ein aufmerksames und sorgfältiges Sammeln und Klären solcher spontaner und punktueller Erfahrungsbruchstücke übt neben den kommunikativen Fähigkeiten vor allem auch die Fähigkeit zur Selbstreflexion. Dem Schüler wird signalisiert, dass es auf seine je individuelle, authentische Erfahrungen kontingenter Alltagspraxis ankommt. Er geht seine unvertretbaren Erfahrungen durch und versucht, sie so genau wie ihm möglich zu beschreiben. Er beobachtet sich dabei, wie jene Erfahrungsfragmente versprachlicht werden. Vor allem kann ihm dabei zumindest ein Stück weit aufleuchten, wie er jene Erlebnisse verarbeitet hat, welche Werthaltungen sich darin angebahnt bzw. gefestigt haben. An dieser Stelle kommt es nicht selten zu aufschlussreichen Entdeckungen, auch Irritationen. Gewisse Selbstverständlichkeiten werden zum ersten Mal hinterfragt und aus einer Distanz gesehen. Im Gespräch mit den anderen und dem implizierten Perspektivenwechsel weitet sich der Horizont. Bislang dumpf Geahntes wird deutlicher und fassbarer. Neugier und weiterführende Fragen kommen auf. Diesem lebensweltlichen Verständnis von moralischem Lernen geht es darum, Lernen durch ein Vor-Wissen zu fundieren, das als vortheoretisches, vorobjektives Wissen aller wissenschaftlichen Erkenntnis vorausliegt.

→ Implikationsanalyse: „A verspricht B, x zu tun". Das den Schülern wohlvertraute alltagsweltliche Phänomen des „Versprechens" soll phänomenologisch untersucht werden? Was heißt es eigentlich, was steckt darin (dahinter oder darunter), wenn ein Subjekt A einem Adressaten B „verspricht" (performatives Verb), x zu tun (Objekt des Versprechens)?

Eine solche Analyse eignet sich sehr gut, ohne Text in die Gedankenwelt des Kategorischen Imperativs (I. Kant) einzuführen. Zentrale Punkte sind genannt, die die Landschaft jenes Denkens markieren. Ausgehend von lebensweltlichen Sachverhalten werden deren Implikate schrittweise aufgedeckt. Der zunächst nur deskriptive Weg führt von einer Implikation zu einer Explikation. Mit der Reflexion eines alltagweltlichen sprachlich verfassten Phänomens („Ich verspreche dir, dass ...") werden auf sehr anschauliche und direkte Weise zentrale Aspekte des Kategorischen Imperativs antizipiert.

Zusammenstellung weiterer exemplarischer Einstiege:

- Mind-Mapping
- Bild-Meditation[12]
- Karikaturen
- Spiele (Rollenspiele)
- Wertklärung
- Inszenierung von Handlungssituationen
- Geschichten
- Gedichte, Aphorismen
- Aktuelles Tagesgeschehen (Medien)
- Schlagwortanalysen (Analyse normativer Implikationen)
- Konflikte in der Klasse („Störungen haben Vorrang")
- Konflikte in der Gruppe, Schule, Familie, Gesellschaft

Die für den Ethikunterricht besonders typischen Einstiegsvarianten sollen kurz präsentiert und didaktisch kommentiert werden.

Mind-Mapping

Eine Vorform des *Mind-Mapping* ist das „*Clustering*". „Die Methode des Clustering entspricht der Funktionsweise des Gehirns. Viele Informationen werde nur bildlich verarbeitet und durch das begriffliche Denken nicht abgerufen. Das Clustering hilft dabei, Blockaden, wie sie allzu leicht im begrifflichen Denken entstehen, aufzulösen oder zu vermeiden.
Clustern geht so:
- Schreibe ein Wort, einen Begriff, einen Aussagesatz in die Mitte eines weißen Blatts und male einen Kreis darum herum. Dies ist der Kern des Clusters.
- Lasse nun die Gedanken kommen, wie sie kommen, und verknüpfe sie, wie sie kommen, konzentriere dich nicht und versuche nicht, eine Struktur zu entwickeln. Jeder Einfall wird wiederum mit einem Kreis umgeben und durch einen Strich mit dem Kern oder dem vorherigen Gedanken verbunden. Wenn eine Assoziationskette nicht weitergeht, fang eine neue an."[13]

Im *Mindmapping* finden sich im Gegensatz zum Clustering erste Ansätze einer Strukturierung der Ideen. Die Schüler unternehmen – einzeln oder in Gruppen – eine Reise durch eine Themenlandschaft. Das zunächst rein assoziativ gesponnene Netzwerk von Themen und Begriffen wird in einem zweiten Zugriff geordnet. Knotenpunkte entstehen, von denen aus die Webfäden in Form von Linien, Pfeilen oder Symbolen gezogen werden.
Zur Analyse solcher kognitiver Landkarten bieten sich folgende Strukturkriterien an. Sie können für eine Auswertung der Mind-Maps orientierend sein.
a) Zentrierung: wo liegen die Knotenpunkte, die Zentren?
b) Hierarchisierung: wo liegen „mittlere" Ort, wo beginnt die Peripherie, das Umland?
c) Integration: welche Verbindungslinien werden gezogen und zu einer mehr oder minder kompakten (Siedlungs-/Verkehrs-)Dichte zusammengefügt?
d) Singularität / Nicht-Austauschbarkeit: zu welchen Orten und Verbindungen gibt es keine Alternativen? Welche haben ihren einzigartigen, unverrückbaren Ort bzw. Stellenwert?
e) Werthaltigkeit: was in Punkt d) schon angeklungen ist, wird hier ganz deutlich. Die deskriptive Ebene wird verlassen und eine evaluative bzw. normative betreten. Wo liegen die Orte, in oder unter denen je unterschiedlich starke Wertungen sich zeigen?

Kognitionspsychologisch ist das Erstellen eines Mind-Maps eine vergleichsweise anspruchsvolle Operation. Der Schüler muss in der Lage sein,
(1) seine Vorkenntnisse nach Relevanz / Irrelevanz zu differenzieren,
(2) das von ihm ausgewählte Vorwissen in ein kohärentes Ganzes zu integrieren,
(3) mit den Kategorien Ähnlichkeit, Analogie und Widerspruch zu operieren und
(4) zwischen einer Sach- und Wertebene unterscheiden zu können.

Mind-Maps spiegeln – sofern sie entsprechend sorgfältig besprochen und geklärt werden – in der Regel recht gut die Interessen der Schüler an einem Thema, ihre Vorkenntnisse, ihr Problembewusstsein und ihre Vorverständnisse.[14] Wenn sie nicht zu einem demotivierenden Anfangsritual werden sollen, dann muss der nachfolgende Unterricht konsequent Anschlussmöglichkeiten finden. Die Schüler sollten anhand ihres Mind-Maps weiterführende Problemfragen (advance organizers) formulieren. Diese werden dann in den folgenden Stunden abgearbeitet. Idealiter kann also ein Einstieg per Mind-Map das Themen- und Problemgerüst einer ganzen Unterrichtseinheit präfigurieren. Ein relativ hoher Grad an Schüleraktivierung- und -motivierung ist gegeben. Es sind ja ihre Themen, ihre Problemaspekte, die nach ihren eventuell geäußerten methodischen Vorschlägen abgehandelt werden.

Concept-Mapping

Beim Concept-Mapping werden bestimmte Wissensbereiche konsequent in der Form von Begriffsnetzen dargestellt. Die Bedeutung der einzelnen Begriffe und deren logische Beziehung untereinander werden dabei beschrieben und entsprechend symbolisiert.

Die Schüler schreiben in Einzel-, Partner- oder Gruppenarbeit die gesuchten Begriffe auf Karten und ordnen sie nach dem Grad ihrer Allgemeinheit. Zuoberst stehen also allgemeinste Begriffe, dann speziellere und schließlich einzelne Fakten oder konkret-empirische Sachverhalte. Die Karten werden dabei in dieser hierarchischen Ordnung auf ein großes Poster oder eine Pinwand befestigt. Linien (z. B. mit Papierstreifen) und einzelne Verben oder Kurzsätze veranschaulichen die logische Beziehung der genannten Begriffe und Sachverhalte untereinander. Die erste Rohfassung eines Concept-Maps kann mehrfach überarbeitet und verändert werden.

Die elementare didaktische Funktion des Concept-Mapping liegt im Aufbau einer organisierten, klar strukturierten und stabilen kognitiven Struktur. Diese Methode eignet sich auch zur Zusammenfassung oder Überprüfung von begrifflich strukturierten Wissensbereichen.

Beispiel:

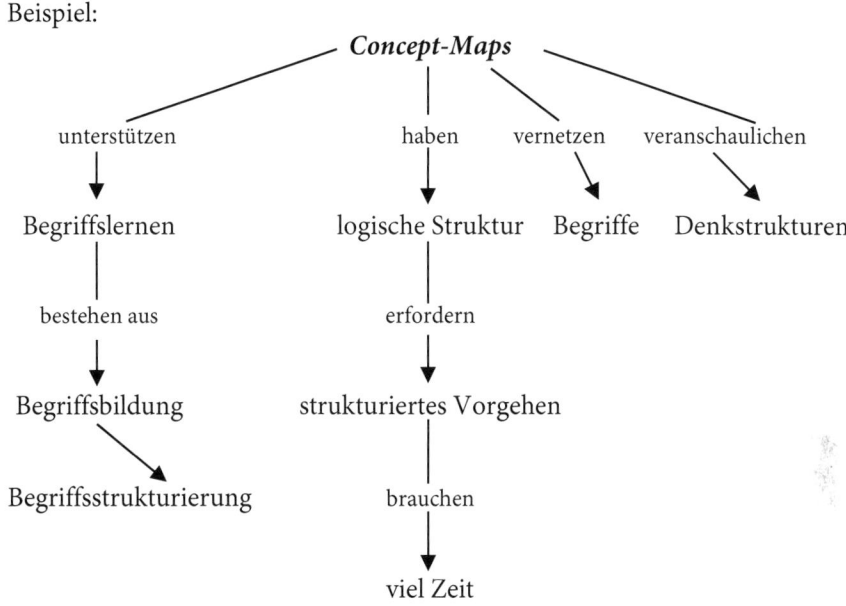

Bildassoziation

Mit der Bildassoziation lassen sich im Ethikunterricht eine Vielzahl von normativen Sachverhalten und Problemstellungen – Themenkomplexe wie „Freiheit", „Recht und Gerechtigkeit" oder „Konflikte und Gewalt" – unterrichtsökonomisch und didaktisch effizient einführen. Bemerkenswert ist, dass in ihr eine ganze Reihe der für den Ethikunterricht typischen Such-und Lernbewegungen zum Zuge kommen.
- In einem ersten Schritt wählt jeder Schüler individuell ein Bild, in dem sich seiner Meinung nach wesentliche Elemente des zu behandelnden Themenkomplexes niederschlagen.
- In Kleingruppen erläutern und begründen die Schüler ihre Wahl.
- Sie versuchen dann, sich in den Gruppen auf ein Bild zu einigen, das am besten passt.
- Im Plenum werden die Bilder samt jeweiliger Begründung präsentiert und besprochen.
- Einzeln oder in Gruppen sollen die Schüler schließlich vor dem Hintergrund des Besprochenen Fragen formulieren, mit denen sie sich im weiteren Unterricht vertiefend beschäftigen wollen.

In solchen Auftaktphasen muss der Schüler sich zunächst für ein Bild entscheiden, sich seiner Präferenz bewusst werden, diese formulieren, „veröffentlichen" und begründen können, andere Entscheidungen und Begründungen aufnehmen, sich argumentativ damit auseinandersetzen und sie konsensorientiert evaluieren. Schließlich soll er problemorientiert ein Themenfeld strukturieren und relevante Problemaspekte antizipieren. Der Auftakt führt also induktiv von der individuellen Wahrnehmung der Schüler, ihren Vorverständnissen über deren klärende und strukturierende Bearbeitung zu einem umrisshaft erfassten allgemeinen Problemhorizont.

Das Schreibgespräch

Im Schreibgespräch kommunizieren die Schüler schriftlich miteinander. In Kleingruppen kommentieren sie assoziativ der Reihe nach entweder einen vorgegebenen Begriff, ein Schlagwort oder einen Aphorismus. Wichtigste Spielregel ist, dass kein Wort gesprochen wird, während das Blatt Papier, auf dem die Kommentierungen stichwortartig festgehalten werden, in der Gruppe kursiert. Am Ende wertet die Gruppe eigenständig die Ergebnisse aus: Welche Punkte sind angesprochen worden? Wo liegen Unterschiede, wo Übereinstimmungen? Im Plenum können die Ergebnisse der Kleingruppen zusammengefasst, strukturiert und problematisiert werden.

Das Schreibgespräch schafft durch die Stille ein hohes Maß an Konzentration und so eine besonders intensive Form sozialer Interaktion. Es ist integrativ – die zurückhaltenden Schüler haben Gelegenheit, sich zu beteiligen – und liefert in der Regel vergleichsweise präzise Beiträge, die für den weiteren Unterrichtsverlauf konstruktiv genutzt werden können.

Rollenspiele[15]

Das Inszenieren von Rollenspielen ist voraussetzungsreich. Es bedarf in der Vorbereitungsphase einer hinlänglich präzisen Situationsbeschreibung, die dem Rollenspiel zugrunde liegen soll. Es bedarf weiterhin einer genauen Definition der Rollen. Die Schüler brauchen in der Regel viel Zeit, um ihre jeweiligen Rollentexte sinnvoll schreiben zu können. Für Gruppenmitglieder, die nicht mitspielen, gilt es, eventuell einen Beobachtungsbogen mit vorgegebenen Kriterien zu erarbeiten. Als Abschluss sollte unbedingt eine Auswertung in Form eines Metagesprächs stehen. Die Schülerinnen und Schüler können sich dabei kritisch über die eigene bzw. die Rolle von anderen oder Sinn und Zweck des Spiels äußern.

Wertklärung

> „Was uns wertvoll ist, spiegelt sich auch in der Wahl unserer engen Freunde. In diesem einfachen Experiment haben die Teilnehmer Gelegenheit, in der Erinnerung zurückzugehen und sich auf eine frühe Freundschaft zu konzentrieren.
> In unserem Leben spielen Freundschaften eine große Rolle. Wir brauchen einfach Menschen, von denen wir uns akzeptiert fühlen, möglichst mit all unseren Stärken und Schwächen. Mit Freunden können wir über Dinge sprechen, über die wir zu Hau-

se vielleicht nicht sprechen mögen. Mit Freunden können wir Spaß haben und Dinge ausprobieren, auf die wir neugierig sind. Von Freunden können wir manchmal auch Dinge lernen, in denen wir selbst nicht so gut sind. Mit anderen Worten, Freunde und Freundinnen sind eine sehr wichtige Ergänzung zu unserer Familie. Sie können uns helfen, eigene Ideen zu entwickeln und unabhängiger und freier zu werden.
Und jeder von uns beginnt früh, solche Freundschaften zu schließen. Manche sind kürzer, andere dauern länger. Denkt zurück an die Freundschaften aus eurer Kinderzeit. Laßt euch alles einfallen, was zu dem besten Freund oder der besten Freundin gehörte, die ihr damals gefunden hattet. Beschreibt, was dieses Kind für euch attraktiv machte und was ihr zusammen unternehmen konntet."[16]

Diese Übung kann als Einstieg zum Thema „Freundschaft – Partnerschaft" benutzt werden. Die Schüler erinnern sich an Situationen, Momente und Geschehnisse, in die bestimmte Gesichter in irgendeiner Form verwickelt sind. Der Fokus liegt auf der Frage: was zog mich damals zu jenem Gesicht, warum mochte ich es? Und daran anschließend: was macht eine „Freundschaft" aus, was einen Freund / Freundin? Die Schüler sollen sich ihrer früheren bzw. auch gegenwärtigen Werteinstellung (was war / ist für mich ein Freund / Freundin; was ist für mich wertvoll und wichtig daran?) bewusst werden und sollen von da aus weitere differenzierende Fragen zum Problemfeld „Freundschaft / Partnerschaft" erarbeiten.

Handlungssituationen

(a)
„Nehmen wir an, Sie stehen Schlange in einem Selbstbedienungsrestaurant, und nun da Sie zu den Desserts vorgedrungen sind, können Sie sich nicht zwischen einem Pfirsich und einem riesigen Stück Schokoladentorte mit Buttercreme obendrauf entscheiden. Die Torte sieht gut aus, doch Sie wissen, daß sie dick macht. Dennoch nehmen Sie sie und essen sie mit Vergnügen auf. Am folgenden Tag schauen Sie in den Spiegel oder stellen sich auf die Waage und denken. ‚Hätte ich doch diese Schokoladentorte nicht gegessen. Ich hätte statt dessen einen Pfirsich essen können.'
‚Ich hätte statt dessen einen Pfirsich essen können.' – Was bedeutet das und ist es auch wahr?"[17]

Eine ganz alltägliche, leicht zugängliche Situation wird geschildert. Im Mittelpunkt steht eine triviale Entscheidung: Torte oder Pfirsich. Aus der 1. Person-Perspektive soll nun das Problem der Willensfreiheit phänomenologisch angegangen werden. Die Reflexion über das je eigene Erfahren des Phänomens Freiheit (Selbstreflexion), das ein unmittelbares Freiheitsbewusstsein impliziert, führt dann zum dialektischen Gegenpart, der Außenperspektive. In ihr wird von außen objektivierend beobachtet und nach kausal-mechanischen Zusammenhängen gefragt. Das In- und Gegeneinander dieser beiden Perspektiven macht dann auch einen quintessentiellen Bestand des philosophisch-anthropologischen Freiheitsproblems aus. In der alltäglichen Situation sind sie wie in einer Nussschale – „just like in a nutshell" (James Joyce) – verborgen angelegt und harren ihrer behutsamen und schrittweisen Entfaltung.

(b)
Ein Telefongespräch:[18]
A.: Ja bitte?
B.: Guten Tag, hier Müller. Ich hätte gern Herrn Schulze gesprochen wegen der Stellenanzeige.
A.: Ach so!
B.: Könnten Sie ihn vielleicht an den Apparat holen? Oder spreche ich mit Herrn Schulze selbst?
A.: Nein. Sie sprechen mit mir.
B.: Wieso? Ich denke, Sie sind nicht Herr Schulze?
A.: Bin ich auch nicht, da haben Sie recht.
B.: Das verstehe ich nicht. Spreche ich nun mit Herrn Schulze oder nicht?
A.: Ich sagte doch, Sie sprechen mit mir.
B.: Und wer sind Sie?
A.: Ich sagte doch schon: ich. Ich bin ich.
B.: Jetzt regen Sie mich nicht auf! Ich möchte sofort Herrn Schulze sprechen. Es ist wichtig!
A.: Das geht aber nicht, da Sie mit mir sprechen.
B.: Nun hören Sie bitte mal zu. Auf Karnevalscherze kann ich gut und gerne verzichten. Oder sind Sie vielleicht der Präsident des hiesigen Karnevalclubs?
A.: Nein, bin ich nicht. Ich bin ich und bleibe ich.
B.: Wissen Sie was? Sie können mich mal!!!
A.: ICH?

Dieser fingierte Dialog kann in das Themenfeld „Anthropologie / Ich-Identität" einführen. Es werden witzige Missverständnisse und Irritationen produziert, die sehr motivierend sind. Die anvisierte philosophische Problematik wird auf eine didaktisch stark reduzierte Frage zugespitzt: Was bedeutet es, wenn wir in der 1. Person-Singular-Perspektive reden? Und was bedeuten Namen, die andere gebrauchen, für unsere Identität?

(c)
Szene:
Der Lehrer betritt wankend das Klassenzimmer, eine Bierflasche in der Hand, mit verschmutzten Kleidern, unverständliche Laute vor sich hin lallend. Er lässt sich auf einen Stuhl, dicht neben einer Schülerin fallen und wirft ihr anzügliche Blicke zu. Schließlich holt er eine Zigarette heraus und beginnt sie genüsslich zu rauchen …

Diese Form der Inszenierung arbeitet mit dem Mittel der Verfremdung. Ein Stück Schulwirklichkeit wird in kontrafaktischer, weitgehend verfremdeter Form präsentiert. Dadurch sollen die Schüler auf ihre eingeschliffenen, für selbstverständlich gehaltenen Wahrnehmungen und Werteinstellungen gestoßen werden.

Übungen zu Unterrichtseinstiegen bzw. zum Aufbau eines Problemfeldes   105

Denkbare Gesprächssequenz: Zunächst kann es zu betretenem bis leicht ungläubigem Schweigen kommen. Die Schüler sind mehr oder minder irritiert und verunsichert.

Über einen Frageimpuls – „Wie geht es Ihnen? Was empfinden Sie? Was verunsichert sie?" – können sie zu einer Reflexion über sich und ihre Wahrnehmungen geführt werden.

Das Gespräch führt dann zu einer Problematisierung des Rollenbegriffs, gewisser Rollenerwartungen, schließlich zu gewissen Aspekten des Institutionenproblems.

Zusammenfassung
Was ist ein guter Einstieg?
Kriterien:

1. liegt er auf Augenhöhe, im Interessen- und Wahrnehmungshorizont der Schüler? (schüler-zentriert)
2. knüpft er an *Vor-verständnisse,* Vorkenntnisse, Vorurteile an und ermöglicht deren kritische Explikation?
3. motiviert er zur *Selbst-wahrnehmung* und *Reflexion*?
4. fokussiert und elementarisiert er einen *zentralen Problemaspekt*?
5. schafft er z. B. durch Verfremdungen *kognitive Dissonanzen*?

Beispiel einer Auftaktstunde

Thema: „Was ist Mitleid?"

Unterrichtsverlauf

Phase	**Inhalt**	**U-Form**	**Medium**
Einstieg	Beschreiben und Deuten wichtiger Bildelemente	Lehrer-Schüler-Gespräch	Folie
	Formulierung des Stundenthemas		
Problematisierung(1)			
	„In welchen Situationen hattest du Mitleid?" „Beschreibe und begründe jeweils deine Reaktion".	Partner-Arbeit	Karten
Sicherung(1)	Präsentation und Auswertung der PA	LSG	Tafel
	Vorläufige Definition des Begriffs „Mitleid"		

Problematisierung(2)	Präsentation eines Fallbeispiels: „Vater tötet behinderte Tochter!"	Lehrer-vortrag	Arbeits-blatt
	„Mitleidstat oder Mord?"	Gruppenarbeit	Folien
	Sammeln von Pro-und Kontra-argumenten		
Sicherung(2)	Präsentation und Diskussion der Argumente Präzisierung / Revision des Mitleid-begriffs	Plenum/ LSG	OHP, Tafel
Weiterführung / Hausaufgabe	Formuliere wichtige Fragen zum Thema „Mitleid", mit denen du dich in den kommenden Stunden beschäftigen möchtest.		

Elementarer Ausgangspunkt des Unterrichts sind erfahrungsgestützte Intuitionen und Vorverständnisse der Schüler. Diese gilt es aufzugreifen, bewusst zu machen und zu problematisieren. Das differenzierende „Abarbeiten" der je eigenen Wahrnehmungen und Wertungen ist organisch und induktiv angelegt. Dabei ist wichtig, dass der Schüler selbstreflexiv seine Vorstellungsbilder und Meinungen in Bewegung bringt und so die Chance bekommt, sie zu objektivieren.

Die didaktische Schleife

Das hier wiedergegebene idealtypische Schema gibt einen stark komprimierten Überblick der elementaren Phasen einer schülerzentrierten bzw. handlungsorientierten Unterrichtseinheit. Die einzelnen Phasen folgen gewissermaßen einer inneren Logik und sind insoweit organisch strukturiert.

Planungsraster für eine handlungsorientiert gestaltete Unterrichtsstunde:

Die didaktische Schleife

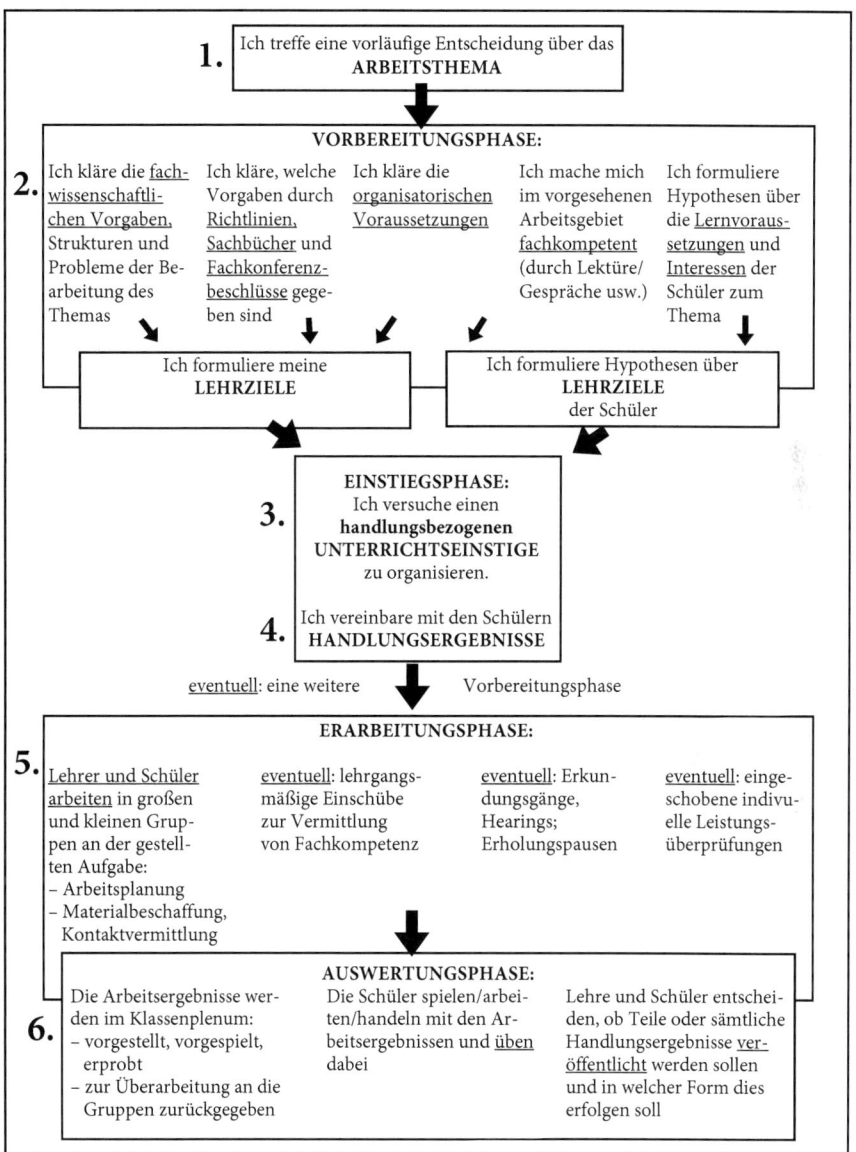

Nach: Leitfaden Schulpraxis. Pädagogik und Psychologie für den Lehrberuf, Berlin.

Um das Proprium einer Unterrichtseinheit im Ethikunterricht herauszuarbeiten, muss dieses Schema an gewissen Punkten umstrukturiert werden. Die didaktische Schleife lässt sich an vier, für die Sequenz einer Ethikstunde wie einer ganzen Unterrichtseinheit gleichermaßen konstitutiven Schritten verdeutlichen.

---

1. EINSTIEG:
Ausgang: Nahhorizont des Schülers (schülerzentriert)
Explikation von   Vor-wissen
                   Vor-verständnissen
                   Vor-urteilen ...
2. PLANUNG:
    Themenfindung
    Problemformulierung durch die Schüler
    (advance organizer)
    Materialsuche
    Methodische Reflexion (sich gemeinsam auf den Weg machen ...)
    Klären der Arbeitsform (Einzelarbeit, Gruppenarbeit, Referate ...)
    Klären der Präsentationsformen der Ergebnisse
3. PROBLEMATISIERUNG:
    Arbeiten mit Dialog-partnern (Texte, Materialien, Experten ...)
4. ERGEBNISSE:
    Rückbezug auf Ausgangslage (Vorverständnisse u. ä.)
    Revisionen
    Differenzierungen

Entscheidend ist, dass der Schüler von Anfang bis Ende voll in das Unterrichtsgeschehen integriert ist. Das lehrplanrelevante Hauptthema wird konsequent auf seine Augenhöhe transformiert und reduziert. Seine Lebenswirklichkeit soll zum Sprechen kommen in Form von Vorverständnissen, Vorurteilen, die es sorgfältig und behutsam zu explizieren gilt. Wie drückt er sich aus, mit welchen Begriffen beschreibt er, wo schwingen mehr oder minder deutlich Wertungen mit? Daraus ergeben sich die orientierenden Frage- und Problemstellungen. In dieser Phase kann die Lehrperson durch präzisierende Rückfragen oder Fragen, die die Aufmerksamkeit der Schüler auf noch gar nicht tangierte Bereiche lenken, intervenieren. Diesen hinreichend geklärten Problemfragen wird in den folgenden Stunden nachgegangen und zwar auf eine Art und Weise, die wiederum vom Schüler mitgestaltet, mitreflektiert wird. In der Problematisierungsphase sollen geeignete Texte oder andere Materialien zufriedenstellende Antworten auf die aufgeworfenen Fragen liefern. Allmählich kristallisiert sich so ein hinreichend differenziertes Resultat heraus. Und nun ein entscheidender Schritt: der Blick zurück und der Vergleich von Anfang und erreichtem Endpunkt. Was hat sich von den ursprünglichen Annahmen, Haltungen, spontanen Urteilen in etwa durchgehalten, was hat sich wie modifiziert und was hat sich als komplett falsch oder unzureichend herausgestellt.

Beispiel einer schülerzentrierten Unterrichtseinheit (Projektarbeit)

In allen für den Ethikunterricht relevanten Lehr- bzw. Bildungsplänen taucht das Themenfeld „Freiheit" auf. In der Regel werden in Sekundarstufe I weniger abstrakte Segmente daraus problematisiert, während in Sekundarstufe II neben den moralischen vor allem auch philosophische Aspekte, so z. B. das Determinismusproblem, entfaltet werden.

Eine konsequent schülerorientiert konzipierte und organisierte Einheit zum Freiheitsthema (Jahrgangsstufe 12) könnte in folgenden Schritten operationalisiert werden:
1. Die SchülerInnen notieren zunächst individuell, was ihnen spontan zu dem Begriff „Freiheit" einfällt, genauer: was sie an dem Thema interessiert und ihnen wichtig scheint.
2. In Kleingruppen werden dann diese individuellen mind-maps abgeglichen und in ein mind-map der jeweiligen Gruppe integriert.

Mind-map einer Gruppe:

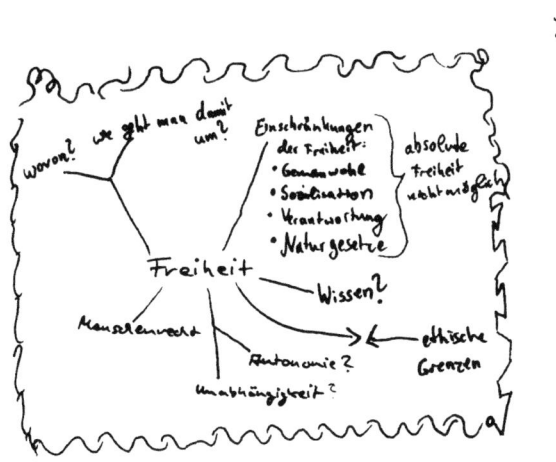

3. Der Kurs erarbeitet zusammen mit der Lehrperson anhand der Gruppen-mind-maps zentrale Problem- und Leitfragen, z. B.:
   a) Was ist Freiheit: Realität – Illusion – Fiktion oder Idee?
   b) Freiheit heute? – Historische Wurzeln?
   c) Freiheit und Bindung
   d) Chancen und Risiken von Freiheit: das Verantwortungsproblem
   e) Religionen: welchen Ort hat „Freiheit" jeweils im Christentum, Islam oder Buddhismus?

   Wichtig ist, dass die Schüler selbst, in eigener Regie die Leitfragen formulieren. Es sind jene Probleme und Aspekte, die sie als solche wahrnehmen, für die sie sich interessieren und die ihnen bedeutsam erscheinen. In den Mind-maps bzw. Leitfragen dokumentieren sich mehr oder minder authentisch Interessen, Vorverständnisse und Problembewusstsein der Schüler.
   Die Lehrperson sollte sich in dieser Phase im Wesentlichen auf die Moderatoren-Rolle beschränken. Es entspricht dem konsequent induktiven Konzept, dass die Schüler mit ihren möglicherweise unscharfen, auch widersprüchlichen Formulierungen und Begriffen im weiteren Verlauf des Unterrichts ihre eigenen Erfahrungen machen sollen.
4. Die Schüler machen sich jetzt in Gruppen auf den Weg, um Antworten auf die von ihnen gestellten Fragen und Probleme zu bekommen. Am Anfang dieser Arbeit steht in der Regel eine Methodenreflexion: Wie und vor allem mit welchen Materialien und Gesprächspartnern (Lehrbuch / Bibliothek / Internetrecherche / Expertenbefragung u. ä.) sind die Probleme zu lösen? Die Gruppe entscheidet selbständig und organisiert entsprechend die Arbeit.
   In dieser Phase kann die Lehrperson hilfreiche Impulse geben, die sich auf Fundorte, Art oder auch Qualität der Materialien beziehen. Um z. B. das Determinismusproblem hinreichend differenziert abhandeln zu können, ist es sinnvoll, philosophische (Sartre oder Nietzsche), biologische (Hassenstein), soziologische (Luhmann) oder psychologische (Freud / Skinner) Ansätze und Perspektiven zu berücksichtigen und heranzuziehen.
   Die Gruppen halten Kontakt zueinander und tauschen ihre Erfahrungen und Zwischenresultate aus. Dadurch können anfängliche unproduktive Überschneidungen der Problemformulierungen korrigiert werden.
5. Präsentation der Resultate durch die Gruppen im Plenum. Die Gruppen berichten auch über ihr methodisches Vorgehen, eventuelle Schwierigkeiten und Probleme. Sie antworten auf kritische Anfragen von Seiten der anderen Gruppen und präzisieren ihre Begriffe oder revidieren ihre Aussagen und Thesen.
6. Rückblick auf den Anfang des Projekts: wo haben sich anfängliche spontane Vorstellungen, Ideen und Meinungen entweder bestätigt, in welchen Punkten sind sie modifiziert worden oder wo haben sie sich als komplett unzureichend oder gar falsch erwiesen?

7. Als Abschluss könnte der Kurs auf einem „Projekt-Plakat" den chronologischen und methodischen Ablauf der Unterrichtseinheit zusammenfassend dokumentieren, möglicherweise auch bei Interesse im Internet an entsprechender Stelle veröffentlichen.

Die Phasierung von Lernprozessen: Das Bonbonmodell[19]

Das dem ethisch-philosophischen Lernprozess zugrunde gelegte sogenannte Bonbonmodell bietet eine klare und vergleichsweise transparente Struktur der einzelnen Lernschritte. Es umfasst sechs konsequent induktiv angelegte Schritte:

1. **Schritt: Hinführung:** Der anvisierte Lernprozess holt die Schüler aus ihrer Lebenswelt, ihrem Nahhorizont mit dem impliziten Vorwissen ab. Das kann mit Texten, Bildern, Zitaten oder Sprichwörtern geschehen. Sie sollten den Schülern unmittelbar zugänglich sein. Diese Materialien können jedoch auch zu befremdenden Kontrasterfahrungen verhelfen. Indem die Schülerinnen und Schüler sich darauf einlassen, öffnet sich ein Problemraum, aus dem sich dann die nächsten Schritte ergeben. Die Schüler sollten in dieser Phase den Eindruck haben, dass die sich umrisshaft abzeichnenden Probleme etwas mit ihnen zu tun haben, und sind so idealerweise motiviert, die ertasteten Probleme in den Griff zu bekommen.

2. **Schritt: Problemstellung:** Für jeden konsequent problemorientiert konzipierten Unterricht ist dies die alles entscheidende Phase. Zentral für die ethisch-philosophischen Unterrichtssequenzen ist das jeweils Problematische, Fragwürdige und Kontroverse. Jetzt zeigt es sich, ob der gewählte Einstieg in ausreichendem Maß problemaffin ist. Er sollte zu einer möglichst exakten und nachvollziehbaren Problemstellung führen, an der dann in einem nächsten Schritt die Schüler intuitiv und selbstständig oder in Zusammenarbeit mit Mitschülern arbeiten. In dieser Phase können sich die Schüler in besonderem Maße einbringen. Sie denken sich in die vielleicht noch nicht exakt ausformulierten Fragestellungen hinein und nähern sich so dem Kern des Problems.

3. **Schritt: Selbstgesteuert-intuitive Problemphase:** Die Schüler entwerfen intuitiv Lösungen. Diese haben die Funktion von didaktischen *advance organizers*. Diese Entwürfe müssen dann in der nächsten Phase bearbeitet werden.

4. **Schritt: Kontrollierte, angeleitete Problemlösung:** Die eigenen Vorverständnisse werden nun überprüft und verifiziert bzw. falsifiziert. Dabei wird praktisch-philosophische Argumentation und Urteilskraft eingeübt.

5. **Schritt: Sicherung, Festigung:** Das in der kontrolliert angeleiteten Problemlösung Erarbeitete muss gesichert und gefestigt werden. Nur so ist eine didaktische Nachhaltigkeit des Lernprozesses zu erreichen. Das kann unter Umständen mit einer Präsentation von Rechercheergebnissen, mit

einer Formulierung von persönlichen Statements zur Beantwortung der Leitfrage oder ganz einfach mit einer vorstrukturierten Folie geschehen.
6. **Schritt: Transfer:** In der abschließenden Transferphase übertragen die Schüler die gesicherte Problemkonstellation auf analoge, eventuell aktuelle Situationen. Voraussetzung dafür ist eine hinreichend klare Begrifflichkeit.

Der mit dem Bonbon-Modell konzipierte und realisierte Lernprozess muss nicht mit dem Ablauf einer Unterrichtsstunde identisch sein. Er kann sich auch über mehrere Stunden hinziehen oder in einer Stunde mehrmals stattfinden. Allgemein betrachtet stellt das Bonbon-Modell ein organisch progredierendes Konzept dar. Offene und geschlossene, weitere und engere Fragestellungen wechseln sich ab.

Wie bei jedem Modell besteht auch hier die Gefahr, dass bei einer wenig flexiblen Handhabung Lehrperson und möglicherweise auch Schüler sich eingeengt fühlen. Dies zeigt sich vor allem dann, wenn es, was nicht gerade selten vorkommt, Probleme mit dem Zeitmanagement des Unterrichts gibt. Die einzelnen Phasen in toto durchzuexekutieren wird schwerlich möglich sein. Wichtig ist, dass die/der Unterrichtende klar sieht, in welcher Lernphase sie/er sich jeweils befindet.

Selbstreguliertes Lernen mit Lernaufgaben[20]

Lernaufgaben zeichnen sich generell durch ein hohes Maß an selbstreguliertem Arbeiten aus. Sie müssen so konzipiert werden, dass die Schülerinnen und Schüler den Lernprozess selbstständig durchlaufen können. Dabei kann gewechselt werden zwischen Individualaufgaben und Partnerarbeit. Generell gilt, dass Lernaufgaben den individuellen Lernprozess durch eine Folge von gestuften Aufgabe-Einstellungen mit entsprechenden Lernmaterialien bestimmen. Die Schülerinnen und Schüler entdecken möglichst eigentätig die Problemstellung, entwickeln Lösungsvorstellungen und werten Informationen aus. Dabei erstellen und diskutieren sie ein Lernprodukt, definieren und reflektieren den Lernzugewinn.

Schrittfolge einer Lernaufgabe:
- → Problemstellung entdecken und entfalten
- → Individuelle Vorstellungen und Meinungen entwickeln, untereinander austauschen, vergleichen
- → Vorwissen reaktivieren und neue Informationen verarbeiten, auswerten
- → Lernprodukt vorstellen, diskutieren und vergleichen
- → Lernprozess und Lernzuwachs bewusst machen und reflektieren (z. B. Lernjournal, Portfolio).

Lernaufgaben sind zu unterscheiden von „Projekten", die grundsätzlich auch dem Prinzip der Selbststeuerung folgen, und den herkömmlichen „Leistungsaufgaben".

Letztere haben nur ein Niveau, überprüfen nur eine Kompetenz, haben eine eindeutige Lösung und werden positiv korrigiert (d. h. das Richtige wird bewertet).

Lernaufgaben haben unterschiedliche Niveaus, fördern unterschiedliche Kompetenzen und sind vielfältig hinsichtlich des Lösungswegs und der Lösungsdarstellung.

Der Einsatz von Lernaufgaben hat jedoch Grenzen. So sind zum einen nicht alle Themen und Lerngegenstände dafür geeignet. Es kann auch schwierig sein, das Lernniveau für alle Schüler geeignet einzustellen. Das Verhältnis von Enge und Weite, von Öffnung und Geschlossenheit kann zum Problem werden und es mag Knackpunkte geben, die ohne Hilfen und Erklärungen der Lehrperson unüberwindbar sind.

Gute, d. h. didaktisch reflektierte Lernaufgaben
→ aktivieren die Schülerinnen Schüler zu selbstständigem Lernen,
→ knüpfen an deren Vorwissen und Fähigkeiten an,
→ sind gestuft aufgebaut,
→ sind in einen Kontext eingebettet,
→ schaffen in besonderem Maß eine Atmosphäre des Lernens,
→ führen zu einer Vertiefung, Festigung und Sicherung des Gelernten.

Für eine didaktische Beurteilung von Lernaufgaben scheint ein Aspekt fundamental zu sein: Es geht im Wesentlichen um den Zusammenhang zwischen dem Arbeiten mit Lernaufgaben und den darin impliziten Selbstwirksamkeitserfahrungen. Die Lernenden erleben, dass sie ihr Lernen beeinflussen und etwas bewirken können. Sie werden gefordert, Mitverantwortung für ihr Lernen zu übernehmen. Sie sind Mitentscheidende für ihr je eigenes Lernen. Positive Selbstwirksamkeit steht im Gegensatz zu Gefühlen der Ohnmacht oder der Unfähigkeit. Die Entwicklung von Selbstwirksamkeitsüberzeugungen kann als grundsätzliche Voraussetzung zu eigenmotiviertem Lernen gesehen werden. Daher stellt diese Form von Lernen für alle Schulstufen und Bildungseinrichtungen – ungeachtet aller Unterschiede – eine pädagogische Grundaufgabe dar.

Beispiele:[21]
Zum Themenkomplex „Glück" in der Sekundarstufe I, Klasse 5/6 können mit einer Lernaufgabe die persönlichen Glücksvorstellungen der Schüler und Schülerinnen selbstreguliert bewusst gemacht und veranschaulicht werden.
→ Sammle in einer Mindmap möglichst viele Begriffe, die etwas mit „Glück" zu tun haben, z. B. Lachen, Singen, Spielen …
→ Erstelle eine Hitliste der Dinge, die für dich zum Glücklichsein gehören. Auf Platz 1 steht, was für dich am wichtigsten ist usw.

→ Gestalte jetzt eine Karte von einem Glücksland oder einer Insel des Glücks. Zeichne dazu auch Städte, Berge, Wälder, Flüsse, Straßen, Aussichtspunkte usw. ein.
→ Trage nun wichtige Begriffe aus deiner Mindmap und deiner Hitliste an passenden Stellen auf der Karte ein. Ein Berg kann z. B. „Gipfel der Freude" heißen, ein Meer „Ozean der Freizeit", eine Wiese „Pferdekoppel", ein Fluss „Wildwasserachterbahn".
→ Wie heißen wichtige Straßen oder große Städte?
→ Stellt euch gegenseitig eure Karten vor und vergleicht sie.
→ In welchen Glücksländern oder auf welchen Glücksinseln würdest du auch gerne leben? Welche Gemeinsamkeiten und Unterschiede gibt es auf euren Karten?
→ Füge deine Karte in ein Portfolio ein und notiere, was du zur Frage „Was ist Glück" gelernt hast. Was ist dir leicht-, was ist dir schwergefallen? Welche Fragen hast du noch?

Zum Problemkomplex „Wahrheit und Lüge" – ebenfalls in Sekundarstufe I – kann mit Hilfe einer Lernaufgabe der persönliche Umgang mit Wahrheit selbstreflexiv problematisiert werden.
→ Führe ein Experiment durch, bei dem du versuchst, mindestens einen Tag lang nicht zu lügen. Du hast stets Zettel und Bleistift dabei, um wichtige Beobachtungen zu notieren.
→ In welchen Situationen fiel es dir besonders schwer/leicht, die Wahrheit zu sagen?
→ Gab es Situationen, in denen du es falsch gefunden hättest, die Wahrheit zu sagen?
→ In welchen Situationen ist es dir nicht gelungen, die Wahrheit zu sagen?
→ Hatte es Folgen, dass du die Wahrheit gesagt hast? Wenn ja, welche?
→ Wie hast du dich dabei gefühlt, als du die Wahrheit sagtest?
→ Hat dieses Selbstexperiment etwas daran geändert, wie du über das Thema „Wahrheit und Lüge" denkst?
→ Bindet euch ein Armband als „Wahrheitsbändchen" um, das euch hilft, daran zu denken, die Wahrheit zu sagen und nicht zu lügen.
→ Tauscht euch in Gruppen über eure Erfahrungen aus und haltet fest,
  – Es ist leicht, die Wahrheit zu sagen, wenn …
  – Es ist schwer, die Wahrheit zu sagen, wenn …
→ Diskutiert darüber, ob es eurer Meinung nach immer richtig ist, die Wahrheit zu sagen.
→ Tauscht euch darüber aus, ob ihr eure „Wahrheitsbändchen" weiter tragen wollt, um euch daran zu erinnern, die Wahrheit zu sagen.

In der 10. Klasse können mit einer kreativ angelegten Lernaufgabe Phänomene wie Diskriminierung und Vorurteile inszeniert, veranschaulicht und Ergebnisse gesichert werden.

→ Wähle ein Beispiel von Diskriminierung, entweder aus dem Buch oder ein eigenes.
→ Entwirf eine Szene mit Schauplatz, Situation und Rollen.
→ Gestalte Rollenkärtchen mit Anweisungen.
→ Stellt euch gegenseitig eure Entwürfe vor und einigt euch auf einige Szenen, die ihr inszenieren wollt.
→ Führt eure Szenen nach Möglichkeit in einem größeren Raum in eurer Schule auf.
→ Tauscht euch über eure Spielerfahrungen sowie die Reaktion des Publikums aus.

Zum Problem eigenverantwortlichen Handelns in Zeiten des Klimawandels (Klasse 10) lässt sich mit einer Lernaufgabe, die vor allem die Kompetenz der Selbstreflexion fokussiert, die je eigene Verantwortlichkeit der Schülerinnen und Schüler darstellen und diskutieren.

→ Sammle so viele Folgen des Klimawandels wie möglich. Recherchiere dazu auch im Internet.
→ Bewerte die Konsequenzen. Welche erscheinen dir besonders problematisch? Warum?
→ Sammle, welche Handlungsmöglichkeiten jeder Einzelne hat, um etwas gegen den Klimawandel zu tun. Stelle auch hier Recherchen im Internet an.
→ Setze dich mit den möglichen Vorwürfen deines zukünftigen Urenkels / deiner zukünftigen Urenkelin auseinander, z. B. in Form eines Dialogs, eines Briefwechsels oder eines Tagebucheintrags.
→ Stellt euch eure Ergebnisse gegenseitig vor. Wie ging es euch bei der Vorstellung, mit den eigenen Nachfahren zu diskutieren und euer heutiges Verhalten zu rechtfertigen?

Eigenverantwortliches Arbeiten mit Lernaufgaben bedeutet für die Schülerinnen und Schüler, dass sie in einem bestimmten Rahmen ihr Lerntempo selbst bestimmen. Die Lehrperson kann dabei in den Hintergrund treten. Durch die Aufgaben und Materialien hat sie den Lernprozess im Vorhinein geplant und gesteuert. Sie ist nun entlastet und kann das Lernen – soweit erforderlich – an zentralen Gelenkstellen unterstützend moderieren. Dabei ergeben sich vielfältige Möglichkeiten, die Schülerinnen und Schüler individuell zu fördern. Die Lernprodukte können die klassische Lernkontrolle ersetzen.

Eines gilt es noch zu bedenken: das Arbeiten mit Lernaufgaben passt nicht ganz in das übliche Antwortschema richtig-falsch. Hier wird der Versuch gemacht, eine neue Fehlerkultur zu praktizieren. Die Schülerinnen und Schüler, die selbständig bzw. selbstreguliert eine Lernaufgabe zu lösen versuchen, dürfen Fehler machen, ja können sogar scheitern. Hartmut Rosa hat in seiner sehr subtil gesponnenen Resonanzpädagogik zwischen Kompetenz und Resonanz unterschieden.

„Das sind zwei ganz verschiedene Dinge. Kompetenz bedeutet das sichere Beherrschen einer Technik, das jederzeit Verfügen-Können über etwas, das ich mir als Besitz angeeignet habe. Resonanz hingegen meint das prozesshafte In-Beziehung-Treten mit einer Sache. Natürlich können mir Kompetenzen in diesem Prozess helfen, aber was dabei herauskommt, steht nicht von Anfang an fest. Resonanz enthält ein Moment der Offenheit und der Unverfügbarkeit, das sie von Kompetenz unterscheidet. Kompetenz ist Aneignung, Resonanz meint Anverwandlung von Welt: Ich verwandle mich dabei auch selbst".[22]

Sich auf Resonanzprozesse einzulassen ist zweifelsohne riskant. Wir können scheitern. Vor einer Unterrichtsstunde haben wir keinerlei Gewähr dafür, was am Schluss dabei herauskommt. Und doch können entsprechend konzipierte Lernaufgaben im Philosophie- und Ethikunterricht, wo es um Selbstreflexivität und Werte geht, jene Resonanzphänomene zum Schwingen bringen und die Schülerinnen und Schüler im Innersten ansprechen.

Zentrale Punkte beim Planen von Ethik- und Philosophiestunden

Im Folgenden werden wichtige, für die Planung von Ethik- und Philosophieunterricht grundlegende Punkte zusammengetragen.

a. Lernziele:
→ Orientieren sich die Lernziele am Bildungsplan?
→ Entsprechen die Lernziele dem Kenntnisstand der Schüler?
→ Passen die Lernziele zum Interessens- und Erfahrungshorizont der Schüler?
→ Sind die Lernziele realistisch und abprüfbar?

b. Unterrichtszusammenhang:
→ Gibt es einen thematischen Zusammenhang zur letzten Stunde?
→ Werden die Hausaufgaben organisch integriert und gesichert?

c. Einstieg:
→ Geht der Einstieg vom Nahhorizont der Schüler aus?
→ Gibt der Einstieg den Schülern Gelegenheit, Vor-wissen, Vor-verständnis und Vorurteile zu äußern?
→ Elementarisiert der Einstieg einen wesentlichen Problemaspekt?
→ Ermöglicht der Einstieg eine Formulierung von Leitfragen?
→ Ist der Einstieg zeitökonomisch?

d. Problematisierung:
→ Sind Problemdichte und Problemniveau der Altersstufe gemäß reduziert?
→ Passen die genutzten Sozialformen?
→ Werden Methoden gezielt eingesetzt und geübt?
→ Sind Fragen und Arbeitsaufträge präzise mit den entsprechenden Operatoren formuliert?
→ Ist Raum für eine Binnendifferenzierung gegeben?

e. Sicherung:
→ Werden grundlegende Inhalte und Problemzusammenhänge klar gesichert?
→ Erfolgt eine Rückbindung der gewonnenen Erkenntnisse an die Lebenswelt der Schüler?

f. Zeitökonomie:
→ Ist das Unterrichtstempo in den einzelnen Phasen adäquat?
→ Gibt es für die Schüler ausreichend Möglichkeiten zur Stellungnahme?
→ Ist der Wechsel der Sozialformen didaktisch sinnvoll?

Strukturskizze für die Planung einer Unterrichtseinheit

Die didaktischen Planungsüberlegungen können in einer entsprechend strukturierten Skizze zusammengefasst werden.

A. Bezug zum Bildungsplan:
B. Lernziele:
C. Verteilung auf Einzelstunden:

Std.	Leitfrage	Inhalte	Methoden	Sozialform	Medien/Materialien

Doppelstundenanalyse: Ein typischer Bauplan einer Doppelstunde

Die Doppelseiten der im Ethikunterricht eingesetzten Lehrbücher eignen sich hinsichtlich des jeweiligen Materialangebots bzw. der implizierten Problemdichte in aller Regel für Doppelstunden. Ein Hauptmerkmal des Aufbaus einer Doppelstunde sind die längeren, schülerzentrierten Phasen.

Beispiel: „In der Zwickmühle – Was ist ein Dilemma?" (Sekundarstufe I)

Zeit	Unterrichtsphase	Konkrets Beispiel
5'	Einstieg / Problemstellung	Hausaufgaben machen oder am Computer spielen?
5'	Erarbeitung 1 (Problementwicklung)	Gruppeneinteilung: 1. Drei unterschiedlich gelagerte 2. Texte über moralische Dilemmata 3. werden zur Verfügung gestellt.
40'	Erarbeitung 2 (Materialerschließung)	Jede Grupe bearbeitet ihren Text nach der Methode „Dilemmadiskussion":
20'	Sicherung 1	Präsentation der Ergebnisse mit Konfliktskizze Klärung von Verständnisfragen
5'	Erarbeitung 3 (Urteilsbildung)	Gruppenmitglieder geben persönliche Urteile zu den Präsentationen der jeweils anderen Gruppen ab
10'	Sicherung 3	Die persönlichen Urteile werden diskutiert und (als Hausaufgabe) individuell notiert. Formulierung weiterführender Fragen und Vorschläge

Binnendifferenzierung

Unter Binnendifferenzierung als einem didaktischen Prinzip versteht man allgemein alle planerischen und methodischen Maßnahmen, die die individuellen Unterschiede der Schüler einer Lerngruppe berücksichtigen sollen. Die Schüler sollen einen ihnen gemäßen Weg finden zur Auslotung ihrer unterschiedlichen Potentiale. Durch Binnendifferenzierung soll den Schülern die Möglichkeit gegeben werden, entsprechend ihren individuellen Neigungen, Interessen und Fähigkeiten in unterschiedlichen Arbeitsformen das behandelte Problemfeld weiter zu führen oder zu vertiefen. Es geht also um das traditionelle didaktische Prinzip der Schülerorientierung. Angesichts der in den letzten Jahren ständig gestiegenen Heterogenität der Schülerschaft ist es didaktisch durchaus sinnvoll, die Unterrichtsgestaltung weiter zu differenzieren, um den einzelnen Schülern annäherungsweise gerecht zu werden. In manchen Fällen ist die Grenze zur Projektarbeit fließend.

Binnendifferenzierungen im Ethikunterricht lassen sich didaktisch wie folgt grob typologisieren:

Zum einen gilt es, unterschiedliche *Anspruchsniveaus* auseinander zu halten:

I) Ebene der Reproduktion in dreierlei Hinsicht:
    a) Wiedergabe von bekannten Sachverhalten in unveränderter Form
    b) Sich wiederholende Arbeitstechniken
    c) Einordnung bekannter Sachverhalte in vorgegebene Strukturen

II) Ebene der Rekonstruktion oder Reorganisation:
    a) Wiedergabe von bekannten Sachverhalten in verändertem Zusammenhang
    b) Anwendung von Arbeitstechniken in einem veränderten Zusammenhang
    c) Beschreiben, bearbeiten und ordnen bekannter Sachverhalte

III) Ebene der Konstruktion:
    a) Selbständiger Transfer
    b) Kreative Problemlösungen
    c) Erkennen, erklären und strukturieren neuer Sachverhalte

Zum anderen gilt es, binnendifferenzierende Vorschläge und Aufgaben nach unterschiedlichen *Lerntypen* zu unterscheiden. Die für den Ethikunterricht didaktisch relevanten Unterscheidungen lassen sich wie folgt zusammenfassen:

1. der visuelle Lerntyp (Einsatz von Bildelementen und Phantasie)
2. der auditive Lerntyp (Einsatz von Musik, Geräuschen)
3. der haptische Lerntyp (konkretes, sinnlich erfahrbares Handeln, kreatives Basteln)
4. der kognitiv-argumentative Lerntyp (kontrovers diskutieren, rational argumentieren, begründetes Urteilen)
5. der emotiv-empathische Lerntyp (Gefühle, Empfindungen wahrnehmen, beschreiben; empathisch handeln)

Das Höhlengleichnis als idealtypische Figur eines philosophischen Lernprozesses

I Situation

Nunmehr, sprach ich, versinnbildliche dir unsere Natur und ihre Bildung oder Unbildung an folgendem Zustand. Sieh die Menschen gleichsam in einer unterirdischen höhlenartigen Wohnung mit einem Eingang, der sich gegen das Licht öffnet in Breite der ganzen Höhle, in der sie von Kind an leben, mit Fesseln um Schenkel und Nacken, so dass sie dort bleiben müssen und nur nach vorn sehen, aber infolge der Fesseln ihre Köpfe nicht herumdrehen können. Licht aber bekommen sie von einem Feuer, das oben und von fern in ihrem Rücken brennt, und zwischen dem Feuer und den Gefesselten sei oben ein Weg, und an ihm entlang denke dir eine Mauer gebaut, wie Gaukler vor den Leuten Schranken errichten, über die hinweg sie ihre Kunststücke zeigen. Ich sehe es, sagte er. – So sieh denn auch, dass Menschen hinter der Mauer mannigfache Geräte entlangtragen, die die Mauer überragen, und Bildsäulen von Menschen und anderen Lebewesen aus Stein und Holz und alle möglichen Kunstgegenstände, und dass sie, wie natürlich, teils sprechen, teils schweigen beim Vorübergehen. – Seltsam ist dein Bild, sprach er, und seltsam sind deine Gefangenen.

II Ausgang: Alltagsmoral – Vorurteile

Sie gleichen uns, sagte ich. Glaubst du etwa, dass solche Menschen zunächst von sich selbst und einer vom anderen mehr gesehen haben als die Schatten, die vom Feuer auf die ihnen gegenüberliegende Höhlenwand fallen? – Wie könnten sie wohl, sagte er, wenn sie die Köpfe ihr Leben lang unbeweglich halten müssen? – Und dann von den vorübergetragenen Gegenständen, ist es damit nicht ebenso? Wie sonst? Wenn sie also imstande wären, sich miteinander zu besprechen, müssten sie dann nicht, was sie sehen, für wirkliche Dinge halten? – Notwendig. – Und wenn dann der Kerker an der gegenüberliegenden Wand einen Widerhall hätte, müssten sie dann, sooft einer von den Vorübergehenden spräche, nicht annehmen, dass nichts anderes spricht als der vorübergehende Schatten? – Beim Zeus, das mein ich, sagte er. – Und überhaupt, sprach ich, würden solche Leute nichts anderes für wahr halten als die Schatten der Geräte? – Unbedingt, sagte er.

III Erste Umkehr

So betrachte denn, sprach ich, wie ihre Lösung und Heilung von Fesseln und Unverstand vor sich gehen müsste, wenn es ihnen wirklich so erginge: Sooft einer entfesselt würde und plötzlich aufstehen müsste, um mit umgewandtem Nacken vorwärts zu gehen und zum Licht emporzublicken, aber bei alledem noch Schmerzen hätte und doch wegen des Glanzes jene Dinge, deren Schatten er damals sah, nicht ansehen könnte, was glaubst du, dass er da antworten würde, wenn man ihm sagte, damals habe er nur Tand gesehen, jetzt sei er der Wirklichkeit viel näher und, dem viel Wirklicheren zugewendet, sehe er richtiger? Und wenn man ihm dann jedes Einzelne im Vorübergehen zeigte und ihn durch Fragen zu sagen zwänge, was es wäre, glaubst du nicht, dass er dann in Verlegenheit kommen und was er damals sah für wahrer halten würde als das, was man ihm jetzt zeigt? – Ja, sehr, sagte er. Und wenn man ihn nun zwänge, in das Licht selbst zu sehen, so würden ihm doch die Augen schmerzen und er würde fliehend sich zu dem umwenden, was er erkennen kann, und glauben, dass das wirklich deutlicher sei als das, was man ihm zeigt. – So ist es, sagte er. – Wenn man ihn aber, sprach ich, von dort mit Gewalt den rauen und steilen Aufstieg hinaufzöge und nicht abließe, bis man ihn ans Sonnenlicht emporgezogen hätte, würde er da nicht leiden und ärgerlich werden über das Ziehen?

IV Begründung
Und wenn er dann ans Licht käme, die Augen voller Glanz haben und gar nichts von dem sehen, was wir jetzt das Wahre nennen? – Wenigstens nicht sogleich, sagte er. – Ist doch, meine ich, Gewöhnung nötig, um die Dinge dort oben zu sehen. Und zuerst würde er wohl am leichtesten die Schatten erkennen und danach die Bilder von Menschen und Dingen im Wasser, sie selbst aber erst später. Und hierauf würde er wohl die Dinge am Himmel und den Himmel selbst bei Nacht leichter ansehen, wenn er in das Licht der Gestirne und des Mondes schaute, als wenn am Tage in die Sonne und in ihr Licht. Wie sollte er nicht?

V Ethische Letztbegründung
Endlich, glaube ich, könnte er aber auch die Sonne, nicht nur im Wasser und nicht nur ihre Erscheinung an einem anderen Ort, sondern sie selbst an und für sich und an ihrem eigenen Ort, erkennen und anschauen, wie sie ist. – Notwendig, sagte er. – Und da würde er dann bereits zu dem Schluss kommen, dass sie es ist, die die Gezeiten hervorbringt und die Jahre und alles überwaltet am sichtbaren Ort und gewissermaßen Ursache ist von allem, was sie sahen.

VI Zweite Umkehr
Doch nun, wenn er sich der ersten Behausung erinnert, der dortigen Weisheit und der Mitgefangenen von damals, glaubst du nicht, dass er sich dann glücklich preisen wird wegen des Wechsels und jene bedauert? – Ja, sehr. Und wenn es damals Lob und Ehre bei ihnen gab und einen Preis für den, der das Vorüberziehende am schärfsten erkannte und sich am besten erinnerte, was davon früher oder später und was zugleich zu kommen pflegte, und danach am geschicktesten das Kommende zu erraten vermochte, glaubst du, dass er nach diesen Dingen noch Begierde trägt und nach der Stellung derer verlangt, die bei ihnen Ehre und Macht haben?

VII Von der Einsicht zum Handeln
So bedenke denn auch dies, sprach ich. Wenn er wiederum hinabstiege und sich auf denselben Platz setzte, würde er da nicht die Augen voll Dunkel haben, wenn er so plötzlich aus der Sonne käme? – Ja, sehr, sagte er. – Aber wenn er dann wieder in der Beurteilung der Schatten mit jenen immer Gefesselten wetteifern sollte, während er noch geblendet ist und ehe sein Auge sich wieder eingestellt hat – und die Zeit der Eingewöhnung wäre gar nicht kurz –, würde er da nicht Lachen erregen, würde man nicht von ihm sagen, er sei hinaufgestiegen und komme mit verdorbenen Augen zurück, und das tauge nichts und man solle den Aufstieg nicht versuchen. Und wenn man einen, der den Versuch macht, die Fesseln zu lösen und emporzuführen, in die Hände bekommen und töten könnte, würde man ihn nicht totschlagen? – Freilich, sagte er.
(Platon: Sokrates im Gespräch mit seinem Schüler Glaukon.[23])

Unter einem methodischen Blickwinkel kann die Grundfigur des dem Gleichnis zugrundeliegenden Gedankenganges als typisch für Fragestellungen und Problemlösungsversuche im Philosophie- bzw. Ethikunterricht angesehen werden. Zunächst haben wir es mit bestimmten ungeprüften Meinungen und vorläufigen Urteilen zu tun. Wir sitzen gleichsam in der „Höhle" unserer Medienwelten und bekommen pausenlos Meinungen oder Beobachtungen aus „zweiter Hand" geliefert. Wenn wir von den Schatten zum Licht, zur „wahren" Wirklichkeit kommen wollen, müssen wir versuchen, hinter die Kulissen zu schauen. Wir müssen bereit sein, uns umzudrehen – aber dies ganz, mit dem ganzen Körper: Kopf, Herz, Hände. Wir müssen uns von den eingefahrenen, alltäglichen, vermeintlichen Selbstverständlichkeiten lösen, uns zumindest davon distanzieren, damit Platz entsteht für bessere Einsichten und Urteile. Die somit begonnene Erkenntnisbewegung ist eine schmerzvolle. Zu Beginn erleben wir Desorientierung. Die vertraute Normalität wird verlassen. Wir sind geblendet. Die Höhle der Meinungen zu verlassen, bedeutet auch Verlust und Verunsicherung. Im Ganzen handelt es sich um eine Bewegung, die Aufklärung durch Aufdecken von Verursachung und durch reflexives Einholen von Erkenntnisvoraussetzungen gewinnt. Wir trachten danach, unsere als fragwürdig oder unhaltbar erkannten Urteile durch besser zu begründende zu ersetzen. Vielleicht gelingt uns sogar in dem einen oder anderen Fall eine Letztbegründung, für den Moment zumindest. Wir verharren schließlich nicht im Zustand theoretischer Einsichten, sondern versuchen, soweit wir können, das als richtig Eingesehene in die Praxis umzusetzen.
Die Rückkehrenden unterscheiden sich von den Höhlenbewohnern, die jene Bildungsbewegung nicht vollzogen haben, vor allem durch eine vollkommen neue Kompetenz: sie können nämlich – nicht mehr an alte Erfahrungen und Meinungen gefesselt – neue Erfahrungen machen. Sie können nach dem im vermeintlich sicheren Wissen nicht Gewussten suchen und können so erst offen sein für weiteres Lernen.

Als ein quintessentielles Element philosophischer Bildung könnte man also festhalten die Kompetenz zur Reflexivität und somit Befreiung aus der gefesselten Sitzposition des vermeintlich Selbstverständlichen.

Anmerkungen

[1] Vgl. dazu vor allem: Edmund Husserl, Die phänomenologische Methode. Ausgewählte Texte, hg. von Klaus Held, Stuttgart 1998. – Emmanuel Levinas, Die Spur des Anderen, Freiburg 1999. – Helmut Danner, Methoden geisteswissenschaftlicher Pädagogik, München 1998, S. 117–170. – Bernhard Waldenfels, Einführung in die Phänomenologie, München 1992. – Ders., In den Netzen der Lebenswelt, Frankfurt 1994. – Ders., Der Stachel des Fremden, Frankfurt 1990. – Friedrich-Wilhelm v. Herrmann, Hermeneutik und Reflexion. Der Begriff der Phänomenologie bei Husserl und Heidegger, Frankfurt 2000.

[2] Vgl. Alwin Diemer, Die Trias Beschreiben, Erklären, Verstehen in historischem und systematischem Zusammenhang; in: ders. (Hg.), Der Methoden- und Theorienpluralismus in den Wissenschaften, Meisenheim 1971, S. 13.

[3] Nach: Hermann Schmitz, Der Leib, der Raum und die Gefühle, Stuttgart 1998, S. 63ff.

[4] Bernhard Waldenfels, In den Netzen der Lebenswelt, Frankfurt 1994, S. 53f.

[5] Vgl. ders., Grenzen der Normalisierung, Frankfurt 1998, S. 43.

[6] Paul Janssen, Edmund Husserl, Freiburg 1976, S. 64.

[7] Ferdinand Fellmann, Die Angst des Ethiklehrers vor der Klasse. Ist Moral lehrbar?, Stuttgart 2000, S. 150.

[8] A. Fischer, Deskriptive Pädagogik (1914), zit. nach: Helmut Danner, a. a. O., S. 149f.

[9] Friedrich Dudda, Die Logik der Sprache der Moral, Paderborn 1999, S. 45.

[10] Zum Problem des „Vorverständnisses", vgl. das Kapitel „Arbeit am Logos", S. 146.

[11] Zum Vergleich zwischen dem reduktiven Vorgehen der Phänomenologie und der reflexiv-regressiven Frageweise des Sokratischen Gesprächs vgl. das Kapitel „Das Sokratische Gespräch", bes. S. 129.

[12] Vgl. dazu das Kapitel „Bilddidaktik", S. 276.

[13] Andrea Frank, Clustering und Mindmapping; in: Lernbox. Tipps und Anregungen für Schülerinnen und Schüler zum Selberlernen, Seelze 1997, S. 14. – Vgl. allgemein dazu auch: Heinz Klippert, Methodentraining, Weinheim 1996. Günther Gugel, Methodenmanual I, Weinheim 1997. Besser Lehren – Praxisorientierte Anregungen und Hilfen für Lehrende in Hochschule und Weiterbildung. Heft 2: Methodensammlung, Weinheim 2000.

[14] Vgl. dazu oben das Kapitel „Arbeit am Logos", S. 141.

[15] Vgl. dazu grundsätzlich: Hilbert Meyer, Unterrichtsmethoden, II, Praxisband, Frankfurt 1989, S. 357ff. – Vgl. das Kapitel „Die affektive Dimension des Ethikunterrichts, S. 232.

[16] Klaus W. Vopel, Nicht vom Brot allein – Werteklärung für Jugendliche, Salzhausen 1994, S. 38.

[17] Thomas Nagel, Was bedeutet das alles?, Stuttgart 1990, S. 41.

[18] Nach: Andreas Siekmann, Unterrichtsideen, Stuttgart 1992, S. 38.

[19] Vgl. grundsätzlich: Rolf Sistermann, Literarische Texte, in: Julian Nida-Rümelin u. a., Handbuch Philosophie und Ethik, Paderborn 2015, S. 273ff.

[20] Vgl. dazu grundsätzlich: Eva Müller u. a., Lernprozesse gestalten, in: Ethik und Unterricht, Heft 3, 2013, S. 4ff. Victor Oppliger, Von der „Förderung Begabter" zu „Lernarchitekturen selbstgesteuerter Begabungsförderung", in: Gabriele Weigand u. a. (Hrsg.), Personorientierte Begabungsförderung, Weinheim 2014, 117–129.

[21] Nach: Fair Play 5/6 und 9/10, Braunschweig 2019 und 2020.

[22] Hartmut Rosa und Wolfgang Endres, Resonanzpädagogik. Wenn es im Klassenzimmer knistert, Weinheim 2016, S 78. – Ausführlicher: Hartmut Rosa, Resonanz. Eine Soziologie der Weltbeziehung, Berlin 2016.

[23] Vgl. Arnold Bergstraesser (Hg.): Klassiker der Staatsphilosophie, Stuttgart 1976, S. 26ff.

V. Das Gespräch als Leitmedium des Ethikunterrichts

> *Das Ethische hat mit den einzelnen Menschen zu tun, und wohlgemerkt mit jedem Einzelnen. Es lässt sich nur von dem einzelnen Subjekt realisieren. Wenn man doch nur, im griechischen Stile, wieder den Dialog einführen würde, um zu prüfen, was man weiß und was man nicht weiß. So würde bald all das Dressierte und Unnatürliche, das ganze verschroben-geistreiche Wesen weggeblasen werden.*
> (Kierkegaard)

Die pädagogische Legitimation einer im Ethikunterricht zu kultivierenden Fähigkeit zum Gespräch (Kommunikationskompetenz) scheint auf der Hand zu liegen. Je mehr unsere Lebenswelt von einem Trend zur Anonymisierung, „Kolonisierung" (Habermas) oder Verdinglichung bestimmt wird, umso mehr – so scheint es – brauchen wir im Gegenzug „Vermenschlichung" durch lebendig-dialogischen Austausch. Je mehr Man-mentalität, Vorspiegelung von Schein-Wissen oder Faktenpositivismus sich breit machen, umso dringlicher wird die Fähigkeit zu kritischen, kreativen, auch unbequemen Rückfragen.

Das moralische Gespräch zeichnet sich u. a. durch den Sprung von der Perspektive der dritten Person (Objektivität / Neutralität) zur Perspektive der ersten Person aus. Dieser Ich-Perspektive kommt im Prozess der Vermittlung von Normen und Werten eine konstitutive Bedeutung zu. Während die Entdeckung eines Sachverhaltes, neues Wissen also, der Lehrperson im Wesentlichen die Aufgabe auferlegt, die Schüler dazu anzuregen, über die Information hinauszugehen, die er schon besitzt, ist seine Rolle im moralischen Gespräch weit komplexer. Die Aufstellung und Prüfung beschreibender Sätze unterscheidet sich anscheinend grundsätzlich von der Herstellung eines Einverständnisses über die Geltung moralischer Normen bzw. normativer Aussagen.

Gegenstand von Unterrichtsgesprächen im Ethikunterricht ist im Allgemeinen fremdes oder eigenes Handeln mit den implizierten Werthaltungen. Diese vor allem sollen im Gespräch miteinander bewusstgemacht, geklärt und gewissermaßen analysiert werden. Das Unterrichtsgespräch zielt hier auf ein essentielles Moment ethisch-philosophischer Reflexivität. Wie soll sich die Lehrperson auf diesem schwierigen Gelände verhalten, wie intervenieren, welche Impulse setzen, um Schülern unterschiedlichen Alters und unterschiedlicher soziokultureller Sozialisation zu dieser spezifischen Form von „Nachdenklichkeit" zu verhelfen?

Kommunikationspsychologische Aspekte

Gespräche über Werte setzen grundsätzlich wechselseitiges Vertrauen voraus. Konstitutives Element hierfür ist ein gewisses Maß an Schätzung bzw. Anerkennung. Sensibel dafür zu sein, wie selbige in der Kommunikation zum Ausdruck gebracht werden können, scheint elementar für die Kommunikationskompetenz im Ethikunterricht zu sein.

Die Mehrdimensionalität einer Kommunikation ist von Bühler[1], Watzlawick[2] und Schulz von Thun[3] ausführlich analysiert worden. Grundlegend für die „Anatomie einer Nachricht" (Schulz von Thun) ist die Unterscheidung zwischen einer deskriptiven Inhaltsebene und einer normativen bzw. evaluativen Beziehungsebene. Auf der Inhaltsebene informieren wir mit Hilfe der Sprache über Sachen. Die Botschaften auf der zweiten, der Beziehungsebene, verlaufen häufig sprachfrei, also durch Mimik, Gestik, Körpersprache[4], Sprachintonation u. ä.

Wir teilen dem Empfänger mit, wie wir ihn sehen, was wir von ihm und unserer Beziehung zu ihm halten („So sehe ich dich und unsere Beziehung"). Erfolgreich kommunizieren hieße also generell, die Prozesse auf der Inhalts- und Beziehungsebene so zu steuern, dass Störungen, Blockierungen, Missverständnisse und Verzerrungen möglichst vermieden oder durch Ansprechen bewältigt werden können. Dazu bedarf es vor allem eines analytischen wie sensiblen Blicks, der die relevanten Prozesse auf den beiden Ebenen zunächst wahrnimmt, um entsprechend intervenieren zu können.

Im Einzelnen unterscheidet Schulz von Thun zwischen vier Seiten einer Nachricht:

```
                    Sachinhalt
SENDER→Selbstoffenbarung | NACHRICHT | Appell → EMPFÄNGER
                    Beziehung
```

Zur Illustrierung ein alltägliches Beispiel (Grundkurs Ethik, Jahrgangsstufe 12):
Schüler (redet unauffällig, aber ununterbrochen mit seiner Nachbarin)
Lehrerin: Hast du das verstanden?
Schüler (lächelt milde und leicht überheblich): Ja natürlich!
Lehrerin (mit wissendem Blick): Dann ist es ja gut.

Was in diesem Dialog geschieht, ließe sich kommunikationspsychologisch so deuten:
- Auf der Ebene des Sachinhalts geht es um die Frage nach dem korrekten Verstehen des Schülers.

- In Bezug auf die Selbstoffenbarung will die Lehrerin wohl zum Ausdruck bringen: Ich bestimme hier im Unterricht das Geschehen!
- Auf der Beziehungsebene signalisiert sie: Du wirst von mir kontrolliert und benotet!
- Als Appell will sie sagen: Pass gefälligst auf!

Die Antwort des Schülers ließe sich in ähnlicher Weise auf die vier Seiten hin analysieren.

Der Empfänger von Nachrichten sollte also idealiter mit vier Ohren zuhören:

Vier Ohren – ein Ohr für jede Seite:

→ DAS SACH-OHR: „Wie ist der Sachverhalt zu verstehen?"

    Kriterien: Klarheit – Prägnanz – Einfachheit
    Problem: Eine Fixierung auf das Sachohr macht blind für die Beziehungsseite.

→ DAS BEZIEHUNGS-OHR: „Wie redet der eigentlich mit mir? Wen glaubt er vor sich zu haben?"

    Kriterien: verbale und non-verbale Botschaften der Wertschätzung
    Problem: ständig auf „Beziehungslauer" zu liegen

→ DAS SELBSTOFFENBARUNGS-OHR: „Was ist das für einer? Was ist mit ihm?"

    Kriterium: Empathie, sich in Andere hineinversetzen
    Problem: Hang zum Psychologisieren, Diagnostizieren

→ DAS APPELL-OHR: „Was soll ich tun, denken, fühlen aufgrund seiner Mitteilung?"

    Problem: Appell-Sprung: ich bin ständig damit beschäftigt, herauszufinden, was der Andere will; ich vergesse meine Gefühle, Interessen

FAZIT: die Kommunikation ist nur dann geglückt, wenn die vier Ohren jeweils in Balance sind, d. h. wenn keine einseitigen Fixierungen zu einem Zuviel oder Zuwenig führen.

Die Lehrperson als Sender muss darauf achten, dass sie auf der Inhaltsebene möglichst präzise und klar strukturiert „sendet". Sie sollte sich auch bewusst sein, dass ihr Empfänger selektiv wahrnimmt, Informationen „verdünnt" und selektiert je nach individueller Persönlichkeit, Motivation oder Interessenlage. Für eine adäquate Antizipation des weiteren Unterrichtsverlaufs scheint eine entsprechende Kontrolle – hier nicht im Sinne von Leistungskontrolle – dessen, was wie „angekommen ist", unerlässlich. Auf der Beziehungsebene geht es dann ungleich subtiler zu. Hier bedarf es wohl eines hohen Maßes an Selbstwahrnehmung, um sich der mannigfaltigen Möglichkeiten positiver, vor allem auch negativer Wertschätzung gegenüber den Empfängern hinlänglich bewusst zu sein.

Die Fähigkeit, „aktiv" zuhören zu können, ist wohl auf beiden Ebenen eines der zentralsten Elemente kommunikativer Kompetenz. Nur wenn ich als Lehrperson im Gespräch mit SchülerInnen im Ethikunterricht deren Interessen und Einstellungen, deren Wünsche und Motive hinlänglich unverzerrt erfassen kann, scheint ein gemeinsames Nachdenken über Werte und Normen überhaupt möglich zu sein.

Die themenzentrierte interaktionelle Methode (TZI) als Haltung und Modell

> *„Keine Methode ersetzt persönliche Wärme, Toleranz und positive Einstellung zum Menschen."* (R. C. Cohn)

Von der Psychoanalyse und Einflüssen der Gestalttherapie ausgehend hat Ruth C. Cohn (geb. 1912) die TZI entwickelt. Sie baut ihr Modell auf nicht weiter ableitbaren anthropologischen Voraussetzungen, die sie Axiome nennt.

Die Axiome:
1. Der Mensch ist eine psycho-biologische Einheit. Er ist auch Teil des Universums. Er ist darum autonom und interdependent. Autonomie (Eigenständigkeit) wächst mit dem Bewusstsein der Interdependenz (Allverbundenheit). Menschliche Erfahrung, Verhalten und Kommunikation unterliegen interaktionellen und universellen Gesetzen. Geschehnisse sind keine isolierten Begebenheiten, sondern bedingen einander in Vergangenheit, Gegenwart und Zukunft.
2. Ehrfurcht gebührt allem Lebendigen und seinem Wachstum. Respekt vor dem Wachstum bedingt bewertende Entscheidungen. [...]

3. Freie Entscheidung geschieht innerhalb innerer und äußerer Grenzen. Erweiterung dieser Grenzen ist möglich.[5]

In diesen Axiomen schlägt sich ein Holismus nieder (griech.: „holos" = ganz), der das TZI-Modell entscheidend prägt. Alles Lehren und Lernen gelingt am besten, wenn physische, emotionale und intellektuelle Aspekte als Facetten einer Einheit gesehen werden. Vieles kommt auf eine Balance zwischen Psychischem und Leiblichem, zwischen Innen und Außen, zwischen Ich und der Gruppe und zwischen der Gruppe und der Außenwelt an.

Ruth Cohn symbolisiert die TZI als Gruppen-Interaktionsmodell mit einem einfachen Dreieck:

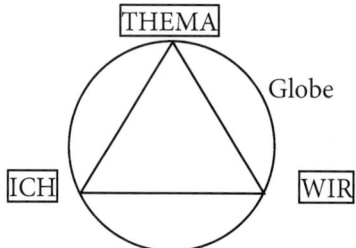

Das Dreieck zeigt die grundsätzliche Gleichwertigkeit von ICH, WIR und ES (THEMA).

Das einzelne ICH wird als autonomes und soziales Wesen wahrgenommen. Alle „ICHs" der Gruppe setzen sich mit einer Sache, einem Stück Welt auseinander. Keiner ist so mit sich alleine. Immer ist er auf andere angewiesen und auf ein Thema bezogen. Das Dreieck wird noch von einer Kugel umfasst, dem GLOBE. Er stellt das Umfeld der Gruppeninteraktion im engeren und weiteren Sinne dar, also alles, was die gemeinsame Arbeit beeinflusst.

Die TZI verbindet sachorientiertes Lernen mit dem Beachten gruppendynamischer Kommunikation und mit dem emotionalen Erleben des Teilnehmers. Solches Lernen wird als engagierter Erfahrungsprozess empfunden. Lernen wird als schöpferisches Verhalten möglich; die vitalen, intellektuellen und emotionalen Bedürfnisse des Individuums werden integriert. Die Wirkung des Lehrenden wird nicht allein durch seine didaktische Fähigkeit und sein fachliches Wissen bestimmt, sondern ist ebenso abhängig davon, dass er sich authentisch, ursprünglich, als lebendige Person mit seinen Ängsten und Hoffnungen, Schwächen und Stärken zu erkennen gibt und sich nicht hinter einer professionellen Fassade verbirgt. So wird es auch dem Lernenden möglich, die eigenen Gefühle und Wünsche wahrzunehmen und zu erkennen, sie zu akzeptieren und auszusprechen.

Dieses Lernen in und mit einer Gruppe unterscheidet sich von ausschließlich stofforientiertem akademischem Lernen durch das Akzeptieren der Gefühlswelt bei Lehrendem und Lernendem. Gefühle werden nicht ausgeschaltet, sondern ihre Äußerung wird angeregt. Sie tragen zum Erarbeiten von Wissen und Erfahrung bei.

Die Behandlung eines Themas oder die Lösung einer Aufgabe stehen im Vordergrund. Die Lehrperson wird nicht ein vorher festgesetztes „Ergebnis" zu erreichen suchen, sondern ist bemüht, einen die Schüler miteinschließenden gemeinsamen Lern- und Arbeitsprozess auszulösen und aufrecht zu erhalten.

Die Lernenden werden in ihrer Individualität wie in ihrer Selbstverantwortlichkeit respektiert. Die ständige Anleitung, dieses Postulat der Selbst- und Mitverantwortung zu erfahren, einzuüben und anzuwenden, fördert Ich-Stärke, Echtheit, Kommunikationsfähigkeit und personale Beziehung.

TZI-Regeln

Die TZI-Methode folgt gewissen Regeln. Sie sollen nicht als rigide Vorgaben für eine TZI-Arbeit, sondern viel eher als Kommunikationshilfen verstanden werden.

→ Stehe zu deinen Aussagen; sprich per „ICH" und nicht per „WIR" oder per „MAN".

„Die verallgemeinernden Wendungen von ‚Wir', wie z. B. in ‚Wir glauben', ‚man tut', ‚jedermann denkt', ‚niemand sollte', sind fast immer persönliche Versteckspiele. [...] Wenn ich an meine eigene Aussage glaube, brauche ich keine fiktive, quantitative Unterstützung des andern. Wenn ich dennoch Bestätigung brauche oder wünsche, muss ich überprüfen, ob die anderen mir wirklich zustimmen. Aussagen einzelner Gruppenmitglieder wie ‚Die Gruppe denkt', ‚Wir langweilen uns alle', ‚Alle sind anderer Meinung als du', ‚Wir alle wollen eine Kaffeepause' sind oft nicht wahr. [...] ‚Wir' als Träger von Aussagen ist nur authentisch, wenn die Gemeinsamkeitsfaktoren der Ichs überprüft worden sind. ‚Man' bedeutet eine Aussage über alle Menschen oder eine definitiv bestimmte Gruppe größeren Ausmaßes."[6]

→ Wenn du eine Frage stellst, sage, warum du fragst und was deine Frage für dich bedeutet. Vermeide Interview-Fragen.

„Echte Fragen verlangen Informationen, die nötig sind, um etwas zu verstehen oder Prozesse weiterzuführen. Authentische Informationsfragen werden durch die Gründe für die Informationswünsche persönlicher und klarer.
Fragen, die kein Verlangen nach Information ausdrücken, sind unecht. Sie können Vermeidungsspiele sein, um eigene Erfahrungen zu verschweigen oder dienen als Werkzeug inquisitorischer Machtkämpfe."

→ Sei authentisch in deinen Kommunikationen. Mach dir bewusst, was du denkst und fühlst.

„Wenn ich etwas sage oder tue, weil ich soll, dann fehlt dieser Handlung meine eigene bewährte Überprüfung, und ich handle nicht eigenständig. Ich spreche dann entweder auf der Basis einer unreflektierten Gruppennorm oder gehorche einem internalisierten (elterlichen) Soll; oder ich fälle Entscheidungen, ohne wirklich zu entscheiden, „weil mir gerade so zumute ist", ohne Rücksicht auf mein eigenes Wertsystem oder mein Urteil über Gegebenheiten, und entziehe mich so gleicherweise einer autonomen Wahl. Wenn ich alles ungefiltert sage, beachte ich nicht meine und des andern Vertrauensbereitschaft und Verständnisfähigkeit. Wenn ich lüge oder manipuliere, verhindere ich Annäherung und Kooperation. Wenn ich selektiv und authentisch (,selective authenticity') bin, ermögliche ich Vertrauen und Verständnis. Wenn Vertrauen geschaffen ist, wird Filterung zwischen meiner Erfahrung und meiner Aussage weitgehend überflüssig. Je weniger solches Filtern nötig geworden ist, desto einfacher, produktiver und unbeschwerter ist die Kooperation der Teilnehmer. Solches Vertrauen kommt nicht durch Konformitätsdruck und in Übereilung zustande."

→ Halte dich mit Interpretationen in Bezug auf andere so lange wie möglich zurück. Sprich statt dessen deine persönlichen Reaktionen aus.

„Interpretationen können korrekt und zeitlich angebracht sein. Bestenfalls schaden sie nicht. Wenn sie richtig und taktvoll sind (zeitadäquat), zementieren sie das, was der Interpretierte weiß; wenn sie richtig, jedoch nicht zeitgerecht sind, erregen sie Abwehr und verlangsamen den Lernprozess. Häufig sind sie nichts anderes als Selbstbewunderungsspiele. Nicht-interpretative, direkte persönliche Reaktionen zum Verhalten anderer führen zu spontaner Interaktion. (,Du redest, weil du immer im Mittelpunkt stehen willst' versus ,Bitte rede jetzt nicht, ich möchte nachdenken' oder ,Ich möchte selbst reden'.)"

→ Sei zurückhaltend mit Verallgemeinerungen.

„Verallgemeinerungen haben die Eigenart, den Gruppenprozess zu unterbrechen. Sie sind am Platz, wenn ein Unterthema ausreichend diskutiert worden und der Wechsel des Gegenstandes angezeigt ist (z. B. als Hilfe, dynamische Balance herzustellen oder zu einem anderen Unterthema überzuleiten)."

→ Seitengespräche haben Vorrang. Sie würden nicht geschehen, wenn sie nicht wichtig wären.[7]

„Wenn ein Gruppenmitglied Aussagen an seinen Nachbarn richtet, so ist er mit großer Wahrscheinlichkeit stark beteiligt. Es kann sein, dass er etwas sagen will, was ihm wichtig ist, aber er scheut sich, es zu tun; oder er kommt nicht *gegen schnellere Sprecher auf und braucht Hilfe, sich in der Gruppe zu exponieren. Er kann auch aus dem Gruppenprozess herausgefallen sein und versucht nun, auf einem Privatweg wieder hineinzukommen. (Es ist wichtig, dass diese Regel als eine Aufforderung erlebt wird und nicht als Zwang. Die Angesprochenen werden aufgefordert und nicht erpresst.)"*

Generell sollen solche Regeln garantieren, dass das Kommunizieren in der Gruppe über ein Thema präziser und authentischer wird. Die Authentizität der Gespräche führt auch zu einer dem Lernprozess förderlichen Lebendigkeit und Anschaulichkeit. Die Regeln können auch als Regulative für ein differenziertes und integratives Gespräch gesehen werden. Sie geben Raum für eigenständige emotionale, soziale oder intellektuelle Wahrnehmungen. Sie sollen Eigenverantwortung, gegenseitige Akzeptanz und damit auch die Fähigkeit zur Konsensbildung steigern.

Carl Rogers als Vertreter einer humanistischen Psychologie hat mit seinem „Klient-zentrierten" Ansatz wesentliche Elemente zur TZI-Methode beigesteuert.[8] Der Therapeut bzw. Lehrer sollte in seinen Gesprächen nach Rogers im wesentlichen drei Forderungen genügen: er sollte

a) kongruent sein (Kongruenz / Echtheit)
b) einfühlsam sein (Empathie)
c) seinen Klienten / Schüler positiv schätzen (positive Wertschätzung).

Was heißt das im Einzelnen?

Kongruenz:
„Um Therapie stattfinden zu lassen, muß der Therapeut in der Beziehung anscheinend ein ganzheitlicher, integrierter oder kongruenter Mensch sein. Damit meine ich, daß er innerhalb der Beziehung genau das ist, was er ist – und nicht eine Fassade oder eine Rolle oder eine Vorstellung. Ich habe das Wort ‚Kongruenz' gewählt, um diese akkurate Übereinstimmung zwischen Erfahrung und Bewusstsein zu treffen. Wenn der Therapeut sich vollständig und genau dessen bewusst ist, was er in diesem Augenblick in der Beziehung erlebt, dann ist er voll kongruent. Nur wenn dies in etwa erreicht ist, kann mit einiger Wahrscheinlichkeit signifikantes Lernen stattfinden.

Obwohl dieser Begriff offensichtlich recht komplex ist, erkennen wir – glaube ich – Kongruenz alle auf eine intuitive und alltagsübliche Art und Weise bei Individuen, mit denen wir umgehen. Wir spüren, daß ein Mensch nicht nur genau das meint, was er sagt, sondern auch daß seine tiefsten Empfindungen dem entsprechen, was er äußert. Es ist also gleichgültig, ob er ärgerlich oder zärtlich oder verschämt oder begeistert ist; wir spüren, daß er auf allen Ebenen der gleiche ist: in dem, was er auf einer organischen Ebene erfährt, in seiner Bewußtheit auf der bewußten Ebene und in seinen Worten und Mitteilungen.

Wir erkennen darüber hinaus, daß er seine unmittelbaren Empfindungen akzeptiert. Wir sagen von einem solchen Menschen, daß wir genau wissen, ‚wo wir mit ihm dran sind'. Wir neigen dazu, uns in einer solchen Beziehung wohl und sicher zu fühlen.
Bei einem anderen Menschen erkennen wir, daß das, was er sagt, fast sicher eine Front oder eine Fassade ist. Wir fragen uns, was er hinter dieser Fassade wirklich empfindet, was er tatsächlich erfährt. Wir fragen uns vielleicht auch noch, ob er weiß, was er tatsächlich empfindet; wir erkennen, daß er sich der Gefühle, die er tatsächlich erlebt, vielleicht gar nicht bewußt ist. Wir neigen dazu, einem solchen Menschen gegenüber vorsichtig und wachsam zu sein. Es ist nicht die Art Beziehung, in der man Abwehrhaltungen fallenlassen kann, oder signifikante Lernerfahrungen und Veränderungen stattfinden können."[9]

In diesem Sinne authentisch und wirklich-sein bedeutet für die Lehrperson allerdings nicht, unbedingt alles aussprechen zu müssen, was sie denkt, empfindet oder beobachtet. Sie wie jedes andere Gruppenmitglied entscheidet jeweils für sich, was sie sagen möchte. Nur *was* sie sagt, soll echt und direkt sein (selektive Authentizität).

Empathie:
„Die zweite Bedingung der Therapie besagt, daß der Therapeut ein genaues, empathisches Verständnis für die innere Welt des Klienten hat. Die private Welt des Klienten verspüren, als wäre sie die eigene, ohne jedoch diese ‚Als-Ob'-Qualität außer acht zu lassen: das ist Empathie und scheint für die Therapie wesentlich zu sein. Den Ärger, die Angst oder die Verwirrung des Klienten zu spüren, ohne daß dabei der eigene Ärger, die eigene Angst oder Verwirrung hineingezogen werden: diese Bedingung versuchen wir zu beschreiben. Wenn die Welt des Klienten dem Therapeuten so klar ist, und er sich darin frei bewegen kann, dann kann er sowohl sein Verständnis für die Dinge mitteilen, die der Klient genau kennt, wie auch die Bedeutungen von Klientenerfahrung nennen, die diesem kaum bewußt sind."[10]

Empathisches Verstehen heißt bei Rogers, dass der Therapeut offen ist und sich mit den eigenen Gedanken und Gefühlen auf den Klienten einstellt. Er versetzt sich auf der Ebene der Gedanken und Gefühle in dessen inneren Bezugsrahmen (internal frame of reference). Das meint, dass er seine Empfindungswelt in ihrem inneren Gefüge und mit ihren je eigenen Voraussetzungen und Wertungen zu verstehen versucht („to walk in other peoples' shoes").

Positive Wertschätzung:
„Eine dritte Bedingung besteht darin, daß der Therapeut eine warme Anteilnahme für den Klienten spürt – eine Anteilnahme, die nicht besitzergreifend ist, die keine persönliche Belohnung fordert. Es handelt sich um eine Atmo-

sphäre, die einfach zeigt ‚Ich nehme Anteil', nicht ‚ich nehme Anteil, wenn Sie sich auf diese und jene Art verhalten'. Ich habe oft von ‚Akzeptieren' (acceptance, Akzeptierung) gesprochen, um diesen Aspekt des therapeutischen Klimas zu beschreiben. Dieses Klima ist durch ein gleichmäßig starkes Gefühl der Akzeptierung gekennzeichnet, gleichgültig, ob der Klient von negativen, ‚schlechten', schmerzlichen, ängstlichen und abnormalen Gefühlen spricht oder von ‚guten', positiven, reifen, zuversichtlichen und sozialen Gefühlen. Es enthält Akzeptierungsbereitschaft und Anteilnahme gegenüber dem Klienten als einem besonderen und selbständigen Menschen, dem es erlaubt ist, eigene Empfindungen und Erlebnisse zu haben und darin eigene Bedeutungen zu finden. In dem Maße, wie der Therapeut dieses sicherheitsspendende Klima der bedingungslosen Zuwendung bieten kann, findet wahrscheinlich signifikantes Lernen statt."[11]

Der Klient – dies scheint die Quintessenz des Akzeptierens bei Rogers zu sein – wird, ungeachtet individueller Besonderheiten, vor allem als Person von unbedingtem Selbstwert wahrgenommen und behandelt. Die Zuwendung ist bedingungslos, weil sie einem Menschen gilt in seiner eigenwertigen Menschlichkeit. In diesem positiven Gestus der Zuwendung scheint sich ein wichtiges Moment der humanistischen Psychologie auszudrücken.

Das didaktische Transformationsproblem
Lassen sich gewisse Elemente des TZI-Modells auf eine dem Ethikunterricht didaktisch adäquate Gesprächsform übertragen?

Zunächst wird man sehen müssen, dass ein didaktisch reflektierter Ethikunterricht sich grundsätzlich von jeder Form psychoanalytischer Therapie unterscheidet. Ausgangs- und Rahmenbedingungen sowie Zielsetzungen sind jeweils gänzlich andere. Etwaige Versuche von EthiklehrerInnen, den Ethikunterricht als „Therapie" zu konzipieren, enden in der Regel schon allein aufgrund fehlender Qualifikation in seichtem und gleichzeitig gefährlichem Dilettieren.

Hinzu kommt, dass die TZI-Arbeit ganz stark auf eine Grundhaltung der Gruppen- und GesprächsleiterInnen abzielt. Diese steht in engem Zusammenhang mit der individuellen Persönlichkeitsstruktur der Lehrpersonen und ist insofern sehr viel schwieriger erlern- und vermittelbar als anderes mehr handwerkliches methodisches Know-how.

Die TZI-Gesprächsgrundsätze werden in mehr oder minder modifizierter Form schon seit geraumer Zeit in unzähligen Kommunikationsseminaren gelehrt und praktiziert. Das TZI-Modell also ein effizientes Instrumentarium für spezifische Formen von Erwachsenen- oder Managerausbildung? Oder macht es Sinn, konstitutive Elemente dieser „Methode" auch für das Unterrichtsgespräch im Ethikunterricht zu nutzen?

Ich möchte, ohne den Anspruch auf Vollständigkeit, stichpunktartig umreißen, wo ich Möglichkeiten eines Transfers sehe.

Ichkompetenz:
Offenheit und Zuwendung im Gespräch fußen gewissermaßen auf einem differenzierten Blick ins eigene Innere. Nur wenn die Lehrperson sich ihrer eigenen Gefühle oder Werthaltungen bewusst ist, kann sie im Gespräch hinreichend frei und beweglich agieren. Die Selbstwahrnehmung korrespondiert der kommunikativen Fremdwahrnehmung. Der „Blick ins Innere" (Reflexivität) ist ein erster, grundlegender Schritt in einem Gespräch über je eigene und dann auch fremde, andere Wertsetzungen. Ein Bewusstsein der eigenen Werte ist Voraussetzung dafür, mit anderen über ihre Werte ins Gespräch zu kommen, Alternativen zu sehen oder auch Revisionen vornehmen zu können.

Sozialkompetenz:
Die Autonomie des anderen steht gleichberechtigt neben der eigenen Autonomie. Der Versuch zur Einfühlung (Empathie) und eine allgemeine Wertschätzung sind geprägt von einem Sensibelsein für die Eigenwertigkeit fremder Gefühle, Standpunkte oder Meinungen.
  Die Qualität von Gesprächsführung bzw. Fragestellungen im Ethikunterricht, wo es um reflexive Klärung und Analyse von Wertentscheidungen geht, hängen ab vom Einfühlungsvermögen der Lehrperson in die Denk- und Fühlwelt der SchülerInnen.

Kommunikationskompetenz:
Der Verzicht auf vorschnelles Generalisieren, Diagnostizieren, Moralisieren, Dogmatisieren oder Interpretieren geben der Kommunikation eine gewisse Offenheit und drücken den Respekt vor der je eigenen persönlich zu treffenden Wertentscheidung aus. Diese kommunikative Grundhaltung scheint gerade für den Ethikunterricht unverzichtbar zu sein. Nur so sind günstige Voraussetzungen gelegt, jenen schwierigen Mittelweg zwischen Indoktrination und Beliebigkeit zu finden.

Fragetechnik:
Das Postulat – „Vermeide Interview-Fragen" – bringt exemplarisch die Art und Weise der Frageformulierung zum Ausdruck. Die Fragen sollen in der Regel nicht zu eng, zu kleinschrittig, also ein bloßes Ab-fragen sein, das die Schüler in die Enge treibt und von ihnen auch häufig als aggressiv empfunden wird. Solche Fragen, speziell im Ethikunterricht, machen ein Nach-denken über mehr oder minder persönliche Werthaltungen schier unmöglich.

Unterrichtsatmosphäre:
Wenn es der Lehrperson gelingt, (selektiv) authentisch, kongruent und somit lebendig zu sein, so sind denkbar günstige Bedingungen für ein gutes, d. h. vertrauensvolles Unterrichtsklima geschaffen. Hinzu kommt noch die Akzeptanz der Schüler als in der Regel lernwillige und lernfähige Menschen, die

in ihrem So-sein zunächst angenommen und geschätzt werden. Nur so kann ein Sprechen über eigene Wertempfindungen offen und konstruktiv sein. Ihre Gefühle und Erfahrungen werden ernst genommen, und sie lernen auch, die Gefühle und Lebenswelt der anderen, soweit sie zur Sprache kommen, anzuerkennen und sich darüber Gedanken zu machen.

Gesprächsformen im Ethikunterricht

Je nach der Funktion im Unterrichtsgeschehen und nach dem Grad der Lehrerlenkung bzw. Lehrerzurückhaltung lassen sich folgende grundlegende Formen des Unterrichtsgesprächs unterscheiden:

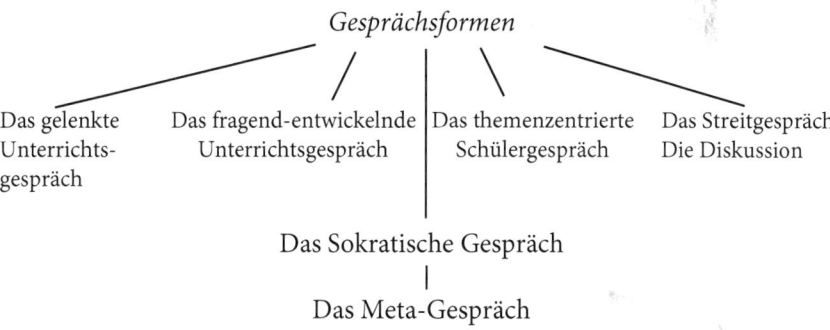

Das gelenkte Unterrichtsgespräch:
Empirische Untersuchungen über das Unterrichtsgeschehen haben ergeben, dass das gelenkte Unterrichtsgespräch rund die Hälfte des gesamten und zwei Drittel des Frontalunterrichts ausmacht. Diese Art von Lehrgespräch gängelt in behavioristischer Manier die SchülerInnen vor allem durch enge, kleinschrittige Frageimpulse, die wenig Raum für kritische Eigenleistungen lassen.[12]

Das fragend-entwickelnde Unterrichtsgespräch:
Im fragend-entwickelnden Unterrichtsgespräch versucht die Lehrperson einen Sach- oder Problemzusammenhang aus der Sicht und Fragehaltung der Schüler heraus zu entwickeln. Der Lehrer sieht sich als „Katalysator" für die möglichen Denkbewegungen seiner Schüler. Er lässt Missverständnisse, Um- und Irrwege (Trial and Error-Methode) zu, geht ihnen behutsam nach und versucht, sie mit den Schülern zu klären und zu analysieren. Die Lenkung des Gesprächs durch ihn ist sehr viel diskreter als im gelenkten Unterrichtsgespräch. Die Schüler werden in den Unterrichtsprozess integriert als eigenständige, kritisch mit-denkende Subjekte.

Das themenzentrierte Schülergespräch:
Beim themenzentrierten Schülergespräch greift die Lehrperson ganz explizit auf die Erfahrungen, das Vorwissen oder die Phantasien der Schüler zurück. Sie werden vergleichsweise ausführlich und präzise verbalisiert und problemorientiert analysiert.
   Das Bewusstmachen eigener Erfahrungen und ihre weitere Reflexion sind allgemeine Zielmarken dieser Gesprächsform.
   Es lassen sich dabei – grob schematisiert – vier Prozessschritte unterscheiden:
a) Fixierung eines Gesprächsgegenstandes:
   in der Regel aus dem Nahhorizont der Klasse, z. B. Konflikte mit Schülern oder Lehrern, außerschulisches aktuelles Geschehen.
b) Bewusstmachen der eigenen Erfahrungen, Positionen und Vor-Meinungen und deren entsprechende Dokumentation in der Klasse, z. B. Blitzlichtmethode, Fixierung des je eigenen Beitrags auf Karteikärtchen.
c) Bearbeitung, Problematisierung der veröffentlichten Erfahrungen durch den Einsatz von differenzierenden, kontrastierenden oder verfremdenden Materialien.
d) Rückbezug der Ergebnisse der Problematisierungsphase auf die Ausgangspositionen; Reflexion eventueller Einstellungsänderungen und möglicherweise Vertiefung und Festigung der Ergebnisse durch ein sich anschließendes Streitgespräch oder durch eine schriftliche, szenische oder anderweitig kreative Aufarbeitung.

Solche Schülergespräche sind kommunikativ anspruchsvoll. Ihr Gelingen hängt aus der Sicht der Klasse gesehen am Beherrschen und Einhalten gewisser elementarer Gesprächsregeln: z. B. Zuhören, Ausreden lassen, Fairness.
   Die Lehrperson hat einen nicht minder anspruchsvollen Part zu spielen: Sie muss sich konsequent zurückhalten, bringt nur die für den Gesprächsverlauf erforderlichen verbalen Impulse ein, verzichtet auf eine Bewertung der von den einzelnen Schülern bezogenen Positionen, achtet darauf, dass die vereinbarten Spielregeln eingehalten werden und versucht am Schluss dann, zu einer Ergebnissicherung zu kommen.

Das Sokratische Gespräch

„The im-plicit is made ex-plicit" (Dewey)

Zahlreiche Elemente der bislang vorgestellten für den Ethikunterricht relevanten Gesprächsformen werden im Sokratischen Gespräch zusammengefasst, teilweise modifiziert und so den spezifischen Bedingungen eines philosophisch ausgerichteten Ethikunterrichts angepasst. Das Sokratische Gespräch – so meine These – ist die den didaktischen Grundintentionen des

Ethikunterrichts am ehesten entsprechende, genuin philosophisch-ethische Gesprächsform.

Das „Sokratische Paradigma" [13]

Hans-Georg Gadamer führt im folgenden Beispiel in beeindruckender Manier die klassisch sokratische Art der Gesprächsführung vor.

Sag mir, warum ist dein Tennisclub der beste?

SOKRATES: Wohin so eilig?
FRED: Zum Tennis!
SOKRATES: Wo spielst du denn?
FRED: Nun, natürlich in dem besten Klub der Stadt.
SOKRATES: So, du weißt also, welcher der beste ist?
FRED: Natürlich.
SOKRATES: Das interessiert mich. Bei so vielen Dingen habe ich mich vergeblich gefragt, was das ist, was etwas gut sein läßt. Ich bin glücklich, jemanden gefunden zu haben, der es weiß, wenn auch nur im Tennis. Darf ich fragen?
FFED: Bitte.
SOKRATES: Sag mir, warum ist dein Klub der beste?
FRED: Weil man die besten Verbindungen bekommt.
SOKRATES: Was für Verbindungen? Zum Tennisspielen?
FRED: Ach so, halt Verbindungen.
SOKRATES: Aber sage mir, gehst du nicht in den Tennisclub, um Tennis zu spielen?
FRED: Oh ja, das auch.
SOKRATES: Nun, dann sage mir, warum dein Klub für dein Tennisspielen der beste ist.
FRED: Weil da die besten Spieler sind.
SOKRATES: Das ist eine überzeugende Antwort. Und dennoch: Sag mir, mein Freund, wenn es nun alles viel bessere Spieler sind als du – hast du schon einmal erlebt, daß bessere Spieler mit viel schlechteren spielen wollen?
FRED: Gewiß nicht.
SOKRATES: Ist es dann nicht richtiger, in einen Klub zu gehen, wo die Spieler schlechter sind als du?
FRED: So könnte es scheinen, aber dann lerne ich nichts.
SOKRATES: Das ist wahr. Also ist es wohl das beste, in einen Klub zu gehen, wo man gleich gute Spieler findet?
FRED: Offenbar.
SOKRATES: Aber was heißt: gleich gute Spieler? Solche, die es glauben zu sein, oder auch solche, die es sind, wenn sie sich auch selber für besser halten?

FRED: Die es glauben und sind, denn die anderen würden dann doch wieder nicht mit mir spielen.
SOKRATES: O weh, mein Lieber, was hast du da gesagt? Hast du schon erlebt, daß jemand, der mit einem anderen gleich gut ist, nicht meint, besser zu sein?
FRED: Ja, das ist wahr.
SOKRATES: Ein solcher wird also nicht mit dir spielen mögen.
Mit wem willst du also dann spielen, wenn die, die gleich gut sind, glauben, zu gut zu sein?
FRED: Mit den schlechteren, die glauben, gleich gut zu sein.
SOKRATES: Aber dann lernst du doch wieder nichts. Und außerdem, wenn sie es merken, daß sie schlechter sind, werden sie sich nicht danach drängen, mit dir zu spielen, weil sie doch wollen, daß man sie für gleich gut hält.
FRED: Allerdings ...

Sokrates mischt sich in alltägliche Gespräche über Alltägliches. Dabei geht es ihm – negativ formuliert – um die Entlarvung von Scheinwissen bzw. um ein Aufdecken von vermeintlichen Gewissheiten. Die Erfahrungswelt soll vor allem auf klare, stimmige Begriffe gebracht werden. Empirisch Partikulares wird unter Allgemeinbegriffe subsumiert und damit erst begriffen. Diese Arbeit am Begriff, am Logos ist freilich schwer, umständlich und nicht selten frustrierend. Manche Begriffe sind zu eng gefasst, andere wiederum zu weit; sie umspannen viel zu heterogene Einzelfälle. Immer wieder muss ein Versuch gemacht werden, eine einigermaßen zufriedenstellende Antwort zu finden.
Dieser auf Begriffsklärung zielende Aspekt des „Sokratischen Paradigmas" lässt sich als *explikativer Diskurs* qualifizieren. Schnädelbach beschreibt ihn in Anlehnung an Wittgenstein sehr konzis und grundsätzlich:

„Der Zweck der Philosophie ist die logische Klärung der Gedanken. Die Philosophie ist keine Lehre, sondern eine Tätigkeit. Ein philosophisches Werk besteht wesentlich aus Erläuterungen. Das Resultat der Philosophie sind nicht „philosophische Sätze", sondern das Klarwerden von Sätzen. Die Philosophie soll die Gedanken, die sonst gleichsam trüb und verschwommen sind, klar machen und scharf abgrenzen."[14]

Die von Schnädelbach vorgenommene sprachanalytische Reduktion entspricht allerdings nicht ganz dem „Sokratischen Paradigma". Sokrates' semantischer Essentialismus umfasst drei in post-Wittgensteinischer Sicht nicht mehr ganz überzeugende Grundannahmen:

- eine hinreichend präzise Begriffsklärung ist nur durch eine vollständige Definition zu erreichen
- als vollständige Definitionen kommen nur Definitionen des konjunktiven Typs in Frage (per genus proximum et differentia specifica)

– es existiert ein einheitliches „Wesen" etwa der Tugend oder der Tapferkeit, das sich durch alle logisch richtig unter diese Begriffe subsumierte Teil- und Unterbegriffe durchzieht.[15]

Neben der Arbeit am Begriff geht es Sokrates in seinen Dialogen vor allem um eine mit begrifflich-analytischen Mitteln vollzogene Selbstklärung und Selbstprüfung. Seiner Maxime, dass für ihn „ein Leben ohne Selbsterforschung nicht lebenswert ist" (Apologie, 37d), konsequent folgend, arbeitet er quasi-therapeutisch auf einen Bewusstseinswandel seiner Gesprächspartner hin. Jene mehr oder minder zufällig zusammengewürfelten Gesprächspartner sind, wenn auch nur in Nuancen, danach nicht mehr jene, als die sie in das Gespräch gegangen sind. Durch unnachgiebiges Befragen ist ihr Denken und sind somit auch Teile ihrer Person geläutert worden.

Dieser grundsätzlichere, weil existentielle Aspekt des „Sokratischen Paradigmas" ließe sich als *reflexiv-regressiver* Diskurs bezeichnen. Es handelt sich dabei um eine praktisch-existentielle Gesprächsart. Werte, die einer individuellen Entscheidung zugrundegelegen haben, werden aufgedeckt. Es geht also im Wesentlichen um ein gemeinsames, zurückschreitendes Aufsuchen von relevanten Handlungsgründen. Diese Fähigkeit zu selbstkritischer, im vernünftigen Gespräch miteinander bewirkter Introspektion scheint ein elementares Moment sokratisch-philosophischer Reflexion zu sein.

Wolfgang Wieland hat gegen Ende seines Plato-Buchs, die platonische Gesprächsform resümierend, zwischen „propositionalen" und „dispositionellen" Fähigkeiten unterschieden. Auf letztere ziele das Sokratische Gespräch vor allem.

„Am Ende eines platonischen Dialogs ist die Sacherörterung gewöhnlich noch weit davon entfernt, ein natürliches Ziel erreicht zu haben. Die Fragen, die den Dialog in Gang halten, haben hier noch lange keine endgültige Antwort gefunden. Im Gegenteil: Am Ende eines Dialogs wird oft erst richtig klar, wie man eigentlich hätte fragen müssen. Denn erst im Verlauf des Dialogs zeigt sich, welche Schwierigkeiten mit der Behandlung des jeweiligen Themas verbunden sind. So kann er mit der Einsicht in die Notwendigkeit schließen, die Untersuchung und das Gespräch fortzusetzen. Die diskursive Untersuchung ist grundsätzlich unabschließbar. Das ist ein wesentliches Merkmal des platonischen Philosophierens, wie es im geschriebenen Werk der Dialoge greifbar wird. Die Unabschließbarkeit der diskursiven Untersuchung verbietet es auch, das Ziel dieses Philosophierens in einzelnen Formulierungen zu suchen, wie sie innerhalb eines Dialogs vorkommen können. Man darf sie andererseits aber auch wieder nicht so verstehen, als würde sie auf die Grenzenlosigkeit eines Tätigseins verweisen, das seinen Sinn und sein Ziel nur noch in sich selbst hätte. Untersuchungen von der Art, wie sie Sokrates gemeinsam mit seinen Gesprächspartnern anstellt, verschaffen ohnehin keine Garantie, ein Resultat zu erzielen, wohl aber eröffnen sie eine entsprechende Chance. Die Einsichten, zu

denen der Partner eines Sokratischen Gesprächs geführt werden kann und deren Erwerb immer ein mögliches Resultat eines derartigen Gesprächs ist, werden sich indessen niemals in der Kenntnis bestimmter Sätze erschöpfen, die als solche ja immer nur darauf gehen, daß etwas Bestimmtes der Fall oder nicht der Fall ist. Die Einsichten, auf deren Erwerb ein Sokratisches Gespräch zielt, sind nicht mehr auf der Ebene der Sätze dingfest zu machen, weil es Einsichten sind, die gar nicht dem propositionalen Typus angehören. Es sind Einsichten von der Art dispositioneller Fähigkeiten, die demjenigen, der über sie verfügt, jeweils ein bestimmtes Wissensfeld erschließen, aber keine einzelnen Gegenstände oder Sachverhalte vorstellig machen. Solche Einsichten lassen sich in Gestalt von Sätzen weder darstellen noch mitteilen, auch dann nicht, wenn sie zum Gegenstand einer auf der Ebene der Sätze geführten Erörterung gemacht werden. Dagegen können sie sich im Umgang mit Sätzen bewähren."[16]

Die Maieutik des Sokrates aus konstruktivistischer Sicht

Ein weiteres Grundelement des „Sokratischen Paradigmas" schlägt sich in der Maieutik, der Hebammenkunst für Denken und Urteilen nieder. Die entscheidende Idee dabei ist, dass der Lehrer dem Schüler kein fertiges Wissen vermittelt, sondern ihm lediglich bei der Produktion von Wissen Hilfestellung leistet. Es handelt sich also um eine Art von „selbstentdeckendem Lernen", schlagwortartig formuliert.

Von einer gemeinsamen Alltagserfahrung ausgehend lässt sich Sokrates ganz auf die Sprache und „Logik" seiner Gesprächspartner ein, um sie zu „hinterfragen". Worum es ihm entscheidend geht, ist, sie durch Fragen auf die verdeckten Implikationen ihres Redens und Handelns hinzustoßen. Die zu aktualisierenden Einsichten und Wahrnehmungen liegen potentiell im Befragten. Sie brauchen nur, indem er gedanklich in Bewegung gerät, aus ihm hervorgelockt zu werden. Die Art und Weise, wie er dabei den Unwissenden spielt (Sokratische Ironie), könnte man heute als „Columbo-Technik" bezeichnen. Vergleichbar mit jenem tollpatschigen und scheinbar ahnungslosen amerikanischen Inspektor sammelt er durch unkonventionelle Fragen wichtiges Wissen und verwickelt sein Gegenüber in nicht mehr abweisbare Widersprüche.

Unter einer phänomenologischen bzw. konstruktivistischen Perspektive lassen sich nun eine Reihe von in der Sokratischen Maieutik implizierten Aspekten explizieren:

→ Sokrates zieht auf öffentlichen Plätzen mehr oder minder beliebig Menschen in sein Gespräch. Er traut ihnen offenbar eine grundsätzliche Kooperationsbereitschaft und Kompetenz zu. Gemeinsam machen sie sich auf den Weg, um ihre plausiblen Antworten auf die aufgeworfenen Fragen zu bekommen.

→ Die abstrakten philosophischen Probleme sind in vielfältige Konkretionen eingelassen. Der Denk-weg ist offensichtlich und grundsätzlich ein induktiver: vom partikularen Detail zum abstrakten Problem. Alle empirischen Teilbereiche scheinen untereinander vernetzt und führen zu analogen Kernproblemen. Der maieutische Weg kann also von jedem Erfahrungsort aus begangen werden.
→ Die Gesprächspartner sind kompetent und autonom. Wenn sie sich ihrer Ressourcen, ihrer Denkfähigkeiten bedienen, sind sie grundsätzlich in der Lage, zu eigenen Einsichten zu kommen.
→ Sokrates lässt sich in der Regel auf Ausdrucksweise und Denkgewohnheit seiner Gesprächspartner ein und schafft dadurch ein positives und vertrauensvolles Gesprächsklima. Sie sind so gegenüber irritierenden Fragen offener, eher motiviert, sie an sich herankommen zu lassen.
→ Sokrates trägt keine fertigen philosophisch-ethischen Lehrsätze vor. Er baut großteils auf die innere Dynamik eines dialektischen Kommunikationsprozesses. Sinn und Bedeutung werden – so ließe sich aus einem konstruktivistischen Blickwinkel interpretieren – von den Beteiligten interaktional konstruiert. In selbstreferentiell operierenden Systemen gibt es signifikante Veränderungen nur dann, wenn vorhandene Potentiale von den Betroffenen aktiviert werden können. Ihnen müssen sich gewisse in ihr Blickfeld geratene Handlungsalternativen als sinnvoll und somit erstrebenswert präsentieren.

Durch diese kritische Hermeneutik des Selbst („Erkenne dich selbst") eröffnet die Maieutik so die Möglichkeit der Erfahrung neuer Freiheitsgrade, alternativer Handlungsstrategien und Sinneinsichten, die jedoch immer aus dem Boden des Vorhandenen erwachsen.[17]

Das Sokratische Gespräch im Ethikunterricht[18]

Das „Sokratische Paradigma" ist im 20. Jahrhundert vor allem von dem Neukantianer Leonard Nelson („Die Sokratische Methode", 1922) und dem 1996 verstorbenen Gustav Heckmann weiterentwickelt und gewissermaßen didaktisiert, d. h. didaktisch transformiert worden.[19]

Gisela Raupach-Strey[20] zählt sieben konstitutive und didaktisch relevante Elemente des Sokratischen Gesprächs für einen philosophisch ausgerichteten Ethikunterricht auf:

1. Die Voraussetzungslosigkeit:
   Jeder kann teilnehmen, Vorkenntnisse sind nicht erforderlich, jedes Thema darf angesprochen und problematisiert werden.
2. Die Erfahrungsbasis:
   Die Gesprächsthemen stammen aus dem Nahhorizont der Lebenswirklichkeit der SchülerInnen (Postulat der Schülerorientierung).

3. Der Non-Dogmatismus:
   Grundsätzliche Offenheit und Unvoreingenommenheit gegenüber vorgebrachten Meinungen und Positionen, die Bereitschaft zur ständigen kritischen Revision formulierter Urteile und der Grundsatz, keine Lehrsätze unbefragt zu übernehmen, charakterisieren die Grundhaltung, in der Sokratische Gespräche geführt werden.
4. Maieutik:
   Sie umfasst das eigenständige Formulieren eigener Gedanken und Empfindungen zu einem Thema; sodann – in einem zweiten Schritt – deren kritische und differenzierte Prüfung.
5. Das Selbstvertrauen der Vernunft:
   Die Ratio gilt als einzige legitime Berufungsinstanz. Dies meint auch, dass für alles, was geäußert und behauptet wird, vernünftige Gründe gefunden werden müssen. Es geht also um ein Höchstmaß an Sachlichkeit, Rationalität und impliciter auch um Ernsthaftigkeit und Redlichkeit.
6. Die Denkgemeinschaft:
   Sich gemeinsam auf den Weg machen, sich mit anderen und ihren jeweils unterschiedlich geprägten Meinungen auseinander zu setzen, sich daran abzuarbeiten, um so eine differenziertere eigene Standortbestimmung vornehmen zu können, unterwegs auch das Sperrige, Anstrengende eines Gesprächs miteinander zu erleben, all dies wird vom Topos der Denkgemeinschaft umfasst.
7. Wahrheit und Verbindlichkeit:
   Trotz einer grundsätzlichen Offenheit meint Sokratisches Kommunizieren keinesfalls Beliebigkeit. Konsense müssen ausgelotet, die Linie, wo genau die Dissense verlaufen, markiert und weiter problematisiert werden. Idealiter sollte der „milde Zwang des besseren Arguments" (Habermas) gelten.

Übertragen auf das Unterrichtsgeschehen können diese konstitutiven Elemente weiter kleingearbeitet und operationalisiert werden. Dem Unterrichtsprozess – Konkretisieren / Elementarisieren / Strukturieren / Verifizieren / Kritisieren – sind im Folgenden adäquate, das Sokratische Gespräch in den unterschiedlichen Phasen steuernde Impulse beigefügt.

Prozess:
1) Konkretisierung: Im Konkreten Fuß fassen
2) Elementarisierung:
   – Aufdröseln von Wollknäueln
   – Differenzieren
   – Weitertreiben der Fragen:
   – Kontrastieren / Provozieren
   – Aufbau einer Frage-Haltung

3) Strukturieren:
   - Frage nach den Folgen – Aufdecken von Widersprüchen
   - Zusammenhänge oder Gemeinsamkeiten aufzeigen
   - Übereinstimmungen (Konsens/Dissens) ausloten
4) Verifizieren:
   - Achten auf Klarheit und Verständlichkeit – den roten Faden nicht verlieren
5) Kritisieren:
   - Hinweis auf Argumentationslücken
   - Angebote zum methodischen Procedere
   - Fragen nach Kriterien von Begriffen und Urteilen

Gesprächssteuernde Impulse

Ki (=Konkretisierungsimpuls): Kannst du ein Beispiel geben?
Wer hat ähnliche Erfahrungen gemacht?

Ci (=Klärungs / clarification-impuls): Wie hast du das gemeint?
Meinst du etwa, dass …?
Folgt aus dem, was du sagst …?
Vorhin hast du behauptet, dass …, jetzt sagst du …
Verwickeln wir uns da nicht in einen Widerspruch …?
Folgt denn A aus B?

Si (=Strukurierungsimpuls): Um welche Frage geht es jetzt?
Wir sollten unterscheiden …
Was haben A und B gemeinsam?
Auf welches Problem stoßen wir hier?
Sollten wir vielleicht damit weitermachen?
Worüber sind wir uns einig? Wo beginnen die Unterschiede …?

Bi (=Begründungsimpuls): Wie ließe sich das begründen?
Ich behaupte, das Gegenteil ist richtig …
Warum meinst du, dass dies kein guter Grund / kein gutes Argument ist?

	Wie könnt ihr eure Thesen begründen?
	Auf welche Kriterien stützt du deine Behauptung?
Vi (=Verifikationsimpuls):	Hat er / sie dich richtig wiedergegeben?
	Hast du verstanden, was er / sie gerade gesagt hat?
	Könntest du wiederholen, was sie / er soeben gesagt hat?

Aus dieser kleinen Impulstypologie ergeben sich umrisshaft die Aufgaben für die Lehrpersonen, die ein Sokratisches Gespräch leiten. Sie lassen unklare Äußerungen und Begrifflichkeiten präzisieren, verlangen hinreichend plausible Begründungen, überprüfen durch Rückfragen, ob Schüler einander richtig verstanden haben und strukturieren das Gespräch vor allem dadurch, dass sie den roten Faden der Problemorientierung immer wieder diskret markieren. Zu ihrer Moderatorenrolle gehört ganz wesentlich, dass sie sich mit eigenen Wertungen grundsätzlich zurückhalten. Um in Richtung Nachdenklichkeit zu sensibilisieren, wechseln sie den Unterrichtsrhythmus und lassen an bestimmten Stellen das Gespräch ruhen. Jeder Schüler soll Gelegenheit zum individuellen Reflektieren bekommen. Last not least sollten dann am Ende des Gesprächs die Grenzlinien zwischen Konsens und Dissens behutsam aber klar markiert werden.

Der Gesprächs- und Argumentationsgang nimmt seinen Ausgang von einem problemrelevanten konkreten Beispiel, das in der Regel im Erfahrungshorizont der Lerngruppe angesiedelt ist (z. B. Konflikt mit der Mitwelt, Wahrnehmungen und Reaktionen gegenüber der Medienwelt). Jeder Schüler erhält die Gelegenheit, seine Erfahrungen zu versprachlichen, zu „veröffentlichen". Er lernt dabei zunächst, sich verständlich auszudrücken (Sprachkompetenz). Damit verbunden ist ein wichtiges Moment der Selbstreflexion. Er versucht, durch ein Nachdenken über je eigene Erfahrungen, ein Stück Klarheit über sich selbst zu gewinnen (Ichkompetenz). Durch eine Beschäftigung und Auseinandersetzung mit anderen Wahrnehmungen und Meinungen mit dem Ziel, etwas Allgemeines über eine Sache gemeinsam herauszufinden, lernt er auch und nicht zuletzt, sich mit anderen argumentativ zu verständigen (Sozial- und Kommunikationskompetenz).

Beim Sokratischen Gespräch geht es also nicht in erster Linie um das Erlernen einer bestimmten Gesprächstechnik. Im Zentrum steht vielmehr der Versuch, den Schülern eine bestimmte Gesprächshaltung zu vermitteln, die sich in folgenden knappen Gesprächsregeln ausdrücken lässt:

> 1. Höre genau zu, frage nach und versetze dich in den anderen.
> 2. Rede in kurzen, klaren Sätzen.
> 3. Sag deine eigene, begründete Meinung.
> 4. Alle beteiligen sich aktiv am Gespräch und fühlen sich für einen konstruktiven Gesprächsverlauf verantwortlich.
> 5. Alle sind gleichberechtigte Gesprächsteilnehmer.
> 6. Revidiere deine Meinung, wenn bessere Argumente gegen sie sprechen.
> 7. Nimm dir Zeit zum Denken.

Schrittfolge eines Sokratischen Gesprächs – ein Beispiel:

Einstieg: Vorgabe eines Beispiels oder Sammeln von Beispielen aus der Alltags-Erfahrung. Wir denken über die Äußerung *„Das war mir echt peinlich!"* nach.

- 1. Schritt des Abstraktionsverfahrens: In Kleingruppen (maximal sechs SchülerInnen) schildern die Teilnehmer konkrete, selbst erlebte Situationen, in denen ihnen etwas „peinlich" war. Schriftliche Fixierung der Beispiele durch die Gesprächsleitung. Nachfragen zur Verständigung sind erlaubt, doch findet noch kein Disput über unterschiedliche Meinungen statt.
- 2. Schritt des Abstraktionsverfahrens: Zusammenfassung und Ordnung der Beispiele. Sie werden auf Gemeinsamkeiten und Unterschiede hin untersucht.
- 3. Schritt des Abstraktionsverfahrens: Suche nach weiteren Beispielen auf der Grundlage der erarbeiteten Merkmale. (Leitfrage: „Fehlt noch etwas?").
- 4. Schritt des Abstraktionsverfahrens: Er liegt in der Frage: „Welches sind die wichtigen Voraussetzungen für das Gefühl der „Peinlichkeit"? Was liegt ihm zugrunde?" Es geht hier also um ein immer weiter zurückschreitendes (regressives) Finden von allgemeinen (Handlungs)Gründen.
- 5. Schritt des Abstraktionsverfahrens: Schriftliche Fixierung von gemeinsamen Ergebnissen. Worin besteht Einmütigkeit, wo liegen noch Meinungsverschiedenheiten und anhand welcher weiterführenden Fragen könnte man versuchen, diese zu minimieren?

Solche Gespräche können sich je nach Unterrichtssituation über mehrere Stunden erstrecken. Sie eignen sich in der Regel besonders für Auftaktphasen und Begriffsklärungen, also zur Beantwortung von „Was ist-Fragen" – z. B.: Was ist Glück? Was ist Freundschaft? Oder: Hat der Mensch einen freien

Willen? Wie ist es möglich, sich in eine andere Person hineinzuversetzen? Ist das, was ich weiß, auch wahr? Wo endet Toleranz?

Die Kunst des richtigen Fragens[21]

> *Es ist schon so: Die Fragen sind es, aus denen das, was bleibt, entsteht. Man denke an die Frage des Kindes: „Was tut der Wind, wenn er nicht weht?"*

Im klassischen Sokratischen Dialog tritt Sokrates in der Regel als der dominierende Fragesteller auf. Er formuliert die entscheidenden Fragen selbst, liefert Vorschläge möglicher Antworten oder weist seinerseits auf Widersprüche hin. Dem Gesprächsteilnehmer – meist handelt es sich um ein Zwiegespräch – bleibt allzuoft nur übrig, der überzeugenden Argumentation des Sokrates zuzustimmen. Im Sokratischen Gespräch verhält sich die Lehrperson viel zurückhaltender, dosiert die Zahl der Fragen nach dem Grundsatz „weniger ist mehr" und versucht vor allem die mitredenden und mitdenkenden SchülerInnen dazu zu bringen, ihrerseits Fragen zu formulieren. Diese Fähigkeit zur problemorientierten und kritisch-differenzierenden Fragestellung ist ein ganz zentrales Anliegen eines philosophisch ausgerichteten Ethikunterrichts. Es geht, bildungstheoretisch gesprochen, vielmehr darum, zu vermitteln, durch Fragen Widersprüche und Wissens- bzw. Argumentationslücken aufzudecken, ja überhaupt die Qualität von ethischen Problemen („moral issues") sehen zu lernen, als fertiges, ohnehin äußerst fragwürdig verpacktes Wissen zu reproduzieren. Auf affektiver Ebene geht es vor allem darum, durch geduldiges Nachfragen die Lerngruppe à la longue dazu zu motivieren, eine bestimmte Fragehaltung aufzubauen. Diese grundsätzliche Bereitschaft zum Weiter-Fragen, zum Offenbleiben für weitere Informationen und Erkenntnisse impliziert im Umgang mit Sachen ein unverzichtbares Moment von Sachlichkeit, im Umgang mit Personen zielt es auf moralische Fairness. Hier wird deutlich, dass die Kunst des adäquaten Fragens nicht nur eine methodisch-praktische, sondern auch eine eminent wichtige ethische Dimension hat; und diese zu vermitteln ist eines der didaktischen Hauptziele des Sokratischen Gesprächs.

Folgende Fragetypen sind in der Regel nicht-adäquat und didaktisch nur begrenzt sinnvoll:

- Suggestivfragen, die keine echten Fragen, sondern bloß „rhetorisch" sind.
- Ja-Nein-Fragen, geschlossene Fragen, die man nur mit Ja oder Nein beantworten kann.
- Alternativ-Fragen / Oder-Fragen. Sie suggerieren, dass es keine weiteren Alternativen gibt.

- bedrängende, einengende
- possessive, besitzergreifende
- aggressive Fragen. Sie provozieren affektiven Widerstand und erhöhen den für das weitere Gespräch blockierend wirkenden Reaktanzpegel.
- Warum-Fragen; sie können nicht selten den Gesprächspartner in eine prüfungsähnliche Situation bringen und implizieren häufig, je nach Tonfall und Kontext, einen latenten Vorwurf.

Als positive Pendants ließen sich folgende Fragen klassifizieren:

→ Impulsfragen. Sie regen nur an, geben hilfreiche Anstöße zum eigenen Weiterdenken.
→ Öffnende W-Fragen (Wer, Wie, Was, Worüber ...) als Nachfragen. Sie öffnen den Gesprächspartner, bringen ihn zum Erzählen und Reden über eigene Erfahrungen. Durch aktives Zuhören kann der Gesprächsleiter auf das Gesagte eingehen, es aufgreifen und so die Gesprächsteilnehmer verstärken und zugleich integrieren.
→ Reflexive Fragen, die ich auch an mich als Gesprächsleiter stelle und die das je eigene Nachdenken in Gang bringen bzw. weitertreiben können.
→ Stellvertreter-Fragen. Sie werden stellvertretend für einen Gesprächspartner gestellt, sind also eigentlich „seine" Fragen und erfordern so ein hohes Maß an Einfühlungsvermögen (Empathie) und Takt.
→ Last not least: Aktives Schweigen, Pausen zulassen und das schon Gesagte und Angedachte „arbeiten" lassen. Nicht selten – je nach Lerngruppe, Thema und Kontext – ist es für die Lehrperson empfehlenswerter, anstatt ständig zu fragen, selbst etwas zu sagen oder einfach zu schweigen.

Grundsätzlich gilt freilich, dass von Fragen stets eine gewisse manipulative Wirkung ausgeht, der wir uns schwerlich entziehen können. Sie fokussieren, limitieren oder restringieren die Aufmerksamkeit des Befragten. Für die didaktische Legitimation von Fragen, speziell im Sokratischen Gespräch, scheint es unverzichtbar, sich solcher manipulativen Wirkungen bewusst zu werden und über ihre Qualität, ihr Ausmaß didaktisch zu reflektieren. Sie sind immer dann legitim, wenn sie die eigene Reflexion der Schüler ermöglichen und ihnen nicht im Wege stehen. Die Qualität der Fragestellung bestimmt die Qualität eines Sokratischen Gesprächs mit seinem genuin prozedural-reflexiven Lernansatz – und somit auch die des erteilten Ethikunterrichts entscheidend mit.

Fazit

Das Sokratische Gespräch kann als das spezifische Medium für eine Auseinandersetzung mit Wert- und Orientierungsfragen gelten. Selbstwahrnehmung, moralische Problemerkennung, Wahrnehmung von und Umgang mit fremden Werthaltungen, kurzum moralische Reflexivität und Sensibilität können sich im Sokratischen Mit- und Gegeneinander gut entwickeln. Wenn Schüler merken, dass sie und ihre Erfahrungen bzw. Probleme ernst genommen werden, dass man ihnen zutraut, mit ihrem eigenen und gemeinsamen Nachdenken eine gute Wegstrecke der Problemlösungen zu bewältigen, scheinen günstige Voraussetzungen für die Herausbildung einer individuellen moralischen Identität gelegt zu sein. Vieles kommt darauf an, dass die Lehrperson durch ihr Gesprächsverhalten, ihre kommunikative Sensibilität ihnen zeigt, dass es dabei auf behutsames und einfühlsames rationales Reflektieren über Sachen und Menschen ankommt, das sich jeder einseitig dogmatischen Fixierung enthält. Nicht bloß wohlfeiler Austausch von Impressionen und Gefühlslagen ist gefordert, sondern anstrengende Gesprächs- und Denkarbeit, die konsequent sich an elementare Verfahrensregeln hält. Diese sollten dann allerdings nicht zu sklavisch exekutiert werden. „Gesprächspartner" eines Sokratischen Gesprächs können auch Stimmen traditioneller Philosophen sein. Entscheidend ist, mit welcher Fragehaltung sie eingebracht und untersucht werden und vor allem an welchen Nahtstellen von zunächst bloß im Gespräch thematisierten und analysierten alltäglichen Problemen sie angeschlossen werden.

Das Metagespräch

Gespräche über Gespräche sind eine konstitutiver Bestandteil diskursiver Reflexivität. Das entsprechend dosierte Anhalten des Gesprächs oder die retrospektive Verständigung über die Art und Weise, wie Gespräche gelaufen sind oder zu welchen Ergebnissen sie geführt haben, dient u. a. dem Bewusstmachen gewisser Spannungen in der Gruppe und kann so das Gesprächsklima erheblich verbessern. Die Anforderungen eines konsequent durchgehaltenen Sokratischen Gesprächs an Leiter und Teilnehmer sind ziemlich hoch. Insofern kann in einem Metagespräch geklärt werden, inwieweit und gegebenenfalls warum die Gruppe die selbstgesteckten Ziele nicht erreicht hat. Ein ehrliches, authentisches und vor allem auch selbstkritisches Benennen von Schwierigkeiten, die die Gruppe oder einzelne Mitglieder mit dieser oder ähnlichen Gesprächs- und Unterrichtsformen haben, kann den Zusammenhalt bzw. die Belastbarkeit der Lerngruppe beträchtlich steigern.

Die Diskursethik als Hintergrundtheorie Sokratischer Gespräche

Jürgen Habermas (geb. 1929) ist neben Karl-Otto Apel der Begründer der „Diskursethik".[22] Kernpunkt des diskursethischen Ansatzes ist die Annahme, moralische Meinungsverschiedenheiten in ethischen Diskursen grundsätzlich lösen zu können. Ziel solcher Diskurse ist, einen Konsens in den strittigen Fragen zu erzielen. Daher wird dieser diskursethische Ansatz auch gelegentlich als „Konsensethik" bezeichnet.
Um Konsense zu erzielen, die möglichst allen Interessen und Bedürfnissen gerecht werden, bedarf es im transzendentalpragmatischen Paradigma gewisser konstitutiver Spielregeln und Prozeduren.

Diese Diskursregeln[23] fordern also eine Inklusion aller kommunikationsfähigen Subjekte, Chancengleichheit bei der Artikulation von Behauptungen und Bedürfnissen sowie kommunikative Symmetrie, die sich vor allem in der Repressionsfreiheit ausdrückt.
 Sie umreißen im Wesentlichen das, was Habermas „ideale Sprechsituation" nennt.
 Die Methode des praktischen Diskurses – dies scheint elementar – geht von der Voraussetzung aus, dass moralische Meinungsverschiedenheiten bzw. die Rechtmäßigkeit von Geltungsansprüchen nicht autoritär, d. h. durch den Machtanspruch einzelner entschieden werden können, sondern grundsätzlich diskursiv überprüft und entschieden werden müssen. Diskursive Verständigung heißt dann auch, dass fraglos anerkannte und für quasi selbstverständlich gehaltene Normen und Werte hinsichtlich ihrer allgemeinen Verbindlichkeit auf den Prüfstand müssen.

Zusammengefasst lassen sich zwischen Diskurstheorie und Sokratischem Gespräch folgende Überschneidungen feststellen:

- → Beiden geht es ganz zentral und quasi basis-demokratisch um das Ernst-Meinen und Ernst-Nehmen jeder Äußerung jedes Gesprächsteilnehmers. Gespräche und Diskurse sollen möglichst offen und authentisch im Sinne von aufrichtig geführt werden.
- → Beide legen großen Wert auf die reziproke Anerkennung der an einem Gespräch / Diskurs teilnehmenden Personen. Es geht vor allem um Gespräche auf Augen-Höhe.
- → Beide sind in hohem Maße sensibel dafür, dass jeder gleichermaßen zu Wort kommen und sich einbringen kann und keinerlei ungerechtfertigter Zwang ausgeübt wird.
- → Beide sind einer bestimmten Spielart von Rationalität verpflichtet, die die Autonomie-Regel und das Logos-Axiom impliziert. Nur der „eigentümliche Zwang des besseren Arguments soll gelten" (Habermas).
- → In beiden ist angelegt und immer wieder zum Ausdruck gebracht worden, dass zwischen idealtypischem Entwurf und Faktizität eine schwer-

lich aufhebbare, aber auch produktive Spannung besteht. In kleinen Schritten sollen und können die realen Kommunikationsverzerrungen immer weiter abgebaut werden. Naturwüchsige Macht hat es dann immer schwerer, sich hinter auch noch so geschickt arrangierten Tarnungen und Verschleierungen zu behaupten.

Die Diskursethik hat einen vergleichsweise systematisch ausgebauten voraussetzungsreichen philosophischen Hintergrund, der zu zahlreichen Kontroversen geführt hat (z. B. Begründungsproblem und Konsenstheorie). Das didaktische Konzept des Sokratischen Gesprächs ist davon nicht unmittelbar betroffen. Diese Form eines philosophisch-ethischen Unterrichtsgesprächs ist in einem didaktischen Sinne konstitutiv und nicht in einem wahrheitstheoretischen. Der Ethikunterricht erhebt nicht den Anspruch, ausschließlich durch das konsensuelle Gespräch philosophische Einsichten zu vermitteln. Dem Gespräch kommt in einer didaktisch reflektierten „Werterziehung" insofern konstitutive Bedeutung zu, als es zentrale Aspekte einer moralischen Sensibilität vermitteln kann. Darüber hinaus bietet es die Chance, dass Jugendliche maieutisch erfahren, welche moralischen Intuitionen („value clarification") sie haben, wie selbige zu begründen sind und welche Normen und Rechte ihnen korrespondieren. Das Sokratische Gespräch wäre – wenngleich auf sokratisch-kantianischem Boden gewachsen wie die Diskursethik (Mündigkeit / Autonomie) – nicht deren Kopie, sondern deren modifizierender Transfer in den didaktisch-methodischen Raum hinein.

Anmerkungen

[1] Karl Bühler, Sprachtheorie, Jena 1934.
[2] Paul Watzlawick, Menschliche Kommunikation, Bern 1969.
[3] Friedemann Schulz von Thun, Miteinander Reden, Bd. 1, Reinbek 1981. 3) Vgl. neuerdings: Bernhard Pörksen und Schulz von Thun: „Die Kunst des Miteinander-Redens", München 2020.
[4] Zum Problem der Körpersprache im Unterricht vgl. vor allem: Hilbert Meyer, Unterrichtsmethoden, II, Frankfurt 1989, S. 388ff.
[5] R. C. Cohn, Von der Psychoanalyse zur themenzentrierten Interaktion, Stuttgart 1997, S. 120.
[6] Dieses und die folgenden erläuternden Zitate zu den Regeln sind entnommen aus: R. C. Cohn, Von der Psychoanalyse zur themenzentrierten Interaktion, Stuttgart 1997, S. 120–128.
[7] Vgl. dazu: P. Miller (Hg.), Schule selbst gestalten, Weinheim 1996, S. 98f. – R. C. Cohn (Hg.), Lebendiges Lehren und Lernen. TZI macht Schule, Stuttgart 1993.
[8] Vgl. vor allem: Carl Rogers, Die Klient-bezogene Gesprächstherapie, München 1973; ders., Die Entwicklung der Persönlichkeit, München 1989, vor allem S. 275–282. – Eine frühe, aber konzise Darstellung der TZI-Methode findet sich bei: Matthias Kroeger, Themenzentrierte Seelsorge, Stuttgart 1983.
[9] Carl Rogers, Die Entwicklung der Persönlichkeit, a. a. O., S. 275f.
[10] Ebd., S. 276. –Zum Empathiebegriff aus neurobiologischer Sicht vgl. Joachim Bauer, Warum ich fühle, was du fühlst, Hamburg 2006.
[11] Carl Rogers, Die Entwicklung der Persönlichkeit, a. a. O., S. 278.
[12] Vgl. dazu vor allem: Hilbert Meyer, Unterrichtsformen, Bd. II, Frankfurt 1989, S. 282ff; Johannes Greving / Liane Paradies, Unterrichtseinstiege, Berlin 1996; Heinz Klippert, Kommunikations-

Anmerkungen 151

13 training. Übungsbausteine für den Unterricht, Weinheim 1995; Günther Gugel, Methodenmanual „Neues Lernen", Bd. I und II, Weinheim 1997.

13 Als ein Beispiel unter vielen der Dialog „Laches" – Ein Gespräch über die Tapferkeit –; vgl. dazu vor allem Gottfried Martin, Einleitung in die allgemeine Metaphysik, Stuttgart 1974, S. 15ff. – Das aktuelle Beispiel von Hans-Georg Gadamer ist abgedruckt in: FAZ vom 9.2.1990, S. 32 (stark gekürzt).

14 Herbert Schnädelbach, Reflexion und Diskurs. Fragen einer Logik der Philosophie, Frankfurt 1977, S. 279f.

15 Vgl. dazu: Dieter Birnbacher, Philosophie als Sokratische Praxis, in: Philosophen über das Lehren und Lernen der Philosophie, hg. v. Hemut Girndt, Sankt Augustin 1996, S. 1–17. Ders. (Hg.): Das sokratische Gespräch, Stuttgart 2002.

16 Wolfgang Wieland, Plato und die Formen des Wissens, Göttingen 1982, S. 323. – Vgl. dazu auch: Ekkehard Martens, Die Sache des Sokrates, Stuttgart 1992; S. 65ff.; Wolfgang H. Pleger, Sokrates. Der Beginn des philosophischen Dialogs, Hamburg 1998, S. 165ff.

17 Vgl. Peter Müssen, „Gnothi seauton". Konstruktivismus und die sokratische Methode der Maieutik; in: G. Rusch (Hg.), Konstruktivismus und Ethik, Frankfurt 1995, S. 178ff; hier: S. 189. – Vgl. auch: Horst Siebert, Konstruktivistische Aspekte, in: Detlef Horster, Moralische Bildung im Sokratischen Gespräch, Frankfurt 1997, S. 75ff.

18 Eine ausführliche und differenzierte Darstellung des sokratischen Gesprächs als elementares Leitmedium des Philosophie- und Ethikunterrichts bringt Klaus Draken, Sokratisches Gespräch und Lehrgespräch, in: Jonas Pfister / Peter Zimmermann (Hg.), Neues Handbuch des Philosophieunterrichts, Bern 2016, S. 293–312.

19 Vgl. dazu: Gisela Raupach-Strey, Das Sokratische Gespräch, in: EU 2 (1997), S. 18–24. – Dies., Die Bedeutung der Sokratischen Methode für den Ethikunterricht, in: Das Sokratische Gespräch im Unterricht. Schriftenreihe der Philosophisch-Politischen Akademie, Bd. VII, hg. v. Dieter Krohn u. a., Frankfurt 2000, S. 90–105. – Horst Gronke, Was können wir im philosophischen Diskurs lernen? Elemente einer sokratischen Pädagogik, in: Dietrich Böhler (Hg.), Verantwortung, Würzburg 2001, S. 203–227.

20 Die Bedeutung der Sokratischen Methode, a. a. O., S. 94ff.

21 Vgl. dazu: Ronald Bodenheimer, Die Obszönität des Fragens, Stuttgart 1985. – Karsten Bredemeier, Provokative Rhetorik, Zürich 1996, S. 165ff. – Zur Kunst des Fragens vgl. auch Max Frisch, Tagebuch 1945–49, Frankfurt 1950, S. 215, über Bertolt Brecht. „Von allen, die ich bisher durch die Bauten geführt habe, ist Brecht der weitaus dankbarste, wissbegierig, ein Könner im Fragen. Fachleute vergessen oft die großen, grundsätzlichen Fragen; Laien hören zu, nehmen Lösungen entgegen, wo sich ihnen noch nie eine Frage gestellt hat, und besonders unergiebig finde ich die Literaten, die allem Sachlichen, bevor sie es erfassen, durch Meditation entfliehen, Stimmungsfritzen, Schaumschläger ihres Witzes oder ihrer Innerlichkeit. Brecht hat einen erstaunlichen Blick, Intelligenz als Magnet, der die Probleme anzieht, so, dass sie auch hinter den vorhandenen Lösungen hervorkommen."

22 Vgl. dazu: Konrad Ott, Diskursethik, in: EU 2 (1994), S. 1–12. – Vilhjalmur Arnason, Diskurs im Kontext, in: Wolfgang Edelstein u. a. (Hg.), Moral im Kontext, Frankfurt 2000, S. 149–173. – William Rehg, Insight and Solidarity. The Discourse Ethics of Jürgen Habermas, Berkeley / London 1997. – Detlef Hoster, Jürgen Habermas, Hamburg 1999. – Gisela Raupach-Strey, Die Beziehung zwischen Diskurstheorie und Sokratischem Gespräch – keine Einbahnstraße!, in: Dieter Krohn u. a. (Hg.), Diskurstheorie und Sokratisches Gespräch, Frankfurt 1996, S. 39–75.

23 Vgl. Kapitel „Didaktische Grundmodelle", S. 57.

VI. Arbeit am Logos: Textrezeption und Textproduktion

> *„Sein, das verstanden werden kann, ist Sprache"*
> (Gadamer)

> *„Warum kommt der Frage ein hermeneutischer Vorrang zu? Die Antwort lautet: Weil das Fragen Antworten ermöglicht, weil der Text auf Fragen antwortet und weil auch der Interpret auf eine vom Text gestellte Frage antwortet."*
> (Bernhard Waldenfels)

In einem an der Leitdisziplin Philosophie ausgerichteten Ethikunterricht werden auch philosophische Texte gelesen und interpretiert. Die in traditionellen Texten anzutreffende philosophisch-ethischen Ideen und Positionen sind unverzichtbare „Gesprächspartner" für uns, wenn wir versuchen, gegenwärtige Probleme zu lösen. Um jene Stimmen in ihrer je eigenen Art und ihrer Relevanz für unsere Gegenwart verstehen und einschätzen zu können, brauchen wir zuverlässiges methodisches Rüstzeug. Dieses wird uns von einer philosophischen Denkrichtung angeboten, die sich traditionell mit dem Verstehen und Auslegen von Texten beschäftigt hat: die philosophische Hermeneutik. Dem Götterboten „Hermes" fiel die Aufgabe zu, die Botschaften der Götter den Menschen dadurch nahe zu bringen, dass er sie ihnen verständlich machte. Allgemein versucht die moderne philosophische Hermeneutik jene bisweilen recht verschlungenen Zusammenhänge, die zwischen einem Textrezipienten und den im Text gelagerten Inhalten auszumachen sind, aufzuhellen.

Zentrales Anliegen einer „Kritik der hermeneutischen Vernunft" ist das Infragestellen eines „objektivistischen" Verständnisses von sprachlichem Sinn. Dieser existiert nicht wie andere Objekte, sondern hat einen eigenen Status. Er ist wohl auch nicht als fertiges Gefüge, das es nur noch aufzunehmen und zu übernehmen gälte, zu begreifen. Der Interpret, seine Wahrnehmungen und Zugriffsweisen scheinen – folgt man den Vertretern der modernen Sprachphilosophie – von Gadamer, über Habermas bis Derrida – eine konstitutive Rolle zu spielen. Sprachlicher Sinn in verfassten Texten scheint viel weniger aufgedeckt als vom Interpreten konstruiert zu werden.[1]

Vorstruktur und Vorurteil

Es gibt kein voraussetzungsloses Verstehen. Jedes Verstehen ist auf ein Vorverständnis angewiesen:

Vorstruktur und Vorurteil 153

> „Wer verstehen will, wird sich der Zufälligkeit der eigenen Vormeinung von vornherein nicht überlassen, um an der Meinung des Textes so konsequent und hartnäckig wie möglich vorbeizuhören – bis etwa diese unüberhörbar wird und das vermeintliche Verständnis umstößt. Wer einen Text verstehen will, ist vielmehr bereit, sich von ihm etwas sagen zu lassen. Daher muß ein hermeneutisch geschultes Bewußtsein für die Andersheit des Textes von vornherein empfänglich sein. Solche Empfänglichkeit setzt aber weder sachliche „Neutralität" noch gar Selbstauflösung voraus, sondern schließt die abhebbare Aneignung der eigenen Vormeinungen und Vorurteile ein. Es gilt, der eigenen Voreingenommenheit innezusein, damit sich der Text selbst in seiner Andersheit darstellt und derart in die Möglichkeit kommt, seine sachliche Wahrheit gegen die eigene Vormeinung auszuspielen."[2]

Gadamer unterscheidet zwischen „wahren", produktiven Vorurteilen, auf die wir beim Verstehen angewiesen sind, und „falschen", durch die wir konsequenterweise missverstehen.

Diese Vorurteile und Vormeinungen, die der Interpret mitbringt, kann er nicht einfach abstreifen, sich ihrer so entledigen. Sie stehen – so betont Gadamer wiederholt – nicht zu seiner freien Verfügung. Er ist auch nicht in der Lage, von sich aus vorneweg die produktiven von den das Verstehen blockierenden, negativen Vorurteilen zu unterscheiden. Diese Unterscheidung ist erst im Akt des jeweiligen Verstehens möglich.

Menschliches Verstehen ist daher grundsätzlich zirkulär. Die Einsicht von der Zirkelstruktur allen Verstehens stammt aus der antiken Rhetorik. Sie ist durch die neuzeitliche Hermeneutik auf den Verstehensprozess übertragen worden. Alle Auslegung, der es um Verständnis geht, muss – was zunächst reichlich paradox klingt – das Auszulegende schon verstanden haben.

Hermeneutischer Zirkel

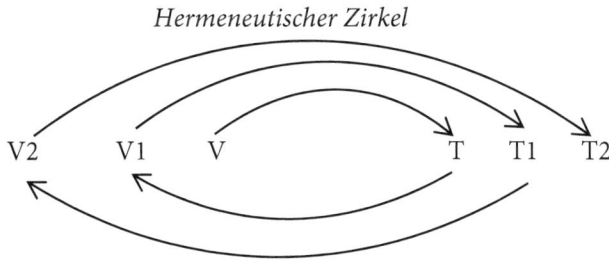

V = Vorverständnis   –   T = Textverständnis
V1 = erweitertes Vorverständnis
T1 = erweitertes Textverständnis

> „Wer einen Text verstehen will, vollzieht immer ein Entwerfen. Er wirft sich einen Sinn des Ganzen voraus, sobald sich ein erster Sinn im Text zeigt. Ein solcher zeigt sich wiederum nur, weil man den Text schon mit gewissen Erwartungen auf einen bestimmten Sinn hin liest. Im Ausarbeiten eines solchen Vorentwurfs, der freilich ständig von dem revidiert wird, was sich beim weiteren Eindringen in den Sinn ergibt, besteht das Verstehen dessen, was dasteht."[3]

Dieser Verstehens-Zirkel (hermeneutischer Zirkel) ist keine lineare Deduktion, sondern ein dynamisches Weiterschreiten von Entwurf zu Entwurf. Vorverständnisse und Erwartungen klären bzw. modifizieren sich ständig fort, bis zu einem Punkt, wo der Horizont des auslegenden Subjekts mit dem Horizont des fremden Objekts „verschmilzt", die hermeneutische Differenz also zumindest für den Augenblick aufgehoben ist. Die dabei vollzogene Kreis- oder Zirkelbewegung hat allerdings nichts mit dem Circulus vitiosus der formalen Logik zu tun. In ihm wird weder das zu Beweisende im Beweis schon vorausgesetzt, noch kommt der zu definierende Begriff im Definiens seiner eigenen Definition vor. Es geht also ganz wesentlich darum, nicht aus diesem Zirkel heraus, sondern richtig in ihn hineinzukommen. Dies geschieht allerdings erst dann,

> „wenn die Auslegung verstanden hat, dass ihre erste und ständige Aufgabe bleibt, sich jeweils Vorhabe, Vorsicht und Vorgriff nicht durch Einfälle und Volksbegriffe vorgeben zu lassen, sondern in deren Ausarbeitung aus den Sachen selbst her das wissenschaftliche Thema zu sichern"[4].

An dieser Stelle wird ganz deutlich, dass Gadamer trotz einer deutlich vollzogenen Rehabilitierung des Vor-urteils dem interpretierenden Subjekt einen untergeordneten Status einräumt. Der Interpret hat sich in den Gesamtzusammenhang der Tradition einzuordnen.

> „Die Selbstbesinnung des Individuums ist nur ein Flackern im geschlossenen Stromkreis des geschichtlichen Lebens."[5]

Die hermeneutische Diskreditierung des Individuums und einen prononcierten Traditionalismus haben Jürgen Habermas und Karl-Otto Apel unter dem Titel „Hermeneutik und Ideologiekritik"[6] kritisiert. Gerade vor dem Hintergrund heutiger Hermeneutik scheint eine stärkere Berücksichtigung und höhere Einschätzung der Kompetenzen des interpretierenden Subjekts im Verstehensprozess plausibel.

> „Der Interpret wird bei der Auslegung eines Textes nolens volens – wenn er den Text überhaupt ernst nimmt – in die Sprache und in die Sachprobleme des Textes verwickelt werden, und zwar aus dem Horizont seiner eigenen Sprache und seines eigenen Vorverständnisses.
> Wie beim produktiven Dialog werden bei solcher Auslegung der Horizont, die Sprache, die Begriffe und Vorurteile des Interpreten in Bewegung versetzt, nicht um im Horizont des Textes zu verschwinden, sondern um das im Text Gesagte in die eigene Sprache aufzunehmen und Wahres und Falsches, Erhellendes und Fragwürdiges des Textes im eigenen Horizont zur Aussage zu bringen. Es gibt kein Verständnis von Texten ohne solche Trennung des Wahren vom Falschen, des Erhellenden vom Fragwürdigen, des Stringenten vom Brüchigen."[7]

Das Verstehen von Texten, analog zum Verstehen von fremden Kulturen, kann grundsätzlich in zwei Richtungen verlaufen und prozessiert werden.

Auf der einen Seite geht es um eine textimmanente, möglichst „objektive" Annäherung an den Text; auf der anderen Seite liegt der Akzent auf der Gegenwart, der „Jetztzeit", auf die hin und von der aus der Text wahrgenommen und interpretiert wird. Holzschnittartig lassen sich die beiden Zugriffe (approaches) wie folgt beschreiben:[8]

Beim internen, immanenten Textverstehen geht es vor allem um
- eine philologisch getreue Nach-Konstruktion des Textes
- ein Herstellen eines synonymen Textes
- der Horizont des Interpreten „verschmilzt" mit dem des Textes
- die Sprache des Textes ist zu unserer Sprache geworden
- um ein Sich-einlassen auf die Sprache des Textes, seine Sicht der Probleme, seinen Wahrheitsanspruch
- um ein Aufs-Spiel-Setzen der eigenen Perspektive und der eigenen Vorverständnisse
- „Gerechtigkeit" gegenüber dem Text
- „objektives" Sinnverstehen

Beim externen, produktiven Textverstehen geht es um
- eine produktiv-kritische Neulektüre von Texten
- sie ist verfremdend, kritisch
- der Horizont des Textes wird im Horizont des Interpreten aufgehoben
- eine eigene Sprache wird benutzt, eigene Problemverständnisse artikuliert
- Deutungen erfolgen aus eigener Gegenwart heraus
- die Betonung von „Eigensinn"
- ein Überschreiten der Tradition
- ein Ausbrechen aus der Immanenz des „bloßen Verstehens"
- die „Wahrheit" soll neu konstruiert werden
- die „Jetztzeit" ist der Ort, an dem sich die Wahrheitsfragen entscheiden lassen

Diese Unterscheidung von zwei grundsätzlichen methodischen Zugriffen hat analytischen Charakter. Die Trennung zeigt schon recht bald, dass sie irgendwie zusammengehören und nicht unvermittelt nebeneinander, quasi antithetisch stehen bleiben müssen.

Zunächst scheint offenkundig, dass man einen Text genau gelesen und aufgenommen haben muss, um über ihn hinausgehen zu können. Das immanente Verstehen kommt auch einer Forderung nach Gerechtigkeit gegenüber Autor und Text nach. Hier wird die Parallele zum Verstehen fremder Kulturen ganz deutlich. Sie haben ein Recht darauf, in ihren je eigenen Prägungen verstanden und nicht von vornherein auf die Projektionsfläche unserer eigenen Kategorien gespannt zu werden. Offenbar scheint es hier einen „Mittelweg" zu geben zwischen dem vollkommenen Versinken in der Welt des Fremden – der Verstehende hat eine zum Objekt des Verstehens unverzichtbare Distanz aufgegeben und sich ganz mit ihm identifiziert – und einem Verfehlen der Eigenart des Fremden aufgrund einer Perspektive, die sich nicht von eigenen Maßstäben distanzieren kann und sie daher absolut setzt. „Richtiges" Verstehen hält sich in der Mitte. Die Spannung zwischen immanenten und externen Elementen bleibt erhalten. Es geht um ein Hin- und Hergehen – analog zur hermeneutischen Spiralbewegung – vom internen zum externen Standort und umgekehrt. Erst diese Dynamik schafft die Bedingungen für ein dichtes, kohärentes Verstehen. Die Bereitschaft zum Infragestellen der eigenen Vorurteile, der eigenen Sprache und Begrifflichkeit steht so dem kontrollierten Recht auf Übersetzung des Fremden in die eigene Sprache gegenüber. „Internes" und „externes" Verstehen verweisen aufeinander. Das erste ist die notwendige Vorstufe des zweiten. Und, noch wichtiger: Nicht selten vermag erst ein Blick von außen den Zugang ins Innere des Textes öffnen. Erst eine konsequente und kreative Verfremdung alter Texte vermag deren Potentiale freizulegen.

Die von Wellmer skizzierte Position scheint ein geeigneter Ausgangspunkt für einen didaktischen Transfer zu liefern. Für einen didaktisch reflektierten Umgang mit Texten im Philosophie- und Ethikunterricht können folgende knapp zusammengefassten Aspekte orientierend sein:

→ Das jeweilige Vor-verständnis eines Interpreten steht unvermeidbar am Anfang jeder hermeneutischen Verstehenshandlung.
→ Es bezieht sich einerseits auf den Interpreten selbst, auf sein je eigenes Situations-, Sinn- und Selbstverständnis, andererseits auf den Interpretationsgegenstand, an den der Interpret immer schon Vormeinungen und Vorkenntnisse, wie vage und unbewusst sie auch sein mögen, heranträgt.
→ Diese beiden Formen von Vorverständnis sind ihrerseits bedingt durch je eigene Erfahrungen, Erkenntnisse, Informationen, Sprachgewohnheiten, Wissen um Traditionen, Normen und Werte.
→ Nur wenn der Interpret in seinen Verstehenserwartungen enttäuscht oder gestört wird, wenn ihm insofern etwas als bedeutsam auffällt, wird er sich veranlasst sehen, weiter zu fragen.
→ Voraussetzung für eine Änderung der Vorverständnisse ist deren explikative Bewusstmachung. Dazu gehört auch, den bislang unreflektierten eigenen Sprachgebrauch zu hinterfragen.
→ Hermeneutisches Arbeiten (Arbeit am Logos) impliziert also auch eine elementare Form von Selbstreflexion.[9]

Wie lässt sich das Vor-verständnis explizieren?[1]

Grundsätzlich gilt es, Anschluss zu finden an den Horizont der SchülerInnen, ihre spezifischen Erfahrungen, ihre Sprache und Begrifflichkeit, ihr Wertempfinden bzw. ihre Werthaltungen. Nur dann besteht eine Möglichkeit, sie dazu zu motivieren, sich dieser in der Regel diffusen Gemengelage von kognitiven und affektiven Elementen bewusst zu werden.

Dieses Bewusstmachen (Explizieren) durch und mit den Schülern kann geschehen

a) anhand von Sekundärmedien:
   z. B.
   - visuelle Impulse (Bilder)
   - Aphorismen
   - Werbezitate, Schlagworte der öffentlichen Meinung
   - (Kurz-)Geschichten

b) anhand eines freien Problemgesprächs (Lehrer-Schüler-Gespräch):

Sachgebiet:	z.B.:
– Aristoteles (Nikomachische Ethik)	Reflexion über: „Was heißt handeln?"
– Stoa	„Was ist Gelassenheit?"
– Utilitarismus	„Was heißt Glück?"
– Kant (Ethik)	Reflexion über den „Gesetzes"- oder „Pflicht-Begriff"
– Schopenhauer (Ethik)	Reflexion über den Begriff des „Mitleids"

Die Explikation der Vorverständnisse bereitet den Boden für den weiteren Unterricht. Sie ist ein notwendiger und insofern unverzichtbarer Schritt der didaktischen Elementarisierung.

Ohne sie ist es kaum möglich, ein Lernfeld sinnvoll aufzubauen. Alle weiteren Differenzierungen bzw. Problematisierungen im Zusammenhang mit Normen und Werten fußen auf einer vorgängigen Reflexion individueller Wertempfindungen und Werthaltungen. Grundsätzlich sollten Textmaterialien sich organisch daran anschließen.

Verfahren der Texterschließung

Grundsätzlich lassen sich folgende exemplarische Verfahren unterscheiden, gegliedert nach dem Grad der Steuerung durch die Lehrperson:

1. *Verfahren mit enger Lehrersteuerung*
   a) Satz-für-Satz-Lektüre (close reading)
   b) Leitfragen
   c) Arbeitsblätter

2. *Eigenständig handhabbare Verfahren*
   a) Textstrukturierung (Finden von Überschriften)
   b) Erkennen von zentralen Begriffen
   c) Kennzeichnung der Sprechakte
   d) Erarbeiten von Strukturskizzen
   e) Rekonstruktion von Argumentationsschemata

3. *Selbständiges, produktionsorientiertes Arbeiten*
   a) Finden eigener Fragen zu Textabschnitten (Interviewfragen)
   b) Textpuzzle / Textfortsetzungen
   c) Text-Inszenierungen
   d) Erstellen von Hypertexten
   e) kreatives Schreiben (philosophische Essays u. ä.)

Die unter 1a–c genannten Verfahren zielen auf eine möglichst präzise textimmanente Rekonstruktion. Diese umfasst verschiedene, klar zu unterscheidende hermeneutische Dimensionen.

→ die „objektive Hermeneutik"; ihr geht es vor allem um den Textinhalt, mit der sattsam bekannten Operationalisierung: „Geben Sie den Inhalt des Textes wieder."
Eine Skizze der Probleme, Schlüsselbegriffe und Argumente kann sich hier anschließen.

→ die intentionalistische Hermeneutik; sie erfragt die Schreibabsichten des Autors:
„Erschließen Sie die Absichten, die der Autor mit seinem Text verfolgt".

→ die kulturhistorische Hermeneutik; sie fokussiert den relevanten kultur- und sozialgeschichtlichen Hintergrund, vor dem der Text zu lesen ist.

→ die rezeptionsästhetische Hermeneutik; sie untersucht die Bedingungen und Voraussetzungen der Rezeption von Texten durch ein Publikum, etwa in der Frage: „Formulieren Sie spontan ihre ersten Leseeindrücke und konfrontieren Sie diese mit Ihrem anschließenden Textverständnis."[11]

Ein Großteil der Arbeit am Text besteht in der nicht selten mühseligen, hinreichend adäquaten Erfassung des Textinhaltes. Satzweise wird der Textsinn erschlossen durch Markieren und Unterstreichen.

Leitfragen fokussieren die Aufmerksamkeit der Schüler in eine ganz bestimmte Richtung. Sofern sie präzis genug gestellt sind, garantieren sie eine zeitökonomische und problemorientierte Textinterpretation. Die Aktivität der Schüler kann dadurch erhöht werden, dass sie mit der Formulierung von Leitfragen beauftragt oder selbige mit ihnen erarbeitet werden.

Die Västeras-Methode

Dieses Verfahren, das nach seinem Entstehungsort, einer Stadt in Mittelschweden, benannt wird, besteht einfach darin, dass ein Rundgespräch über einen Text durch eine gründliche Lektüre vorbereitet wird, wobei jeder Teilnehmer drei Zeichen an den Textrand setzt: Die Teilnehmer lesen den Text langsam durch und setzen hinter die Stellen, die sie nicht verstanden haben oder zu denen sie eine Frage stellen möchten, ein *Fragezeichen*. An Stellen, wo ihnen eine wichtige Einsicht aufging, setzen sie ein *Ausrufezeichen*. An Stellen, die ihnen für sie persönlich bedeutsam erscheinen, zeichnen sie einen *Pfeil*. Diese Aufgabe kann auch schon zu Hause durchgeführt werden.

Beim Rundgespräch – auch ein Gespräch in Kleingruppen ist denkbar – fragt die Lehrperson Abschnitt für Abschnitt, wer ein Fragezeichen gesetzt hat und lässt die Fragen nach Möglichkeit von jenen beantworten, die kein Fragezeichen angebracht haben. – Zu Äußerungen über die mit einem Pfeil (= persönliche Betroffenheit) bezeichneten Stellen sollte man nicht drängen, wenn sich das Gespräch darüber nicht von selbst ergibt.
Diese Methode kann schon in Sekundarstufe I sehr variabel eingesetzt werden. Sie impliziert ein hohes Maß an Schüleraktivität und führt auf induktivem Weg zu den im Text angelegten Problemaspekten.

Strukturskizzen

Abstraktionsvermögen und begriffsorientiertes Arbeiten wird in der zweiten Gruppe der texterschließenden Verfahren vorausgesetzt bzw. gefördert. Ein besonderer didaktischer Stellenwert kommt dabei den „*Strukturskizzen*" zu. Sie sollen in erster Linie die begrifflich organisierte Struktur des im Text entfalteten Gedankenganges visualisieren und bieten in der Regel eine effiziente Möglichkeit, den zentralen Textproblemen auf die Spur zu kommen. „Struktur" meint hier also die Beziehung, die Verknüpfung und den inneren Zusammenhang der einzelnen Teile einer Beweisführung.

Eine Visualisierung von genuin philosophischen Problemen ist freilich nicht ganz unproblematisch. Beispiele von fragwürdigen Visualisierungsversuchen finden sich in nicht geringer Zahl im „dtv-Atlas zur Philosophie"[12]. Eine zu pedantisch betriebene Veranschaulichung von vergleichsweise differenzierten Sachverhalten und Gedankengängen vereinfacht dann zu stark, „schematisiert" die tatsächlichen Probleme weg, deckt sie einfach zu und läuft Gefahr, auf eine Art „Fast-Food-Philosophie" didaktisch reduziert zu werden.

Dem Schüler – daran hängt sehr viel – muss, wenn er abstrakte Sachverhalte durch Pfeile, Linien oder andere geometrische Formen symbolisiert, bewusst bleiben, dass durch diese Zeichen das Original verzerrt oder verfälscht werden kann. Wenn dieses Problembewusstsein erhalten bleibt, können Strukturskizzen allerdings ein hervorragendes Medium zur Klärung abstrakter Zusammenhänge sein. Empfehlenswert ist, Strukturskizzen in Kleingruppen anfertigen und die unterschiedlichen Lösungen präsentieren, analysieren und miteinander vergleichen zu lassen.

Beispiel:[13]

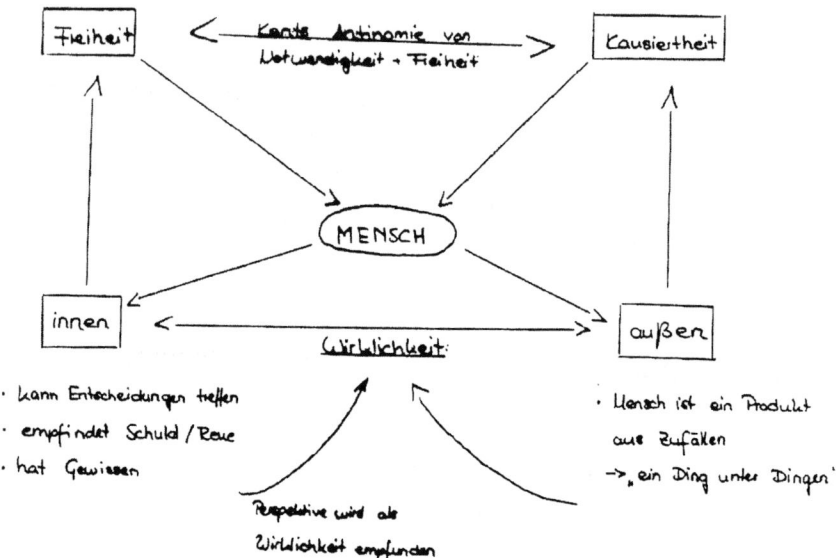

Das Anfertigen solcher Strukturskizzen in Kleingruppen und die anschließende vergleichende Analyse führen zu einer vergleichsweise hohen Schüleraktivierung und ermöglichen eine einprägsame problemorientierte Rekonstruktion des Textes.

Argumentationsschemata

Etwas anspruchsvoller ist das Erstellen eines *Argumentationsschemas*.[14] Hier soll der Schüler den im Text erkennbaren Argumentationsgang nachzeichnen. Dazu müssen zunächst die zentralen Argumente identifiziert, typisiert und qualifiziert werden. Es gilt also zu fragen: in welchen Aussagen stecken Argumente? Welcher Art sind diese Argumente und welches Gewicht kommt ihnen zu? Bei der weiteren Prüfung der Argumentation kommt es auf deren Zusammenhang und Vernetzung an. Gibt es Lücken oder Sprünge in der Argumentation? Werden Begriffe einheitlich verwandt (eindeutig / univok), oder wechseln deren Bedeutungen (vieldeutig / äquivok), wenn auch nur in Nuancen, im Laufe der Entwicklung eines Gedankenganges? Werden die den einzelnen Argumenten zugrundeliegenden Prämissen genannt oder stillschweigend vorausgesetzt? Oder ganz grundsätzlich: Wird überhaupt argumentiert, oder werden bloß in dezisionistischer Manier mehr oder minder aus der Luft gegriffene, willkürliche Behauptungen und Geltungsansprüche aufgestellt?

Allgemein können einer Qualifizierung des Argumentationsganges drei Kriterien zugrundegelegt werden:

a) Stringenz:
– Besteht ein erkennbarer Zusammenhang zwischen Behauptung und Begründung?
– Wie gewichtig, wie zugkräftig sind die einzelnen Gründe bzw. Argumente?

b) Konsistenz:
– Ist der Gebrauch der den Argumenten zugrunde liegenden Begriffe univok oder äquivok?
– Kommt es bei der Begründung der Behauptungen zu Kategorienfehlern (z. B. Vertauschen von Ursache und Wirkung)?

c) Kohärenz:
– Wie differenziert wird argumentiert?
– Wie dicht ist das Netzwerk der unterschiedlichen Argumente?

Texte, die sich zum Erarbeiten von Argumentationsschemata im Unterricht gut eignen:
Zum einen die „Klassiker":

- Aristoteles, Nikomachische Ethik, Buch I, 1094a ff: exemplarisch für ein
  → „teleologisches" Argumentationsschema
- Kant, Grundlegung der Metaphysik der Sitten, 1. Abschnitt, BA 1–23: exemplarisch für ein
  → deontologisches Argumentationsschema
- Hobbes, Leviathan, Kapitel 14 und 17; exemplarisch für ein
  → kontraktualistisches Argumentationsschema
- Mill, Der Utilitarismus, 2. und 5. Kapitel: exemplarisch für ein
  → utilitaristisches Argumentationsschema

Unter den zeitgenössischen Philosophen sind z.B. Ernst Tugendhat („Probleme der Ethik", Stuttgart 1984), John Rawls („Eine Theorie der Gerechtigkeit", Frankfurt 1975) und Peter Singer („Praktische Ethik", Stuttgart 1999) zu empfehlen, deren Texte sich grundsätzlich durch ein hohes Maß an argumentativer Stringenz, Konsistenz und Kohärenz auszeichnen.

Beispiel eines Argumentationsschemas:

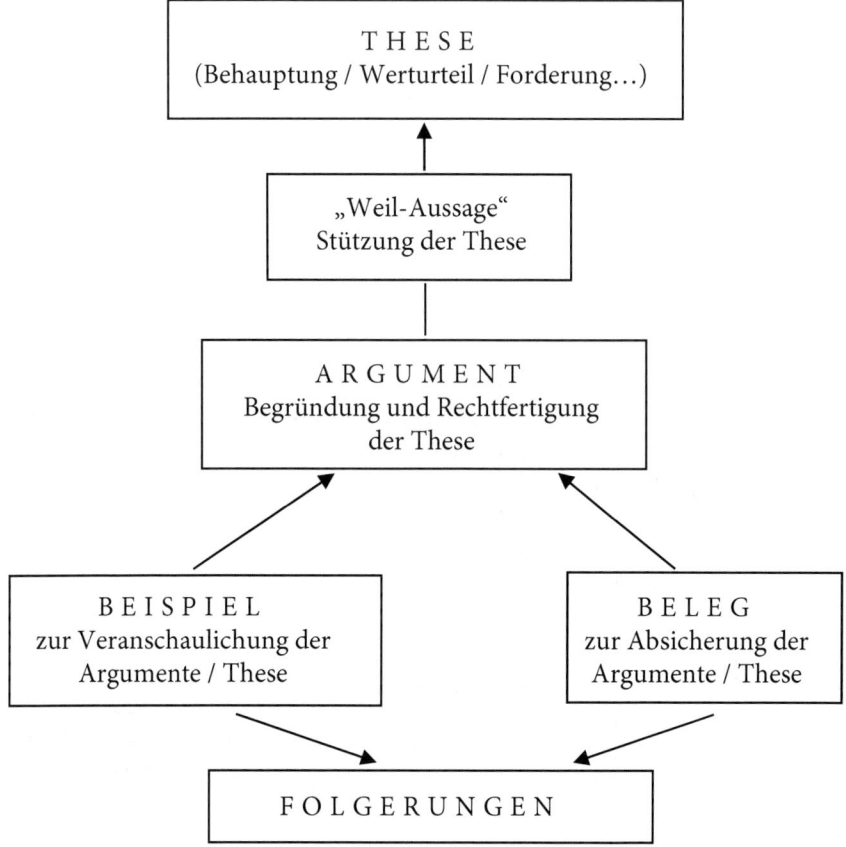

Posterpräsentation

Für eine übersichtliche, anschauliche und klar strukturierte Darstellung von Argumentationsgängen, wie sie in Fallanalysen (vgl. das Argumentationsplakat auf S. 213) oder auch in Texten vorkommen, sind Posterpräsentationen besonders gut geeignet. Ein paar Grundregeln sollten bei deren Gestaltung beachtet werden.

Visuelle Gestaltung:
→ Titel – als Frage oder in unüblicher Formulierung – auf 5 Meter Entfernung lesbar.
→ 50% Bilder (Grafiken etc)
  50% Text

Textuelle Gestaltung:
→ „Weniger ist mehr"
→ „Need to know" statt „Nice to know"
→ Schlüsselbegriffe im Vordergrund; wenig Lauftext
→ Argumentaionsstruktur herausarbeiten:
  Thesen / Prämissen / Konklusionen ...
→ Poster soll zur Diskussion anregen:
  – provokative Formulierungen
  – Fragezeichen auf Bildern oder Thesen
  – Kritische Frageimpulse setzen
  – Sokratische Fragehaltung als affektives Lernziel

Sprechaktanalysen

Das Kennzeichnen der einem Text zugrundeliegenden *Sprechakte (Sprechaktanalyse)*[15] trägt auf eine ganz besondere Weise zur Klärung und Strukturierung des Textverständnisses bei. Die Sprechaktanalyse geht davon aus, dass jeder Satz, der geäußert wird, nicht nur einen Inhalt (Proposition) transportiert. Er ist vielmehr Ausdruck eines Handelns mit Sprache – „How do to things with words" lautet der Titel einer programmatischen Schrift von John L. Austin, einem Mitbegründer der Sprechakttheorie. Seine Grundannahme ist, dass wir mit Hilfe von sprachlichen Äußerungen die unterschiedlichsten Arten von Handlungen vollziehen können. Die sprachliche Äußerung als Handlung nennt Austin einen lokutionären (Sprech-)Akt. In jedem Sagen steckt aber auch stets etwas Ungesagtes. Eine solche vollzogene Handlung nennt Austin einen illokutionären Akt. Wenn ich z. B. als propositionalen bzw. lokutionären Sprechakt sage „Ich komme morgen", so können darin unterschiedliche illokutionäre Akte gelesen werden. Er kann als Mitteilung – ich teile mit, dass ich morgen kommen werde –, als Versicherung – ich versichere einem Adressaten, dass ich kommen werde –, als Expression – ich hoffe, dass ich morgen komme – oder als Versprechen – ich verspreche, morgen zu kommen – aufgefasst werden. Es gibt also für ein und denselben Satz als grammatikalisch richtige Einheit mehrere Verwendungsweisen, die grundsätzlich vom jeweiligen Kontext abhängen. Entscheidend ist weniger die „Theorie", sondern die praktische Verwendung der Worte. Im linguistischen Paradigma in der Folge von Wittgenstein wird stark auf den pragmatischen Gebrauch von Sprache abgehoben. Darin erschöpft sich weitgehend deren Bedeutung.

Verben, die eine Illokution benennen, heißen performative Verben. Allgemeine performative Verben, die sich in alltäglichen Sprechakten finden, sind z. B.: behaupten / entgegnen / widersprechen / zustimmen / zugeben / fordern. In philosophischen Texten werden vorzugsweise folgende performative Verben verwandt: argumentieren / begründen / definieren / analysieren / verallgemeinern / schließen / urteilen / kritisieren / konkretisieren.

Eine hinreichend differenzierte Wahrnehmung von illokutionären Sprechakten ist eine elementare Voraussetzung für ein adäquates Textverständnis. Die Sprechaktanalyse ermöglicht ein klareres Unterscheiden zwischen Behauptungen und Begründungen, zwischen autoreigener und bloß referierter Meinung, zwischen bloßer Vermutung und indikativisch vorgetragener These, zwischen Äußerungen von Hoffnung und Prognosen, last not least zwischen bloß faktischen Feststellungen und voraussetzungsreichen Bewertungen.[16]

Sprachreflexion: Der feine Unterschied zwischen be-schreiben und be-werten

Die Sprechaktanalyse vermag über das Gesagte hinaus, die Wahrnehmung von deskriptiven im Unterschied zu normativ aufgeladenen sprachlichen Ausdrücken zu schärfen. Diese Unterscheidung spielt vor allem im Ethikunterricht eine fundamentale Rolle. Kein ethisches Urteilen kommt ohne diese Differenzierung aus. Sie ist für die Einsicht in genuin ethische Zusammenhänge und Bereiche konstitutiv. Ein deklarativer oder konstativer Sprechakt impliziert einen gänzlich anderen Zugriff auf Wirklichkeit und Welt als ein normativer oder präskriptiver. Sagen, was bloß ist, einfach irgendwie vorhanden ist, unterscheidet sich grundsätzlich von einem Sagen, was sein soll, das insoweit auch vorschreiben bzw. empfehlen kann. Das normative Satzelement bezeichnet Hare als „Neustikon" – im Griechischen bedeutet es so viel wie „zustimmend nicken" –, das indikative als „Phrastikon" – was „auf etwas hinweisen" bedeutet.

> „Die Äußerung eines Satzes, der ein Phrastikon und ein Neustikon enthält, könnte so szenisch dargestellt werden: (1) Der Sprecher weist auf das hin oder deutet an, was er behaupten wird (dass es der Fall sei), oder was er befehlen wird (daß es herbeigeführt werde); (2) Er nickt, als ob er sagen wolle, ‚Es ist der Fall' oder ‚Tu es'. Er wird jedoch auf verschiedene Weise nicken müssen, je nachdem, ob er das eine oder das andere meint."[17]

Dieses möglicherweise etwas kautzig anmutende Beispiel zeigt eines ganz deutlich: Um Wertwörter in einem Satzgefüge als solche erkennen zu können, bedarf es eines guten Auges – Hare redet von „feinfühliger Aufmerksamkeit"[18] –, um die Art und Weise, wie sie gebraucht werden, unterscheiden zu können. Dieses „Auge" kontinuierlich zu schärfen ist eines der großen Lernziele, die der Ethikunterricht zu erreichen sucht. Die Fähigkeit, Faktisches von Normativem grundsätzlich trennen zu können, ist eine der elementarsten Voraussetzungen jeglicher Ideologiekritik.

Für eine sprachanalytische Untersuchung von Wertwörtern scheint das Sprachmodell Karl Bühlers[19] immer noch von einem unverzichtbaren heuristischen Wert zu sein.

Verfahren der Texterschließung

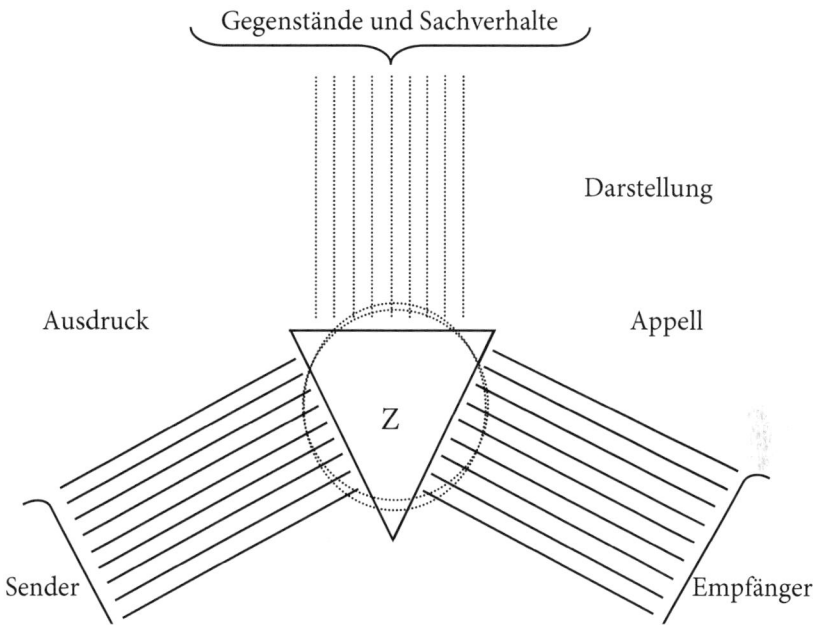

Das Sprachmodell Karl Bühlers

Darstellung – mit einer deskriptiv darstellenden Funktion –, Ausdruck – hier geht es um ein expressive, kommentierende und wertende Funktion – und Appell mit appellativer, agitierender Funktion sind nach Bühler die konstitutiven Leistungen der Sprache. Die Darstellung ist sachlich und gegenstandsbezogen; der Ausdruck wird dem Sprecher / Schreiber zugeordnet und gibt Auskunft über dessen Gestimmtheit und Wertempfinden; der Appell richtet sich an einen Empfänger mit der Absicht, Einfluss zu nehmen, zu überzeugen oder zu werben.

In leichter Modifizierung des Bühlerschen Modells kann sprachanalytisch der Gebrauch von Sprache in einem vierdimensionalen Weltbezug dargestellt werden.

1. ein kognitiv-darstellender (deskriptiver)
2. ein affektiv-gefühlsbezogener (emotionaler bzw. ästhetischer)
3. eine evaluativ-bewertender (normativer)
4. ein appellativer

Ein Beispiel:
„*Der Asylantenstrom hat mit einem Anstieg der Asylanträge um 50% ein besorgniserregendes Ausmaß angenommen.*"

Wie lässt sich dieser Satz analysieren?
a) ein zahlenmäßig erfassbarer Sachverhalt wird deskriptiv vermittelt
b) ein Gefühl (Sorge / Angst) angesichts dieses Sachverhalts kommt zum Ausdruck
c) dem Dargestellten liegt eine gewisse Bewertung (negativ) zugrunde
d) eine Änderung der Situation erscheint dringend

Dieses vierdimensionale Sprachmodell scheint in seiner didaktischen Reduktion ein taugliches Instrument zu sein, um die normative Ebene von der deskriptiven, affektiven oder appellativen unterscheiden zu können. Sein Differenzierungsgrad ist einer für den Ethikunterricht didaktisch sinnvollen Sprachreflexion adäquat. Um ethische Fragen als ethische überhaupt wahrnehmen und weiter damit umgehen zu können, müssen die zwei grundlegenden Sprechakte unseres Sprachspiels – der konstative und der normative – in ihrer Unterschiedlichkeit gesehen werden. Der Schüler muss à la longue in der Lage sein, zwischen dem im jeweiligen Sprechakt implizierten Geltungsanspruch auf „Wahrheit" (konstativer Sprechakt) und dem Geltungsanspruch auf „Richtigkeit" (evaluativer bzw. normativer[20] Sprechakt) unterscheiden zu können. An einen Sprechakt wie *„Ich verabscheue ihn, seit ich weiß, dass er seine Kinder prügelt"* kann man einmal die Wahrheitsfrage stellen – „Stimmt es, dass er seine Kinder prügelt? –, zum anderen können wir die Richtigkeitsfrage stellen – „Ist es richtig, Kinder zu prügeln, ist die zugrundeliegende Norm legitim?". Die Geltungsansprüche von Wahrheit und Richtigkeit müssen auf ihre Gültigkeit hin dann durch entsprechende Begründungs- und Argumentationsverfahren geprüft werden.

Die Textsorten, die im Ethikunterricht, in Sekundarstufe I oder II, benutzt werden, sind vergleichsweise breit gestreut:
- philosophische Texte (Klassiker oder zeitgenössische Philosophen bzw. Sekundärliteratur)
- narrative bzw. fiktive Texte (Kurzgeschichten, literarische Texte, Gedichte, Aphorismen)
- Sachtexte (sozialwissenschaftliche, naturwissenschaftliche oder religionswissenschaftliche Texte)
- Gebrauchstexte (Zeitungstexte – z. B. Reportagen, Kommentare, Interviews – oder Texte, die im Internet zugänglich sind, als Ergebnis von Internetrecherchen)

Die vier Dimensionen mischen sich in den verschiedenen Textsorten je verschieden. In Sachtexten wird in der Regel eine vorwiegend deskriptive, in narrativen eine eher affektiv-emotionale bzw. ästhetisierende Tendenz auszumachen sein; philosophisch-ethische Texte bieten Modelle guten und richtigen Handelns, sind also von normativen Perspektiven geprägt, während in den Printmedien nicht selten das appellative, auch propagandistisch-manipulative Moment im Vordergrund steht.

Handlungs- und produktionsorientierte Verfahren

Der Umgang mit Texten, deren Rezeption und Deutung, ist kein einseitiger, von einem Sender auf einen Empfänger hin ausgerichteter Prozess. Vielmehr spielt der Empfänger dabei eine konstitutive aktive Rolle. Das, was am Ende als sinnvolle Interpretation herauskommt, ist zu nicht unerheblichen Teilen Ergebnis und Produkt seiner individuellen Arbeit. Die Deutungsprozesse eines Textes können ganz wesentlich als das individuelle Konstrukt des Rezipienten gelten.

> „Das System von Sinnzuordnungen, das jemand aufweist, ist entscheidend geprägt durch die Lebenswelt: durch die geschichtlichen Bedingungen, unter denen er lebt, und durch die Wahrnehmungs-, Urteils-, Verhaltens- und Rollenmuster, die Normen und Werte ... sein Sinnsystem ist entscheidend geschichtlich und gesellschaftlich geprägt."[21]

Diesen grundlegenden Sachverhalten versucht ein handlungs- und produktionsorientiertes Verfahren im Ethik- und Philosophieunterricht gerecht zu werden. In solchen Verfahren sollen die SchülerInnen sich als Interpretierende erfahren. Das Interpretieren wird so zu einem aktiven und produktiven Umgang mit Texten. So können Interesse und Engagement anstelle von Passivität und Langeweile geweckt werden.

Anstatt einen Text durch fragend-entwickelnde (Leit-)Fragen zu erschließen und überwiegend kognitiv nachzuvollziehen, kann der Schüler aktiv und produktiv in ihn eingreifen. Er kann z. B. die texterhellenden Leitfragen selber formulieren. Zu den inhaltsrelevanten Abschnitten eines Textes werden eigenständig Fragen – sog. *„Interviewfragen"* – gefunden, auf die die einzelnen Abschnitte die Antworten liefern.

Didaktisch reduzierte Texte mit einem hinreichend stringenten und verständlichen Argumentationsgang eignen sich dafür, sie den Schülern als *Textpuzzle* vorzulegen bzw. ein solches von ihnen selber fertigen zu lassen. Beim Rekonstruieren der ursprünglichen Textsequenz stoßen sie dann nicht selten auf Schwachstellen oder erhellende Alternativen in der Argumentation des Autors.

Handelt es sich um klar strukturierte Texte mit einer mittleren Problemdichte, so können die Schüler auch *Textfortsetzungen* schreiben. Der Anfang, ein zentrales Mittelstück oder das Ende eines Textes wird weggelassen. Der Schüler muss dann den entsprechenden Textteil produzieren und kann ihn mit dem Originalteil vergleichen.

Textinszenierungen

Eine besondere Form produktionsorientierten Umgangs mit philosophischen Texten ist das szenische Darstellen *(Inszenierung)* entscheidender Textpassagen als dramatisches Spiel, als Pantomime, mit freier Gestaltung der textimplizierten Rollen als Rollenspiel.

> „Das Theater ist ständig dabei, Lebenskonzepte zu überprüfen. Theater ist ein Möglichkeitsraum, eine Versuchsanstalt. Hier kann alles passieren. Theater ist lebendiges Probehandeln."[22]

Das „theatralische Philosophieren" bietet Möglichkeiten, unterschiedliche Optionen des Handelns und Fühlens durchzuspielen und sich dabei in verschiedene Rollen hineinzuversetzen. Zur Darstellung kann z. B. eine Konfliktsituation kommen: Ein Schüler baut eine Gruppe – oder die Gruppe sich selbst – als *Standbild oder Skulpturengruppe* auf. Sie bringt durch Körperhaltung, gestisch und mimisch die Konfliktsituation zum Ausdruck. Möglich ist auch, dass eine Lösung des Konflikts in analoger Weise dargestellt wird. Die entsprechende Haltung wird jeweils auf das Kommando „freeze" hin „eingefroren". Schließlich kann ein Text auch durch Bewegung und Tanz, durch Laute – z. B. Darstellung von Handlungen und Stimmungen durch Vokale und Konsonanten auf bestimmten Tonhöhen – und Musik dargestellt werden.

Dieser didaktische Ansatz transformiert gewisse Elemente des „dekonstruktivistischen Verfahrens" (Jacques Derrida) auf den Umgang mit philosophischen Texten. Als Maximen eines didaktisch reflektierten dekonstruktivistischen Umgangs mit Texten gelten:

→ Texte werden gelesen ohne Annahme einer fixierten Bedeutung. Es gibt grundsätzlich verschiedene Weisen einer sinnvollen Interpretation.
→ Texte weisen eine prinzipiell unabschließbare Verweisungsstruktur auf. Es gibt keine endgültige „Sinnbesetzung" von Texten. Sie sind grundsätzlich offen für weitere Signifikanten.
→ Texte haben eine besondere sprachliche Form. Die Reflexion darauf – deren Metaphorik oder Ambiguität – liefert wesentliche Impulse der Texteröffnung.

Derrida betont die Vielfältigkeit und Vielschichtigkeit des Textgefüges. Ihr wird ein starres, vorgefasstes Begriffs- und Methoden-Schema nicht gerecht. Hermeneutische Vernunft kann nicht mehr – de more geometrico – auf einen Satz fester Prinzipien und Verfahren zurückgreifen, die aus einem Guss entworfen wären. Sie ist vielmehr auf vielfältige, auch heterogen anmutende Auslegungsweisen angewiesen.

> „Der *Bastler* ... (*bricolage* = *Bastelei*) ist derjenige, der ‚mit dem, was ihm zur Hand ist', *werkelt*. Diese Werkzeuge findet er in seiner Umgebung vor und kann sich ihrer sogleich bedienen, sie sind schon da, wenn sie auch nicht speziell für das Vorhaben entworfen wurden, für das sie jetzt verwendet werden und für das man sie behutsam zuzurichten versucht; man zögert nicht, sie, wenn nötig, *auszuwechseln* oder mehrere gleichzeitig auszuprobieren, auch wenn ihr Ursprung oder ihre Form einander fremd sind usf. Im *Bild* der *Bastelei* ist also eine Kritik der Sprache enthalten, und man hat sogar sagen können, daß die Bastelei kritische Sprache, insbesondere die der literarischen Kritik, *selbst* sei ...

> Nennt man Bastelei die Notwendigkeit, seine Begriffe dem Text einer mehr oder weniger kohärenten oder zerfallenen Überlieferung entlehnen zu müssen, dann muß man zugeben, dass jeder Diskurs Bastelei ist. Der Ingenieur ... müsste dann aber seinerseits die Totalität seiner Sprache, Syntax und Lexik, konstruieren. In diesem Sinne ist der Ingenieur ein Mythos: ein Subjekt, das der absolute Ursprung seines eigenen Diskurses wäre. Ein derartiges Subjekt, welches das Ganze seines Diskurses „aus einem Stück" erzeugte, wäre der Schöpfer des Wortes, das Wort selbst."[23]

„Dekonstruieren" im Umkreis einer „allgemeinen dekonstruktivistischen Strategie" (Derrida) heißt verflüssigen, heißt fixierte philosophische Sprachspiele und Begrifflichkeiten öffnen für neue, alternative Perspektiven oder Akzentuierungen. Voraussetzung und Hintergrund dafür ist ganz wesentlich eine hinreichende Kenntnis der zu dekonstruierenden Gedankengebäude. Ansonsten kann sich Philosophieren in expressiver Beliebigkeit verlieren.

Dies ist dann nicht der Fall, wenn Rekonstruktion und Dekonstruktion in einer Hin- und Her-Bewegung sich wechselweise bedingen und präzisieren. Eine Inszenierung von Platons Dialogen (z. B. Phaidros, insbes. 275c – 278d) oder Descartes' „Meditationen über die Grundlagen der Philosophie" (insbes. Meditation 3 und 4) setzt vernünftigerweise mit mehr oder minder fragmentarischen und vorläufigen Kenntnissen platonischen bzw. cartesianischen Philosophierens ein. Diese werden durch das Umsetzen von Text in Szenen, Bewegungen, Rollen, Bilder oder Musik fortlaufend kritisch in Frage gestellt, präzisiert und differenziert. Umgekehrt werden die ästhetisch-expressiven Umsetzungen und Ideen ständig kritisch kontrolliert und mit dem Text abgeglichen. Hier kann idealiter ein äußerst spannender, schrittweise sich vollziehender Lern- und Annäherungsprozess stattfinden mit einem sehr hohen Anteil an vielseitigen Schüleraktivitäten und kritischem Engagement.

Beispiel (a): Platons „Höhlengleichnis"

Platons Text eignet sich besonders gut für unterschiedliche Formen einer Textinszenierung. Zum einen kann das Gleichnis als Pantomime umgesetzt werden. Die Schüler gliedern den Text in sechs Szenen – Situation in der Höhle, Umkehr, Aufstieg ... – und schreiben zu den einzelnen Szenen und deren pantomimischer Gestaltung Regieanweisungen. Dabei kommt es auf Körpereinsatz, Mimik, Gestik, auch auf die Lichtverhältnisse, die Gestaltung eines Bühnenbildes und eine mögliche Verwendung von musikalischen Mitteln an.

Eine andere Möglichkeit bietet die Standbild-Methode. Standbilder sind ein Versuch, bestimmte Situationen mit den Mitteln der Körpersprache darzustellen. Das Standbild ist ein wortloses Rollenspiel, das sich in einem Bild ausdrückt. Eine oder mehrere Gruppen fühlen sich in die die gewählte konkrete Situation (Szene) tragenden Rollen ein und bauen so ein Standbild. Dabei können sie einen Standbild-Regisseur wählen, der (die) die Diskussion um eine besonders überzeugende Darstellung koordiniert. Bei der Präsentation der einzelnen Standbilder können die zuschauenden Schülerinnen und Schüler sich um die Standbilder herum bewegen und die einzelnen „Schauspieler" mit einem leichten Antippen befragen, z. B. was sie gerade sehen, hören, denken oder fühlen. In der abschließenden Besprechung der einzelnen Standbilder sollte erörtert werden, welches Standbild den Text und seine Bedeutung besonders eindrücklich umgesetzt hat.

Solche Projekte eignen sich auch hervorragend für fächerübergreifendes Arbeiten (z. B. Zusammenarbeit von Philosophie- mit Kunst- oder Musikunterricht). Sie stellen allerdings auch – von schulorganisatorischen Zwängen einmal ganz abgesehen – hohe Anforderungen an die Lehrperson, da diese in der Lage sein muss, die unterschiedlichen Fachbereiche in den philosophisch-ethischen Lernprozess zu integrieren.

Beispiel (b): Aristoteles: Das gerechte Gesetz

> „Es liegt nichts daran, ob der Gute den Schlechten um etwas betrogen hat oder der Schlechte den Guten, noch auch, ob der Gute Ehebruch begangen hat oder der Schlechte: Das Gesetz schaut nur auf den Unterschied zwischen Höhe des Unrechts und des Schadens, es betrachtet die Partner als gleich – ob der eine das Unrecht getan und der andere es erlitten hat, ob der eine den Schaden verursacht hat und der andere davon betroffen worden ist. Daher versucht der Richter diese Form des Ungerechten – sie ist Verletzung der Gleichheit – auszugleichen. Denn auch in dem Falle, wo der eine verletzt worden ist und der andere zugeschlagen hat oder der eine getötet hat und der andere getötet worden ist, sind Erleiden und Tun ungleich aufgeteilt, und so versucht der Richter die Gewinnseite an die Verlustseite anzugleichen, indem er von dem ungerechten Gewinn des Täters wieder etwas wegnimmt. Der Ausdruck „Gewinn" wird nämlich ohne weiteres bei derartigen unfreiwilligen Vorkommnissen angewendet, auch wenn er für gewisse Fälle eigentlich nicht passt, zum Beispiel für den, der die Verletzung zugefügt – und der Ausdruck „Verlust" für den, der sie erlitten hat. Aber wenn das erlittene Unrecht abgeschätzt worden ist, so sagt man eben in einem Fall „Verlust" und im andern „Gewinn".
> So steht also zwischen dem Zuviel und dem Zuwenig mitten inne das Gleiche. Gewinn und Verlust jedoch sind in entgegengesetzter Weise ein Zuviel und ein Zuwenig: Gewinn bedeutet zu viel Vorteil und zu wenig Nachteil, und der Gegensatz dazu ist der Verlust. Als Mittleres zwischen beiden erwies sich das Gleiche, das wir als das Gerechte bezeichnen. So ist das Gerechte als ein Regulierendes nichts anderes als die Mitte zwischen Verlust und Gewinn.
> Wenn es daher Streitigkeiten gibt, so geht man zum Richter um Hilfe. Der Weg zum Richter aber ist der Weg zum Recht, denn das Wesen des Richters will gleichsam verkörpertes Recht sein. Und man sucht den Richter als den Mann, der in der Mitte steht, und mancherorts nennt man ihn „Mittler", um die Erwartung anzudeuten, dass man sein Recht bekommt, wenn man die Mitte bekommt. So ist das Recht ein Mittleres, da es auch der Richter ist. Der Richter stellt die Gleichheit wieder her, und das ist so, wie wenn er bei einer in zwei ungleiche Teile geteilten Linie den Abschnitt, um den der größere Teil über die Mitte hinausreicht, wegnähme und dem kleineren Teil hinzu-

fügte. Wird aber das Ganze in zwei gleiche Teile geteilt, so sagt man, man habe „das Seinige", wenn jeder eben den gleichen Anteil erhalten hat."[24]

In einer ersten Reflexionsphase lesen die Schüler den Text und formulieren ihr spontanes Textverständnis: Von welchem(n) Problem(en) handelt der Text? Welches sind die zentralen Textpassagen? Mit welchen konkreten Beispielen ließen sich die Probleme veranschaulichen?

In der Inszenierungsphase wird in Dreiergruppen (Richter / Kläger / Angeklagter) eine Gerichtsverhandlung gespielt, in der die Gerechtigkeitsvorstellung von Aristoteles deutlich wird. Abschließend diskutiert die Klasse darüber, welche Verhandlung warum dem aristotelischen Begriff von Gerechtigkeit besonders nahe kommt. Dabei muss immer wieder der Text herangezogen werden, um mit ihm argumentieren zu können.

Die didaktischen Potentiale von Textinszenierungen sind beträchtlich:

die Schüler bekommen die Möglichkeit, durch die Formulierung ihrer Vorverständnisse etwas über sich selber zu erfahren *(Ich-kompetenz)*

sie lernen, Texte genau zu lesen und zu interpretieren *(hermeneutische Kompetenz)*

sie erweitern ihre methodischen Kenntnisse dadurch, dass sie ständig ihre Inszenierung mit der Textgrundlage in eine kritische Beziehung setzen, und dadurch, dass sie in fächerübergreifenden Zusammenhängen denken und argumentieren *(methodische Kompetenz)*

sie gleichen ihre Wahrnehmungen mit den Wahrnehmungen anderer in der Gruppe ab und versuchen gemeinsam, zu plausiblen Ergebnissen zu kommen *(kommunikative oder diskursive Kompetenz)*

sie entwickeln Einfühlungsvermögen und Empathie *(Du-Kompetenz)*

sie bekommen Impulse zum kreativen Denken und Arbeiten *(kreative Kompetenz)*

Philosophieren ist so nicht nur ein kognitiv-intellektuelles Unternehmen; daneben werden auch die affektiven, ästhetischen und physischen Dimensionen (Körperwahrnehmung) angesprochen *(Kompetenz zu ganzheitlichem Wahrnehmen und Gestalten).*

Erstellen von Hypertexten

Im Zusammenhang mit den neuen Medien (Internet) stellt das Erstellen von *Hyper-Texten* ein weiteres produktionsorientiertes Textverfahren dar. Hyper-Texte[25] können mittels der einfachen Markierungssprache HTML (Hyper Text Markup Language) so strukturiert werden, dass der Text nicht mehr eine fixe lineare Sequenz darstellt, sondern als ein aktiv zu gestaltendes Geflecht von Textbausteinen „funktioniert". Aufgabe der Schüler ist es, einen mehr oder minder dicht vernetzten Korpus von geschriebenem und bildlichem Material zu erstellen. Jeder Textbaustein enthält mehrere anklickbare Stichworte, Piktogramme und Bilder: die sogenannten „Links". Diese einfach anzulegenden und flexibel veränderbaren Schnittstellen verbinden die Textbausteine zu einem komplexen Netzwerk. Die Hypertexttechnologie hat tiefgreifende Auswirkungen auf das Schreiben und Lesen von Texten.

Jeder Leser komponiert den Gegenstand seiner Lektüre durch aktive Selektion der vorgegebenen Links. Die individuelle Rezeptionsperspektive bestimmt die Abfolge der Textbausteine. Lesen ist nicht länger nur der Vorgang der Rezeption einer fixen Textsequenz, sondern wird zu einem Prozess der kreativen Interaktion zwischen Leser, Autor und Text. Auch das Schreiben von Texten verändert sich. Die vielfältigen Beziehungen, die zwischen den verschiedenen Gedankengängen bestehen, die der Schreibende entwickelt, lassen sich durch Hyperlinks festhalten und repräsentieren.

Das neue Schreiben und Denken im Hypertextstil stellt eine anspruchsvolle Zukunftsaufgabe dar. Schulen und Universitäten, Lehrer und Autoren müssen darauf noch vorbereitet werden. Hier liegt ein noch weitgehend unbeackertes Feld didaktischer Reflexion vor uns. Es ist sehr wahrscheinlich, dass die klassischen Texte der Tradition zu diesem Zweck langfristig auch als echte Hypertexte, d. h. als durch Links verbundene Gedankennetze, zugänglich gemacht werden.

Nicht nur schriftliche Texte, sondern auch Bilder, d. h. eingescannte Fotographien oder Videos, spielen im World Wide Web eine wichtige Rolle. Sie unterbrechen den Fluss der Verweisungen und stellen künstliche Endpunkte von Menüs dar.

Eines scheint sich deutlich abzuzeichnen: unsere traditionelle Lehr- und Lernkultur ist in Bewegung geraten. Im Netz der Hypertexte ist keine intrinsische oder immanente Ordnung auszumachen, wie sie etwa noch für das Gutenberg-Zeitalter typisch war. Die kritisch reflektierende Urteilskraft wird immer mehr herausgefordert, von sich aus eine gewisse Ordnung und zuverlässige Transparenz in das Datenchaos zu bringen. Der Erwerb von Wissen erscheint immer mehr als ein vielschichtiger Prozess, der ständiger Revision offen steht und bei dem die Fähigkeiten zu assoziativer Vernetzung und eigenständiger kritischer Bewertung eine herausragende Rolle spielen.

Das Erstellen von Hyper-Texten im Ethik- und Philosophieunterricht konfrontiert die SchülerInnen ansatzweise mit diesen neuartigen Problemen. Dabei kann vor allem eines auch deutlich werden: Ein bloß technischer Umgang mit den neuen Medien ist mitnichten eine hinreichende Bedingung für die Ausbildung reflektierender Urteilskraft.

> „Diesem Vorurteil gegenüber ist herauszustellen, dass die gezielte Ausbildung reflektierender Urteilskraft ihren pädagogischen Ort nicht allein und nicht zuerst im Computerlabor und vor dem Internetbildschirm hat. Sie beginnt vielmehr in der alltäglichen Kommunikationssituation des normalen, nicht-computerisierten Face-to-Face-Unterrichts, der in einer mediengeprägten Bildungswelt mit seiner dekonstruktiven Dezentrierung zugleich eine pragmatische Revalidierung erfährt."[26]

Beispiel:
Schüler gestalten I. Kants Text „Was ist Aufklärung" als Hypertext. Sie erstellen die ihnen erforderlich scheinenden Links, unterlegen den Text, soweit passend, mit Musik, Bildern oder entsprechenden Filmclips. In einem Metagespräch kann abschließend diese Art der Texterschließung kritisch analysiert werden. Zu welchen neuen Einsichten hat uns der Hypertext verholfen? Inwieweit hat sich unsere Haltung zum Ursprungstext verändert?

Mit Bleistift und Papier nachdenken ...

Das Schreiben eigener Texte ist im Ethik- und Philosophieunterricht wohl eine der intensivsten Formen philosophischer Auseinandersetzung und Aneignung. Unterschiedlich lange Schreibphasen lassen sich variantenreich in den verschiedenen Unterrichtsphasen praktizieren: als Auftaktmeditation, als Problemreflexion oder als ergebnissichernde Begriffs- und Problemexplikation.
Schreiben hat zunächst eine elementare heuristische Funktion.

> „Sehr wichtig ist es, den Unterschied zwischen Nachdenken und Grübeln zu erlernen. Sehr viele Studenten kommen in ihrem Nachdenken nicht weiter bzw. wissen nicht, wann sie irgendwo angekommen sind. Deshalb wurde als generelle Regel eingeführt, mit Bleistift und Papier nachzudenken und während des Denkens immer wieder Notizen zu machen. Schließlich musste deutlich gemacht werden, dass jedes Denken sich sprachlich vollendet, d. h. in Sätzen und schließlich in Texten sein Resultat findet."[27]

Analog zu jenem von Heinrich von Kleist beschriebenen „allmählichen Verfertigen der Gedanken beim Reden" gibt es auch ein schrittweises Nachdenken beim Schreiben. Das Sortieren und Präzisieren von Emotionen bzw. Gedanken findet offensichtlich beim Schreiben immer wieder statt. Wir sitzen über einem noch „unschuldigen" weißen Blatt Papier und sinnieren einem Gedanken nach. Dieses Umkreisen erfolgt meist noch recht assoziativ und ungeordnet. Im Gespräch, in einem inneren Monolog mit uns selbst bewegen wir uns in einer sich ständig verändernden Landschaft von spontanen Gedankensplittern, die einen je unterschiedlichen, in der Regel noch wenig kohärenten Frage- und Problemhorizont öffnen.

Der Griff zum Bleistift markiert einen qualitativen Sprung. Das bislang noch diffuse Gedankenmaterial soll versprachlicht werden. Das Sich-Sagen und das Schreiben sind zweierlei. Mit dem Schreiben erfolgt eine „Herausverlagerung" (G. Böhme) des Selbstgesprächs. Begriffe müssen gefunden werden, die in etwa das Gemeinte fassen.

Aus einem scheinbar beliebigen assoziativen Nebeneinander soll eine lineare Sequenz werden, mit logisch plausiblen „Gelenkstellen", durch die entsprechenden Konjunktionen markiert. Es kommt dabei auf hinreichend dichte Zusammenhänge an. Mit dieser „Herausverlagerung" – einer „intermodalen Transformation von innerer gesprochener Sprache zur Schriftsprache"[28] – verbunden ist auch ein gewisser Grad an Distanzierung. Diese setzt einen hermeneutischen Prozess auf kleinstem Raum in Gang. Wir stellen häufig fest, dass der gewählte bzw. gefundene Begriff nicht passt, dass wir ursprünglich etwas anderes im Kopf hatten. Und nun setzt wieder jenes schon bekannte „Hin- und Herwandern des Blickes" ein, einmal vom mentalen Bild zum Begriff und umgekehrt. Beide erhellen sich wechselseitig. Am Ende einigen wir uns zumindest idealiter auf eine Formulierung, die dem Gemeinten am nächsten kommt. Unterwegs machen wir dann nicht selten völlig neue Entdeckungen, die wir eigentlich gar nicht gesucht haben, die aber doch wesentlich dazu beigetragen haben, unser „Inneres" mit der sprachlich-begrifflichen Veräußerung in ein Gleichgewicht zu bringen.

Schreiben kann zunächst und ganz elementar in selbst-reflexiver Absicht als Wahrnehmungsübung eingesetzt werden. Phänomenologiedidaktisch geht es vor allem um eine Schärfung des Wahrnehmungsvermögens, damit Gefühle und Erfahrungen der Schüler zum Sprechen kommen, die sie aus ihrer Lebenswelt mitbringen.

Beispiele:
→ Beschreiben eigener Emotionen bzw. eigener bildlicher Vorstellungen im Zusammenhang mit einer Textlektüre oder Fernsehsendung (Gefühle geben zu denken)
→ Beschreiben der Erinnerungen eines Tages
→ Beschreiben von Erfahrungen von Ungerechtigkeit
→ Beschreiben von Verhaltensweisen in der Gesellschaft, die mich stören
→ Schreiben über Gegenstände im Raum – ein Tisch, ein Blumentopf –, über Bilder
→ Schreiben über Metaphern: Maske, Spiegel

Solche in phänomenologischer Manier vorgenommenen Schreibübungen implizieren ein Moment genuin philosophischer Reflexivität. Es geht um das Einüben von bewusstem Begreifen, um ein Sensibilisieren der Schüler für die Frage: Was tun wir, wenn wir x tun?
Es geht um eine Fähigkeit, innere und äußere Wirklichkeit unverstellt wahrzunehmen, bevor wir sie kategorisieren, in Schubladen packen und bewerten.

> „Das Reine Beobachten läßt die Dinge zunächst selber sprechen; es erlaubt ihnen, sich gleichsam *auszusprechen*. Es läßt sie ausreden, ohne sie durch ein voreiliges abschließendes Urteil zu unterbrechen, wenn sie noch so vieles zu sagen haben. Weil das Reine Beobachten die Dinge immer wieder neu sieht, ohne die nivellierende Wirkung gewohnheitsmäßiger Urteile, deshalb werden die Dinge auch häufiger Neues zu sagen haben. Das geduldige Innehalten beim Reinen Beobachten eröffnet manchmal gleichsam mühelos tiefe Einblicke und erschließt verborgene Beziehungen, die sich dem ungeduldigen Zerren eines allzu aggressiven Intellekts versagen."[29]

Schreiben von Essays

Eine besonders anspruchsvolle Art argumentierenden Schreibens ist das *Essayschreiben*. Die Themen hierfür werden offen formuliert, um dem Schüler einen breiten Raum für eigene kreative wie argumentativ zwingende Gedankengänge zu geben. Textzitate z.B. aus Sartre, Camus oder Nietzsche sind in der Regel gut hierfür geeignet, ebenso Aphorismen durch ihre pointierten bzw. ambivalenten Problemformulierungen.

Als Kriterien für einen guten Essay können allgemein gelten:

→ eine Fragehaltung und philosophische Problemorientierung
→ Methodenbewusstsein: das methodische Vorgehen wird kritisch reflektiert
→ Grad der Authentizität: eigene Erfahrungen werden berichtet und verwertet
→ Stringenz – Konsistenz – Kohärenz der Argumentation
→ Präzision der Begrifflichkeit
→ Verständlichkeit, Lesbarkeit
→ Originalität / Kreativität: alternative bzw. kreative Gedanken oder Darstellungsweisen werden entwickelt

Beispiel

Ich sitze am Schreibtisch und höre eine Kassette, die einfach Verena ist, spiele mit einem Stempel, der sagt, dass ich Verena bin, nehme meinen Radiergummi, der sagt, dass er Verena gehört ... verhalte mich einfach so, wie Verena das macht, wenn sie Verena ist und nachdenkt. Aber die Kassette ist doch eigentlich eine Mischung von CDs von Freundinnen, und eigentlich ist sie auch für Johanna bestimmt, den Radiergummi habe ich gefunden, den Stempel geschenkt bekommen. Und wo bin ich da? Bin ich das alles zusammen: eine Mischung aus meinen Freundinnen, aus etwas, das ich irgendwo gefunden habe, aus etwas, das ich geschenkt bekommen habe? Ein bisschen von allem in meiner Umwelt eben. Ja, ich glaube, genau das bin ich, eine Mischung aus kopierten Verhaltensweisen. Am auffälligsten ist dieses unbewusste Kopieren von Verhaltensweisen immer dann, wenn man länger mit bis dahin unbekannten Personen seine Zeit verbringt. Schnell bilden sich Gruppen, deren Mitglieder untereinander Verhaltensweisen nachahmen und sich so von den anderen abgrenzen. In gewisser Weise setzt sich also die Persönlichkeit aus Teilkopien von Menschen, die man mag und vielleicht auch bewundert, zusammen, genauso wie sich meine Kassette aus Teilkopien von CDs meiner Freundinnen zusammensetzt. Meine jetzige Identität setzt sich also unter anderem aus meinen Freundinnen zusammen.

In einem Jahr werde ich aber nicht mehr in dieser Stadt leben, meine Freundinnen werden in anderen Städten leben, ich werde nicht mehr in die Schule gehen ... kurz, mein Leben wird sich völlig geändert haben. Vielleicht werde ich diese Kassette dann noch haben, aber wenn ich sie dann höre, werde ich vielleicht nicht mehr denken, dass diese Kassette einfach Verena ist, sondern traurig denken, dass diese Kassette ein Stück Tanja, ein Stück Petra, ein Stück Alex, ein Stück Sabina, ein Stück Marion, ein Stück Bettina, ein Stück Silvia und auch ein kleines Stück Verena ist. Aber sie ist eben nur ein Stück Verena, der Rest muss wohl auf dem Lebensweg verlorengegangen oder eingetauscht worden sein. Anders gesagt wird meine Identität immer durch meine Gegenwart bestimmt und verändert. Aber wann bin ich dann eigentlich wirklich ich selbst, nur ich selbst?

Sobald ich geboren wurde, begann die Sozialisation: Zunächst sog ich alles begierig auf, lernte die Sprache, die heute ein Teil meiner selbst ist, und wahrscheinlich gibt es keinen Menschen auf der Welt, der genauso redet wie ich, lernte die Bewegungen, lernte die Schrift, lernte die Verhaltensweisen ... Später wurde das Lernen kritischer; ich ahmte nur noch die Verhaltensweisen nach, die mir nachahmenswert erschienen, aber ich war durch die vorherige Sozialisation soweit vorbelastet, dass meine Entscheidungen eigentlich nur die logische Schlussfolgerung aus der Vergangenheit waren. Nicht umsonst spricht man von einem „Kind seiner Zeit" und betrachtet zum Beispiel Quellen immer im historischen Kontext oder versucht eine gesamte Generation zu charakterisieren, obwohl sie doch eigentlich nichts außer dem Zeitpunkt ihres Lebens gemeinsam hat. Aber vielleicht ist das gerade entscheidend. Wirklich man selbst ist man also nie, aber ich hoffe, dass ich immer ein Stück Silvia, ein Stück Bettina, ein Stück Marion, ein Stück Sabina, ein Stück Alex, ein Stück Petra und ein Stück Tanja sein werde und dabei trotzdem typisch Verena bin.

Verena[30]

Zentrale Elemente philosophischer Reflexivität sind in diesem Text versammelt:

→ zum einen der Bezug eines philosophischen Problems (Identitätsproblem) auf die eigene persönliche Lebenswirklichkeit
→ ein differenziert kohärenter Argumentierstil: der Gedankengang nimmt seinen Ausgang im Nahhorizont und weitet sich ins Biographische bzw. Soziale
→ eine authentische Frage- und Reflexionshaltung durchzieht wie ein roter Faden den Text

Neben expositorischen Texten (Sachtexte, Essays) können vor allem auch fiktionale Texte verfasst werden. Dazu gehören z. B. fiktive Briefe, fiktive Dialoge oder Gedankenexperimente.

So können Schüler an einen Autor, dessen Position sie im Unterricht behandelt haben, einen Brief schreiben. Er enthält im Wesentlichen eine positive oder negative Kritik. Darüber hinaus können weiterführende Fragen, die in ihren Augen zu kurz gekommen sind, formuliert werden.

Noch voraussetzungsreicher ist das Verfassen von fiktiven Dialogen, z. B. ein möglicherweise auch als Fernsehdiskussion stilisiertes Gespräch zwischen Hobbes, Locke und Rousseau über den Staat; J. S. Mill, Kant und John Rawls diskutieren über ausgewählte Aspekte der Gerechtigkeit; oder ein Freudianer, Sartre und Marx streiten sich in einem fiktiven Gespräch über das Problem der Freiheit.[31]

Was ist gefordert, um solche Gespräche fingieren zu können? Zunächst eine hinreichend präzise und vollständige Kenntnis der aristotelischen bzw. kantianischen Position (Sachkompetenz). Dazu gehört auch die Fähigkeit, die entscheidenden Unterschiede ausmachen und im Gespräch darstellen zu können. Die Schüler müssen weiter in der Lage sein, die relevanten Fachtermini in ihre eigene Sprache zu transferieren, ohne deren Inhalt zu verfälschen (Kompetenz zum sprachlichen Transfer). Sie sehen Möglichkeiten der Aktualisierung der jeweiligen Position, die sie in das Gespräch einbauen (Kompetenz zur Aktualisierung). Schließlich müssen sie einen Gesprächsanlass und einen Rahmen für das Gespräch konstruieren (kreative Kompetenz).

Die Fähigkeit zum Perspektivenwechsel (Kompetenz zur Empathie) kann durch das Verfassen eines weiteren Typs von fiktiven Texten stimuliert werden. Schüler inszenieren ein Hearing über bioethische Fragen, z. B. „Risiken und Chancen der Präimplantationsdiagnostik". Aufgabe wäre hier, für bestimmte Rollenträger einen Rollentext zu schreiben: aus der Perspektive eines Schwererbkranken, eines Arztes, eines Vertreters der Pharmaindustrie, eines Vertreters der Krankenkassen und nicht zuletzt eines Kantianers bzw. Utilitaristen.

Bewertung von Essays – Ein Kriterienraster

Bereich	Kriterium
Wissen (20%)	→ Allgemeinwissen → Sachwissen → Begriffssprache
Problemorientierung (30%)	→ Philosophische Fragehaltung → Differenzierte Gedankenentwicklung → Argumentative Konsistenz und Kohärenz → Kritische Grundeinstellung zu fremden Thesen
Individualität (30%)	→ Inhaltliche Originalität → subjektive Reflexivität
Sprache (20%)	→ stilistische Gestaltung → sprachliche Form → klarer Aufbau

Gedankenexperimente[32]

Zur Gruppe der fiktionalen Texte gehören auch die Gedankenexperimente. In ihnen wird durch eine experimentelle, kontrafaktische Umkehrung üblicher Auffassungen und Verhältnisse die Fähigkeit zum hypothetischen und analytischen Denken – „Was wäre wenn ..." – eingeübt.

Beispiele:
- Was wäre, wenn von einem bestimmten Zeitpunkt an alle Menschen stets die Wahrheit sagen müssten?
- Nehmen wir einmal an, alle Augen verschwänden. Würde es dann dunkel werden im Kosmos?
- Nehmen wir an, wir könnten uns unsichtbar machen!
- Stell dir vor: Du sitzt deinem Klon gegenüber: Was würdest du ihn fragen wollen?

- Gehen wir einmal davon aus, es gäbe ein Medikament, das irdische Unsterblichkeit verleiht.
- Nehmen wir einmal an, es gäbe einen Prinzen Peter, der nach seiner Thronbesteigung seine Regierungsgeschäfte ganz streng nach dem moralischen Grundsatz ausrichtet: „Das größte Glück für die größtmögliche Zahl".
- Nehmen wir zum Beispiel an, dass du und eine andere Person sich als Schiffbrüchige auf einer verlassenen Insel befinden und dass der andere im Sterben liegt. Ehe er stirbt, gibt er dir einen Geldbetrag und lässt dich versprechen, dass du das Geld nach deiner Rettung einem gewissen Tom Baxter geben wirst, der sein uneingestandener illegitimer Sohn sei. Du gibst ihm das Versprechen; er ist zufrieden und stirbt, und kurz darauf wirst du gerettet. Bei deiner Rückkehr findest du heraus, dass Tom wohlhabend, aber äußerst selbstsüchtig ist, und es wird dir unmittelbar klar, dass das Geld eine viel bessere Verwendung finden würde, wenn du es nicht Tom geben, sondern irgendeinem guten Zweck zuführen würdest. Was würdest du tun?

Gedankenexperimenten als „Abenteuer im Kopf" (Freese) kommen vielfältige didaktische Funktionen zu. Sie wecken und fördern die Fähigkeit, unbefragte Selbstverständlichkeiten als solche wahrzunehmen, stereotype Sehweisen aufzubrechen, Denkbarrieren zu überwinden, von eingefahrenen Vorurteilen zu abstrahieren und elementare Sachverhalte unter einer neuen Perspektive zu betrachten. In argumentativer Hinsicht helfen sie einer differenzierten Begründung moralischer und rechtlicher Grundsätze, Normen und Werte. Sie schärfen außerdem den Blick für unterschiedliche Fallkonstellationen und Handlungsalternativen und stimulieren so die moralische Phantasie. Metaphorisch ausgedrückt fungieren sie didaktisch als „Augenöffner", „Scharfzeichner" oder „Umkehrbrillen".

Im Sinn eines identitätsorientierten didaktischen Ansatzes hat das Schreiben fiktionaler Texte eine Reihe von kaum zu unterschätzenden Vorzügen. Der Schreibende kann in Rollen schlüpfen, Möglichkeiten und Wünschbares risikofrei explorieren. Er übt hypothetisches Denken, soziale wie kreative Phantasie und die Fähigkeit, Perspektiven einzunehmen, die sich von der je eigenen mehr oder minder deutlich unterscheiden. Über den Umweg nach Draußen, das spielerische Identifizieren mit fremden Gedanken und Positionen, kommt er auch – und das wäre ein zentraler Punkt – zu einer differenzierteren Selbstwahrnehmung bezüglich der persönlichen Gefühle, Gedanken und Normierungen. Er lernt gewisse Seiten und Dimensionen seiner Person kennen, die ihm bislang verborgen geblieben sind (Kompetenz zur Selbstreflexion).

Letztlich kann ein prozess- und produktionsorientiertes Umgehen mit Texten im Ethik- und Philosophieunterricht ein bestimmtes „Denken", eine spezifische Art von Reflexions-Haltung, à la longue zumindest, bewirken, die der Dichter Wolfgang Hildesheimer in bewundernswerter Prägnanz auf den Punkt gebracht hat:

> „Mit ‚denken' meine ich nicht ‚an etwas denken' oder ‚über etwas nachdenken' oder ‚etwas bedenken', sondern ich verstehe es als fortwährendes kontrapunktisches Selbstgespräch, als aktiven Vollzug, eine essentielle Stimme in der Partitur unseres Lebens, als unaufhörliche Kontrolle all unseres Tuns und Lassens. Die Frage ‚Warum tue ich das, was ich tue?' begleitet uns immer."[33]

Methoden der Texterschließung – Eine Zusammenstellung[34]

	Methode	*kurze Beschreibung*	
1	Stellungnahme zum Text	Erster Eindruck – was gefällt mir (nicht), was fällt mir auf? – Statements zum Text; Welcher sagt mir zu, spricht mich an; welcher löst Widerstand in mir aus?	
2	Strukturieren	Einen vorgegebenen Text gliedern lassen – Überschriften finden lassen zu den einzelnen Kapiteln – Leitfragen, auf die dieses Kapitel antwortet, finden lassen	
3	Västeras-Methode	Text lesen und mit drei Zeichen am Textrand versehen: **! = wichtig, ? = nicht verstanden, ⇨ = mir persönlich bedeutsam;** anschließend SuS-Gespräch	
4	Textteilepuzzle	Textbaustein ausschneiden, SuS müssen den Textzusammenhang rekonstruieren (Voraussetzung: logisch stringenter Text)	
5	Wichtiges markieren/ unterstreichen	Was wurde markiert? Weshalb etc.	
6	Stummer Impuls	Ein markanter Satz aus dem Text wird in Form eines Brainstorming, einer Diskussion, Stellungnahme etc. diskutiert; dann allmähliche Aufdeckung der Argumentation im Unterrichtsgespräch, an der Tafel,	

		als Plakat oder Folie festhalten	
7	vorgegebene Leitfrage	Erarbeiten des Textes anhand der Leitfrage, u.U. auch mit vorstrukturiertem Arbeitsblatt	
8	T-A-B	Texte in verschiedene Abschnitte glieder lassen, eventuell Überschriften finden lassen These, Argumente und Belege herausarbeiten lassen	
9	Plakat entwerfen	Textaussagen mit Hilfe von einfachen gestaltenden Mitteln und Aussagen darstellen	
10	Standpunkte einnehmen	zu einer These aus dem Text (oder hintereinander zu mehreren) unterschiedliche Positionen in unterschiedlichen Ecken einnehmen lassen (vorgeben): – Begründung erfragen	
11	zentrale Begriffe ergänzen	Schlüsselbegriffe im Text weglassen und diese von SuS selbst einsetzen / finden lassen Alternativ: Begriffe vorgeben und auswählen lassen	
12	Fallprüfung	Textaussage / Theorie an einem / mehreren konkreten Fallbeispiel/en überprüfen lassen	
13	Schreibgespräch führen	schriftliche Äußerungen zum Text (schweigend)	
14	5-Schritt-Lesetechnik	Vorverstndnis abrufen 1. Text lesen, überfliegen 2. Kerngedanken/Leitfrage formulieren 3. Text gründlich lesen: unterstreichen, markieren, unklare Begriffe herausschreiben, klären 4. Text in Abschnitte gliedern / Thesen formulieren 5. zentrale Aussagen formulieren (Klärung des Textverständnisses)	
15	Sandwich-Methode	Vorinformationen durch Impulsreferat o.Ä., eigenständige Erarbeitung durch SuS,	

		Weiterentwicklung, Fallprüfung, Arbeitsblatt, kreative Umsetzung	
16	Pro-, Contra-Argumente	Schüler erarbeiten in Gruppen Argumente für ober gegen die Textposition / -interpretation Anwälte tragen die Position vor	
17	Textpassagen löschen	Alles, was in einem Text nicht wichtig erscheint, schwärzen (auch am PC gut machbar)	
18	Argumentationsskizze	Vorgangsweise bei der Argumentation festhalten	
19	Argumentationsschema	Toulmin-Schema oder anderes zur Darlegung des Argumentationsganges	
20	Concept Mapping	Begriffs-Landkarten, bei denen die Beziehung zwischen den verschiedenen Begriffen benannt wird	
21	Cluster	Bildung von Assoziationsketten; zentriert, unzentriert, textgebunden oder frei	
22	Begriffsanalyse, z.B. deduktive Leiter	1. Stufe: abstrakter Begriff, Hypothese, Behauptung, z.B. *Glück* 2. Stufe: Konkretion: *Menschen können glücklich sein* 3. Stufe: Beispiel: *Ich war auch schon mal glücklich* 4. Stufe: Detail eines Beispiels: *Als meine Eltern mir zum Geburtstag ein tolles Fahrrad geschenkt haben*	
23	Begriffsanalyse	Verständnis des Begriffs, Synonyme, Verwendungsweise, das Gegenteil, Doppel- oder Mehrdeutigkeit, Funktion im Kontext	

Anmerkungen

1 Vgl. Albrecht Wellmer, Zur Kritik der hermeneutischen Vernunft, in: Christoph Demmerling u. a. (Hg.), Vernunft und Lebenspraxis, Frankfurt 1995, S. 123ff. – Volker Steenblock, Hermes und die Eule der Minerva. Zur Rolle der Hermeneutik in Bildungsprozessen, in: Johannes Rohbeck (Hg.), Philosophische Denkrichtungen, Dresden 2001, S. 81–116. – Matthias Jung, Hermeneutik, Hamburg 2001.
2 Hans-Georg Gadamer, Vom Zirkel des Verstehens, in: Ges. Werke, Tübingen 1990–1995, Bd. 2, S. 57. – Vgl. dazu auch die einschlägigen Passagen in „Wahrheit und Methode", Tübingen 1965, S. 282–283: „Das erste, womit das Verstehen beginnt, ist [...], dass etwas uns anspricht. Das ist die oberste aller hermeneutischen Bedingungen. Wir wissen jetzt, was damit gefordert ist: eine grundsätzliche Suspension der eigenen Vorurteile. Alle Suspension von Urteilen aber, mithin und erst recht die von Vorurteilen, hat, logisch gesehen, die Struktur der *Frage*. Das Wesen der *Frage* ist das Offenlegen und Offenhalten von Möglichkeiten. Wird ein Vorurteil fraglich [...], so heißt dies mithin nicht, daß es einfach beiseite gesetzt wird und der Andere oder das Andere sich an seiner Stelle unmittelbar zur Geltung bringt. Das ist vielmehr die Naivität des historischen Objektivismus, ein solches Absehen von sich selbst anzunehmen. In Wahrheit wird das eigene Vorurteil dadurch recht eigentlich ins Spiel gebracht, dass es selber auf dem Spiele steht. Nur indem es sich ausspielt, vermag es den Wahrheitsanspruch des Anderen überhaupt zu erfahren und ermöglicht ihm, dass er sich auch ausspielen kann."
3 Ders., Wahrheit und Methode, GW, a. a. O., Bd. 1, S. 271.
4 Ders., ebd., S. 268.
5 Ebd., S. 261.
6 Vgl. Karl-Otto Apel u. a. (Hg.), Hermeneutik und Ideologiekritik, Frankfurt 1971. – Vgl. dazu auch Udo Tietz, Hans-Georg Gadamer zur Einführung, Hamburg 1999, S. 137–141.
7 Albrecht Wellmer, Zur Kritik der hermeneutischen Vernunft, a. a. O., S. 139.
8 Vgl. ders., ebd., S. 143f. – Zum Verhältnis zwischen internem und externem Textverstehen schreibt Wellmer: „‚Internes‘ und ‚externes‘ Verstehen verweisen aufeinander; gleichwohl stehen sie in einem grundsätzlich nicht auflösbaren Spannungsverhältnis zueinander. Wenn nun aber die Wahrheit nicht am Ursprung der Überlieferung oder in den großen Texten der Tradition sicher verankert ist, dann muß allein schon das Bewußtsein jenes Spannungsverhältnisses die Gewichte zugunsten des konstruktiven Moments im Verstehen verschieben. Der Wahrheitsbezug des Verstehens erhält gewissermaßen die Priorität gegenüber dem Desiderat hermeneutischer Gerechtigkeit.
Hierin könnte man eine „posthermeneutische" Wende der hermeneutischen Reflexion sehen. In ihr stößt die hermeneutische Reflexion auf die konstruktiven und innovativen Bedingungen des Verstehens; man könnte sagen: auf die Einsicht, dass wir nur durch einen kritischen, produktiven, erfinderischen und distanzierenden Umgang mit der Tradition deren Wahrheitsgehalte für das geschichtliche Jetzt unserer Gegenwart zu retten vermögen. Wenn man den Begriff der „Applikation" in diesem Sinne neu ausbuchstabiert, so wäre Applikation immer Transformation und Kritik in einem.
Es verhält sich hier ähnlich wie in der Kunst: Nur durch das Überschreiten der Tradition können wir diese lebendig halten. Im Falle der Philosophie ist es gerade der Wahrheitsbezug des Verstehens, der uns immer wieder nötigt, aus der Immanenz des ‚bloßen Verstehens‘ auszubrechen und die Wahrheit neu zu konstruieren." Ebd., S. 152.
9 Vgl. dazu: Matthias Gatzemeier, Methodische Schritte einer Textinterpretation in philosophischer Absicht, in: Friedrich Kambartel (Hg.), Zum normativen Fundament der Wissenschaft, Frankfurt 1973, S. 281–318.
10 Vgl. dazu auch S. 97 „Aufbauprinzipien einer Unterrichtseinheit", Einstiegsvarianten.
11 Vgl. dazu neuerdings: Lothar Ridder, Methoden der Interpretation im Philosophieunterricht, in: Johannes Rohbeck (Hg.), Philosophische Denkrichtungen, a. a. O., S. 116–144. – Vgl. auch allgemein: Andreas Sickmann, Unterrichtsideen – Das freie Problemgespräch im Philosophieunterricht. Stuttgart 1992 (mit Materialband). – Norbert Diesenberg, Unterrichtsideen – Textarbeit im Philosophieunterricht der Sekundarstufe II, Stuttgart 1996 (Kommentare mit Materialien). – Jutta Kähler, Arbeitstexte für dem Unterricht – Wahrnehmen / Staunen / begreifen; für die Sekundarstufe I, Stuttgart 1999. – Hans-Ludwig Freese, Abenteuer im Kopf. Philosophische Gedankenexperimente, Weinheim 1996. – Hilbert Meyer, Unterrichtsmethoden. I: Theorieband,

II: Praxisband, Frankfurt 1989. – Jürgen Grzesik, Textverstehen lernen und lehren: geistige Operationen im Prozeß des Textverstehens und typische Methoden für die Schulung zum kompetenten Leser, Stuttgart 1996. – Matthias Gatzemeier, Methodische Schritte einer Textinterpretation in philosophischer Absicht; in: F. Kambartel (Hg.), Zur normativen Funktion der Wissenschaft, Frankfurt 1973.

12 München 1981; vgl. exemplarisch S. 36 („Die sokratische Elenktik"), S. 142 („Zur Analytik in der Kritik der praktischen Vernunft" [Kant]), oder S. 224 („Zum Prinzip Hoffnung").

13 Der dazugehörige Text – „Die Antinomie von Notwendigkeit und Freiheit bei Kant" – stammt aus: Wilhelm Weischedel, Skeptische Ethik, Frankfurt 1980, S. 152f.

14 Vgl. dazu das Kapitel „Ethisches Argumentieren", S. 171. – Zur Definition des Argumentationsbegriffs: „Argumentation, eine Rede mit dem Ziel, die Zustimmung oder den Widerspruch wirklicher oder fiktiver Gesprächspartner zu einer Aussage oder Norm (für / gegen deren Wahrheit / Gültigkeit) durch den schrittweisen und lückenlosen Rückgang auf bereits gemeinsam anerkannte Aussagen bzw. Normen zu erreichen". Jürgen Mittelstraß (Hg.), Enzyklopädie Philosophie und Wissenschaftstheorie, Bd. I, Mannheim 1980, S. 161.

15 Vgl. dazu exemplarisch: Helmut Engels, Sprachanalytische Methoden im Philosophieunterricht, in: Johannes Rohbeck (Hg.), Philosophische Denkrichtungen, a. a. O., S. 35–81, bes. S. 64–72. – Austin erläutert seine Sprechakttheorie anhand eines alltäglichen Beispiels: Tom sagt: „Der Hund ist bissig." Was tut er damit, indem er das sagt? Zunächst macht er bestimmte Geräusche, die man phonetisch beschreiben kann. Er äußert einen Satz der deutschen Sprache und sagt damit, Nachbars Hund sei bissig. Er tut noch mehr damit. Zum Beispiel warnt er andere (Vorsicht!). „Der Hund ist bissig." Oder er erklärt, warum der Hund an der Kette liegt. Oder empfiehlt den Hund als Wachhund. Selbst wenn wir wissen, dass er mit seiner Äußerung *der Hund ist bissig* meint, Nachbars Hund sei bissig, wissen wir noch nicht, ob er damit warnt, etwas erklärt oder empfiehlt. Wir kennen zwar die Bedeutung (meaning) der Äußerung, aber nicht ihre Rolle (force). Wenn Tom Glück hat, erreicht er mit seiner Äußerung *der Hund ist bissig* noch mehr. Er warnt seine Gäste nicht bloß, sondern sie passen dann auch wirklich auf: Er hält sie zurück. Er erklärt nicht bloß, warum der Hund an der Kette liegt, sondern die anderen sehen den Zusammenhang auch ein: Er hilft verstehen. Er empfiehlt den Hund nicht nur, sondern man kauft ihn auch wirklich: Er beeinflusst den Interessenten. Solche Erfolge sind nicht selbstverständlich. Warnungen werden in den Wind geschlagen, Erklärungen bringen kein Licht, Empfehlungen werden missachtet. Wir mögen zwar wissen, dass Tom gewarnt, erklärt oder empfohlen hat; aber damit wissen wir nicht, ob er auch zurückgehalten, Verständnis geweckt, beeinflusst und überzeugt hat. Dass Tom sagt, der Hund sei bissig, nennt Austin einen lokutionären Akt. Dass Tom mit der Äußerung warnt (erklärt, empfiehlt, aussagt), nennt Austin einen illokutionären Akt; dass Tom durch die Äußerung jemanden zurückhält (erleuchtet, beeinflusst, überzeugt), nennt Austin einen perlokutionären Akt. Tom vollzieht die drei Akte mit ein und derselben Äußerung. Die Bezeichnungen *lokutionär, illokutionär* und *perlokutionär* treffen nicht drei Handlungen, sondern drei Aspekte ein und derselben Sprachhandlung. – Vgl. dazu auch: Eike von Savigny, Die Philosophie der normalen Sprache, Frankfurt 1993, S. 125ff.

16 Ein luzides Beispiel einer Sprechaktanalyse findet sich bei: Helmut Engels, „Geben Sie den Inhalt des Textes wieder und …!"; in: Zeitschr. f. Didaktik der Philosophie 1 (1990), S. 22f.

17 R. M. Hare, Die Sprache der Moral, Frankfurt 1983, S. 38.

18 Ebd., S. 161.

19 Vgl. Karl Bühler, Sprachtheorie, Jena 1934. Neuauflage Stuttgart / New York 1982, vgl. vor allem: § 2: Das Organonmodell der Sprache, S. 24–31.

20 „Evaluativ" bezieht sich hier auf außermoralische, „normativ" auf moralische Werte und Normen.

21 Karl Schuster, Fachdidaktik Deutsch, Hohengehren 1999, S. 80.

22 Joachim Bauer, Warum ich fühle, was du fühlst, Hamburg 2006, S. 71. – Zum „theatralen Philosophieren" vgl. Christian Gefert, Die Arbeit am Text – Strategien der Texteröffnung, in: Johannes Rohbeck (Hg.), Philosophische Denkrichtungen, a. a. O., S. 144–165. Ders., Philosophieren in theatralen Formen, in: Barbara Brüning / Ekkehard Martens (Hg.), Anschauliches Philosophieren, Weinheim 2007, S. 137f.

23 Jacques Derrida, Die Struktur, das Zeichen und das Spiel; in: Peter Engelmann (Hg.), Postmoderne und Dekonstruktion, Stuttgart 1999, S. 125f. – Vgl. dazu auch grundsätzlich: Uwe Dreisholtkamp, Jacques Derrida, München 1999, S. 158f.

Anmerkungen

[24] Nikomachische Ethik, Buch V, 1132a.
[25] Vgl. dazu: Mike Sandbothe, Interaktivität – Hypertextualität – Transversalität, in: Mythos Internet, Stefan Münker u. a. (Hg.), Frankfurt 1997, S. 56–82.
[26] Mike Sandbothe, Lehren und Lernen im Zeitalter des Internet, in: Denkräume. Szenarien zum Informationszeitalter, hg. von der Gesellschaft für Medienpädagogik und Kommunikationskultur, Bielefeld 2000, S. 31–43, hier: S. 40.
[27] Gernot Böhme, „Denken üben", in: Zeitschr. f. Didaktik der Philosophie 14. Heft 1 (1992), S. 25. – Ders., Philosophie als Arbeit und Bildung, in: Akademische Philosophie zwischen Anspruch und Erwartung, Karl Reinhard Lohmann u. a. (Hg.), Frankfurt 1998, S. 104–118. – Vgl. grundsätzlich auch: Helmut Engels, Heuristik – oder: Wie kommt man auf philosophische Gedanken?, in: Johannes Rohbeck (Hg.), Methoden des Philosophierens, a. a. O., S. 46–76, insbes. S. 66f.
[28] Jürgen Grzesik, Textverstehen und lernen, Stuttgart 1990, S. 326.
[29] Nyanaponika, Geistestraining durch Achtsamkeit, Konstanz 1993, S. 32.
[30] Das Beispiel stammt von Helmut Engels, dem ich herzlich dafür danke.
[31] Ein Beispiel – „Aristoteles und Kant im Gespräch über das Glück" – findet sich in: FAZ vom 15.1.1996, S. 32. Jugend schreibt.
[32] vgl. dazu vor allem: Helmut Engels, „Nehmen wir an ..."- Das Gedankenexperiment in didaktischer Hinsicht, Weinheim 2004. Engels fasst den Begriff des Gedankenexperiments sehr weit und entwirft eine umfangreiche und differenzierte Typologie mit einer Fülle von Beispielen.
[33] Wolfgang Hildesheimer, Die Menschen werden hilflos wie Tiere, in: FAZ vom 13.3.1991, Nr. 61, S. 29.
[34] Für diese Zusammenstellung bedanke ich mich bei Frau Ulrike Hanraths. Eine ausführliche Darstellung von für den Ethik- und Philosophieunterricht relevanten Methoden der Texterschließung bringt Michael Wittschier, Methoden der Textarbeit, in: Jonas Pfister / Peter Zimmermann (Hg.), Neues Handbuch des Philosophieunterrichts, Bern 2016, S. 230–235.

VII. Ethisches Argumentieren

*Wer das Angeben von Gründen verweigert,
tritt die Wurzel der Humanität mit Füßen.* (Hegel)

Bild-Impuls:
Zeichnungen von Marie Marcks,
aus: Vatermutterkind,
Verlag Quelle & Meyer, Heidelberg 1978.

© Marie Marcks

Die ethische Argumentation, d. h. die Debatte über die richtige Entscheidung, die geltende Norm, aber auch das gute Leben kann als der „Stoffwechselprozess" des Demokratischen überhaupt gelten. Der Besitz argumentativer Fähigkeiten ist im Rahmen demokratisch verfasster Gesellschaften ein unverzichtbarer Bestandteil kommunikativer Kompetenz.

Wenn das Sprachspiel der Moral nicht schwammig, phrasenhaft und zur bloßen Appellativität schrumpfen soll, dann muss es vor allem kriterienfähig werden. Ein nicht unwesentlicher Bestandteil einer „Kultur ethischer Deliberation" ist das ständige Bemühen um eine möglichst plausible Begründung moralischen Redens. Es lässt sich von hier aus sogar ein moralisches Bildungsideal entwerfen: Die Idee eines in moralischen Fragen reflexions-, argumentations- und urteilsfähigen Individuums. Hier stellen sich erste grundsätzliche didaktische Fragen:

→ Erreichen wir – so wäre zunächst zu fragen – mit unseren Bemühungen um rationales Argumentieren die Kinder und Jugendlichen? Erfordern deren eigentliche Probleme gerade nicht stringente Argumentation, sondern diffizile Seelenarbeit, mühsames Ringen um Identität, mehr oder minder raffiniertes Unterlaufen elterlicher und schulischer Normen und eine Anpassung an die Konsumgemeinschaft der peer-group?
→ Spielt in unserer Mediengesellschaft das sprachlich verfasste Argumentieren überhaupt noch eine dominante Rolle? In fast allen Botschaften des Fernsehens kommt dem Bild eine weitaus größere Bedeutung zu als der Sprache. Bilder üben einen schwer abschätzbaren unterschwelligen Einfluss aus. Sicherlich gibt es eine Grammatik jener im Fernsehen ver-

abreichten Bildersequenzen. Aber diese Grammatik scheint weit weniger streng zu sein als die der Sprache. Zieht – so wäre zu fragen – der Übergang von einer eher textbezogenen zu einer überwiegend auf bewegte Bilder gestützten Sozialisation den Übergang von argumentativ-normorientierten zu eher unkritischen, leitbildorientierten Denk- und Handlungsformen nach sich?[1]

→ Gewisse Zweifel an der Zukunft vernünftigen, begründeten Argumentierens könnten sich auch angesichts der neuen weltweiten Informationsnetze ergeben. Die Faszination, die allein von der massenhaften Verfügbarkeit grafisch ansprechend aufbereiteter Informationen im Internet ausgeht, ist kaum zu unterschätzen. Die grafische Raffinesse der Internetseiten und die Zahl der Querverweise sind unterhaltsam und vermitteln darüber hinaus das Gefühl von gesichertem Informationsbesitz, das die Notwendigkeit einer argumentativen Prüfung allzu leicht vergessen lässt. Der Benutzer bekommt tendenziell den Eindruck, alles Wichtige sei bereits vorhanden und formuliert, auf seine persönliche Durchdringung und Kritik des Dargebotenen komme es erst gar nicht mehr an.[2]

Gerade der letzte Bereich unterstreicht jedoch die Unverzichtbarkeit von Argumentierfähigkeit und praktischer Urteilskraft. Ja, sie werden so unverzichtbar wie kaum je zuvor. Sie werden zu veritablen Kulturtechniken unseres Zeitalters. Die diskursive Argumentation als ein Verfahren sozialer Handlungskoordination bzw. Kooperation scheint in unserer demokratisch verfassten, hochtechnologisierten Gesellschaft überlebensnotwendig zu sein.

Philosophisches wie ethisches Argumentieren hat etwas mit analytischem Philosophieren zu tun. Dieses legt großen Wert auf klare Regeln der Begriffsdefinition, Argumentation und Kritik. Teile der analytischen Philosophie scheinen daher geeignet für eine didaktische Transformation. Der Akzent liegt hier nicht so sehr auf bestimmten Richtungen oder Denkströmungen. Die analytische Philosophie umfasst ohnehin sehr heterogene Positionen und Denkweisen. Es geht vielmehr um einen analytischen „Denkstil", um einen durchgehenden Duktus analytischen Philosophierens. Konstitutiv dafür sind eine luzide Darstellung von Argumenten, ein methodisch disziplinierter Umgang mit Begriffen und rational überprüfbare Argumentationsgänge. Keine Behauptung, kein irgendwie gearteter Geltungsanspruch dürfen vorgebracht werden, ohne zumindest den Versuch zu machen, sie hinreichend, intersubjektiv nachprüfbar zu begründen.

Das Münchhausen-Trilemma[3]

Jeder Versuch einer zureichenden Begründung verstrickt sich unweigerlich in drei gleichermaßen logisch unbefriedigende Alternativen, zu einem nach dem bekannten Lügenbaron benannten Trilemma. Es gibt offensichtlich nur eine Wahl zwischen

→ *einem unendlichen Regress:*
das bedeutet ein unendliches Zurückgehen von einem zu Begründenden auf einen Grund, der seinerseits wieder begründet werden muss etc. Der unendliche Regress ist jedoch praktisch nicht durchführbar und liefert daher keine sichere Begründung.

→ *einem logischen Zirkel:*
er entsteht dadurch, dass man im Begründungsverfahren auf Aussagen zurückgreift, die ihrerseits begründungsbedürftig sind. Dieser Zirkel führt, weil er logisch fehlerhaft ist, ebenfalls zu keiner sicheren Grundlage.

→ *einem Abbruch des Verfahrens:*
die Begründung wird an einem bestimmten Punkt abgebrochen. Dies ist zwar grundsätzlich durchführbar, bedeutet allerdings eine willkürliche Außerkraftsetzung des Prinzips der zureichenden Begründung.

Der Versuch einer deduktiven philosophischen Letztbegründung scheint somit gescheitert.

Vor dem Hintergrund des Münchhausen-Trilemmas lassen sich bestimmte typisch philosophische, didaktisch relevante Argumentationsformen exemplarisch skizzieren:

- *Regressus ad Infinitum*

„Wenn es nun wirklich für die verschiedenen Formen des Handelns ein Endziel gibt, das wir um seiner selbst willen erstreben, während das übrige nur in Richtung auf dieses Endziel gewollt wird, und wir nicht jede Wahl im Hinblick auf ein zweites Ziel treffen – das gibt nämlich ein Schreiten ins Endlose, somit ein leeres und sinnloses Streben –, dann ist offenbar dieses Endziel ‚das Gut' und zwar das oberste Gut."

(Aristoteles, Nikomachische Ethik, I, 1; 1094a)

- *Circulus Vitiosus*
  Zirkelschluss:

Beweis, bei dem die Wahrheit dessen, was bewiesen werden soll (die Konklusionen), bereits im Ausgangspunkt des Beweises (den Prämissen) vorausgesetzt ist.

Beispiel:
– Dass Gott existiert, sagt uns die Bibel.
– Die Bibel aber ist Gottes Wort.

Also existiert Gott.

- *Reductio* ad absurdum

   Beispiel:
   Thesis: Antithesis:
   Die Welt hat einen Anfang in der Zeit ...   Die Welt hat keinen Anfang ...

Beweis der Thesis:
Denn, man nehme an, die Welt habe der Zeit nach keinen Anfang: so ist bis zu jedem gegebenen Zeitpunkte eine Ewigkeit abgelaufen, und mithin eine unendliche Reihe auf einander folgender Zustände der Dinge in der Welt verflossen:
Nun besteht aber eben darin die Unendlichkeit einer Reihe, dass sie durch sukzessive Synthesis niemals vollendet sein kann.
Also ist eine unendlich verflossene Weltreihe unmöglich, mithin ein Anfang der Welt eine notwendige Bedingung ihres Daseins; welches zuerst zu beweisen war.
(I. Kant, Kritik der reinen Vernunft, B 452/A 452f.)

Was ist ein gutes Argument?

„Aber das ist doch kein Argument!", so sagen wir häufig, wenn wir uns mit anderen versuchen, argumentativ auseinanderzusetzen, d. h. unsere Behauptungen als gültig auszuweisen. Grundsätzlich können wir – in der Sprache der Diskursethik – „Argumentation" jenen Typus von Rede nennen, in dem wir strittige Geltungsansprüche thematisieren und versuchen, diese mit Argumenten zu legitimieren oder zu kritisieren. Ein Argument enthält dann die Gründe, die mit dem Geltungsanspruch einer problematisierten Behauptung verknüpft sind.

Eine „argumentative" Auseinandersetzung – häufig in dem telegenen Pro-Kontra-Strickmuster – kann man sich an einem Tauziehen[4] veranschaulichen. Der Beschluss wird gefasst, wenn die linke oder rechte Mannschaft gewinnt. Was da zieht, die Zugkraft, ist die Haltbarkeit der einzelnen Argumente. Wir sagen ja auch, dass ein Argument zieht, zugkräftig ist: Die *Zugkraft* wird veranschaulicht durch die Zahl gleich-starker Männer, die an mit dem Haupttau verknüpften Seitentauen ziehen. Der Ausgang des Wettkampfes hängt von der Zahl der Männer ab und außerdem von dem *Winkel* zwischen den Tauverzweigungen und dem Haupttau. Diese Winkel symbolisieren die potentielle Beweiskraft der einzelnen Argumente. Die Platzierung von Argumenten ober- oder unterhalb des Haupttaus hat keine symbolische Bedeutung. Eine Differenzierung der Argumente wird hier nicht vorgenommen.

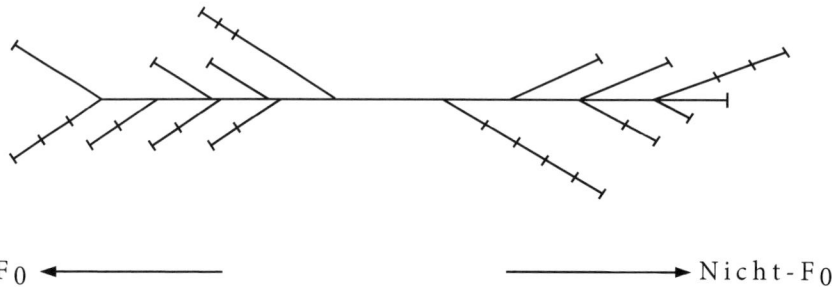

Wenn wir das Modell von Naess geringfügig erweitern, erhalten wir drei grundlegende Kriterien für ein „gutes Argument", das sogenannte RAB-Dreieck:[5]

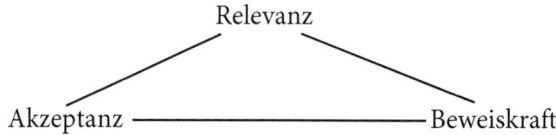

Argumente müssen also, um gut zu sein, beweiskräftig (zugkräftig), relevant und akzeptabel sein. Die Relevanz – trifft dieses Argument überhaupt zu, kommt es überhaupt in Frage?, ist es einschlägig? – ist von dem Gewicht, der eigentlichen Beweiskraft zu unterscheiden. So ist es z. B. für die Frage, ob Jan einen bestimmten Job bekommt, von Belang (relevant), dass er ausreichend qualifiziert ist; dies reicht jedoch noch nicht hin, das Qualifikationsargument als zugkräftig einzuschätzen, denn die Qualifikation einer Mitkonkurrentin um den Job kann ja noch höher sein. In der Akzeptanz – der sozialen Überzeugungskraft und dem subjektiven Pendant zur logischen Wahrheit bzw. Richtigkeit – schlagen sich kontextuelle Momente nieder: bestimmte lokale Kenntnisse, Erfahrungen, allgemeine Einschätzungen, auch Stimmungen.

Zur Sortierung und Qualifizierung von in einer Auseinandersetzung verwendeten Argumenten sind das Tauzieh-Modell wie auch das RAB-Modell sehr hilfreich. Mit dem Tauzieh-Modell lassen sich schon auf der Sekundarstufe I die jeweils angeführten Argumente anschaulich positionieren und auf deren resultierende Zugkraft hin problematisieren. Schüler können damit für die Eigenart von Wertentscheidungen sensibilisiert werden. Es kommt paradoxerweise nicht auf physische, d. h. dezisionistische Brachialgewalt – was vielleicht zunächst das Modell nahelegen könnte – sondern auf die subtileren Wirkkräfte der jeweils besseren Argumente an. Auf einer höheren Abstraktionsstufe bietet dann das RAB-Modell Gelegenheit, kritierielle Fragen aufzuwerfen und entsprechend zu beantworten. Es hat vor allem auch den didaktischen Vorzug, dass es argumentative Fragen und Probleme nicht nur auf einer deduktiv-logischen Ebene ansiedelt, sondern – etwa im Begriff der Akzeptanz – auch pragmatisch-psychologische Zusammenhänge berücksichtigt. Schüler haben nicht selten ein gutes Gespür dafür, dass bei Streitgesprächen über Werte und Normen auch persönliche Einstellungen, situative Momente ein erhebliche Rolle spielen können. Sie aufzugreifen und zu thematisieren gehört auch zum didaktischen Problemfeld philosophisch-ethischen Argumentierens.

Moralische Gründe

Eine vergleichbare erhellende und insoweit analytische didaktische Funktion kann das Achten auf die Art der in einer Argumentation benutzten Gründe haben.

Moralische Begründungen rekurrieren auf
- → ein Faktum „weil sie Kurdin ist …"
- → ein Gefühl „weil ich mich schäme …"
- → mögliche Folgen „weil sie zu leiden hätten …"
- → einen Moralkodex „weil man ein Versprechen halten soll …"
- → moralische Kompetenz „weil der Lehrer so gesagt hat …"
- → das Gewissen „weil es mir mein Gewissen befiehlt …"

Ein Initiieren oder Weiterführen einer Argumentation durch adäquate Impulse von Seiten der Lehrperson scheint dann erfolgversprechender, wenn sie sich der jeweils angeführten Art von Gründen bewusst ist. Darüber hinaus gewinnt das Gespräch an Struktur und Transparenz, ein Punkt, der bei der Motivation der Schüler, sich in die Diskussion einzulassen, zum Tragen kommen kann. Bekommt der Schüler ein Gespür für die Eigenart der eingesetzten Argumente – z. B. Folgen-Argument – Prinzipien-Argument – Autoritätsargument – oder Gewissensargument –, so sind die Wege für ein Verstehen der abstrakteren ethischen Argumentationsmodelle (Utilitarismus, Deontologie oder Kontraktualismus) schon gebahnt.

Ethische Normenkonflikte

Strukturmerkmale

Ethische Normenkonflikte, ihre methodisch und didaktisch adäquate unterrichtliche Behandlung bilden ein effizientes Medium zur Steigerung von Argumentierfähigkeit und praktischer Urteilskraft. Der Schüler sieht sich in Widersprüche verwickelt und herausgefordert, diese kognitiven Dissonanzen wieder auszubalancieren.

Was ist ein ethischer Normenkonflikt, was sind seine strukturellen Merkmale?

Historisch oder literarisch Interessierten steht neben alltagsweltlichen ein Fülle von schon klassischen Beispielen zur Verfügung: von der Antigone des Sophokles über Shakespeare's „Julius Caesar" – der moralische Konflikt drückt sich in den Worten des Brutus aus: „Not that I loved Caesar less, but that I loved Rome more" (3. Akt, 2. Szene) – über Ibsens „Nora oder ein Puppenheim", – Nora muss sich zwischen Pflichten gegenüber ihrem Mann, ihren Kindern und gegenüber sich selbst entscheiden – bis hin zu G. B. Shaw's „Major Barbara", wo Barbara vor dem Problem steht, Armen und Bedürftigen mit Geldern aus fragwürdigen Rüstungsgeschäften zu helfen.

Ein vorzugsweise für ältere Schüler geeignetes Beispiel wäre der von Sartre in „Ist der Existentialismus ein Humanismus"[6] geschilderte moralische Konflikt: Sartre beschreibt den Gewissenskonflikt eines seiner Schüler, der im 2. Weltkrieg vor der Wahl steht, entweder seine Mutter zu verlassen, sich der Resistance anzuschließen und gegen die deutschen Besatzer zu kämpfen oder zuhause bei seiner Mutter zu bleiben, die sehr an ihm hängt und die sein „Verschwinden" – und vielleicht sein Tod – in die Verzweiflung stürzen würde.

Das logische Skelett eines Normenkonflikts wird allgemein so dargestellt:
(1) Ich soll a tun   =   O(a)
(2) Ich soll b tun   =   O(b)
(3) Ich kann aber nicht a und b tun

Der Grund, warum a und b nicht gleichzeitig getan werden kann, kann einmal eine bewusste Entscheidung des Handelnden sein, entweder a oder b zu tun; oder schiere Kontingenz macht eine gleichzeitige Erfüllung unmöglich.

Normenkonflikte – so hat es den Anschein – stellen eine Gefahr für die Rationalität ethischen Argumentierens dar. Doch was heißt hier „rational"? Ein Vergleich eines Normenkonflikts mit einem aussagenlogischen Widerspruch könnte hier hilfreich sein und die spezifische Qualität des ersteren etwas erhellen.

Das aristotelische Widerspruchsprinzip liefert das klassische Beispiel für einen aussagenlogischen Widerspruch.

> „Es ist unmöglich, demselben dasselbe in derselben Hinsicht zugleich zu- und abzusprechen."[7]

Der Widerspruch besteht darin, dass behauptet wird, dass etwas zugleich der Fall als auch nicht der Fall ist. Dies ist jedoch ontologisch unmöglich: Etwas kann nicht zugleich sein und nicht sein. In diesem Sinne widersprüchliche Aussagen können daher nicht beide wahr sein. Nur eine kann es sein, die andere muss falsch sein (Kontradiktionsprinzip).

Bei einem Normenkonflikt liegen die Dinge etwas anders. Eine Norm gebietet eine bestimmte Handlung, eine andere gebietet zugleich deren Unterlassung. Hier liegt also auch ein Widerspruch vor, allerdings kein aussagenlogischer, sondern ein pragmatischer. Ein Normadressat kann nicht die Handlung H1 und die damit unvereinbare Handlung H2 zugleich befolgen. Egal wie er sich verhält, eine Norm wird auf jeden Fall verletzt. Behandelt man nun einen Normenkonflikt in Analogie zum aussagenlogischen Widerspruch, so könnte nur eine Norm gelten, die andere Norm müsste ungültig sein. Dies widerspricht aber unseren moralischen Intuitionen. Selbst wenn der Schüler von Sartre sich für die Resistance und gegen seine Mutter entscheidet, so wird eine Norm wie „Ehre, liebe deine Mutter" nicht ungültig. Sie lässt sich nur kontingenterweise in seinem besonderen Fall nicht realisieren. Diese Unterscheidung scheint mir für Rolle und Stellenwert einer deontischen Logik grundlegend. Im Umgang mit Normen scheint eine andere Art von Rationalität adäquat zu sein als im Umgang mit bloß deskriptiven, streng logischen Sachverhalten.[8]

Lösungsstrategien

Ein argumentationslogisches Kernelement bei dem Versuch, zu einem plausiblen Urteil zu kommen, ist zweifelsohne das „Ab-wägen". Ein Wort, dessen Metaphorik von den damit verbundenen logischen Problemen mehr ablenkt als sie fokussiert. Miteinander ab-wägen kann ich ja nur vergleichsweise homogene Größen. Wie sieht es aber mit völlig heterogenen, miteinander schwerlich kompatiblen Argumenten aus, wie mit unterschiedlichen Standpunkten, Perspektiven, Argumentationsbasen bzw. -rahmen?[9] Traditionsgemäß haben sich mit solchen und ähnlichen Problemen am intensivsten die Juristen auseinandergesetzt. In der Rechtstheorie wurden drei Prinzipien entwickelt, die zur Beseitigung von Normenkonflikten führen sollen:
a) „Lex superior derogat legi inferiori": eine höhere Norm rangiert vor niederen Normen.
b) „Lex specialis derogat legi generali": Spezialnormen gehen vor allgemeinen Normen.
c) „Lex posterior derogat legi priori": jüngere Normen heben ältere auf.

Damit lässt sich einiges machen. Problematisch bleiben aber immer noch konfligierende Grundrechtsnormen. Hier kann es – so die herrschende Meinung – keine streng hierarchische Rangordnung geben. Bei einer Prinzipienkollision muss jewels auf den Einzelfall abgestellt werden.[10]
Die Kollision von gleichrangigen Rechtsgütern versucht man dadurch zu lösen, „daß im Blick auf die Umstände des Falles eine bedingte Vorrangrelation zwischen den Prinzipien festgesetzt wird"[11]. (Eine Vorrangrelation wird so notiert:)

(P 1 **P** P 2) C

Dabei bezeichnet „C" die Vorrangbedingungen. Prinzip 1 hat Vorrang (Priorität) vor Prinzip 2 aufgrund der Kontextbedingungen C. Diese müssen im Fall von grundrechtlichen Abwägungen vom Gericht hinreichend begründet werden.

Solche Formeln suggerieren eine rationale Lösung von Normenkonflikten. In Wirklichkeit bleibt stets ein Rest Unsicherheit. Die Konzentration auf den Kontext, den Einzelfall verbietet grundsätzlich eine „cartesianische" Lösung mit streng deduktiven Ableitungen. Ermessensspielräume werden subjektiv wahrgenommen und legitimerweise ausgefüllt.

Wenngleich juristische Normenkonflikte nicht mit moralischen identisch sind, so besteht doch eine gewisse Parallele. Auch hier versucht man, sich zur Lösung von Normenkonflikten mit Vorzugesregeln zu helfen, die ihrerseits natürlich wieder einer Begründung bedürfen.

Grundsätzlich können wir zwischen drei Strategien zur Lösung von Normenkonflikten unterscheiden:

a) die Einführung von klaren Prioritätsregeln
b) die utilitaristische Lösung
c) die Einführung von Ausnahmeregeln: „Du sollst s tun, es sei denn, du befindest dich in der Ausnahmesituation x, y, z".

zu a) als Beispiele seien genannt:
- „Im Konfliktfall ist die Wahrung der Würde des Menschen und das, was sie sichert, allen übrigen Werten voranzustellen."[12]
- „Das sittliche Gut der freien Eigenverantwortlichkeit, der Freiheit des Gewissens, ist im Konfliktfall sämtlichen übrigen Gütern vorzuziehen."[13]
- „Den Ansprüchen, die sich von der Gemeinschaft her ergeben, kommt gegenüber den Ansprüchen des Einzelnen im Konfliktfall der Vorrang zu."[14]
- „Utilitaristische Prinzipien sind deontologischen Prinzipien nachgeordnet und kommen erst dann zur Geltung, wenn die Gewährleistung der Grundrechte gesichert ist."[15]

Solche und ähnliche Präferenzregeln können den Schülern eine gewisse Orientierung oder zumindest einen Diskussionsrahmen liefern, in Beziehung zu dem sie dann ihre Position formulieren und präzisieren können. Sie sind eher Suchhilfen als probate Lösungsschlüssel.

Logische Voraussetzung solcher Regeln ist eine Hierarchisierung der relevanten Werte und Normen. Nur dann können wir bei zwei konfligierenden Normen entscheiden, welche den Vorrang hat. Diese rationalistische bzw. monistische Konzeption erinnert stark an Kant. Als Newtonianer kann er sich einen echten Normenkonflikt, eine echte Pflichtenkollision nicht vorstellen. Die durch den kategorischen Imperativ erhärteten und getesteten Pflichten gelten absolut. Das Wahrheitsgebot gilt ohne Ausnahme. Es kann gar keine Pflicht geben, die damit inkompatibel wäre und es so relativieren könnte.

Heute scheint eine solche Hierarchisierung zumindest sehr problematisch.

Die moralischen Probleme sind häufig viel zu komplex, als dass sie in ein starres Regelwerk gepresst werden könnten.

Zu b):

Trotz aller Unterschiede, in einer Sache sind Kant und Mill einer Meinung: Echte moralische Konflikte kann es nicht geben. Jeder Normenkonflikt kann nach Mill durch einen Vergleich des einer Handlung jeweils zugeordneten Nutzens gelöst werden. „If utility is the ultimate source of moral obligations, utility may be invoked to decide between them when their demands are incompatible."[16]

Das utilitaristische Konzept steht und fällt mit der Annahme, dass es sich bei der Nützlichkeit (utility) um einen homogenen Wert handelt, auf den alle moralisch relevanten Überlegungen zurückzuführen sind.

Zu c):

Hier wird aus der absoluten Norm „Du sollst nicht lügen!" ein bedingtes Gebot:

„Du sollst stets die Wahrheit sagen, es sei denn, du schadest mit deiner Aussage anderen Menschen!" Unter Berücksichtigung der Ausnahmeklausel behält also die Norm ihre prinzipielle Gültigkeit.

Diese Lösung scheint in vielen Fällen intuitiv plausibel. Ein starrer Monismus weicht einem eher pluralistischen und realistischen Ansatz. Worauf im Gespräch mit den Schülern vieles ankommt, ist, eine hinlänglich genaue Typologisierung der Ausnahmefälle anzustreben. Die Ausnahmeregeln müssten hinreichend klar formuliert und begründet sein. So kann einem uferlosen kasuistischen Beliebigkeitsdiskurs einigermaßen erfolgversprechend gegengesteuert werden.

Eines scheint deutlich zu werden: Echte Normenkonflikte sind rational schwer lösbar. Es bleibt häufig ein gewisses Konfliktpotential übrig, das durch keine noch so kluge Regel geglättet werden könnte.

Beim Versuch, den Normenkonflikt seines Schülers – Kampf in der Resistance gegen deutsche Besatzer; und auf der anderen Seite: die Beziehung und Verantwortung gegenüber der Mutter – zu lösen, hebt Sartre auf die je eigenen Gefühle ab. Er schreibt dazu:

> „Das, was im Grunde wichtig ist, ist das Gefühl; ich sollte das wählen, was mich wirklich in eine bestimmte Richtung drängt. Fühle ich, daß ich meine Mutter genügend liebe, um ihr alles andere zu opfern, so bleibe ich bei ihr. Wenn ich das Gegenteil fühle, daß meine Liebe für meine Mutter nicht genügend ist, so gehe ich. ... Aber wie ist der Gradwert eines Gefühls zu bestimmen? Den Gradwert dieser Zuneigung kann ich erst bestimmen, wenn ich eine Tat vollbracht habe, die ihn bestätigt oder definiert. Da ich aber von diesem Gefühl verlange, meine Handlung zu rechtfertigen, so finde ich mich in einen circulus vitiosus hineingezogen."[17]

Offensichtlich gibt es für Sartre in dieser Situation keinen zentralen Wert, auf den sich die konfligierenden Werte beziehen lassen. Wir sind in solchen

Situationen auf uns verwiesen, müssen uns entscheiden, ohne in der Lage zu sein, unsere Entscheidung als begründete und insofern richtige ausweisen zu können. Diese Notwendigkeit, sich zu entscheiden, wird nicht selten als ein untrügliches Charakteristikum menschlicher Existenz begriffen.

> „The necessity of choosing between absolute claims is then an inescapable characteristic of the human condition. This gives its value to freedom ... as an end in itself."[18]

Aus der Unfähigkeit, für Konflikte rationale Lösungen zu finden, bezieht unsere Freiheit ihren Selbst-wert.

Diese radikal-dezisionistische Position lässt sich Schülern in einer Reihe von zugespitzten Fällen durchaus vermitteln, wenngleich doch recht deutlich wird, dass es sich hier nicht um eine im strengen Sinne rationale Begründung handeln kann. Didaktisch bemerkenswert scheint daran etwas anderes: Sie impliziert durch den Rekurs auf die eigenen Gefühle und Empfindungen eine genauere individuelle Selbstprüfung, ein wichtiges Moment moralischer Reflexivität. Eine authentische Selbst-wahrnehmung der eigenen, vielfach unbewussten Regungen, Wünsche und Vorlieben bereitet jenes Terrain, auf dem dann in einem zweiten Schritt die praktische Urteilskraft tätig werden kann. Hier zeigt sich eine gewisse Analogie zum value-clarification-Ansatz (Wertklärungsmethode).

Statt in sich hineinzuhören und seine Gefühle und Wünsche zu befragen, könnte jener Schüler Sartres sich darüber Gedanken machen, welche der Handlungsoptionen besser zu seinem Leben passt. Er könnte überlegen, was vor dem Hintergrund früherer Erfahrungen und Prinzipien oder mit Blick auf zukünftige Konzepte für ihn mehr „Sinn" macht. Möglicherweise hat er sich früher schon stark politisch engagiert und darin einen Weg zu mehr Gerechtigkeit und Humanität gesehen. Dies wäre ein wichtiger Teil seiner moralischen Identität. Aktuelle Entscheidungen und deren Grundsätze sollen zu ihr gewissermaßen „passen" und so ein mehr oder minder stimmiges – kohärentes – Gefüge von moralischen Regeln und Urteilen ergeben.

Mit Normenkonflikten in unterschiedlichsten Konstellationen – wenngleich häufig ohne die gerade angesprochene Spezialisierung und Zuspitzung moralischer Dilemmata – hat es vor allem die sog. „Angewandte Ethik" zu tun. Die Biotechnologie oder auch die Reproduktionsmedizin wären hier zu nennen. Bei der Analyse und Beurteilung solcher komplex gelagerten Fälle lassen sich Möglichkeiten und Grenzen kohärenten Argumentierens zeigen.

Dilemma-Diskussionen

Normenkonflikte sind Gegenstand von Dilemma-Diskussionen. Sie stellen im Ethikunterricht eine zentrale Aktionsform dar, sind ein hauptsächliches Verhikel der klärenden Vermittlung von Normen und Werten, jedoch methodisch-praktisch nicht immer leicht zu operationalisieren.

Ethische Normenkonflikte

Verlauf einer Dilemma-Diskussion:[19]

Tätigkeit der Lernenden	Ablauf	Tätigkeit der Lehrperson
	1. Schritt Konfrontation mit einem moralischen Dilemma	
Nachdenken und Suchen der eigenen Person (Stellungnahme)		Überprüfen, ob die Lernenden die Umstände erfasst und das Problem erkannt haben
	2. Schritt Festlegung einer ersten Position	
Individuelles Reflektieren über die eigene Position		
Verknüpfen der eigenen Position mit dem Wissen über verschiedenartige Wertkonzepte		
Festlegen der eigenen Position und der Gründe dafür		Aufnahme der einzelnen Positionen und Begründungen an der Wandtafel
	3. Schritt Überprüfen der Positionen und ihrer Begründungen	
Mitwirkung in der Klassendiskussion		Endweder: Moderieren des Dialogs mit der Klasse
Mitwirkung in Kleingruppen		Oder: Organisieren der Kleingruppenarbeit
	4. Schritt Nachdenken über die eigene Position (Stellungnahme und Auswertung)	
Individuelles Nachdenken und Festlegen der definitiven eigenen Position		Moderieren der Nachbesprechung

In jedem Fall hängt das Gelingen von Dilemma-Diskussionen auch an den sprachlichen Impulsen der Lehrperson. Sie können für eine gewisse Transparenz, eine gewisse Klarheit und Struktur der Diskussion sorgen. Differenzen und Widersprüche werden deutlich markiert und den Schülern bewusst gemacht. Schließlich ist eine abschließende Zusammenfassung in Form einer Konsenssuche in der Regel recht sinnvoll. Sie zeigt u. a. jene Problemaspekte auf, die es noch weiter zu verfolgen gilt.

Allgemeine Anregungen für Impulse, die einer Dilemma-Diskussion förderlich sein können, lassen sich grob wie folgt gliedern:

1. Vergewisserung:
Ich habe dich jetzt so verstanden: ... Hast du das gemeint?
Habe ich deine Argumentation richtig zusammengefasst oder habe ich etwas Wichtiges nicht beachtet?
Würdest du in deiner Argumentation auch bis zu diesem Extrem gehen?
Ich glaube, du hast mich jetzt so ... verstanden. Ist das richtig?

2. Ergänzungen / Korrekturen:
Du hast mich nicht richtig verstanden. Ich meine folgendes ...
In dem Punkt gebe ich dir recht. Das bedeutet für deine Begründung ...
Hier ist noch ein weiterer Gedanke, der zu deiner Auffassung passen könnte. Wie siehst du denn das?
Kannst du das noch mal deutlich machen?
Warum siehst du das so? Du hast diesen Aspekt noch nicht begründet.
Ich möchte deinen Gedanken ergänzen / fortführen.

3. Widerspruch / Kritik
Ich denke im Gegensatz zu dir, dass ...
Ich kann dir unter folgendem Gesichtspunkt nicht folgen.
Hier sehe ich einen Widerspruch in deiner Argumentation.
Wenn ich deine Argumentation weiterdenke, dann führt das meiner Meinung nach zu folgendem Problem.
Ich habe Probleme mit deiner Annahme, dass ... / mit den Voraussetzungen, die du machst.
Im Vergleich zu dir macht A. eine Unterscheidung, die mir wichtig erscheint.

4. Konsenssuche
Unsere Auffassungen haben folgendes gemeinsam.
Bisher teilt ihr folgende Standpunkte und wir unterscheiden uns in folgenden Aspekten.
Hier lassen sich eure Standpunkte verbinden.
Wenn du ihr / ihm in diesem Punkt zustimmen kannst, dann können sich eure Auffassungen annähern.

Unter folgenden Voraussetzungen wäre ich bereit, deinen Standpunkt zu akzeptieren / kann ich dir zustimmen.

Dilemma-Diskussionen liefern zahlreiche Impulse zur Förderung unterschiedlicher Schülerkompetenzen:

→ Schüler werden sich ihrer bislang diffusen Meinung über etwas bewusst (Ich-kompetenz)
→ ihr Wissen über Sachen und Zusammenhänge wächst (Sachkompetenz)
→ sie lernen sich verständlich auszudrücken und sich im Gespräch mit anderen zu verständigen (kommunikative Kompetenz)
→ sie lernen, Behauptungen möglichst plausibel und argumentativ zu begründen (argumentative Kompetenz)

Ethisches Argumentieren anhand von Fallanalysen

Grundlagen

Der praktische Syllogismus
„*Wenn man nämlich weiß, daß leichtes Fleisch gut verdaulich und gesund ist, nicht aber weiß, welches Fleisch leicht ist, so wird der nicht die Gesundheit schaffen können; das wird eher jener können, der weiß, daß das Geflügelfleisch leicht verdaulich ist.*"

(Aristoteles, Nikomachische Ethik, 1141b 14–20)

„Der Syllogismus ist eine Rede (logos), in welcher – indem gewisse Voraussetzungen gemacht werden – etwas anderes als die Voraussetzungen mit Notwendigkeit folgt."[20] Die bekannteste Aristotelische Schlussfigur (Modus Barbera) hat daher die Form:

$$\begin{array}{ccc} M & a & P \\ S & a & M \\ \hline S & a & P \end{array}$$

Alle M sind P, alle S sind M, daraus folgt: Alle S sind P.

Beispiel:[21]

Alle Mörder sollen bestraft werden

T ist ein Mörder

T soll bestraft werden.

In einem praktischen Syllogismus wird aus einem normativen Obersatz (Prämisse) und mindestens einem nicht-normativen, deskriptiven Untersatz auf eine normative Konklusion geschlossen.

Diese beiden Ebenen – die empirisch-deskriptive und die normative – in einen begründeten, d. h. gewissermaßen logischen Zusammenhang zu bringen, ist ein konstitutiver Aspekt ethischen Argumentierens. Was heißt es, eine Norm, so wie sie sich in einem normativen Satz ausdrückt, auf eine Situation anzuwenden, die Situation, den Fall unter die Norm also zu subsumieren bzw. die Situation als casus der Norm zu begreifen? Im Modell der richterlichen Urteilsfindung geschieht dies in besonders exemplarischer Form. Hier lässt sich das Vorgehen der praktischen Urteilskraft – der aristotelischen Phronesis sehr ähnlich – deutlich aufzeigen.

Bei der Urteilsfindung des Richters geht es wesentlich darum, einen empirischen Sachverhalt korrekt als Fall eines normierenden Tatbestandes zu bestimmen. Sachverhalt und Tatbestand müssen einander zugeordnet werden, bis sie quasi deckungsgleich geworden sind. Es geht dabei vor allem um eine „Überwindung der Differenz zwischen der Allgemeinheit der Norm und der Singularität des Einzelfalles"[22]. Die Norm gehört dem allgemein definierten Sollen an, der Fall mit seinen nicht selten unübersehbaren Fakten dem ungegliederten amorphen Sein. Eine Zuordnung ist erst möglich, nachdem die Norm mit Empirie und der Fall mit Normativität in der Weise angereichert worden sind, dass sie zueinander „passen". Es handelt sich also um ein „Hin- und Herwandern des Blickes" zwischen Norm und Lebenssachverhalt, was jedoch – genau besehen – keinen fehlerhaften hermeneutischen Zirkel impliziert.[23]

Die Argumentationsfigur des praktischen Syllogismus kann als ein methodisches Hilfsmittel gesehen werden. Es soll beim Einüben von ethischem Argumentieren zu einer deutlichen Markierung der Sach- und der Normdimension verhelfen. Nur so kann das komplexe Zusammenspiel dieser beiden Ebenen in der entsprechenden Normen- bzw. Sachanalyse deutlich gemacht und untersucht werden. Eine Differenzierung zwischen Tatsachen und Werten, zwischen dem, was ist, und dem, was aus irgendwelchen Gründen sein soll, lässt erst das Wechselspiel dieser beiden Sphären erkennen.

Ein Argument überzeugt nur dann, wenn wir beiden Prämissen – der deskriptiven wie der normativen – zustimmen können. Wenn also Aussage gegen Aussage steht, muss geklärt werden, ob Uneinigkeit bei der deskriptiven oder der normativen Prämisse besteht. Der praktische Syllogismus erweist sich so als ein Analyseinstrument für die Qualität von Argumenten. Er hilft den Schülern, grundsätzlich zwischen Sach- und Wertfragen unterscheiden zu können.

Beispiele eines praktischen Syllogismus:

(a) Die Argumentationsstruktur der Status-Diskussion in der Bioethik

A) *normative Prämisse:*

(I) bestimmte Konzeptionen von „Mensch", „Person", „Interesse", „Leben", „Tod"
z. B.: Personen sind vernunftbegabte, selbstbewusste Wesen, die absichtlich, willlentlich und moralisch handeln können.

(II) Diese so definierten Wesen können Träger von Rechten sein, insbesondere des Rechts auf Leben.

B) *deskriptiv-empirische Prämisse:*
Biologie, Neurophysiologie u. a. sagen: Jene Eigenschaften entwickeln sich beim Wesen W ab dem Zeitpunkt t.

C) *Konklusion:*
Solche Wesen erwerben zum Zeitpunkt t besondere Rechte. Sie sind Träger schützwürdiger Rechte.

(b) Der pragmatische Schluss: Das Prinzip der Zweckrationalität

Zu den praktischen Syllogismen sind neben den normativen auch die pragmatischen zu zählen. Im pragmatischen bzw. zweckrationalen Schluss kommt eine weitere Grundfigur ethischen Argumentierens zum Ausdruck: die Zweck-Mittel-Relation. Zweckrational handelt nach Max Weber eine Person, die ihr Handeln grundsätzlich nach Zwecken, Mitteln und Nebenfolgen orientiert. Dabei werden die eingesetzten Mittel gegen die anvisierten Zwecke, die Zwecke gegen die Folgen und schließlich die unterschiedlichen möglichen Zwecke gegeneinander rational abgewogen.

Zweckrationalität umfasst hier offensichtlich zweierlei: einmal Rationalität im Sinne von substantieller Rationalität. Sie reflektiert über Handlungszwecke, Zweckhierarchien und letzte Zwecke; zum anderen die instrumentelle Rationalität. Sie denkt über adäquate Mittel nach, die vorgefassten Zwecke zu realisieren.

Wenn eine rationale Person will, dass p der Fall ist, und wenn sie weiß, dass q eine notwendige Bedingung für p ist, dann will eine rationale Person aus wohlverstandenem eigenen Interesse, dass q der Fall ist.

Schema eines zweckrationalen Schlusses:
1. X beabsichtigt, p herbeizuführen.
2. X glaubt, dass er p nur herbeiführen kann, wenn er q tut.
3. Folglich macht sich X daran, q zu tun.

Die argumentative Figur der Zweck-Mittel-Relation hat wiederum einen analytischen Sinn. Sie markiert die argumentativ zu klärenden Elemente des Schlusses. Normatives in Gestalt einer Zweck-Idee muss sich plausibel vermitteln und kontextualisieren lassen mit Deskriptivem, einem empirischen Mittel. Die Legitimitätsfrage, über die es dann zu argumentieren gilt, liegt in dem Verhältnis zwischen Zweck und Mittel. Strahlt die Dignität eines intendierten Zweckes auf das eingesetzte Mittel und lässt gewisse Schattenseiten verschwinden? Oder korrumpiert das fragwürdige Mittel den hehren Zweck? In welchem ausbalancierten Verhältnis müssen sich Mittel und Zweck befinden? Welche Prüfkriterien kommen hier in Frage?

Beispiel: Prüfung der Legitimität einer militärischen Intervention zur Abwehr von Aggression (Menschenrechtsverletzungen).

1. Kriterium: Vorliegen muß ein gravierendes Delikt (Aggression): eine *„causa iusta"* als Grundlage für die Intervention.

2. Kriterium: Prinzip der *ultima ratio*: Alle weniger drastischen Mittel müssen erschöpft sein.

3. Kriterium: Prinzip der *Verhältnismäßigkeit*: durch den Einsatz des Mittels sollte nicht zusätzlicher Schaden angerichtet werden. Mittel und Zweck sollen in einer vernünftigen Relation stehen.

4. Kriterium: Prinzip der *Tauglichkeit der Mittel*: deren erfolgverspechender Einsatz.

Die klärende Reflexion arbeitet also in zweierlei Richtung: einmal geht es um die Prüfung der Wertentscheidungen, die sich in den intendierten Zwecken niederschlagen; zum anderen um die empirische Tauglichkeit der eingesetzten Mittel.

Dass syllogistisches Schließen nicht zur Begründung normativer Aussagen ausreicht, ist offenkundig. Was es aber leisten kann, ist doch wohl folgendes:

→ Es hilft zur präziseren Lokalisierung des Konflikts: liegt er in einer fragwürdigen Sachbeschreibung (deskriptive Komponente), oder einer nicht minder fragwürdigen normativen Prämisse.
→ Es schärft den Blick für die normative Dimension. Die essentiellen argumentativen Schwierigkeiten liegen in einer Begründung der Prämissen und nicht im Ziehen von Konklusionen.
→ Es erleichtert das Erkennen eines naturalistischen Fehlschlusses.
→ Es macht sensibel für einen hinreichend klaren Umgang mit Begriffen.

Formallogisch zwingt syllogistisches Argumentieren zu einer präzisen und einheitlichen Verwendung von Begriffen. Ein häufig zu beobachtender Fehler besteht in einer bewusst oder unbewusst vollzogenen doppeldeutigen Begriffssprache, das Problem der Äquivokation also.

Beispiel:

(1) Only men can speak rationally
(2) No woman is a man
___
(3) Therefore, no woman can speak rationally

Worin besteht die Äquivokation? Sie liegt darin, dass die Gültigkeit des Arguments selbst nicht vereinbar ist mit der gleichzeitigen Wahrheit der Prämissen. Der Gebrauch bzw. Inhalt vom englischen „man" ist nicht einheitlich (univok), sondern äquivok (doppeldeutig).

Das Toulmin-Schema

Praktische Syllogismen, werden sie auch noch so flexibel und kontextgebunden gehandhabt, lassen grundsätzlich nur analytische Schlüsse zu. Die Schlussfolgerung enthält nur das, was in den Prämissen zu finden ist. Es wird nicht behauptet, dass die beiden Prämissen stimmen. Sie werden bloß angenommen. Der Schluss „schließt" quasi automatisch auch dann, wenn sie falsch sind.

Beispiel: Alle Indianer tragen Zöpfe
            Kant war ein Indianer
            ___
            Also trug Kant Zöpfe

St. E. Toulmin[24] – sein Argumentationsmodell soll hier für eine Didaktik argumentativer Kompetenzen genutzt werden – will mit seinem Schema substantielle Argumente liefern, die nicht allein aufgrund analytischer Konsistenz oder Inkonsistenz gelten bzw. nicht gelten. Toulmin geht es vor allem um die Logik der tatsächlich stattfindenden Argumentationen („working logic"), um die Logik praktischer Diskurse. Dabei rückt er die Logik ganz in die Nähe der Jurisprudenz: „Logic is generalized jurisprudence."[25] In beiden Fällen geht es um die möglichst plausible Begründung von Geltungsansprüchen. Dies kann zunächst und ganz elementar dadurch geschehen, dass Tatsachen als Gründe angeführt werden. So kann die Behauptung, dass Harry ein britischer Staatsbürger ist (C = claim or conclusion; Anspruch oder Konklusion) durch die Tatsache, dass Harry auf den Bermudas geboren wurde (D = data; Daten, Informationen) begründet werden. Dieses Argument kann auf zwei Weisen in Frage gestellt werden. Einmal kann die Wahrheit von D, zum anderen der triftige Zusammenhang zwischen D und C angezweifelt werden. Im zweiten Fall muss der Übergang von D zu C gerechtfertigt werden. Dazu ist eine Schlussregel (W = warrant) erforderlich. In unserem Fall lautet W: „Wer auf den Bermudas geboren wurde, ist britischer Staatsbürger". W seinerseits lässt sich wiederum anzweifeln. Man könnte dann als Stützung (B = backing) von W auf ein bestimmtes vom Parlament verabschiedetes Gesetz verweisen.

So erhalten wir folgendes Argumentationsschema:

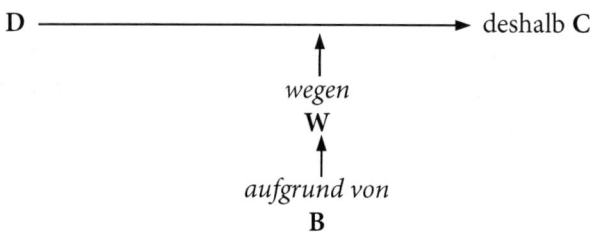

Ein Beispiel:

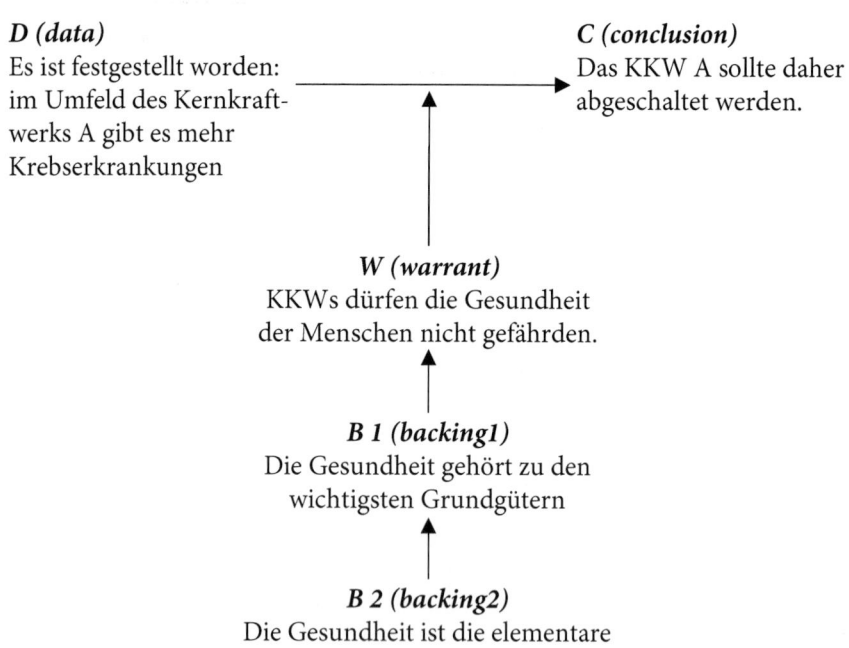

Toulmin überträgt dieses Schema auf normative Aussagen. Als Beispiel:
C = „X hat moralisch schlecht gehandelt" – D = „X hat gelogen" – W (evaluative Schlussregel) = „Lügen ist moralisch schlecht" – B = z. B. Hinweis auf schlechte Folgen des Lügens. Entscheidend ist nun, dass das B-Argument ein Mehr an Information bzw. Triftigkeit enthält als die in einer bloß analytischen Argumentation enthaltenen Informationen bzw. Gründe. Insofern ist es substantiell.

Toulmin erweitert sein Schema, indem er noch zwei weitere Gelenkstellen einbaut, um es für komplexere Begründungszusammenhänge flexibel einsetzen zu können. So führt er Modaloperatoren (MO: „notwendigerweise", „wahrscheinlich", oder „vermutlich") ein. Des Weiteren versucht er die Argumentation durch die Einführung gewisser Ausnahmebedingungen (AB: „Es sei denn"-Klausel) zu präzisieren. Im Toulminschen Beispiel: C wird durch den MO qualifiziert: „Vermutlich ist Harry deshalb britischer Staatsbürger" und die Ausnahmebedingungen (AB) geben Umstände an, durch die C aufgehoben bzw. relativiert werden müsste: „Es sei denn, beide Eltern sind Ausländer oder er wurde durch Einbürgerung Amerikaner".

Beispiel eines erweiterten Argumentationsganges:

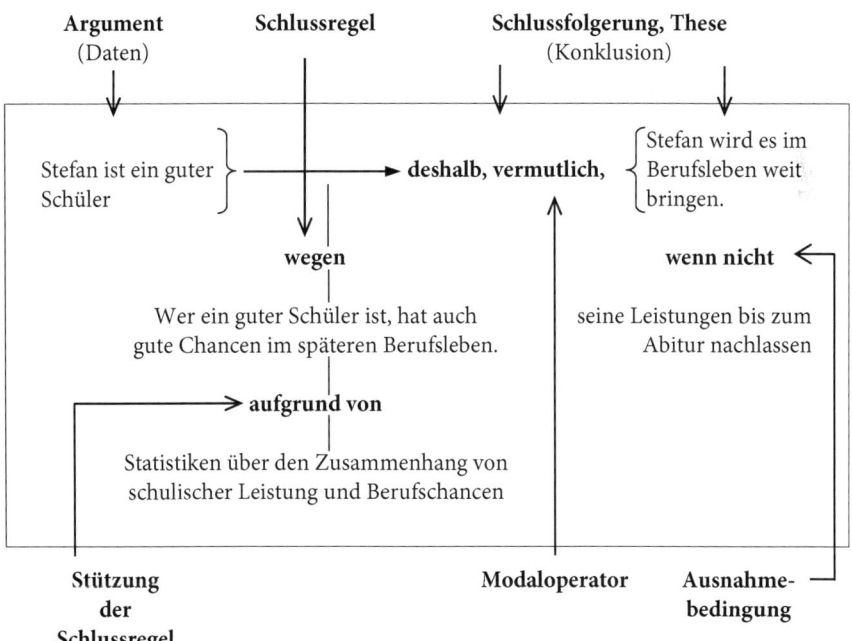

Das Skelett der Argumentation wird in seiner Feingliedrigkeit recht deutlich. Die einzelnen Schritte können so klar identifiziert und analysiert werden. Dadurch wird das Argumentieren hinreichend strukturiert und transparent und kann so eher zu plausiblen Ergebnissen führen.

Formelhaft verkürzt sieht die Struktur des Arguments so aus:

D → deshalb MO C, wegen W, aufgrund von B, wenn nicht AB:

Dieses Schema läßt sich wiederum auf ethisches Argumentieren übertragen:
Beispiel:

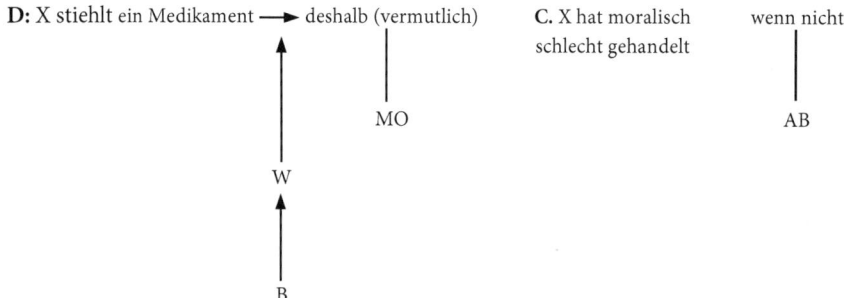

Hier zeigt sich, dass die Darstellung eines Argumentationsganges nach dem Toulmin-Schema auch für Dilemma-Diskussionen sinnvoll ist. Alternative Argumentationen bzw. Begründungen können visualisiert und untersucht werden. Unterschiede und Gemeinsamkeiten der Argumentation werden lokalisiert und auf ihre versteckten Implikationen hin befragt.

Ein weiterer didaktischer Vorteil dieses Schemas liegt in seiner Einfachheit. Aus Fakten, Schlussregeln – Brückenprinzipien, die einen begründeten Übergang vom Faktischen zum Normativen rechtfertigen –, und allgemeinen moralischen Grundsätzen oder Moraltheorien (z. B. kategorischer Imperativ / Utilitarismus) werden, sofern nicht eine Ausnahme vorliegt, mit einem bestimmten Sicherheitsgrad Schlüsse gezogen. Diese klare Struktur vermag die Schüler dafür zu sensibilisieren, möglichst gut begründet und plausibel zu argumentieren.

Das Argumentationsschema von Toulmin stellt gewissermaßen den praktischen Syllogismus auf den Kopf und fundiert ihn mit einer substantiellen Begründungsdimension (B). Denkbar wäre, dass B seinerseits nochmals begründet werden kann (B 1). Um nicht in einen infiniten Regress zu geraten, scheint es für Proponenten und Opponenten erforderlich, sich mit möglichst plausiblen Begründungsargumenten zufriedenzugeben.

Die von Toulmin erarbeiteten Argumentierregeln definieren das Sprachspiel der Moral. Die angewandte Terminologie umfasst „Gründe" und „Anspruch", „Rechtfertigung" und „Unterstützung", „stichhaltig", „unbegründet", „einleuchtend" und „unhaltbar".[26] Dabei wird deutlich, dass bei der Begründung von Wert- und Verpflichtungsurteilen wir uns zunächst der

alltäglichen moralischen Normen bedienen (C). Erst in einem zweiten Schritt
– (D) bzw. (W) – gehen wir zu ihrer kritischen Begründung über. Durch den
wiederholten Vollzug solcher Begründungsschritte im Unterricht kann – à la
longue – bei den Schülerinnen und Schülern eine analytisch-rationale
Grundhaltung angebahnt werden. Jener Duktus eines durchgängigen Fragens
nach Begründung und Rechtfertigung kann – bei entsprechendem
Unterrichtsklima – einen habitualisierenden Effekt haben. Insofern
entschärft sich die dezisionistisch anmutende Frage, ob man sich überhaupt
auf das Sprachspiel praktischer Diskurse einlassen soll. Der entsprechend
kritisch-rationale Umgang mit Moralwörtern motiviert seinerseits nicht
unerheblich zur Akzeptanz jener „rationalistischen Einstellung" (Popper),
einer Grundvoraussetzung ethischen Argumentierens überhaupt. Detlef
Horster fasst Art und didaktisches Gewicht des Toulminschen Prüfverfahrens sehr treffend zusammen:

> „Moralische Entscheidungen eines jeden Menschen müssen letzten Endes vor der
> Stützregel (backing) Bestand haben. Zuvor muß die Rechtfertigungsregel (warrant)
> überprüft werden; sodann müssen die Daten (data), eben die zur Verfügung stehenden Sachverhalte bewertet werden. Für das moralische Problem, wie denn abstrakt-
> universelle Prinzipien, z. B. der Kantische Imperativ, in der konkreten Handlungssituation zur Anwendung gebracht werden können, scheint mir das Toulmin-Schema
> nach wie vor unübertroffen."[27]

Der naturalistische Fehlschluss

Ethisch-philosophisches Argumentieren hat es ganz wesentlich mit der Verschränkung von Ethik und Empirie, von Normativität und Faktizität zu tun.

Die Sein-Sollen-Distinktion:

Tatsachen	Normen
(„So ist es")	(„So soll es sein")
Aussagen / Beschreibungen	Forderungen / Wertungen
(deskriptiv)	(präskriptiv / normativ)
Genese	Geltung
(„wie geworden, entstanden")	(„wie gewichtig, wertvoll")
natürliche Handlungsantriebe	moralische Handlungsmotive
Kausalität	Finalität / Zweckmäßigkeit

Ein naturalistischer Fehlschluss[28] liegt dann vor, wenn aus ausschließlich deskriptiven normative Sätze abgeleitet werden.

Beispiel:

    (A) Kati ist ein kleines Mädchen.
    (B) Kleine Mädchen spielen mit Puppen.
    (C) Kati soll mit Puppen spielen!

Der Sollens-Satz (C) wird eindeutig aus deskriptiven Prämissen (A) und (B) abgeleitet. Daher liegt ein nFS vor. Dieser läßt sich umgehen, wenn eine normative Prämisse eingeführt wird, aus der – logisch völlig korrekt – ein entsprechend normativer Schluss gefolgert werden kann.

    (A) Kati ist ein kleines Mädchen.
    (B) Kleine Mädchen sollen mit Puppen spielen!
    (C) Kati soll mit Puppen spielen!

Ein fehlerfreier Schluss also, wenngleich man über die eingeführte Prämisse geteilter Meinung sein kann.

Schon David Hume hatte diese Unmöglichkeit, streng logisch vom Sein auf das Sollen zu schließen, hervorgehoben. Das Verbot naturalistischer Fehlschlüsse kann exakt so formuliert werden:

> „Kein Schlußsatz im Imperativ kann gültig aus einer Prämissenmenge gefolgert werden, die nicht mindestens einen Imperativ enthält."[29]

Dieses Ableitungsverbot ist konstitutiv für die Ethik. Wäre es nämlich möglich, Normen auf empirische Aussagen zu reduzieren bzw. sie daraus abzuleiten, so wären alle ethischen Probleme allein mit den Mitteln der Naturwissenschaften lösbar. Als ein besonders krasses und folgenreiches Beispiel, Normen naturalistisch zu legitimieren, kann der Sozialdarwinismus gelten.

In unseren alltäglichen Urteilen ist es häufig gar nicht klar, ob ein unzulässiger Schluss aus bloß Faktischem vorliegt. Aus der empirisch belegbaren Tatsache, dass sich bei Tempo 100 um 20% weniger Unfälle als bei höheren Geschwindigkeiten ereignen, folgern wir doch vernünftigerweise, dass Tempo 100 flächendeckend eingeführt werden sollte. Hier scheint ein naturalistischer Fehlschluss vorzuliegen. Wenn wir nämlich genauer hinsehen, so können wir unschwer feststellen, dass eine normative Prämisse unterschlagen wird, ohne die der Schluss ungültig wäre. Der vollständige Schluss müsste nämlich lauten:

1. Bei Tempo 100 geht die Zahl der Unfälle um 20% zurück.
2. Es ist geboten, die Zahl der Unfälle auf unseren Straßen zu reduzieren.
3. Also ist es geboten, Tempo 100 einzuführen.[30]

Es wird also aus einer Norm und einer Tatsachenfeststellung auf eine andere Norm geschlossen. Somit liegt kein naturalistischer Fehlschluss vor. Das Aufspüren von naturalistischen Fehlschlüssen setzt also voraus, dass analytisch exakt zwischen normativen und deskriptiven Elementen und Ebenen differenziert wird. Nur so kann der Opponent den Proponenten dazu bringen, seine normativen Prämissen zu explizieren und zu legitimieren.

Der ethische Naturalismus behauptet, dass normative durch deskriptive Ausdrücke definiert werden können. Im naturalistisch definierten Prädikat „gut" findet sich dann nur faktisches So-sein, das nicht normativ legitimiert wird. Ob „gut" = „lustvoll" (Hedonismus), = „dem Überleben dienlich" (Sozialdarwinismus), = „was technisch machbar ist" (technologischer Imperativ), = „von der Mehrzahl der Menschen erstrebt" (argumentum ad populum) gesetzt wird, ist eine grundsätzlich „offene Frage" (Moore). Der Verweis auf die Empirie allein rechtfertigt nichts, die normative Frage muss noch eigens gestellt und angegangen werden.

Neben der grundsätzlichen Unterscheidung zwischen Norm und Fakt und dem kritischen Umgang mit dem Wörtchen „gut" kann die Beschäftigung mit dem naturalistischen Fehlschluss vor allem auch aus begriffslogischen Gründen didaktisch sehr sinnvoll sein. Es geht dabei vor allem um den Umgang mit dem Naturbegriff. Der Begriff „Natur" erscheint vielfach als Leerformel mit einem Anschein von Objektivität. „Natur" ist jedoch nicht nur inhaltlich offen und vage, sondern lässt die jeweils zu Grunde liegende Ausdeutung als die objektiv richtige, weil in den Tatsachen selbst liegende, erscheinen. Indem der Naturbegriff sowohl deskriptive wie auch normative Deutungen annehmen kann, ist er wie kein anderer dazu prädestiniert, die Kluft zwischen Sein und Sollen zu überspringen bzw. sie zu verschleiern. Er wird so zur Projektionsfläche von nicht explizit gemachten Wunschbildern und Normierungen. Mit solchen Natur-Argumenten lässt sich alles und jedes als unmoralisch erweisen, wenn man nur vorher die „Natur" entsprechend normativ aufgeladen hat. Argumentationslogisch ist jeder Rekurs auf eine angebliche „Natur" versteckt zirkulär: Es wird etwas implizit vorausgesetzt, woraus dann Normatives abgeleitet wird.

Trotz der Kontroversen um den argumentationslogischen wie metaethischen Status des „nFS" kommt ihm für das ethisch-philosophische Argumentieren eine grundlegende Bedeutung zu. Er zeigt zum Einen die notwendige Verschränkung von Moralphilosophie und Einzelwissenschaft, ohne dass letztere als ausschließliche Basis für eine Deduktion von Werturteilen fungieren kann. Zum Anderen kommt ihm eine ideologiekritische Funktion zu. Eine grundsätzliche Unterscheidung zwischen Norm und Fakt hilft, mögliche Defizite auf der einen oder anderen Seite leichter auszumachen, so vor allem dann, wenn gewisse implizite Wertsetzungen nicht explizit diskutiert werden, sondern in verschleierter Form quasi unterschwellig ihre Suggestivkraft entfalten sollen. Dem ethisch-philosophischen Argumentieren geht es dann um eine regressive Aufdeckung und Bewusstmachung von bislang diffus gestreuten normativen Prämissen. So erst sind wichtige Bedingungen für eine adäquate Klärung unterschiedlicher Positionen gegeben und eine hinreichend plausible Lösung normativer Streitfragen möglich. Das Identifizieren eines naturalistischen Fehlschlusses setzt stets ein Differenzieren von Deskriptivem und Normativem, eine genaue Kenntnis der Hintergrundannahmen der Argumentierenden sowie eine präzise Interpretation der von ihnen verwendeten Begriffe voraus.

Für die ein Unterrichtsgespräch leitende bzw. stimulierende Lehrperson kann es sehr hilfreich sein, in der Art der Fragestellung bzw. konkret der Verwendung von *„Warum-Fragen"* zwischen „Sachfragen" einerseits und „Geltungsfragen" andererseits klar zu unterscheiden. Dadurch wird dem Schüler signalisiert, dass einer analytischen Präzision halber zwischen Sach- und Wertebene grundsätzlich zu unterscheiden ist.

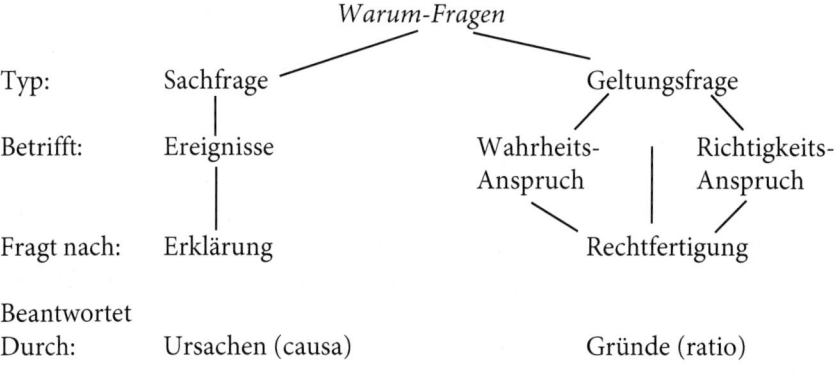

Schritte einer ethischen Urteilsfindung

Schema:

1. Schritt: Situationsanalyse
Feststellung der äußeren Fakten; Feststellung der direkt und indirekt Beteiligten bzw. Betroffenen

2. Schritt: Interessenanalyse
Benennung von widerstreitenden Interessen, Rollenerwartungen; Genaue Bestimmung des Konflikts

3. Schritt: Normenanalyse
Reflexion der Maßstäbe; Feststellung der relevanten Normen; Gewichtung dieser Normen; Frage der Verallgemeinerbarkeit und Situationsgerechtigkeit

4. Schritt: Güterabwägung / Urteil

In der *Situationsanalyse* sollen die für die Wahrnehmung des Falles relevanten empirischen Details ins Blickfeld kommen. Handlungsabläufe in ihrer räumlichen, chronologischen bzw. kausalen Struktur werden benannt. Gerade in komplizierten Fällen ist es nicht immer einfach, jene für die spätere Bewertung des Falles wichtigen Handlungsstränge herauszupräparieren und die entsprechend involvierten Akteure – deren Motive, Intentionen, Zwecksetzungen und Resultate – zu erfassen. Schon bei der möglichst exakten Beschreibung solcher Sachverhalte lässt sich häufig beobachten, wie Schüler großteils unbewusst ihre intuitiven Bewertungen einfließen lassen. Insofern kann eine Situationsanalyse auch Impulse liefern zu einer kritischen Selbstreflexion. Im anscheinend wertneutralen Aufnehmen und Sortieren von bloß Vorfindlichem zeigen sich schon gewisse evaluative Mechanismen, die eng an die Person des Beobachters gebunden sind. Es ist daher in der Regel sinnvoll, vor der Situationsanalyse mit den Schülern ihre intuitive Einschätzung des Falles kurz abzurufen und hinreichend deutlich zu machen. Auf sie kann während oder am Ende der Analyse dann Bezug genommen, Abweichungen oder Bestätigungen können festgestellt werden.

Eine hinreichend vollständige Situationsanalyse verhilft auch – z. B. in der Bioethik – von vorneherein zu einer entsprechenden Berücksichtigung der speziellen Fallkonstellation. Embryonenforschung, Abtreibung oder die Transplantation fötaler Gewebe und Organe weisen trotz gewisser Vernetzungen je eigenständige Handlungskontexte auf. Diese unterschiedlichen Kontexte mit bestimmten Handlungssubjekten, Interessen und Folgenaspekten sollten gleich zu Beginn einer Fallanalyse ins Blickfeld geraten.

Die *Interessenanalyse* verlangt zunächst eine möglichst präzise Erfassung der unterschiedlichen Interessen. Dies erfordert neben hermeneutischen vor allem empathische Fähigkeiten. Erst wenn Interesse und Interessenträger identifiziert sind, lassen sich Linien und Qualität konfligierender Interessen bestimmen.

Um eine möglicherweise störende Überschneidung mit der Normenanalyse zu vermeiden, muss an dieser Stelle der Begriff des Interesses kurz geklärt werden. Es ist sinnvoll, zu unterscheiden zwischen biologischen bzw. Lebensinteressen und subjektiven (psychologischen) Interessen, die sich auch als Wünsche oder Präferenzen umschreiben lassen. Wo Interessen biologischen, lebenserhaltenden Bedürfnissen entsprechen, haben sie einen normativen Charakter, d. h. ein legitimer Anspruch auf Befriedigung wird allgemein unterstellt. Faktische subjektive Interessen – z. B. viermal pro Jahr in den Urlaub fahren oder die Katze der Nachbarin ertränken – müssen sich eine rationale, externe Kritik gefallen lassen. Eine ethische Theorie, die nur solche Interessen legitimiert, denen ein verallgemeinerbarer oder objektiver Wert zukommt, kann sich schwerlich an der faktischen Stärke empirischer Interessen orientieren. Entscheidend bleibt also die Frage:

Wodurch erhalten natürliche oder psychologische Dispositionen wie das bloße Haben von Wünschen und Interessen ihre normative Kraft?[31]

In der *Normenanalyse* werden die explizit oder implizit vorfindlichen Normen identifiziert und die sich daraus ergebenden Ansprüche, Rechte und Pflichten hergeleitet. So lassen sich die Spannungslinien eventueller Normenkonflikte nachzeichnen. Als zentrales normatives Testverfahren kann das Argument der Verallgemeinerung herangezogen werden. Dieses buchstabiert sich in der deontologischen, utilitaristischen oder diskursethischen Argumentation jeweils unterschiedlich. Je nach Fallkonstellation oder Qualität der zu normierenden Sachverhalte führen Kontraktualismus, kategorischer Imperativ, Utilitarismus oder Diskursethik zu unterschiedlich plausiblen Ergebnissen.[32]

Der argumentationslogisch wohl schwierigste Schritt liegt in einer hinreichend begründeten *Güterabwägung*. Der metaphorisch gefärbte Begriff der Ab-wägung ist genauer betrachtet ziemlich unklar. Zunächst sollte man zwischen „Vorliebe" („ist mir lieber") und „Vorrang" („besser als") unterscheiden. Abwägungen beziehen sich auf Vorrangrelationen. Voraussetzung einer Abwägung ist ein moralischer Spielraum, häufig als „Ermessensspielraum" bezeichnet.

Das im Begriff der Abwägung implizierte Bild der Waage – Symbol der Gerechtigkeit – bedeutet, dass Gewichte auf Waagschalen gelegt werden und sich die Waage nach der einen oder anderen Seite neigt. Die entscheidende Frage ist: was sind das für Gewichte? Es kommen dafür mehrere Sorten in Frage: Güter, Interessen, Konsequenzen, Normen, Rechte, Pflichten, Solidaritäten etc. Diese Gewichte spielen dann als Gründe – gewichtige Gründe – eine entscheidende Rolle. Es handelt sich dabei offensichtlich um qualitativ Heterogenes. Es wird nicht so recht klar, was im Vergleich zu etwas anderem jeweils wie viel wiegt.

Die Konzentration auf den Kontext, den Einzelfall verbietet grundsätzlich eine „cartesianische" Lösung mit streng deduktiven Ableitungen. Ermessensspielräume werden subjektiv wahrgenommen und legitimerweise ausgefüllt. Klare und hierarchisch strukturierte Präferenzregeln sind nicht mehr leicht zu haben.

Fallbeispiele

(a) Musterung vor dem Leben
Unter dem Mikroskop liegen neun Embryonen, jeder nur 6 bis 8 Zellen groß. So winzig, dass unter 400-facher Vergrößerung gearbeitet werden muss. Mit einem kleinen Hebel steuert der Arzt ein haarfeines Glasrohr in die erste Zellenkugel, die sich nun daran anklebt. Dann spritzt er mit einer hauchdünnen Pipette Säure in die Zona pellucida, jene gallertartige Hülle, die das Zellgebilde schützend umspannt. Schließlich saugt er mit einer anderen Pipette eine der Zellen heraus. Trotz des Verlustes wird sich der Embryo normal weiterentwickeln.

Die neun Embryonen sind nach der künstlichen Befruchtung im Reagenzglas herangereift. Sie stammen von einer Frau, die an einer myotonischen Dystrophie leidet, einer vererbbaren Muskelkrankheit, die sich von Generation zu Generation verschlimmert. Die Frau wünscht sich ein Kind und will, dass diesem ihr Leid erspart bleibt. Deshalb sollen ihre Embryonen auf den Gendefekt hin untersucht werden, bevor sie, in ihren Uterus gepflanzt, heranreifen. Die Methode nennt man Präimplantationsdiagnostik, kurz: PID.

Ein paar Stunden später sind die Ergebnisse der Untersuchung schon da: Vier Embryonen sind gesund, fünf krank. Die Ärzte suchen unter den gesunden die drei vitalsten heraus, die übrigen wandern in den Mülleimer. – Deutschen Ärzten würde dies eine hohe Geldstrafe einbringen oder drei Jahre Gefängnis: Zurecht?

Analyse:
Fallanalysen bieten grundsätzlich zahlreiche Möglichkeiten fächerverbindenden Arbeitens. Naturwissenschaftliche Fächer, insbesondere Biologie und Chemie, oder Politik und Gemeinschaftskunde stellen das für eine ethische Beurteilung grundlegende Sachwissen zur Verfügung.

Mit Hilfe der Mind-Mapping-Methode können als Einstieg die von den Schülern spontan geäußerten intuitiven Wertungen zum jeweiligen Fall festgehalten, entsprechend strukturiert und das weitere methodische Vorgehen antizipiert werden. Im Anschluss daran geht es vor allem darum, über die Interessen- und Normenanalyse die vielfach vernetzte Problemstruktur des Falles herauszuarbeiten. Die Schüler untersuchen in Gruppen die unterschiedlichen Interessen, Rechte und Pflichten der involvierten „Parteien". Im vorliegenden Fall sind es der Embryo, die Eltern, Ärzte und Wissenschaften, Staat, Wirtschaft und Gesellschaft. Die Qualität der einzelnen Normen und Normenkonflikte kann durch entsprechend vorbereitete Rollenspiele weiter erhellt werden. Ein Hauptaugenmerk sollte dabei auf einem durchgängigen und behutsamen Bemühen um möglichst plausible Begründungen zumindest der wichtigsten Behauptungen liegen. Dazu kann punktuell das Toulmin-Schema immer wieder herangezogen werden. Die Schüler sehen jedoch bald, dass „glatte", kategorische Lösungen nicht so leicht möglich sind. Die gegenseitige Unverträglichkeit berechtigter Interessen und Ansprüche sorgt dafür. Trotz solcher Dilemmata mit konfligierenden Werten und einer aporetischen Struktur brauchen wir hinreichend begründbare und verantwortbare Handlungsentscheidungen. Kann etwa im Fall der Präimplantationsdiagnostik eine Erleichterung der „Selektion" insgesamt mehr Leiden verhindern, als sie auf der anderen Seite durch Stigmatisierung und Kränkung hervorruft? Wird dadurch mehr Freiheit der Lebensgestaltung möglich, oder überwiegt der neu entstehende soziale Druck? Hier sind subtile Abwägungen erforderlich, bei denen klar formulierte Vorzugsregeln als regulative Ideen gewissermaßen hilfreich sind. So spricht eine nicht unerhebliche Plausibilität dafür, utilitaristische Prinzipien deontologischen Prinzipien nachzuordnen. Solche Präferenzregeln – in Kleingruppen oder Partnerarbeit aufgestellt und analysiert – sind in der Regel für die Schüler ein herausforderndes Angebot, ihre eigenen Entscheidungen zu begründen oder sie kritisch an ihnen zu überprüfen. Am Schluss einer Fallanalyse könnte eine Podiumsdiskussion stehen, in der die wichtigsten Positionen und Argumente nochmals durchgespielt werden. Jeder Schüler sollte die Möglichkeit bekommen, seine persönliche Position ausführlich schriftlich zu fixieren und dabei die einzelnen Begründungsschritte besonders sorgfältig zu markieren („argumentierendes Schreiben").

Und schließlich könnte am Ende die nicht ganz nebensächliche Einsicht stehen, dass eine gemeinsame Diskussion im Plenum oder in der Gruppe ein Prozess des ständigen rationalen Argumentierens, des Zu-hörens, Aufeinander-Eingehens, Sich-Herausforderns und Sich-Einlassens ist, der nur dann sinnvoll geführt werden kann, wenn jeder Verantwortung für diesen Prozess übernimmt.

Beispiel einer Normen-Analyse
zu „Musterung vor dem Leben" (Präimplantationsdiagnostik PID):

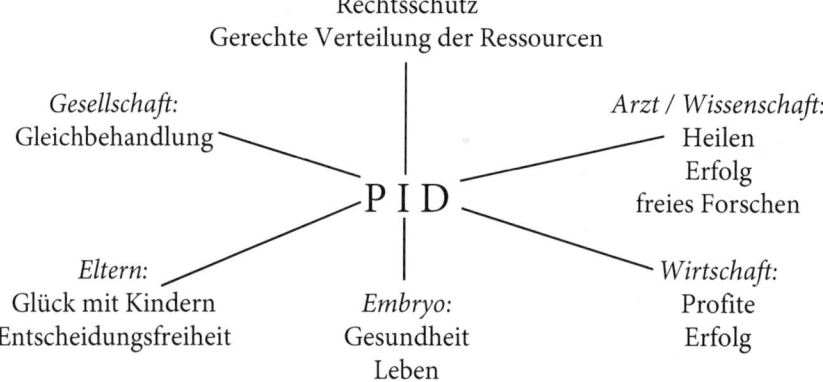

(b) Der Erlanger Fall
Der Unfall ereignete sich am 5.10.1992 um 15.00 Uhr. Die Verletzte traf um 15.25 in der Universitätsklinik Erlangen ein. Neben einer schweren Hirnverletzung wurde dort auch festgestellt, dass Marion Ploch schwanger war. Eine Ultraschalluntersuchung ergab, dass die Schwangerschaft intakt war. Schon nach wenigen Stunden wurde mit den Eltern von Marion von Seiten der behandelnden Ärzte Kontakt aufgenommen. Am 8.10. trat der Hirntod ein. Würgereflexe und Abwehrbewegungen waren plötzlich erloschen. Zu diesem Zeitpunkt war die Schwangerschaft Ende der 14. Woche. Ein Totenschein für Marion wurde ausgestellt. Der Standesbeamte weigerte sich jedoch, den Tod zu beurkunden mit der Begründung, er stehe dann später vor der Notwendigkeit, die Geburt eines Menschen zu beurkunden, der keine Mutter habe und das könne er nicht. Die Ärzte beschlossen nun im Einvernehmen mit den Eltern, die Schwangerschaft in der hirntoten Mutter fortzusetzen. Sie wurde dazu künstlich beatmet. Die Ärzte untersuchten den Fötus wöchentlich im Ultraschall. Er wuchs und bewegte sich normal. Um ihm eine möglichst günstige Entwicklung zu ermöglichen, versuchten die Betreuer in der Klinik, die Mutter zu bewegen und Gymnastik mit ihr zu machen. In der Nacht vom 15. zum 16.11. traten plötzlich erhöhte Temperaturen auf. Gegen Mitternacht war der Fötus tot. Marions Eltern war der Vater bekannt. Marion hatte sich von ihm getrennt.

Analyse:
Eine Analyse des „Erlanger Falls" lässt besonders deutlich grundlegende Problemfelder erkennen, auf denen die bioethische Diskussion sich zu bewegen pflegt. Durch die Anschaulichkeit und Wirklichkeitsnähe dieser Fallkonstellation wird die moralische Phantasie bei der Präsentation von vornherein besonders angeregt. So können in einem ersten Schritt spontan geäußerte Intuitionen – Meinungen, Vor-urteile – geäußert und formuliert werden. In der Regel ist es sinnvoll, sie festzuhalten, z. B. am Flip-chart. Ein für das ethische Argumentieren konstitutives Element – der Umgang mit Sprache – kann schon in dieser Annäherungsphase eine wichtige Rolle spielen. Wie sprechen die Schülerinnen und Schüler über das „Kind" bzw. die „tote Mutter", wo zeigen sich in den Formulierungen mehr oder minder explizite normative Nuancierungen? Über eine entsprechend behutsame Sensibilisierung dieses intuitiven Sprachgebrauchs ergeben sich auch Möglichkeiten der Problematisierung.
  In einem zweiten Schritt könnten dann gewisse zentrale Problemaspekte untersucht und strukturiert werden. Sie ergeben sich aus dem Metaplangespräch oder werden durch den Lehrer im problem-induzierenden Diskurs eingeführt. Es zeigt sich an dieser Stelle recht deutlich, dass zur Beurteilung des Falles grundlegendes Sachwissen gefragt ist. Was versteht man unter einem „Hirntod", wie wird er festgestellt, wie definiert? Welche semantische Qualität hat solch eine Definition? Handelt es sich um pure medizinische

Deskription, oder versteckt sich dahinter ein gewisses Maß an dezisionistischer Willkür und somit Normativität? Und: Welche Folgen ergeben sich aus den unterschiedlichen Festlegungen? Als weitere Themen dieser ersten Problematisierung – Arbeit in Gruppen – bieten sich an: Erstellen einer Interessen- und Normenanalyse, das moralische Status-Problem: Welcher moralische Status lässt sich der hirntoten Mutter bzw. dem Fötus zuschreiben?, das Ressourcen-Problem und die rechtliche Argumentation: Wie ist der Fall nach den zu Zeit bestehenden Rechtsvorschriften zu beurteilen?[33]

Die Präsentation der Ergebnisse im Plenum kann zu einer speziellen Problematisierung führen, in der auf einer abstrakteren Ebene wesentliche Begriffe bioethischen Argumentierens untersucht werden, z. B. der Würdebegriff, das Problem einer Pietätspflicht, das „Natürlichkeitsargument" und ganz in der Nähe das Problem eines möglichen „naturalistischen Fehlschlusses".

Zur weiteren Differenzierung der eigenen Urteilsbildung bietet sich in einem nächsten Schritt eine Auseinandersetzung mit exemplarischen moraltheoretischen Modellen an: das deontologische (kantianische) und eine utilitaristisch-konsequentialistische Argumentation.

Die Schüler erarbeiten jeweils eine konsistente fallbezogene Argumentation und diskutieren deren Plausibilität. Es ist empfehlenswert, mit Hilfe der Kugellager-Methode die Fähigkeit zum kritischen Argumentieren – kantianisch oder utilitaristisch – weiter zu vertiefen.

Als vorläufiger Abschluss der Fallanalyse steht der je individuelle Versuch eines differenzierten Urteils. Dabei sollten möglichst viele der früher diskutierten und analysierten Aspekte berücksichtigt werden. Lässt sich der Versuch, in einer hirntoten Frau eine Schwangerschaft fortzuführen, ethisch rechtfertigen? Worauf es vor allem ankommt wäre, das Endurteil mit den anfangs geäußerten „Vor-urteilen" in Beziehung zu setzen. Haben sich letztere bestätigt, modifiziert oder ins Gegenteil verkehrt? Die Schüler bekommen Gelegenheit, über ihren Reflexionsprozess nachzudenken. Was ist mir klarer geworden, was habe ich dazugelernt und welche Fragen sollten noch weiter verfolgt werden?

In einer abschließenden Metareflexion kann dann die Analyse auf einem „Argumentationsplakat" dokumentiert werden.

Argumentationsplakat

                          – Kind in toter Mutter? –

1. Schritt: **Intuitionen** – Vor-urteile (Blitzlicht)

                          Sprachreflexion

2. Schritt: **Allgemeine Problematisierung** (Arbeit in Gruppen)

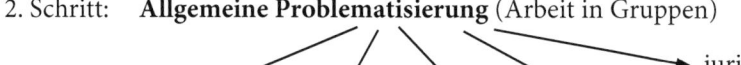

Hirntoddefinition   Interessen-Normenanalyse   moralischer Status von Mutter und Fötus   Ressourcenfrage   juristische Argumentation

3. Schritt: **Spezielle Problematisierung**

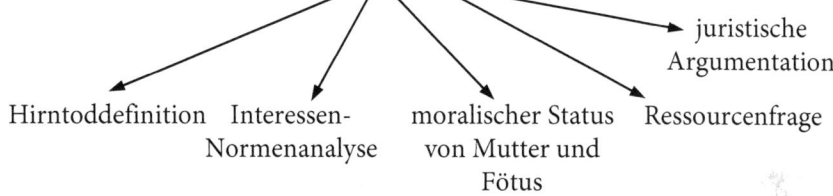

Würde-begriff   Natürlichkeitsargument
    | |
Pietäts-pflicht   naturalistischer Fehlschluss

4. Schritt: **Moraltheoretische Untersuchung**

                         zu welchem Ergebnis kommt ein

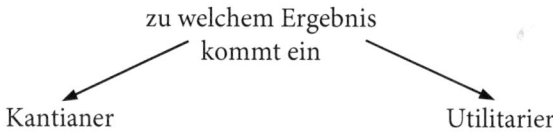

Kantianer   Utilitarier

5. Schritt: **Persönliches Urteil**

                      Rückbezug auf Anfangsurteil

                           Metareflexion

(c) Klonierung
Man stelle sich vor: Eine Frau wünscht sich ein Kind, legt jedoch keinen besonderen Wert auf die Mischung ihres Erbguts mit dem eines Mannes. Ein Arzt möchte ihr helfen und nebenbei auch noch Publizität gewinnen und Geld verdienen. Also schreitet er zur Klonierung, und neun Monate später wird ein gesundes Baby geboren, das sich seines Lebens erfreut.

Analyse:
Falls neben einer allgemeinen Medienpräsenz des Themas noch ein zusätzlicher motivierender Impuls erforderlich sein sollte, könnte dies in Form eines Gedankenexperiments geschehen: „Stell dir vor, du sitzt deinem eigenen

Klon gegenüber. Was würdest du wohl empfinden? Was würdest du ihn fragen? Könntest du dir vorstellen, mit ihm zu leben?" Im Verlaufe eines Gesprächs über diese fingierte Situation lassen sich eine ganze Reihe von Intuitionen, Problemaspekten und Begründungsansätzen ansprechen und für eine weiterführende Problematisierung nutzen.

Eine Behandlung des Problems der Klonierung erfordert zunächst das Einholen und Sichern von vergleichsweise komplexem Sachwissen. Den Schülern müsste für eine adäquate ethische Beurteilung zumindest der zellbiologische Grundvorgang des Klonierens (Begriff der Omni- und Pluripotenz) und der Unterschied zwischen therapeutischem und reproduktivem Klonieren klar sein. Ohne sachlich gesichertes Wissen gerät der ethische Diskurs leicht in ein reichlich nebulöses, bloß gefühlsbetontes Moralisieren. Im vorliegenden Fall kann ein „Experte" (Leistungskursschüler Biologie, Fachlehrer oder Wissenschaftler) den erforderlichen Input liefern.

Das Thema eignet sich besonders gut für Internetrecherchen. Im Zuge einer zunächst möglichst breit angelegten Materialbeschaffung können die Schüler aus dem Internet Stellungnahmen von wissenschaftlicher, wirtschaftlicher, juristischer (Embryonenschutzgesetz), gesellschaftlicher (Verbände, Interessengruppen), ethischer oder auch theologischer Seite sammeln. Unerlässlich scheint dabei zu sein, dass die Schüler die jeweiligen Argumente, den Argumentationsgang und die Position bewusst aufnehmen, im Sinne einer medienethischen „Quellenkritik".

Eine weitere Problematisierung führt dann – neben den Problemen des wissenschaftlichen „Risikos", der gesellschaftlichen Definition von „Gesundheit" oder dem distributiven Ressourcen-Problem – auf die hier besonders fundamentale moralische Status-Frage: Darf man Embryonen für die Zwecke anderer Menschen „verbrauchen"? Darf man sie, wenn sonst keine zur Verfügung stehen, gerade dazu herstellen? Und darf man diese Herstellung auch im Wege des Klonens betreiben? Eine mögliche Antwort auf diese Fragen hängt essentiell an der Qualifizierung des moralischen Status von Embryonen. Im Einzelnen geht es um eine Analyse und Gewichtung folgender Argumente:[34]

→ das Speziesargument:
Der Schutz des Tötungsverbots gilt für den Embryo schon und allein deshalb, weil er biologisch der Spezies Homo sapiens angehört. Da alle geborenen Angehörigen dieser Spezies ein Grundrecht auf Leben haben, gebietet das Prinzip der Gleichbehandlung auch den Lebensschutz des Embryos.

→ das Kontinuitätsargument:
Der menschliche Entwicklungsprozess ist ein kontinuierlicher Vorgang, der keine scharfen Einschnitte aufweist. Daher ist es willkürlich, einen solchen Einschnitt zu markieren. Deshalb muss der Lebens- und Würdeschutz schon mit dem Anfang der embryonalen Entwicklung einsetzen.

→ das Potenzialitätsargument:
Die erwartbaren, künftigen Eigenschaften menschlicher Embryonen sind ein solides Fundament, auf dem sich das allgemeine Menschenrecht auf Leben und Würde moralisch begründen lässt. Diese Chance der Zukunft, sein Status potentialis, darf ihm daher nicht genommen, sein Leben also nicht zerstört werden.

→ das Identitätsargument:
Schon beim Embryo besteht eine essentielle Identität mit dem geborenen Menschen, der später daraus entstehen kann. Daher muss der Embryo schon aus Gründen der Logik genauso geschützt werden.

Für ein differenziertes Urteil hängt nicht wenig an einer hinreichenden Klärung und Kritik dieser das ethische Problemfeld strukturierenden Argumente. Sie können in Gruppenarbeit analysiert, im Plenum präsentiert und kritisiert werden. Und sie werden dann neben anderen Problemaspekten in der abschließenden Abwägung eine entscheidende Rolle spielen:

In der einen Waagschale türmen sich Chancen und Möglichkeiten: Ersatz zerstörter Hirnzellen bei Parkinson- und Alzheimer-Kranken, Therapie der multiplen Sklerose, Heilung von Querschnittslähmungen, Erneuerung zerstörter Herzmuskelzellen ... schließlich die Herstellung vollständiger transplantabler Organe. Aber kein solches Ziel könnte wohl das therapeutische Klonen und die verbrauchende Forschung an Embryonen rechtfertigen, wenn diese als Rechtspersonen mit Grundrechten auf Leben und Menschenwürde ausgestattet sind.

An dieser Stelle kann auch deutlich werden, dass zum ethischen Argumentieren neben einem hinlänglich präzisen und konsistenten Umgang mit Sachwissen, Begriffen, Argumenten und moraltheoretischen Argumentationen auch gewisse anthropologische Hintergrundannahmen vom Menschen gehören, die mitreflektiert werden müssen.

(d) Foltern – ein bisschen oder gar nicht?
In Frankfurt am Main ließ der Polizeivizepräsident dem mutmaßlichen Entführer Magnus G. mit der Folter drohen – in der Hoffnung, so das Leben eines kleinen Jungen zu retten.

Die Ermittler kamen im Morgengrauen, der Delinquent wurde aus seiner Zelle in ein Verhörzimmer gebracht. Dann begann einer der Fahnder mit der Vollstreckung. Der Festgenommene, so lautete die Anweisung, sei „nach vorheriger Androhung unter ärztlicher Aufsicht durch Zufügung von Schmerzen" zu befragen.

Das Verhör fand am 1. Oktober 2002 im Frankfurter Polizeipräsidium statt. Schon die Androhung schwerer Schmerzen brachte das gewünschte Ergebnis. Magnus G., 27, so meldete um 8.25 Uhr der Vernehmungsbeamte, habe verraten, was man von ihm wissen wollte: das Versteck des entführten

Bankierssohns Jakob von Metzler. Wenig später bargen Beamte die Leiche des Kindes aus einem Weiher nahe Frankfurt.
Hat die Polizei richtig gehandelt?

In der *Situations- bzw. Interessenanalyse* werden zunächst die unmittelbar in den Fall involvierten Personen und Institutionen samt deren jeweiliger Interessenlage untersucht. Im vorliegenden Fall handelt es sich also um eine Reihe von Privatpersonen (Opfer, mutmaßlicher Täter, Angehörige) und die Polizeibeamten als Repräsentanten des Staates, der seinerseits mit dem Gewaltmonopol ausgestattet ist.

Die Normenanalyse lässt den dem Fall zugrundeliegenden zentralen Normenkonflikt deutlich werden. Das Leben des Opfers (=Erhaltungsgut) steht gegen die Willens- und Betätigungsfreiheit des Täters (=Eingriffsgut).

In einer *Güterabwägung* gilt es nun, einem der beiden kollidierenden Güter ein höheres Gewicht zu geben. Und an dieser Stelle können das deontologische bzw. konsequentialistische Argumentationsmuster eingesetzt und auf ihre jeweilige Plausibilität hin überprüft werden.

Eine gängige Argumentation beruft sich an dieser Stelle auf das Prinzip der Menschenwürde. Sie hat als eine Art Supernorm Absolutheitscharakter und entzieht sich jeder relativierenden Abwägung, ist gleichsam „abwägungsfest". Ein strenger Deontologe könnte wie folgt argumentieren: Die Folter verletzt den Kern der Würde eines Menschen. Sie greift in sein Innerstes ein, in sein Recht und Vermögen, selbst zu bestimmen, ob er etwas sagt und was er dann konkret sagt. Gewalt – angedroht oder tatsächlich praktiziert – soll nicht bloß in einem negativen Sinne eingesetzt werden, um einen Menschen daran zu hindern, etwas Verbotenes zu tun. Vielmehr soll in einem ausdrücklich „positiven" Sinn erreicht werden, ihn gegen seinen eigenen Willen zum Handeln zu nötigen. Wer mit Gewalt daran gehindert wird, etwas zu tun, bleibt innerlich grundsätzlich frei. Wer hingegen mit Gewalt gezwungen wird, etwas zu tun, verliert seine innere Freiheit und damit auch seine ihm innewohnende Würde. Sie gründet nach Kant auf der elementaren Fähigkeit des Menschen zu vernünftiger Selbstbestimmung. Auf diese Würde hat auch jener noch Anspruch, der sich selbst an die Grenze der Rechtsgemeinschaft begeben hat. Als Gefolterter wird der Mensch zu einer Unperson gemacht. Er wird vollkommen instrumentalisiert. Dieses absolut gültige Verbot der Instrumentalisierung ist aus der „Selbstzweckformel" des kategorischen Imperativs abzuleiten:

> „Handle so, dass du die Menschheit, sowohl in deiner Person als auch in der Person eines jeden anderen, jederzeit zugleich als Zweck, niemals bloß als Mittel brauchst".

Der Handlungsutilitarist bezieht eine weichere, weniger an absoluten Prinzipien orientierte Position. Er versucht durch eine für ihn plausible Güterabwägung dem verzwickten Normen-Dilemma zu entkommen. Dazu überprüft er die für das Wohlbefinden aller in den Fall verwickelten Interessensträger zu- oder abträglichen Handlungsalternativen. In dem vorliegenden Fall könnte er zu dem Ergebnis kommen, dass Foltern eine durchaus richtige Alternative darstellt. Vom Gefolterten abgesehen dürfte sich der „hedonistische Kalkül" bei allen anderen „positiv" erweisen (z. B. beim Opfer, den Angehörigen, den Verfolgungsbehörden, dem Staat, der Gesellschaft).

Der Regelutilitarist hingegen kommt zu einem anderen Ergebnis. Die Vorstellung, dass in einer Gesellschaft Tatverdächtige allgemein einer Folter unterzogen werden, könnte bei einer Vielzahl von in dieser Gesellschaft lebenden Menschen sich negativ auf deren Wohlbefinden („Glück") auswirken und somit das Foltern im Gesamtkalkül sich als eine falsche Handlung erweisen.

Die Frage bleibt also grundsätzlich: Soll das absolute Folterverbot – so wie es in zahlreichen Menschenrechtstexten seit dem 2. Weltkrieg vor dem Hintergrund der Erfahrung mit dem europäischen Faschismus seinen Niederschlag gefunden hat – in statuarischer Reinheit bestehen bleiben? Gibt es Erfahrungen des 21. Jahrhunderts, die zu einer behutsamen, in klar bestimmbaren Kontexten eingebetteten Lockerung und damit Relativierung berechtigen?

Oder geraten wir damit auf eine „schiefe Ebene", an deren Ende eine Entgrenzung der Moral, ja der permanente Exzess steht? Wird so das Prinzip der Humanität dem Kalkül des Nutzens unterworfen und korrumpiert?

Analogietest
Durch eine Untersuchung ähnlicher, analoger Fälle lassen sich die bislang formulierten Intuitionen und Urteile auf ihre Stimmigkeit (Kohärenz) hin überprüfen. Was in einem Fall richtig ist, muss auch in anderen ähnlich gelagerten Fällen richtig sein (Grundsatz der Verallgemeinerung).

Beispiel:
Der FBI verhaftet einen Terroristen und entnimmt den dabei beschlagnahmten Dokumenten, dass ein Anschlag auf zwei Wolkenkratzer in New York geplant sei. Nur wann? Und durch wen? Der Verdächtige schweigt.
Ist Folter in dieser Situation gerechtfertigt?

Handelt es sich in diesem Fall um eine ethisch nicht plausibel zu begründende Mittel-Zweck-Relation? Die Drohung mit Folter müsste zu dem angestrebten Zweck, von dem Terroristen eine Aussage zu bekommen, um Menschenleben in großer Zahl zu retten, unverhältnismäßig und damit ethisch zu mißbilligen sein. Oder bewegen wir uns mit dieser Fragestellung schon auf dem Terrain fragwürdigen konsequentialistischen, genauer: teleologischen Argumentierens und haben den sicheren deontologischen Kernbereich verlassen?

Der mittels angedrohter Folter Genötigte wird auch in diesem Fall zweifelsfrei zum Instrument fremder Zwecksetzung. Entscheidend ist jedoch die

Frage, ob diese Verletzung der Menschenwürde zu legitimieren ist, ob also angesichts der Menschenleben, die auf dem Spiel stehen, der Eingriff in die Menschenwürde abwägbar wird und als „relativ geringfügig" zu beurteilen ist. Eine weitere, nicht unerhebliche Detailfrage wäre, ob der Genötigte zu dem durch die Androhung der Folter erzwungenen Verhalten verpflichtet ist, sein Schweigen also moralisch nicht zu rechtfertigen wäre. Das Gut „Menschenleben" hat wohl im Zweifelsfall – so lässt sich argumentieren – Vorrang vor dem Interesse des Genötigten, sich durch Aussagen nicht zu belasten.

Ethisch-philosophisches Argumentieren hat es wesentlich mit dem Verhältnis von Empirie und Norm, von empirisch-deskriptiven und ethisch-normativen Komponenten zu tun. Wird z. B. in einer reinen Gesinnungsethik ausschließlich die normative Seite betont, so droht die Gefahr eines pathetischen, aber inhaltsleeren Moralismus. Ein einseitiges Beharren auf reiner, bloß zu beschreibender Faktizität wird dem Phänomen der Moral und des ihr inhärenten Moments von Normativität auch nicht gerecht und endet nicht selten in einer der Formen von moralischem Naturalismus. Es spricht vieles für ein reflexives und umsichtiges Hin und Her zwischen diesen beiden Polen: Bis auf weiteres unbedingt gültige, universelle normative Vorgaben orientieren uns in der Komplexität praktischen Lebens. Andererseits werfen neue Erfahrungen ein kritisches Licht auf bis dato aufrecht erhaltene Normen, die gegebenenfalls modifiziert werden müssen, um praxistauglich zu sein. Dieses Hin und Her zwischen Normativität und Faktizität gründet allerdings auf einem keinesfalls wertfreien idellen Fundament: auf der Art und Weise nämlich, wie wir uns als Menschen sehen und einschätzen wollen, auf Anthropologie also.

Was heißt kohärentes Argumentieren?

> *Was die Menschen als Rechtfertigung gelten lassen – zeigt,*
> *wie sie denken und leben.* Wittgenstein

Die Kohärenzmethode anhand von John Rawls („reflective equilibrium")

Zunächst – und dies wird häufig übersehen – gilt es zu unterscheiden zwischen der Konsistenz, dem Kontextbezug und der Kohärenz von moralischen Argumenten.

Konsistentes ethisches Argumentieren zeichnet sich vor allem dadurch aus, dass es in einem logischen Sinne widerspruchsfrei ist. Ein elementarer Prüfstein ist hier das Verallgemeinerungsprinzip – ganz gleich ob kantianisch, regelutilitaristisch oder diskursethisch dekliniert.

Die Kontextsensitivität bezieht sich wesentlich auf die Anwendung abstrakter Normen auf konkrete Situationen, ist also ein unverzichtbarer Bestandteil der Situationsanalyse. In konkreten Situationen werden wir mit moralischen Problemen konfrontiert. Diese sind gleichsam in jene eingebettet und bedürfen einer differenzierten Wahrnehmung. Der deskriptive Untersatz des praktischen Syllogismus, seine Formulierung und Platzierung, erfordert jenen Blick auf konkrete, aber moralisch signifikante Situationsmerkmale. Sie auszumachen ist jeweils Sache des praktischen Urteilsvermögens. Um ein Beispiel zu nennen: Um begründetermaßen entscheiden zu können, ob die Ablehnung einer Bluttransfusion durch einen Zeugen Jehovas zu respektieren ist, müssen wir einige Fakten kennen (Alter, Selbständigkeit der Entscheidung, Aufklärung über Konsequenzen). Dem moralischen Dissens liegt nicht selten ein unterschiedliches Situationsverständnis der Kontrahenten zugrunde. Man ist sich nicht darüber einig, um was für eine Situation es sich überhaupt handelt und in welchen Zusammenhang das moralische Problem, das die Kontrahenten umtreibt, überhaupt gehört und eingebettet ist. Zum kontextsensitiven ethischen Argumentieren gehört also auch eine Hermeneutik moralisch relevanter Lebenssituationen.

Bei einer kohärentistischen Lösung von Normenkonflikten werden Normen nicht auf andere Normen zurückgeführt, in ihnen fundiert, sondern bloß auf ihre Kohärenz innerhalb eines Normensystems überprüft. Diese neue Methode der Normenbegründung geht vor allem auf John Rawls zurück, der in seinem 1971 erschienenen epochalen Werk „A Theory of Justice" (Eine Theorie der Gerechtigkeit, 1975) die Methode des Überlegungsgleichgewichts (reflective equilibrium) wenn auch nur skizzenhaft und insofern mehrdeutig einführte.

Rawls geht es vor allem um eine methodisch abgesicherte Begründung seiner Gerechtigkeitsidee als Fairness. Am Anfang stehen alltägliche Gerechtigkeitsurteile oder überhaupt moralische Alltagsurteile. Rawls nennt diese feste („fixed") und wohlerwogenene („considered") Urteile, die sich auch aufgrund von bestimmten Lebenserfahrungen herausgebildet („settled") haben.

Es sind Urteile eines „kompetenten Moralbeurteilers". Was versteht er darunter? Worin liegt für Rawls „moralische Kompetenz"? Er zählt eine ganze Reihe von Eigenschaften auf:

1. hinreichende Intelligenz.
2. durchschnittliche allgemeine Lebenserfahrung.
3. Kenntnis der entscheidenden Faktoren des zu entscheidenden Falles.
4. Fähigkeit und Bereitschaft zur Anwendung der Regeln der deduktiven und induktiven Logik.
5. Bereitschaft, in einer Entscheidungssituation die verschiedenen Handlungsmöglichkeiten rational abzuwägen.
6. Fähigkeit, eine einmal gebildete Meinung im Lichte neuer Tatsachen und Argumente zu überprüfen.

7. eine distanzierend-selbstkritische Einstellung den persönlichen Neigungen, Vorurteilen und Präferenzen gegenüber.
8. Fähigkeit und Bereitschaft, sich in alle involvierten Interessenlagen zu versetzen und die Bewertung nicht nach dem Maßstab der persönlichen Vorlieben vorzunehmen.

Aus den alltäglichen Urteilen gewinnt Rawls durch Abstraktion inhaltsärmere Prinzipien, die, weil abstrakter gefasst, mit einer breiteren Zustimmung rechnen können. Von zahlreichen konkreteren Überzeugungen bestätigt, würde dann ein solches allgemeines Prinzip eine gewisse Glaubwürdigkeit erhalten. Andererseits wären, von den Prinzipien ausgehend, die konkreten Urteile zu überprüfen, etwaige Unstimmigkeiten, Widersprüche, Unsicherheiten oder Verzerrungen zu eliminieren. Durch einen solchen Rückkoppelungsprozess entsteht ein kohärentes System von unterschiedlichen moralischen Urteilen bzw. Prinzipien.

> „Wir gehen hin und her, einmal ändern wir unsere (Grundsätze; V. P.), ein andermal geben wir unsere Urteile auf und passen sie den Grundsätzen an ... Diesen Zustand nenne ich Überlegungs-Gleichgewicht. Es ist ein Gleichgewicht, weil schließlich unsere Grundsätze und unsere Urteile übereinstimmen; und es ist ein Gleichgewicht der Überlegung, weil wir wissen, welchen Grundsätzen unsere Urteile entsprechen, und aus welchen Voraussetzungen diese abgeleitet sind. Für den Augenblick ist alles in Ordnung. Doch das Gleichgewicht ist nicht notwendig stabil. Neue Erwägungen ... können es umstürzen, ebenso Einzelfälle, die uns zur Änderung unserer Urteile veranlassen."[35]

Rawls betont ausdrücklich, dass diese wechselseitige Anpassung von Grundsätzen und überlegten Urteilen nicht auf die Moralphilosophie beschränkt ist, sondern ein allgemeines wissenschaftliches Verfahren darstellt. Auch außerhalb der Moral findet jener Wechsel zwischen induktivem und deduktivem Schließen statt.

Rawls unterscheidet weiter zwischen einem engen und einem weiten Überlegungsgleichgewicht. Ein Überlegungsgleichgewicht ist eng („narrow"), wenn sich die Reflexion lediglich auf die eigenen vorgängigen Überzeugungen bezieht. Ein Reflexionsprozess hingegen, der auch andere, fremde moralische Konzeptionen berücksichtigt, führt zu einem weiten („wide") Überlegungsgleichgewicht. So hat Rawls seinerseits versucht, durch eine Auseinandersetzung mit verschiedenen moraltheoretischen Ansätzen (Hobbes – Locke – Rousseau – Kant) und konkurrierenden Traditionen (Utilitarismus, Intuitionismus, Perfektionismus) ein solches weites Überlegungsgleichgewicht zu gewinnen.[36]

Rawls' Theorie nimmt gewissermaßen die Mitte ein zwischen einem rein induktiven Verfahren der Abstrahierung allgemeiner Prinzipien aus Erfahrungen und einem deduktiven Verfahren, das erfahrungsunabhängig Prinzipien entwirft und generiert.[37] Ein wichtiges Kennzeichen dieses Rückkoppelungsverfahrens ist seine Offenheit für permanente Revision. Idealiter finden ständig Lern- und Veränderungsprozesse statt. Prinzipien sind grundsätzlich einer Kritik und Differenzierung durch Empirie ausgesetzt; und auf der anderen Seite können sich Einzelurteile im Lichte allgemeiner Grundsätze als unstimmig bzw. widersprüchlich erweisen.

Man kann die Methode des Überlegungsgleichgewichts auch auf dem Hintergrund von Piagets Äquilibrationsmodell der Erkenntnis sehen. Werden einerseits neue Erfahrungen in ein vorhandenes begriffliches Schema eingeordnet, so spricht Piaget von Assimilation. Mit Akkomodation bezeichnet er den umgekehrten Vorgang: Das Begriffsschema wird an eine neue Erfahrungssituation angepasst. Diese Anpassungsprozesse streben in jedem Fall nach Äquilibration, nach einem kognitiven Gleichgewichtszustand zwischen Wahrnehmungen und Begriffen.[38]

Das holistische Begründungsmodell des Kohärentismus ist klar zu unterscheiden vom Fundamentalismus.[39] Nach dem Kohärentismus gilt ein moralisches Urteil begründet, wenn es mit einem System von Überzeugungen („beliefs") kohärent ist.

> „There is, on the coherentist's view, no subset of beliefs that counts as epistemically privileged ... Instead beliefs, moral or otherwise, enjoy whatever epistemic credentials they have thanks to the evidential / inferential relations they bear to other beliefs. The more and the better the relations, the greater the degree of coherence enjoyed by the set and the stronger the justification."[40]

Im Gegensatz zum Fundamentalismus gibt es also für den Kohärentisten keine selbstevidenten, infalliblen Überzeugungen, die als Fundamente unseres Wissens in Frage kämen. Worauf es ihm ankommt ist, seine Alltagsurteile mit moralischen Regeln und ethischen Prinzipien wie beim künstlerischen Schaffen einer Collage oder eines Mobile so lange aufeinander zu beziehen und miteinander zu vermitteln, bis dann eine stimmige, austarierte Einheit, das Überlegungsgleichgewicht, entsteht.

Hier werden eine Reihe von kritischen Stimmen laut. Sind ethische Prinzipien durch die Forderung nach Kohärenz eindeutig genug bestimmt? Kann es nicht eine ganze Reihe verschiedener kohärenter Systeme geben mit eventuell völlig verschiedenen moralischen Überzeugungen? Wäre die Moral einer Gangsterbande gemessen an dem Grad interner Kohärenz mit einer christlichen Ethik gleichzustellen?

Eine skeptische und gewissermaßen auch relativistische Tendenz des Kohärentismus scheint hier unverkennbar.

> „A coherentist can and should admit that the mere fact that a set of beliefs is coherent provides one with no reason to think they are true ..."[41]

Die kohärentistische Argumentation liefert zwar keine substantielle Fundierung bzw. Verifikation individueller Überzeugungen. Deren spezifische Rationalität ergibt sich allerdings aus ihrer intersubjektiven Geltung. Für den

Kohärentisten gelten Normen weder bloß subjektiv, noch rein objektiv. Ihnen kommt eine intersubjektive Geltung zu. Die Universalisierbarkeit ist ein wesentliches Merkmal unserer Handlungsnormen. Was für einen bestimmten Menschen gilt, muss auch für andere – conditionibus sic stantibus – gelten.

Dem Kohärentismus wird darüber hinaus ein inhärenter Koservativismus vorgeworfen. Er privilegiere, häufig unbewusst, jene Überzeugungen, die die Menschen mehr oder minder zufällig haben. Zweifelsohne sind wir beim ethischen Reflektieren zunächst in einem ganz elementaren Sinn auf uns, auf unsere subjektiven Überzeugungen verwiesen.

> „Yet this reliance on what we happen to believe has no seriously conservative implications, since those beliefs themselves, especially in the light of new evidence experience und reflection regularly provide, won't stand as fixed points but will instead shift in response to the new evidence (if they are to continue to count as justified)."[42]

Der Kohärentismus ist also erfahrungsoffen, nicht statisch, sondern dynamisch. Jede neue Erfahrung vermag den delikaten Gleichgewichtszustand aufzuheben. Eine neue Äquilibrationsleistung wird gefordert.

Schließlich hat man dem Kohärentismus vorgeworfen, er verwickle sich in die zweite Option des Münchhausen-Trilemmas, den logischen Zirkel. Die Begründungskette des Kohärentisten verläuft im Gegensatz zu den Fundamentalisten nicht linear. Die Begründung einer Proposition hängt von anderen Propositionen ab, die sich ihrerseits in ein Netz weiterer stützender Überzeugungen verzweigen. Die Begründung läuft Gefahr, zirkulär zu werden. Man kann nicht definitiv ausschließen, dass die zu begründende Proposition p ihrerseits wieder für Begründungen herangezogen wird.

> „One's belief p is justified by one's belief q, which is justified by one's belief r, which is justified ultimately, at least in part, by one's belief p."[43]

Bei genauerem Hinsehen zeigt sich jedoch schnell, dass es sich hier nicht um einen vitiösen (selbstwidersprechenden), sondern um einen virtuosen (selbstbestätigenden) Zirkel handelt.

Das im Anschluss an Rawls skizzierte Kohärenzmodell als eine Methode ethischer Normenbegründung lässt sich nun auf den Prozess moralisch / ethischen Argumentierens transferieren und insofern didaktisch fruchtbar machen. Dabei sind allerdings ganz unterschiedliche Dimensionen und Aspekte zu beleuchten.

Auf *einer ersten Stufe* geht es für die moralisch Argumentierenden zunächst darum, sich ihrer intuitiv gefassten subjektiven Anfangsurteile bewusst zu werden. Man sollte sich als erstes über seine eigenen moralischen Intuitionen zu dem vorgelegten Fall klar werden. Auch erste Begründungsversuche der geäußerten Positionen können hinzugefügt werden, spielen in diesem Zusammenhang aber noch keine entscheidende Rolle.

Um einem elementaren Kohärenzpostulat, nämlich dem Moment des durchgehenden Zusammenhangs („connectedness"), zu genügen, sollten beim weiteren Argumentieren auf allgemeinerer Ebene diese ersten Alltagsurteile nie ganz aus dem Blickfeld verschwinden. Sie zu korrigieren, zu bestätigen, zu falsifizieren oder zu substantiieren ist ein wesentliches Ziel ethischen Argumentierens.

Der nächste Schritt – die Interessenanalyse – bringt die Interessen möglichst aller irgendwie in den Fall involvierten Parteien zur Sprache. Da wir hier eine möglichst umfassende Liste erstellen, berücksichtigen wir ein zweites, quasi horizontales Element des Kohärenzmodells, das Moment der erschöpfenden Berücksichtigung aller Interessen („comprehensiveness").[44]

Auf einer dritten Ebene („Normenanalyse") kommen gewisse „Leitprinzipien" ins Spiel: z. B. bezogen auf das Problemfeld der neuen Reproduktionstechnologien:
- Autonomie
- Verantwortlichkeit
- Achtung menschlichen Lebens
- Gleichheit
- Angemessene Nutzung von Ressourcen
- Nicht-Kommerzialisierung der Fortpflanzung
- Schutz der Kindesinteressen[45]

Das Kohärenzpostulat würde hier lauten, zwischen den konkurrierenden Prinzipien ein bestmögliches Gleichgewicht herzustellen, indem jedes – dem konkreten Fall angemessen – berücksichtigt wird. Ein implizites Ausbalancieren von Werten, möglichst unparteilich wie es das forensische Modell suggeriert, garantiert noch keine allgemein akzeptablen Lösungen. Es bleibt Raum für partikulare Gewichtungen. Was wir hier allerdings, kohärent argumentierend, erreichen können, ist ein gewisses Maß an analytischer Klarheit und Begründungsdichte. Indem Alltagsurteile, Regeln oder Prinzipien ins Spiel kommen, müssen sie hinreichend deutlich formuliert, analysiert, bewusst gemacht und auf ihre jeweilige Begründungsleistung hin befragt werden. Dadurch steigt auch die Plausibilität der jeweils erreichten Lösung.

Hinter bzw. über den einzelnen Leitprinzipien stehen noch abstraktere *moraltheoretische Modelle*: z. B.
- Utilitarismus
- Deontologie
- Kontraktualismus
- Naturrecht
- Fürsorgeethik („ethic of care").

Streng genommen handelt es sich hier um ethische Metatheorien, die sich weit abheben von den intuitiv gefassten Alltagsurteilen der Nicht-Philosophen. Gerade für Schüler sind Sprache und Begrifflichkeit dieser Theorien in der Regel fremd. Sie können allerdings einen positiven Verfremdungseffekt erzielen helfen. Die eigenen spontanen und emotional gefärbten Urteile werden aus einer kritisch distanzierten Perspektive gesehen und überprüft. Idealiter wären die Moraltheoretiker also Partner eines Gesprächs, in dem wir auf der einen Seite unsere alltäglichen moralischen Urteile kritisch durchforsten und auf ihre Stichhaltigkeit überprüfen, andererseits jedoch auch feststellen sollen, ob diese Theorien zu unseren Intuitionen „passen".[46]

Allgemein widersetzt sich das Kohärenzpostulat einem auch heute, nach der „praktischen Wende" in der angewandten Ethik, immer noch verbreiteten deduktiven Modell. Eine allgemeine Theorie wird aufgebaut und deren Anwendungen dann „heruntergeduziert" ohne Rückkoppelung an Intuitionen.[47]

Ein solches theoriezentriertes cartesianisches Philosophieren, eine Art rationalistisches Glasperlenspiel, ist für die Schüler in einem logischen Sinne gewissermaßen beeindruckend, seine Plausibilität ist jedoch nicht allzu hoch zu veranschlagen. Schüler sehen ziemlich klar, dass man mit derlei glatten Lösungen den komplizierten Einzelfällen nicht gerecht werden kann.

Eine weitere Facette kohärenten Argumentierens bestünde darin, mögliche *moraltheoretische Mischformen* auszumachen und entsprechend anzuwenden.

Die mancherorts noch immer wieder vertretene Auffassung, dass sich Kantische und utilitaristische Ethik ausschließen, wäre durch eine kohärentistische Sicht zu ersetzen. Darin gilt es zwischen Elementen zu unterscheiden, die die beiden Moraltheorien gemeinsam haben, und jenen, die sich ergänzen.[48] Eine Mischform von Kant und dem Utilitarismus müsste allgemein die kontraintuitiven Resultate – Rigorismus / Gerechtigkeitslücke – dieser beiden Moraltheorien vermeiden und gleichzeitig ihre Stärken – Universalisierung / Folgenorientierung – erhalten. Eine ähnlich komplementär angelegte Mischform scheint zwischen Fürsorge- und Gerechtigkeitsethik möglich. Zur Feststellung von Kohärenz gehört freilich auch die Wahrnehmung heterogener bzw. konkurrierender Elemente. Kantische Ethik und Utilitarismus unterscheiden sich vor allem in einem je spezifischen Begriff des Moralischen. Bei Kant geht es vor allem um den Entwurf idealer sozialer Beziehungen; der Utilitarismus zielt allgemein ab auf das Erreichen bestimmter außermoralischer Güter und Weltzustände.

An Beispielen aus der Bioethik lässt sich hinreichend deutlich zeigen, dass hinter den moraltheoretischen Zugriffen noch bestimmte *außermoralische Theorien* stehen. Sie haben in der Regel die Aufgabe, erstere zu fundieren. So wird bei der Bestimmung des moralischen Status der Leibesfrucht das Lebensrecht angelegt entweder in einem absolut geltenden Natur- oder Vernunftrecht, das dem Menschen vorgegeben und erkennbar ist,[49] oder aber dieses Lebensrecht wird realistisch-pragmatisch bloß als soziales Instrument zum Schutz des elementaren Interesses, das personale Wesen an ihrem Überleben haben, verstanden.[50] Unterschiedlich konzipierte Personentheorien führen zu einem entsprechend verschieden normierten Status des Embryo.

Ein Kohärenz-Test kann nun in zweierlei Richtung verlaufen: einmal vertikal, wir überprüfen, ob die impliziten anthropologischen Vorannahmen mit der Moraltheorie bis hin zum intuitiven, aber wohlüberlegten Ersturteil kohärent sind. Andererseits können wir horizontal Gemeinsamkeiten und vor allem Unterschiede der Personentheorien analysieren. Wichtig wäre an dieser Stelle die Frage, ob und inwieweit neue wissenschaftliche Forschungen das jeweilige Konzept bestätigen oder korrigieren bzw. modifizieren. Um nicht einem naturalistischen Fehlschluss aufzusitzen, ist es schwerlich möglich, aus z. B. neurologischen Daten über anthropologische Folgerungen gewisse normative Positionen auf streng deduktivem Wege zu gewinnen. Wohl aber liefern solche Forschungen gewissermaßen einen empirischen Orientierungsrahmen, an dem wir unsere für eine Personentheorie relevanten Vorannahmen abgleichen können, vielleicht sogar müssen.

Kohärentem moralischem Argumentieren geht es in erster Linie um eine größtmögliche Vernetzung unserer Überzeugungen und Theorien. Darin liegt sein *holistischer Grundzug*. Je dichter das Netz von sich wechselseitig stützenden Alltagsurteilen, Prinzipien oder Theorien, desto stabiler und plausibler die Argumentation.

> „Wie gut eine bestimmte Überzeugung gerechtfertigt ist, bestimmt sich ... in erster Linie anhand ihrer relationalen Kohärenz, d. h. ihrer Einbettung in unser Meinungssystem durch möglichst viele gegenseitige inferentielle Verbindungen mit dem übrigen System. Das erklärt, wieso eine gute Begründung einer Meinung im allgemeinen nicht in einer einzelnen Herleitung oder ‚Deduktion' besteht, sondern einen weitaus beschwerlicheren Weg über eine Analyse zahlreicher Erklärungszusammenhänge zu gehen hat ... Unsere Weltsicht ist vergleichbar mit der Vorlage für ein Puzzle. Ob wir dabei die richtige Vorlage ausgewählt haben, ergibt sich daraus, ob die Puzzelsteinchen, die wir schon haben und die, die wir noch finden, in dieser Vorlage unterzubringen sind. Je mehr Steinchen wir tatsächlich einfügen können, um so mehr spricht das für unsere Vorlage. Wenn diese Steine noch zu ganz unterschiedlichen Gebieten der Vorlage gehören, um so besser ..."[51]

Zum Einüben von moralischem Argumentieren, das dem Kohärenzpostulat zu folgen versucht, dienen in erster Linie Fallanalysen aus unterschiedlichen Praxisfeldern.[52] Konstruierte Fälle – *fiktive Beispiele oder Gedankenexperimente* – haben jedoch nicht selten das gleich Gewicht wie reale. Sie sind ein grundlegendes Medium moralischer Erfahrung bzw. moralischen Lernens. Das Prinzip des „Exemplarischen" scheint sich in diesem Kontext sinnvoll verorten zu lassen.

Wir „spielen" gewissermaßen mit Handlungssituationen und deren moralisch relevanten Merkmalen, erfinden neue Konstellationen, andere Randbedingungen und schaffen dadurch Disäquilibrationen, die neues kognitives Gleichgewicht herausfordern. Ein wichtiges methodisches Instrument ist dabei der *Vergleich*. Durch ihn lassen sich die für ein Urteil konstitutiven

Situationsmerkmale oder Handlungssegmente herausarbeiten. Relevanz und Anwendungsmodus bestimmter Normen und Prinzipien werden so in der Regel sehr viel deutlicher. Jenes komplizierte Zusammenwirken von Emipirie und Norm, das weit über ein bloßes Subsumptionsverhältnis hinausgeht, kann ebenfalls aufleuchten. Normen werden in der Anwendung spezifiziert, Theorien oder Prinzipien durch den konkreten Fall nicht selten modifiziert.

In der angelsächsischen Literatur haben traditionsgemäß fiktive Beispiele, in denen Normenkonflikte und je unterschiedliche Lösungsversuche in pointierter Form dokumentiert und analysiert werden konnten, einen breiten Raum eingenommen. So ging es um die Frage, ob einer von fünf in einer Höhle eingeschlossenen Höhlenforschern getötet werden darf, um den anderen ein Überleben zu ermöglichen; oder ob ein Mensch getötet werden darf, um mit seinen passenden Organen – Herz, Leber, Lunge, Niere – vier lebensgefährlich Erkrankten das Leben zu retten; schließlich ob man eine außer Kontrolle geratene Straßenbahn dadurch zum Stoppen bringen darf, dass man einen besonders dicken Mann opfert und dadurch fünf andere Personen vor einem sicheren Tod bewahrt.[53] An solchen, gewissermaßen didaktisch reduzierten Beispielen lassen sich auf einer vorwiegend kognitiven Ebene kontraintuitive Resultate utilitaristischen Argumentierens aufzeigen. Ihr holzschnittartiger, vielleicht manchmal auch etwas spröder Charakter fordert geradezu auf, gewisse situative „Leerstellen" zu füllen, zu variieren oder die dabei konstruierten neuen Fallvarianten miteinander zu vergleichen, um sie in ein plausibles Überlegungsgleichgewicht zu bringen.

Aktuelle Beispiele aus der modernen Reproduktionstechnologie (Probleme des Klonens oder der Präimplantationsdiagnostik) sind sehr viel wirklichkeitsnäher, dafür aber reichlich komplexer und können häufig nur mit einem fächerverbindenden Ansatz, zusammen mit Naturwissenschaftlern, sinnvoll analysiert werden.[54] In solchen Fällen prallen subjektive Sehweisen anscheinend unversöhnlich aufeinander. Völlig konträre Argumentationsrahmen lassen einen Konsens schier unmöglich erscheinen. Nehmen wir nur als Beispiel die unterschiedliche Sehweise eines Rollstuhlfahrers und eines Mediziners in der Frage, ob das frühe Aussortieren erbkranker Embryos ethisch zu begründen ist. Der eine sieht sein Lebensrecht grundsätzlich in Frage gestellt; der andere sieht in dem Versuch, durch das Ausmerzen von Erbkrankheiten den Menschen Leid zu ersparen, nichts Unmenschliches. Ist zwischen diesen beiden moralischen Wahrnehmungen eine Annäherung denkbar? Lassen sie sich in ein Überlegungsgleichgewicht bringen, sind sie in ein kohärentes Puzzle einzufügen?

Geht es möglicherweise nicht beiden in ihrem Handeln, einmal ungeachtet des unterschiedlichen Betroffenheitsgrads und der unterschiedlichen Interessenlage, um ein allgemeines ethisches Gebot, nämlich niemandem zu schaden (neminem laedere)? Könnte dieser gemeinsame Aspekt moralischen Handelns eine Brücke zwischen ihnen errichten?

Aktuelle Fälle mit ihren vielfältigen, ineinander verschlungenen moralischen, rechtlichen oder wissenschaftlichen Fragen erschweren nicht selten das Geschäft des analysierenden Vergleichens. Um nur ein Beispiel zu nennen: Gemäß § 218 darf ein Baby noch kurz vor seiner Geburt abgetrieben werden, wenn die Mutter ein schwer krankes Kind für unzumutbar hält. Außerhalb des Mutterleibs, in vitro, genießen Embryonen dank es Embryonenschutzgesetzes höchste Protektion. Wie lässt sich diese wirre Logik rechtfertigen? Ist der Embryo, so die engagierten Embryonenschützer, außerhalb des Mutterleibs skrupellosen Medizinern und Forschern besonders ausgeliefert? Lassen sich diese unterschiedlichen Praktiken durch ein übergeordnetes Argument doch noch ausbalancieren? Könnte dieses Gleichgewicht etwa durch das Dammbruch-Argument (slippery slope) ermöglicht, zumindest angebahnt werden? Droht eine allgemeine Verrohung im Umgang mit Embryonen, wenn die PID (Präimplantationsdiagnostik) zugelassen wird? Gewöhnt man sich daran, werdendes menschliches Leben für Zwecke Dritter zu opfern oder gar zu erzeugen? Und stünden dann die Vorteile für einzelne Paare in keinem vertretbaren Verhältnis zu den angenommenen gesellschaftlichen Folgen, die allgemeine moralische Sensibilität betreffend? Könnte eben dieses Argument die Befürworter der PID nicht auch in ihrem Bemühen um Verhinderung von Missbrauch einer neuen Technologie unterstützen und sensibilisieren? Wäre so eine gemeinsame Argumentierebene geschaffen, auf der das Netz kohärenter Bezüge geknüpft werden könnte?

Um die Möglichkeiten eines Überlegungsgleichgewichts jeweils von Fall zu Fall auszuloten, empfehle ich abschließend folgende *Argumentierschritte*:[55]

A) Konfliktanalyse:
- Wie beurteile ich den Fall intuitiv?
- Analyse der äußeren Umstände, Lage der Betroffenen, ihre Interessen, Hoffnungen, Ängste
- Analyse der relevanten moralischen Normen und ethischen Prinzipien (z. B. deontologische oder utilitaristische Grundsätze)
- Entscheidung

B) Varianz der Randbedingungen (lokales Überlegungsgleichgewicht):
- Überprüfung des im 1. Schritt gewonnenen Urteils
- Veränderung der Randbedingungen
- Käme man zu derselben Entscheidung, wenn die Situation sich mehr oder minder ändert?
- Inwiefern hängt das moralische Urteil von diesen Randbedingungen ab?

C) Analogie-Test (erweitertes Überlegungsgleichgewicht):
- Betrachtung ähnlicher, analoger Fälle
- Berücksichtigung neuer Aspekte, Normen oder Prinzipien
- Überprüfung der Kohärenz unserer ursprünglichen Überzeugungen

- Was in einem Falle richtig ist, muss auch in anderen, ähnlich gelagerten Fällen richtig sein (Grundsatz der Verallgemeinerung)
- Modifikation oder Revision früherer Meinungen oder Überzeugungen

Das Überlegungsgleichgewicht erweist sich dann als stabil, wenn es sich auch in solchen Fallkonstellationen, die dem Ausgangsfall ähnlich sind, bewährt. Der Test zur Überprüfung der Kohärenz unserer moralischen Intuitionen basiert also entscheidend auf Analogiebetrachtungen. Was sich in einem Fall als richtig erweist, muss auch in anderen, ähnlich gelagerten Fällen richtig sein. Dazu braucht es jedoch ein genaues Hinsehen, um die relevanten Situationsmerkmale wahrzunehmen und evaluieren zu können.

Auch die Methode des Überlegungsgleichgewichts garantiert in ethischen Fragen keine glatten und schnellen Lösungen. Es kann nicht das Ziel der Kohärenzmethode sein, ein universell gültiges System von Normen letztzubegründen. Verschiedene Konfliktlösungen können gleichermaßen kohärent sein. Utilitaristische Kohärenz-Netze können eventuell ebenso dicht und stabil sein wie ein deontologischer Ansatz in der Tradition Kants. Was wir allerdings anstreben und annäherungsweise auch erreichen können, ist, ein möglichst kohärentes ethisches Argumentationssystem aufzubauen. Dies kann vor allem dadurch erreicht werden, dass wir möglichst viele Fallbeispiele analysieren und dabei zahlreiche moralische, rechtliche, wissenschaftliche und allgemein lebensweltliche Aspekte berücksichtigen – eben kohärent argumentieren.

Konkrete Diskurse – Gentechnik in Szene setzen[56]

Bioethische Diskurse haben eine Tendenz zum Kognitiven. Affektiv-emotionale Aspekte werden in der Regel nur gestreift und geraten nicht ins Zentrum der Reflexion. Das Modul „Gentechnik in Szene setzen" ist ein Versuch, bioethische Problemstellungen in einem ganzheitlichen Ansatz zu bearbeiten. Es geht darum, die emotionalen Aspekte in den Debatten z. B. der Biomedizin zu klären und aufzuarbeiten.

Dabei kommen gewisse Elemente des „Szenischen Spiels" zum Einsatz. Das Spiel ist hier nicht bloß Erholung oder just for fun, sondern eine Lern- bzw. Diskursform. Das szenische Spiel, die Inszenierung ist eine Methode erfahrungsorientierten Lernens. Die Teilnehmer haben zunächst spielend „Erlebnisse", die sie dann szenisch und diskursiv zu „Erfahrungen" verarbeiten. Die inszenierten Konflikte verhelfen ihnen zu gemeinsamen Erlebnissen. Diese werden dann in weiteren Schritten „veröffentlicht", diskutiert und damit zu Erfahrungen reflexiv abgearbeitet.

Primär geht es um einen klärenden Umgang mit Haltungen, die den formulierten Argumenten zugrundeliegen. Das körperliche und stimmliche Spielen einer Rollenfigur ermöglicht den Teilnehmern eine Auseinandersetzung mit deren inneren, emotional grundierten Werthaltungen. Diese gilt es im Spiel deutlich zu machen und dadurch einer gemeinsamen Reflexion zu unterziehen.

Da die Beteiligten nicht sich selbst, sondern eine je andere Person spielen, sich also in eine fremde Rolle einfühlen, haben sie grundsätzlich die Möglichkeit, sich von ihrer Rolle zu distanzieren. Diese Distanz macht es möglich, dass die Selbstwahrnehmungen in der Rolle zu Erfahrungen verarbeitet werden können. Je intensiver und genauer die Einfühlung gelingt, umso ernsthafter und authentischer werden die Konflikte und Szenen improvisiert. Die Ernsthaftigkeit kann noch dadurch nicht unerheblich gesteigert werden, dass die Spieler ihre Rolle und ihre Aufgaben genau kennen und dadurch nicht aus Unsicherheit überreagieren. Es ist daher empfehlenswert, die szenische Arbeit gut vorzubereiten, etwas anhand von einfachen W-Fragen:

- Wo befinden wir uns? Ort, z. B. auf der Straße, in der Wohnung.
- Wann geschieht etwas? Zeit, z. B. abends, werktags.
- Wer bin ich? Rolle, z. B. Name, Beruf, Alter.
- Wie bin ich? Emotionen, z. B. glücklich, verzweifelt, zornig.
- Warum bin ich in der Szene? Motive, z. B. weil ich etwas klären will.

Schrittfolge eines konkreten Diskurses

1. Vorstellung der Fallgeschichte, z. B. Kim und Jessica sind ein Jahr verheiratet und möchten ein eigenes, aber gesundes Kind. Sie sind erblich vorbelastet – in beiden Familien gibt es Fälle von cystischer Fibrose (Mukoviszidose).
   Was sollen sie tun?
   Mögliche Alternativen:
   (a) im Ausland PID (kein krankes Kind und kein Schwangerschaftsabbruch)
   (b) Schwangerschaft mit eventuellem Abbruch
   (c) Adoption
   (d) Verzicht auf Kinder
   (e) Leben mit einem kranken Kind
   Spontane Reaktion und Beratung durch die Schüler
   Feststellung von Klärungsbedarf: Was müsste noch genauer geklärt werden?

2. Informationssequenz: z. B. – „Was ist Muskoviszidose"?
   – Begriffserläuterungen: PID, PND u. ä.
   – Gesetzeslage, juristische Fragen
   Kurzreferate durch Lehrer, Schüler oder Experten

3. Konfliktszenen entwickeln (Kleingruppenarbeit)
   Mögliche Themen der Kleingruppen:

   – Die Familie: „Welche Auswirkungen hat der Konflikt auf die Familie?"
   – Der Protagonist: „Welche Überlegungen, Stimmen, Emotionen, Traditionen beeinflussen seine Entscheidung?"
   – Die Öffentlichkeit (Nachbarn, Presse ...):
     Mit welchen Reaktionen, Haltungen aus der Öffentlichkeit ist der Protagonist konfrontiert?"
   – Die Macht (Politik, Wissenschaft):
     „Mit welchen Sanktionen, Verlockungen und argumentativen Strategien sieht sich der Protagonist konfrontiert?"

   a) Szenische Improvisation:[57] Der Protagonist nimmt die Haltung der Figur ein und spricht einen ersten Satz aus der Rolle heraus. Die anderen steigen ein und improvisieren. Alle spielen alle Rollen.
   b) Gestaltung und Reflexion der Szene: Die Gruppenmitglieder diskutieren die Szene und geben ihr einen Titel. Sie legen Anfangsbild und Höhepunkt der Szene fest.

4. Präsentation der Konfliktszenen in der Großgruppe. Nach jeder Präsentation erfolgt ein kurzes Feedback zu den Entscheidungen, den Gründen und den dargestellten Konsequenzen.

5. Erarbeiten einer abschließenden Empfehlung mit Präsentation. Dabei kommt es vor allem auf überzeugende Gründe und klare Argumentationen an.

6. Meta-Reflexion: In der Großgruppe werden die einzelnen Schritte der Beratung reflektiert und ein Vergleich der abschließenden Beratung mit den ad-hoc Statements zu Beginn des Projektes erarbeitet.

Im Einzelnen sind drei Arbeitsformen denkbar:

– ein Kompakt-Projekt an zwei Tagen,
– ein Unterrichtsvorhaben im Regelunterricht, verteilt auf mehrere Wochen und
– ein Unterrichtsprojekt, das zunächst im Regelunterricht vorbereitet wird und an einem Workshoptag abgeschlossen wird.

Das Projekt „Gentechnik in Szene setzen" kann durchaus als ein Fall von erfahrungsbezogenem handlungsorientiertem Lernen gesehen werden. Die Schüler bekommen die Möglichkeit, sich in fremde Rollen einzufühlen und erleben so einen stilisierten Konflikt, der seinerseits auf einer realen Fallgeschichte beruht. Informationen in Form von wissenschaftlichem oder juristischem Hintergrundwissen fließen dabei ebenso in die Rollengestaltung ein wie emotionale Haltungen oder ethisch-philosophische Intuitionen. Ein bewusst eingesetzter Rollenwechsel sorgt dafür, dass die unterschiedlichen Perspektiven und Ebenen des Konflikts erfahrbar werden. Er ermöglicht den Spielern darüber hinaus die nötige Distanz, um Argumente, Emotionen und Körperlichkeit reflektieren zu können. Es werden nicht nur mehr oder minder gut und präzise formulierte Argumente ausgetauscht, sondern Menschen in konkreten Handlungssituationen erlebt, ihre Gefühlslagen, Haltungen und Meinungen nachempfunden. Aus der konkreten Person des Falles wird ein stilisierter Protagonist. Haupt- und Nebenakteure sind als Figuren des dramatisierten Konflikts in das Geschehen mit einbezogen. Ein solches Setting kann trotz aller Stilisierung jenen Ort, an dem in einer Gemengelage von rational-argumentativen und affektiv-emotionalen Elementen existentielle Entscheidungen getroffen werden, den Schülern nahebringen. Die komplex gelagerten Entscheidungsnöte konkreter Akteure werden so sichtbar. Definitive Lösungen sind hier nicht zu bekommen. Es kann nur möglichst dicht begründete und persönlich verantwortbare, vorläufige Antworten geben. Eines scheint allerdings von einer gewissen didaktischen Plausibilität: Je intensiver Schüler Fragestellungen aus den öffentlich geführten Debatten um Biomedizin und Biotechnologie auf Augenhöhe, d. h. auf der Ebene von konkreten, individuellen Handlungsspielräumen im szenischen Spiel erleben und diese in fremden Rollenperspektiven diskursiv und emotional bearbeiten, umso wahrscheinlicher ist es, dass sie dann in der Lage sind, ihre eigene Haltung zu Fragen der Gentechnik zu entwickeln, zu verändern und argumentativ zu vertreten. Elementare Voraussetzung hierfür ist jedoch, dass mit einer gewissen Ernsthaftigkeit und einem Bemühen um möglichst stringente Argumentationen die Fallgeschichten bearbeitet werden. Im Vordergrund sollte neben der Fähigkeit zu Selbstreflexion, zu Empathie und kreativer Szenengestaltung die Kompetenz zum ethischen Argumentieren stehen: klare Fakten, gute Gründe und plausible ethisch-philosophische Argumentationen.

Ethisches Argumentieren in der Sekundarstufe

Ethisches Argumentieren, das nicht bloß auf eine Technik, sondern auf eine bestimmte Frage- und Argumentierhaltung abzielt, muss in elementarisierter Form schon früh beginnen. Nur so kann eine didaktisch gebotene, kontinuierliche Progression in Begriffsarbeit und Argumentierweise über die Jahrgangsstufen hinweg realisiert werden.

(a) Arbeit an Begriffen:
Ein altersgerechter, präziser Umgang mit Begriffen ist wohl eine elementare Voraussetzung dafür, sinnvoll argumentieren zu können. Im Rahmen einer Begriffsanalyse in der Sekundarstufe kann es zunächst um das Erarbeiten von Begriffsexplikationen (Definitionen) gehen. Sie setzt sich aus drei Elementen zusammen:

(1) der zu definierende Begriff (das „definiendum")
(2) der dazu gehörige abstraktere Oberbegriff, Gattungsbegriff (das „genus proximum") und
(3) die charakteristischen Merkmale, die den zu definierenden Begriff von naheliegenden Begriffen unterscheiden und abgrenzen (die „differentia specifica")

Beispiel:

Zu definierender Begriff	Oberbegriff	unterscheidende Merkmale
Stuhl	Sitzmöbel	vier Beine und Rückenlehne
Mensch	Lebewesen	Vernunft, Sprache, Moral

Die Begriffserläuterung geht über die Definition hinaus und beabsichtigt eine ausführlichere Entfaltung und Klärung des Begriffsinhalts. Sie vollzieht sich in der Regel in drei Schritten: in einem ersten Schritt werden Beispielfälle gebildet, in denen der Begriff vorkommt (z. B. Beispiele von Freundschaft u. ä.). Antithetisch dazu werden dann Gegenbeispiele gesucht und erläutert; und schließlich denken sich die Schüler Grenzfälle aus, um die begrifflichen Grenzen weiter zu präzisieren.

(b) K-Test:
Die Schüler untersuchen einen Text auf den Gebrauch von Konjunktionen (da, weil, aufgrund von, deshalb…). Die Konjunktionen werden markiert und so das logische Gerüst des Textes rekonstruiert. Dies ist zugleich eine wichtige Vorstufe zur Erstellung von Argumentationsskizzen.

Beispiel:

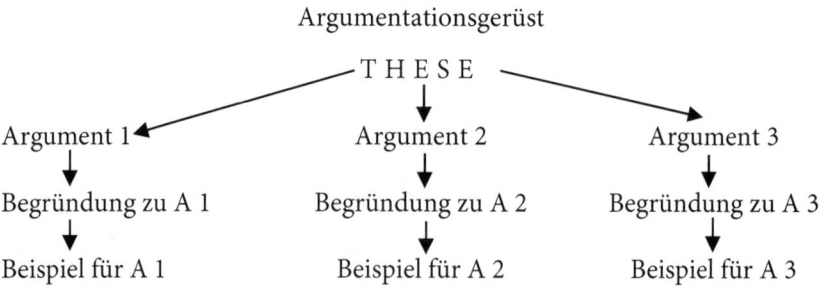

Ethisches Argumentieren in der Sekundarstufe   237

(c) Praktischer Syllogismus:
Der praktische Syllogismus läßt sich als Analyseinstrument zur Untersuchung von Argumenten auch schon in der Sekundarstufe vielfältig einsetzen. Die Unterscheidung und das Zusammenspiel von Sach- und Wertfragen kann hier in elementarisierter Form einsichtig gemacht werden.
Beispiel:
    1. Satz: Ein Egoist ist a, b, c, d
    2. Mehmet hat x, y, z gemacht / sich verhalten
    3. Wenn Mehmet x, y, z macht, dann ist er a, b, c, d
    4. Schlussfolgerung: Mehmet ist ein Egoist.

(d) Das Toulmin-Schema:
Mit dem Toulmin-Schema kann in der Sekundarstufe in vereinfachter Form didaktisch sehr sinnvoll gearbeitet werden. Es hilft, Diskussionen zu strukturieren und vor allem die Schüler für die Notwendigkeit einer hinreichend plausiblen Begründung ihrer Behauptungen zu sensibilisieren. Darüberhinaus kann man mit seiner Hilfe – z. B. bei Dilemma-Diskussionen – Unterschiede und Gemeinsamkeiten der Argumentation in der Klasse vergleichsweise gut markieren. Dadurch wird ein genaueres Untersuchen der einzelnen Argumente möglich, versteckte, auf den ersten Blick nur schwer wahrnehmbare Implikationen werden aufgedeckt.

Beispiel:

Habe ich mich mies oder richtig verhalten?[58]
Jessica, mit der ich auch befreundet bin, fragte mich drei Tage vor einer Klausur, ob sie sich meine Unterlagen ausleihen könne. Mich hat es viel Zeit und Mühe gekostet, diese Zusammenfassungen anzufertigen – sie hat in derselben Zeit einfach gefaulenzt. Deshalb habe ich ihr die Unterlagen nicht gegeben. Außerdem fühlte ich mich unter Druck gesetzt, weil sie ihre Bitte so kurzfristig geäußert hatte. Hätte ich ihr das Material zur Verfügung stellen sollen oder habe ich richtig gehandelt?
                                                                                             Kevin

Schüler A meint, Kevin habe sich nicht richtig verhalten und begründet es wie folgt:

Data:	Kevin gibt seiner Freundin nicht die Unterlagen	⟶ Conclusion: Er hat sich falsch verhalten.
	Warrant:	Freunden muss man helfen
	Backing:	Goldene Regel / Erwägung möglicher Folgen

Schüler B meint, Kevin habe sich richtig verhalten und begründet dies so:

Data: Kevin gibt seiner Freundin ⟶ Conclusion: Er hat sich richtig
nicht die Unterlagen　　　　　　　　　　　　verhalten.

　　　　　　　Warrant:　Freunden muss man
　　　　　　　　　　　　helfen, d. h. zur Selbständigkeit
　　　　　　　　　　　　erziehen

　　　　　　　Backing:　langfristige Folgenüberlegung,
　　　　　　　　　　　　Erziehung zu Selbständigkeit

(e) Argumentatives Schreiben:
Die im Umgang mit Begriffen und Argumenten sensibilisierten Schüler können diese Kompetenzen mit Hilfe des argumentativen Schreibens festigen und weiter ausbauen.

Beispiel:
- Stelle eine Behauptung (These) auf zu einem Text, Bild oder Film.
- Benenne und ordne die Argumente, die du zur Stützung deiner These anführst.
- Prüfe die These, indem du denkbare Kontra-Argumente ins Spiel bringst.
- Mache deutlich, an welchen Stellen du anhand deiner eigenen Erfahrungen argumentierst und wo du dich auf allgemeine (verallgemeinerungsfähige) Argumente stützt.
- Versuche, deinen Gedankengang klar zu entwickeln und zu einem möglichst gut begründeten Urteil zu kommen.

Mit den hier exemplarisch skizzierten methodischen Zugriffen lassen sich auf der Sekundarstufe tragfähige Grundlagen für das Argumentieren in der Ober- bzw. Kollegstufe schaffen. Im Umgang mit anspruchsvolleren, weil abstrakteren Texten, ethisch-philosophischen Begrifflichkeiten bzw. Theorien und komplizierten Fallanalysen können sie dort weiter ausgebaut und entwickelt werden.

(f) Das Goldene Regel-Checking:

Beispiele	*Begründung:*
	Leitfrage: „*Was würde ich mir selbst in so einer Situation als Betroffener wünschen?*"
1) Ich grüße in der Schule nicht; das käme mir völlig doof vor!	....
2) Wenn ein alter Mensch in den Bus einsteigt, biete ich ihm meinen Platz an.	....
3) Bei ebay verkaufe ich mein altes Handy und verschweige, dass es nicht mehr funktioniert.	....
4) Ich sage meinem Freund, dass ich seine Freundin mit einem anderen Typen knutschen gesehen habe.	....
5) Meine Hausaufgaben kann jeder abschreiben; so mache ich mich beliebt und kann Freunde gewinnen.	....

Der Ethikunterricht als interdisziplinäre Herausforderung

In den „Bindestrich-Ethiken" kristallisiert sich eine für den Ethikunterricht spezifische Form von Interdisziplinarität aus. Bio-Ethik, Öko-Ethik oder Technik-Ethik verweisen auf eine Verschränkung von Faktizität und Normativität, von Verfügungswissen und Orientierungswissen. Nur auf einer soliden Basis von wissenschaftlich abgesichertem Sachwissen ist eine seriöse und plausible normative Reflexion möglich; ansonsten läuft sie Gefahr, zu leerem Moralisieren zu degenerieren. Andererseits bedürfen die Fachwissenschaften ihrerseits immer dringender einer ethischen Beurteilung hinsichtlich möglicher riskanter Folgen für Mensch und Gesellschaft. Die mittel- und langfristigen Auswirkungen immens gestiegener technischer Machbarkeiten scheinen immer dringlicher nach einer begründbaren normativen Begrenzung zu rufen. Moral also als „Preis der Moderne" (Otfried Höffe).

"Die Auseinandersetzung mit den normativ-evaluativen Grundlagen von Wirtschaft und Gesellschaft und die Begegnung mit der Rationalität naturwissenschaftlichen Argumentierens sind universelle Elemente des Bildungsprogramms einer modernen Schule".[59]

Die Fähigkeit zum interdisziplinären Arbeiten ist also eine Basiskompetenz. Begründet Stellung beziehen zu können zu den Chancen und Risiken der allgemeinen Anwendung naturwissenschaftlicher Erkenntnisse ist ein integraler Bestandteil moderner schulischer Bildung.

Grundsätzlich lassen sich drei Modelle interdisziplinären Unterrichtens unterscheiden:

Das Schüler-Moderatoren-Modell:
Eine Schülergruppe, die zum Thema in Fach 1 Beiträge aus dem parallelen Kurs in einem anderen Fach einbringen kann, referiert über ihre Kenntnisse aus Fach 2 im Unterricht des Faches 1. Sie moderiert dazu eine Unterrichtsveranstaltung und vermittelt dabei die besondere Perspektive des anderen Faches.

Das Fächer-Kooperations-Modell:
Lehrerinnen und Lehrer einer Jahrgangsstufe vereinbaren ein gemeinsames Thema, zu dem sie innerhalb ihres Faches im Verlauf des Halbjahres eine Unterrichtsreihe durchführen. Für die Durchführung der Reihe vereinbaren sie einen Zeitraum, in dem das Thema in verschiedenen Kursen parallel unterrichtet wird. In allen beteiligten Fächern wird produktorientiert gearbeitet mit dem Ziel, die Ergebnisse auf einer abschließenden Präsentationsveranstaltung vorzustellen und auch Nicht-Fachleuten die jeweilige Sicht des Faches auf das Thema zu vermitteln.

Das fächerverbindende Projektmodell:
Im Verlauf eines Schulhalbjahres erarbeiten verschiedene Fächer Beiträge zu einem komplexen Themenbereich, der zwingend interdisziplinär behandelt werden muss.

Was die Rolle der Ethik in solchen Modellen anbetrifft, so ist es wichtig, darauf zu achten, dass sie mit den anderen Fächern nicht bloß ein additives Nebeneinander bildet, sondern in einem integrativen Verhältnis steht. Die normative Reflexion sollte nicht nur am Rande als ein Zusätzliches, einer Vollständigkeit wegen hinzugefügt werden. Die Ethik sollte vielmehr in ein integratives Gespräch vor allem mit den Naturwissenschaften einbezogen werden. Wenn ethische Fragen nicht additiv, sondern integrativ behandelt werden sollen, dann stellt sich weniger die Frage nach einer Doppelung oder Doppelstruktur – erst das Fachliche, dann das Ethische. Der ethische Aspekt des Fachlichen ist dann ein selbstverständlicher und zentraler Aspekt des Umgangs mit der Sache – mit Sprache, mit Natur, mit Menschen und Gesellschaften.

Ein Schwerpunkt interdisziplinären Arbeitens liegt auf der Methodenreflexion.
Mögliche Leitfragen zur Analyse der fachspezifischen Methode:

- Welches sind die für das jeweilige Fach typischen Fragestellungen und Problemfragen?
- Was unterscheidet ein „ethisches" von einem „historischen" oder einem „biologischen" Problem?
- Welche Realitätsauffassung liegt der jeweiligen Disziplin zugrunde?
- Wie wird im Einzelnen diese Wirklichkeit konstruiert?
- Was fehlt diesem Konstrukt?
- Was wird einfach ausgeblendet?
- Wo sind Einseitigkeiten, blinde Flecken auszumachen?
- Wie sieht das methodische Procedere aus?
- Wie kommen wir jeweils zu plausiblen, hinlänglich begründeten Resultaten?
- Schließlich: Welchen Sicherheitsgrad können Aussagen haben, die aufgrund eines bestimmten methodischen Ansatzes formuliert werden?

Eine Reflexion der Besonderheiten von methodischen Zugriffen, wie sie in den einzelnen Disziplinen praktiziert werden, kann den Schülern zumindest umrisshaft unterschiedliche Formen von Rationalität aufzeigen, von denen jede in besonderer Weise im menschlichen Handeln zur Geltung kommt:

(a) die kognitiv-instrumentelle (z. B. Naturwissenschaften),
(b) die ästhetisch-expressive (z. B. Literatur, Kunst) und
(c) die evaluativ-normative (Philosophie, Ethik) Rationalität.

Die dem Ethikunterricht affinen Fächer – Deutsch, Geschichte oder Kunst – zeigen ein durchaus ähnliches methodisches Vorgehen. Literatur z. B. bietet Erklärungsmodelle für die Widersprüchlichkeit und Vielfalt menschlichen Handelns und existentieller Lebensentwürfe. Sie sind normativ grundiert, mehr oder minder konsistent bzw. kohärent präsentiert. Das hermeneutische Erschließen solcher sprachlich stilisierter Inhalte kann den Schülern Fähigkeiten vermitteln, die grundlegend für deren moralische Kompetenz sind:

- die Fähigkeit, sich in fremde Personen (auch fremde Zeiten) einzufühlen
- die Fähigkeit des Perspektivenwechsels
- die Fähigkeit, die Narrativität als Fähigkeit zur Sinn- und Selbstkonstitution zu begreifen
- die Fähigkeit, einen Möglichkeitsraum für menschliches Handeln zu eröffnen und Handlungsalternativen durchzuspielen
- die Fähigkeit, intuitive Urteile explizit zu machen und diskursiv zu begründen

– die Fähigkeit, in Handlungskonflikten Wertkonflikte zu erkennen und diese Wertkonflikte zu reflektieren.

Der Vergleich mit den Naturwissenschaften hingegen zeigt deutliche Unterschiede im methodischen Procedere. Er kann auch dazu beitragen, das Proprium der Art von Verstehen, wie sie im Ethikunterricht angestrebt wird, deutlich zu machen.

Den Naturwissenschaften geht es zunächst um ein Erkennen von Gesetzmäßigkeiten. Die Methode ist die der Hypothesenbildung, der Bestätigung oder Falsifikation im Experiment. Die Naturwissenschaften versuchen, streng analytisch zu erklären, indem sie die Phänomene auf kausale Relationen zurückführen. Die Geisteswissenschaften hingegen versuchen, zu verstehen, zu interpretieren, Gründe für menschliches Handeln oder Unterlassen ausfindig zu machen und zu bewerten. Der Naturwissenschaftler nimmt Dinge offensichtlich anders wahr als der Ethiker.

In den Auseinandersetzungen zwischen Neurowissenschaften und Philosophie um das Problem der menschlichen Willensfreiheit ist deutlich zu sehen, dass je unterschiedliche Begriffe, Sprachspiele und Erklärungsmuster verwendet werden.[60]

Neurowissenschaften: (Begriffe / Kategorien)	*Philosophie* (Begriffe / Kategorien)
Ursache	Grund
Erklärung	Rechtfertigung
Genese	Geltung
Gesetz	Norm
Sein	Sollen
Geschehen	Handeln
Beobachterperspektive	Teilnehmerperspektive
Objektbezug	Selbstbezug

Den Naturwissenschaften geht es also um ein sachliches, möglichst wertneutrales, erklärendes Beschreiben der Objektwelt. Sie wollen einfach wissen, wie gewisse Gehirnzellen arbeiten, wie sie funktionieren, und wollen deren Mechanismen erklären können. Die Moralwissenschaft auf der anderen Seite will verstehen, will individuelles Tun, eingebettet in ein soziales Miteinander

(Mitwelt), aufhellen und mit plausiblen Gründen normieren bzw. rechtfertigen. Ein Sollen, ein erst noch zu erreichender idealer Horizont wird entworfen, gegenwärtiges Handeln von verantwortlichen Akteuren mitunter verworfen.

In etwas zugespitzer Form hat Friedrich A. Hayek (1899–1992) die Naturwissenschaftler mit „tauben Beobachtern" verglichen,

> „die in einen Raum kommen, wo eine Geige spielt. Sie beobachten das Instrument, die Vibration der Saiten, bemerken und messen die Veränderung des Drucks in der Luft und ihre periodische Wiederholung und sind sogar in der Lage, die gemessenen Erscheinungen anhand der Noten zu der gespielten Komposition in Beziehung zu setzen. Allmählich erschließen sich dem Wissenschaftler die musikalischen Formen, aber er wird doch niemals etwas vom Klang als einer Sinneswahrnehmung wissen, geschweige denn davon, was Musik im Leben derjenigen bedeutet, die hören können".[61]

Ähnliches könnte der Hirnforscher auch dem Philosophen vorwerfen. Sofern er die Ergebnisse der Hirnforschung nicht zur Kenntnis nimmt und nur aus einer Innenansicht die menschliche Willensfreiheit ausbuchstabiert, könnte man ihn auch als „tauben Beobachter" sehen, der gewisse fundamentale neurologische Erkenntnisse schlichtweg ignoriert. Jeder fokussiert auf seine ihm eigene methodische Vorgehensweise bestimmte Aspekte von Wirklichkeit und blendet andere aus. An dieser Stelle zeigt es sich, wie wichtig es ist, sich der je unterschiedlichen Methoden samt ihren Reichweiten bewusst zu werden. Erst dann sind die Voraussetzungen für einen produktiven Dialog zwischen Natur- und Geisteswissenschaft gelegt. Wenn z. B. der Hirnforscher auf der Grundlage seiner Forschungsergebnisse grundsätzlich und defintiv die Willensfreiheit leugnet, so scheint er einem Kategorienfehler aufzusitzen. Er verwechselt schlicht Gründe mit Ursachen. Dass neurophysiologische Ereignisketten sich in bildgebenden Verfahren registrieren lassen, heißt nicht, dass der vordere Stirnlappen meines Gehirns handelt, wenn ich z. B. altruistisch handle. Es handelt vielmehr eine Person, die sich von überzeugenden Gründen leiten lässt und über diese Gründe Rechenschaft abzulegen imstande ist.

Peter Sellars hat sehr prägnant die Rolle der Person im ethisch-philosophischen Sprachspiel zum Ausdruck gebracht.

> „To say that a certain person desired to do A, though it is his duty to do B but was forced to do C, is not to describe him as one might describe a scientific specimen. One does, indeed, describe him, but one does something more. And it is this ‚something more' which is the irreducible core of the framework of persons … From this point of view, the irreducibility of the personal is the irreducibility of the ‚ought to the is'."[62]

Die für ihr Tun grundsätzlich verantwortliche Person kann also nicht naturalistisch auf ein Bündel deterministischer Relationen reduziert werden. Andererseits wirft die naturwissenschaftliche Beobachterperspektive neues Licht auf Mensch und Moral und zwingt den Philosophen, sein Bild vom

Menschen zu präzisieren und sich gegen die Thesen der Naturwissenschaften zu behaupten. Die hier angedeutete Verschränkung von Teilnehmer- mit Beobachterperspektive sorgt zumindest tendenziell für mehr Offenheit gegenüber den Argumenten der Gegenseite.

Die Kompetenz zum interdisziplinären Argumentieren kann schon in der Sekundarstufe geweckt werden. So wenn z. B. im Zusammenhang mit den Themenkomplexen „Glück" oder „Freundschaft, Partnerschaft, Liebe" neben der psychologischen auch die neurologische Perspektive zur Aufhellung von Gefühlen – Liebe, Sympathie oder Mitleid – mitberücksichtigt wird. Die Reaktion der Schüler auf dieser Altersstufe auf die Erklärungsversuche von Gefühlen von seiten der Hirnforschung ist in der Regel gemischt. Viele – gewisse Indizien sprechen dafür, dass es sich dabei mehrheitlich um Jungen handelt – finden den neurologischen Ansatz „eigentlich ganz interessant". Er scheint ihnen eine Möglichkeit zu bieten, über Gefühle in einer für sie angenehmen, weil distanzierten Art zu reden. Andere wiederum scheinen sich diesem Ansatz nur zögerlich zu öffnen. Sie fürchten eine gewisse Desillusionierung in Sachen Freundschaft und Liebe. „Ich will es so genau gar nicht wissen. Hauptsache ich fühle intensiv und echt", lautet eine häufig geäußerte Reaktion.

In der Oberstufe kann vor allem anhand von Fallanalysen die interdisziplinäre Kompetenz gefördert werden. Je nach Fallkonstellation sind unterschiedliche Fächer eingebunden – Geschichte, Politik, Naturwissenschaften. Der Ethikunterricht kann dabei ein ideales Forum eines integrativen Gesprächs zwischen den beiden „Kulturen" (Charles P. Snow), den Natur- und Geisteswissenschaften abgeben. Voraussetzung dafür ist, dass in einer Methodenreflexion Thesen, Begrifflichkeiten und methodisches Vorgehen der jeweiligen Disziplin untersucht und hinreichend geklärt werden. Auf diesem Wege wird den Schülern die Qualität einer genuin ethischen Frage- und Problemstellung deutlich vor Augen geführt. Sie lernen, in einer Gemengelage von Sachfragen – juristische, politische oder medizinisch-biologische – die normative Dimension wahrzunehmen und im argumentativen Diskurs sich in ihr zu bewegen.[63] Und sie lernen auch, dass eine im analytischen Sinne strenge Trennung von Sach- und Wertfragen in der Praxis selten vorkommt. Auch in den anscheinend völlig wertneutralen Sachfragen und Sachentscheidungen stecken häufig subjektive Präferenzen, Wertentscheidungen also. Bei jeder Darstellung von naturwissenschaftlichen „Fakten" sind Auswahl und Präsentation der Inhalte vom jeweiligen Erkenntnisinteresse des / der Forschenden geleitet. Sie können sich etwa fragen: Welche Bedeutung kommt meinen / unseren Forschungen für die Entwicklung der Gesellschaft zu? Welche Probleme sollen gelöst werden und welche neuen Probleme / Risiken werden möglicherweise geschaffen? In diesem Problembewusstsein schlagen sich auch ein gewisses Wertempfinden und somit moralische Sensibilität nieder, die ihrerseits von einem bestimmten Menschenbild begleitet sind.

Wenn in der hier skizzierten Form die Ethik mit anderen Fächern, vor allem den naturwissenschaftlichen, kooperiert, dann sind wohl günstige Voraussetzungen dafür geschaffen, dass Schüler sich mit den normativen Grundlagen von Wirtschaft und Gesellschaft und insbesonders den Problemen einer ethischen Grenzziehung von technologischen Machbarkeiten kritisch auseinandersetzen können.[64]

Anmerkungen

[1] Vgl. dazu: Neil Postman, Wir amüsieren uns zu Tode, Frankfurt 1985, S. 83ff. – Velim Flusser, Medienkultur, Frankfurt 1997, S. 21–40.
[2] Vgl. Hermann Giesecke, Pädagogische Illusionen, Stuttgart 1998, S. 277–281.
[3] Vgl. dazu grundsätzlich: Hans Albert, Traktat über kritische Vernunft, UTB, Tübingen 1991, S. 13ff.
[4] Vgl. Arne Naess, Kommunikation und Argumentation, Kronberg 1975, S. 27ff.
[5] Vgl. F. H. v. Eemeren u. a. (Hg.), Handbook of Argumentation Theory, Dordrecht 1987, S. 85ff.
[6] Jean-Paul Sartre, Ist der Existentialismus ein Humanismus?, Hamburg 1986, S. 30.
[7] Aristoteles, Metaphysik, 1005b, 1061b ff.
[8] Vgl. dazu allgemein: Thomas Zoglauer, Normenkonflikte – Zur Logik und Rationalität ethischen Argumentierens, Stuttgart 1998.
[9] Vgl. dazu: Harald Wohlrapp, Heterogenität als argumentationstheoretisches Problem; in: Harm Paschen u. a. (Hg.), Schulautonomie als Entscheidungsproblem, Weinheim 1996, S. 43ff. – Josef Kopperschmidt, Das Problem der Gewichtung von heterogenen Argumenten, ebd., S. 125ff.
[10] Vgl. dazu: Robert Alexy, Theorie der Grundrechte, Frankfurt S. 76ff.
[11] Ebd., S. 81.
[12] Vgl. Wilhelm Korff, Kernenergie und Moraltheologie, Frankfurt 1979, S. 69.
[13] Ebd., S. 36.
[14] Ebd., S. 72.
[15] Vgl. Thomas Zoglauer, Normenkonflikte, S. 183.
[16] Zit. nach: Christopher Gowans, Moral Dilemmas, Oxford 1987, S. 8.
[17] Jean-Paul Sartre, Ist der Existentialismus ein Humanismus?, S. 30.
[18] Isaiah Berlin, Four Essays on Liberty, Oxford 1969, S. 169.
[19] Nach: Rolf Dubs, Lehrerverhalten, S. 345. – Vgl auch Georg Lind, Moral ist lehrbar. Handbuch zur Theorie und Praxis moralischer und demokratischer Bildung, München 2003, S. 83f. Vgl. dazu auch K. A. Appiah, Ethische Experimente – Übungen zum guten Leben, München 2009, 198-203. Appiah kritisiert an der Dilemma-Methode ihren Schematismus und damit zusammenhängend ihre Oberflächlichkeit. Er meint, dass die Ethik des Dilemmas unsere Besonderheit, unsere Interessen, Wünsche und Ziele ignoriere. Dies dürfte wohl weniger der Fall sein, wenn sie didaktisch sensibel und offen vermittelt wird. – Eine didaktisch differenzierte Analyse der „Dilemmadiskussion" findet sich neuerdings bei Klaus Blesenkemper, Dilemmadiskussion, in: Julian Nida-Rümelin u. a. (Hg.), Handbuch Philosophie und Ethik 1, Paderborn 2015, S. 178–187. – Für eine grundsätzliche didaktische Analyse der Dilemmadiskussion siehe unten S. 318ff.
[20] J. M. Bochenski, Formale Logik, Freiburg, 1956, S. 53.
[21] Weitere Beispiele bei D. N. Walton, Informal Logic, 1989, S. 118.
[22] Ulrich Schroth, Philosophische und juristische Hermeneutik, Heidelberg 1985, S. 282.
[23] Vgl. A. Kaufmann (Hg.), Einführung in die Rechtsphilosophie, UTB 1989, S. 129.
[24] St. E. Toulmin, The Uses of Arguments, Cambridge 1958; vgl. dazu grundsätzlich: R. Alexy, Theorie der juristischen Argumentation, Suhrkamp, Frankfurt 1991, S. 108ff.
[25] A. a. O., S.. 34.
[26] Vgl. dazu auch St. E. Toulmin, Die Verleumdung der Rhetorik; in: neue hefte für philosophie 26 (1986), S. 55ff.
[27] Detlef Horster, Jürgen Habermas, Junius 1999, S. 130.

[28] Vgl. dazu vor allem: Eva-Marie Engels, George Edward Moores Argument der „naturalistic fallacy"; in: Ethische Norm und empirische Hypothese, hg. v. Lutz / H. Eckensberger, Suhrkamp, Frankfurt 1993, S. 92ff.
[29] Richard Hare, Die Sprache der Moral, Suhrkamp, Frankfurt 1983, S. 50.
[30] Vgl. dazu: Thomas Zoglauer, Normenkonflikte, frommann-holzboog, Stuttgart 1996, S. 47.
[31] Zum Gegensatz zwischen einer internalistischen Interessenethik neo-humescher Prägung und einer externalistischen kategorischen Position in der Tradition Kants vgl. neuerdings Stefan Gosepath, Motive, Gründe, Zwecke; Fischer Tb. 1999, S. 15ff.; vgl. auch G. Patzig, Der Unterschied zwischen subjektiven und objektiven Interessen und seine Bedeutung für die Ethik, Göttingen 1978; als Beispiel einer Variante einer Interessenethik: Dieter Birnbacher, Selbsttötung und Selbstmordvorsorge aus ethischer Sicht; in: Anton Leist (Hg.), Um Leben und Tod, Suhrkamp, Frankfurt 1990, S. 395ff.
[32] Zum Verhältnis zwischen utilitaristischer Ethik und Kant vgl. z. B. O. Höffe, Moral als Preis der Moderne, Suhrkamp, Frankfurt 1993, S. 214.
[33] Unterrichtsmaterialien dazu in: Volker Pfeifer, Ethisch Argumentieren, Bühl 1997, S. 184ff.
[34] Vgl. dazu: Reinhard Merkel, Klonen: Rechte für Embryonen?; in: DIE ZEIT 05/2001.
[35] John Rawls, Eine Theorie der Gerechtigkeit, 1975, S. 38.
[36] Vgl. dazu vor allem: Norman Daniels, Justice and Justification, New York 1996, S. 21–47; eine frühe streng analytische Interpretation des „reflective equilibrium" stammt von Norbert Hoerster, John Rawls' Kohärenztheorie der Normenbegründung, in: Über John Rawls' Theorie der Gerechtigkeit, hg. v. Otfried Höffe, Frankfurt 1977, S. 57–77. Vgl. auch: Thomas W. Pogge, John Rawls, München 1994, S. 156ff. Otfried Höffe, Ethik und Politik, Frankfurt 1979, S. 180ff.
[37] Vgl. dazu: Beacuamp T. L. / Childress J. F., Principles of Biomedical Ethics, Oxford 1994, S. 14–23: Hier wird zwischen drei Modellen ethischer Begründung unterschieden: Deduktivismus, Induktivismus und Kohärentismus.
[38] Vgl. dazu: Ernst von Glasersfeld, Wissen, Sprache und Wirklichkeit, Braunschweig 1992, S. 190ff.
[39] Nicht zu verwechseln mit dem weltanschaulichen oder politischen „Fundamentalismus". Es handelt sich um eine Übersetzung des englischen „foundationalism"; vgl. Walter Sinnott-Armstrong, Moral Knowledge?, New York 1996, S. 136ff. und Mark Timmons, Foundationalism and the Structure of Ethical Justfication, in: Ethics 97 (1987), S. 595–609.
[40] Walter Sinnot-Armstrong, Moral Knowledge?, a. a. O., S. 152.
[41] Ebd., S. 171.
[42] Ebd., S. 173; etwas komplizierter scheint der Fall der Amish-people zu sein. Die Amish-people fühlen sich moralisch verpflichtet, ein einfaches Landleben zu führen, weitab von urbaner Zivilisation und in Harmonie mit der Natur. Haben sie mit ihrer Vorstellung vom „guten Leben" ein offensichtlich konservativ geprägtes Überlegungsgleichgewicht erreicht, das man als rational qualifizieren könnte?
[43] David O. Brink: Moral realism and the foundations of ethics, New York 1989, S. 105.
[44] Vgl. Walter Sinnott-Armstrong, a. a. O., S. 166.
[45] Vgl. dazu: Will Kymlicka, Moralphilosophie und Staatstätigkeit: das Beispiel der neuen Reproduktionstechnologien; in: Matthias Kettner (Hg.): Angewandte Ethik als Politikum, Frankfurt 2000, S. 206f. – Einen ähnlichen Versuch, praxisrelevantere Handlungsnormen, Prinzipien „mittlerer Reichweite", aufzustellen, die flexibler und situationsgerechter anzuwenden wären als abstrakte moralische Prinzipien – z. B. Kants Kategorischer Imperativ – haben in der Medizinethik T. Beauchamp und J. Childress („Principles of Biomedical Ethics") unternommen. Vgl. dazu Volker Pfeifer, Analytische Philosophie und ethisches Argumentieren; in: ZDPE 2/2000, S. 99. – Vgl. auch Birnbachers Unterscheidung zwischen „Idealer Ethik versus Praxisnormen", in: Dieter Birnbacher, Verantwortung für zukünftige Generationen, Reclam 1988, S. 16ff.: „Praxisnormen verhalten sich zu idealen Normen wie einfache Gesetze zu Verfassungsnormen", S. 18.
[46] Zum didaktischen Nutzen einer Auseinandersetzung mit moraltheoretischen Systemen vgl. auch Martha Nussbaum: Vom Nutzen der Moraltheorie für das Leben, Wien 1997, S. 66ff., 273f.
[47] Vgl. dazu neuerdings: Carmen Kaminsky: Embryonen, Ethik und Verantwortung, Tübingen 1998, bes. S. 229f., 293f.
[48] Vgl. dazu Otfried Höffe, Moral als Preis der Moderne, Frankfurt 1993, S. 213f.
[49] Vgl. z. B. Ludger Honnefelder, Natur und Status menschlicher Embryos; in: Mechthild Dreyer u. a. (Hg.), Natur und Person im ethischen Disput, Freiburg 1998, S. 259ff.
[50] Vgl. Norbert Hoerster, Abtreibung im säkularen Staat, Frankfurt 1991, vor allem S. 10f.
[51] Thomas Barthelborth, Begründungsstrategien. Ein Weg durch die analytische Erkenntnistheorie,

Anmerkungen 247

Berlin 1996, S. 202, 241. – Vgl. dazu auch besonders illustrativ: Michael Walzer, Kritik und Gemeinsinn, Frankfurt 1993, S. 29: „Die moralische Welt hat eine bewohnte Qualität, so wie bei einem seit mehreren Generationen von einer einzigen Familie bewohnten Heim finden sich hier und da nachträgliche Anbauten, und der gesamte verfügbare Raum ist mit erinnerungsgeladenen Gegenständen und Gebilden gefüllt. Das gesamte Gebäude – als ein Ganzes betrachtet – fügt sich weniger einem abstrakten Modell als vielmehr einer dichten Beschreibung." – Vgl. dazu auch Clifford Geertz, Dichte Beschreibung. Beiträge zum Verstehen kultureller Systeme, Frankfurt 1983.

[52] Vgl. dazu grundsätzlich: Volker Pfeifer, Ethisches Argumentieren anhand von aktuellen Fällen, Bühl 1997.

[53] Vgl. Thomas Zoglauer, Die Methode des Überlegungsgleichgewichts in der moralischen Urteilsbildung, in: Jürgen Mittelstraß, Die Zukunft des Wissens, Konstanz 1999, S. 977–985 mit der dafür einschlägigen Literatur. – Einer der am meisten und lebhaftesten diskutierten Fälle ist das sog. „Geiger-Beispiel" von Judith. J. Thomson, Eine Verteidigung der Abtreibung; in: A. Leist (Hg.), Um Leben und Tod, Frankfurt 1990, S. 107ff.

[54] Vgl. Johann S. Ach u. a. (Hg.), Hello Dolly? – Über das Klonen, Frankfurt 1998; Volker Pfeifer, Analytische Philosophie und ethisches Argumentieren, in: ZDPE 2 (2000), S. 100f. – J. Müller-Jung, Neuer Adam frisch aus der Retorte – Das Designer-Baby aus Minneapolis, in: FAZ v. 6.10.2000, S. 41. – Vgl. auch: Ulrich Bahnsen, „Wunderbare Kräfte", Mark Hughes hat ein Retortenbaby erzeugt – es soll dem kranken Bruder Knochenmark spenden, in: DIE ZEIT, Nr. 39, 21.9.2000, S. 41–42.

[55] Vgl. Thomas Zoglauer, Die Methode des Überlegungsgleichgewichts, a. a. O., S. 983–984. Vgl. jetzt auch: Ders., Tödliche Konflikte, Stuttgart 2007, S. 282f.

[56] Vgl. Julia Dietrich u. a., Zwischen Politik und Alltag. – Konkrete Diskurse an Schulen und Hochschulen zum Einsatz moderner Biotechnologien in Medizin und Landwirtschaft; in: ZDPE H. 2 (2006), S. 146–156.

[57] Vgl. dazu grundsätzlich: Ingo Scheller, Szenisches Spiel. Handbuch für die pädagogische Praxis, Berlin 2002.

[58] Das leicht abgeänderte Beispiel stammt von Rainer Erlinger, Gewissensfragen, München 2005, S. 185.

[59] Jürgen Baumert, Deutschland im internationalen Bildungsvergleich, in: Nelson Killius u. a.(Hg.), Die Zukunft der Bildung, Frankfurt 2002, S. 108.

[60] Vgl. dazu ausführlicher: Jürgen Habermas, Das Sprachspiel verantwortlicher Urheberschaft und das Problem der Willensfreiheit; in: DZPhil, 54 (2006), S. 669–707.

[61] Friedrich A. Hayek, Die sensorische Ordnung, Tübingen 2006, S. 172.

[62] Peter Sellars, Philosophy and the Scientific Image of Man, in: From Science, Perception and Reality, London 1963, p. 1–40; zit. nach Jürgen Habermas, a. a. O., S. 691. – Ein beeindruckendes Gespräch zwischen einem Hirnforscher und einem Philosophen über die Möglichkeiten und Schwierigkeiten einer gemeinsamen Sprache findet sich in: Wolf Singer, Ein neues Menschenbild? Gespräche über die Hirnforschung, Frankfurt 2003, S. 9–24.

[63] Zum Problemkomplex „Ethik im Fachunterricht" vgl. vor allem die Veröffentlichung des MKS Baden-Württemberg: Ethik im Fachunterricht. Entwürfe, Konzepte, Materialien. Für allgemein bildende Gymnasien und berufliche Schulen, Stuttgart 2005. Dort finden sich eine Vielzahl von Beispielen und Materialien zu ethischen Fragestellungen im Fachunterricht. – Vgl. auch: Anneliese Wellensiek u. a. (Hg.), Interdisziplinäres Lehren und Lernen in der Lehrerbildung, Weinheim 2002, bes. S. 162f.

[64] Beispiel einer interdisziplinär angelegten Unterrichtseinheit:
Thema: „Das Problem der menschlichen Willensfreiheit aus Sicht der Philosophie und der Hirnforschung".
Textauswahl:
Immanuel Kant, Grundlegung der Metaphysik der Sitten. S. 81–83; in: Werke, hg. v. W. Weischedel, Darmstadt 1975, Bd. 6.
Wolf Singer, Wer deutet die Welt? S. 9–23; aus: Wolf Singer, Ein neues Menschenbild? Gespräche über Hirnforschung. Frankfurt 2003.
Wolf Singer, Das Ende des freien Willens?, ebd. S. 24–34.
Gerhardt Roth, Willensfreiheit und Schuldfähigkeit aus Sicht der Hirnforschung, S. 9–18; aus: Gerhardt Roth und Klaus-Jürgen Grün (Hg.), Das Gehirn und seine Freiheit. Beiträge zur neurowissenschaftlichen Grundlegung der Philosophie. Göttingen 2006.

Peter Bieri, Das Handwerk der Freiheit. Frankfurt 2003, S. 49–53.
Dieter Sturma, Zur Einführung: Philosophie und Neurowissenschaften. S. 35–39; aus Dieter Sturma (Hg.), Philosophie und Neurowissenschaften. Frankfurt 2006.
Eberhard Schockenhoff, Wir Phantomwesen. Über zerebrale Kategorienfehler. S. 166–170; aus: Christian Geyer (Hg.), Hirnforschung und Willensfreiheit. Frankfurt 2004.
Otfried Höffe, Der entlarvte Ruck. Was sagt Kant den Gehirnforschern? ebd, S. 177–182.
Methoden: Argumentationsskizzen / Concept-Mapping / Pro-Kontra-Debatte / Gruppenpuzzle / Rollenspiel / Essays schreiben

VIII. Die affektive Dimension des Ethikunterrichts

> *Der Mensch lässt sich durch Vernunft überzeugen, aber bewegt wird er durch Emotionen.*
> (Jeffrey Pfeffer)

> *Das Fühlen ist genauso erlernbar wie die Rückhand beim Tennis.*
> (Peter Handke)

> *Wenn es doch endlich einmal gelänge, in unserer Sprache ein Wort einzuführen, welches Denken und Fühlen nicht trennt. Ich habe es satt, mich immer für das eine und damit gegen das andere entscheiden zu müssen. Und wie viel Unglück ist erst dadurch entstanden, dass die Menschen auch danach gehandelt haben.*
> (Ilse Aichinger)

Dass das begründete Beurteilen menschlichen Handelns im Ethikunterricht nicht nur eine Sache der Vernunft ist, leuchtet den Schülern in der Regel unmittelbar ein. Gefühle in ihrer phänomenologischen Vielfalt spielen dabei eine oft unterschätzte Rolle. Vom ersten anscheinend oberflächlichen Wahrnehmen eines moralisch relevanten Sachverhaltes bis hin zum wohlbegründeten Urteil verrichten sie ihre nicht immer leicht zu analysierende „Arbeit". Kommt ihnen als „Herzensneigungen" gewissermaßen ein intrinsischer Wert zu oder haben sie lediglich eine katalytische Funktion für die Entwicklung des moralischen Bewusstseins, so dass sie überflüssig werden, wenn ein bestimmtes Niveau an moralischer Kompetenz erreicht ist?

Für eine Didaktik des Ethikunterrichts scheint es daher dringend geboten, die affektive Dimension auszuloten und nach dem jeweiligen Stellenwert von Gefühlen in den unterschiedlichen Unterrichtsphasen zu fragen. An die Seite der Kategorie des Argumentativ-Rationalen soll die Kategorie des Affektiv-Emotionalen gestellt und deren Zusammenhänge untersucht werden – soweit sie für eine didaktische Verortung des Ethikunterrichts erforderlich sind.

Welchen Stellenwert haben moralische Gefühle? – Ein Thesenraster

1) Wahrnehmungsfunktion:
Moralische Gefühle spielen eine wichtige Rolle für die Konstituierung moralischer Phänomene. Gefühle bilden die Basis unserer Wahrnehmung von etwas als etwas Moralischem. Wer blind ist gegenüber moralischen Phänomenen, ist gefühlsblind. Ihm fehlt das Sensorium für das Leiden von Mensch und Natur. Dieses Sensorium ist mit Sympathie oder Mit-gefühl verwandt.

2) Urteilsfunktion:
Moralische Gefühle geben uns eine Orientierung für die Beurteilung des moralisch relevanten Einzelfalls. Gefühle bilden die Erfahrungsbasis für unsere ersten intuitiven Urteile: Scham- und Schuldgefühle sind die Basis für Selbstvorwürfe; Schmerz und das Gefühl der Kränkung für den Vorwurf gegenüber einer zweiten Person, die mich verletzt; Empörung und Wut für die Verurteilung einer dritten Person, die eine andere verletzt. Moralische Gefühle reagieren auf Störungen intersubjektiver Anerkennungsverhältnisse. Sie sind sprachlich so strukturiert, dass sich in ihnen das System der Personalpronomina spiegelt.

3) Begründungsfunktion:
Moralische Gefühle spielen bei der Begründung moralischer Normen eine wichtige Rolle. Der Empathie kommt dabei eine besondere Funktion zu. Sie ist eine emotionale Voraussetzung für eine ideale Rollenübernahme, die von jedem verlangt, die Perspektive aller anderen einzunehmen. Etwas unter dem moralischen Standpunkt (moral point of view) zu betrachten heißt, dass wir nicht unser eigenes Welt- und Seinsverständnis zum Maßstab der Universalisierung einer Handlungsweise erheben, sondern deren Verallgemeinerbarkeit auch aus der Perspektive der anderen prüfen. Empathie kann uns die Augen öffnen für die „Differenz", d. h. für die Eigenart und den Eigenwert des Anderen.

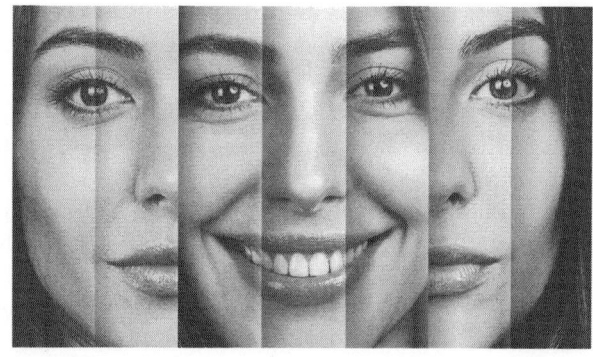

Bild-Impuls © pathdoc / Adobe Stock

4) Heuristische Funktion:
In Fragen der Begründung von Normen und deren Anwendung haben die moralischen Gefühle eine unschätzbare heuristische Funktion. Für die Beurteilung der Phänomene, die sie erschließen, können sie jedoch nicht letzte Instanz sein.

Das Verhältnis zwischen Rationalität und Gefühl, eine Grundfrage der Moraltheorie, ist klassisch von David Hume formuliert worden.

> „In jüngster Zeit ist eine Kontroverse in Gang gekommen, die viel eher eine Untersuchung verdient. Sie gilt der allgemeinen Grundlegung der Moral: ob diese aus dem

V e r s t a n d oder aus dem G e f ü h l herzuleiten sei; ob wir zu ihrer Erkenntnis durch eine Kette von Argumentationen und durch Induktion gelangen oder durch ein unmittelbares Gefühl und einen feineren inneren Sinn; ob sie, wie jedes begründete Urteil über Wahrheit oder Falschheit, für alle vernünftigen, denkenden Wesen gleich sei; oder ob sie, wie die Wahrnehmung von Schönheit und Häßlichkeit, ausschließlich auf der besonderen Struktur und Beschaffenheit des Menschengeschlechts beruhe."[1]

Hume plädiert bekanntlich für Letzteres. Dem Verstand kommt es zu, die Folgen von Handlungen abzuschätzen, die das Gefühl dann positiv oder negativ bewertet. Er ist nicht selbst Quelle der moralischen Bewertung. Die gegenwärtige Neurobiologie und Emotionsforschung bewegen sich zu einem nicht unbeträchtlichen Teil auf der Linie der Humeschen Thesen. Urteile über gut oder schlecht sind grundsätzlich vom Gefühl gesteuert. Nicht selten wird sogar behauptet, dass dem Verstand lediglich die Rolle einer nachträglichen Rationalisierung zuzuerkennen sei für das, was durch das Gefühl schon entschieden worden ist.

Wahrnehmungsfunktion

Gefühle in ihrer bisweilen verwirrenden phänomenologischen Vielfalt sind wesentliches Substrat moralischer Sensibilität. Als eine Art Sensorium vernetzen sie das Individuum mit seinem sozialen Umfeld und ermöglichen überhaupt die Wahrnehmung moralisch relevanter Sachverhalte. Eine Gefühlskälte, die immun ist gegenüber fremdem Wohl und Wehe, selbiges erst gar nicht empfindet, wäre das antithetische Gegenstück dazu.

Zur Wahrnehmung eigener oder fremder Gefühle gehört auch deren hinreichend präzise Beschreibung. Zunächst kann man unterscheiden zwischen Gefühlen / Stimmungen und Affekten. Gefühle sind intentional, richten sich auf Objekte (z. B. sich fürchten vor …, sich freuen über …, sich ärgern wegen …). Stimmungen dagegen beziehen sich in allgemeiner, vorwiegend nichtintentionaler Form auf das Dasein des Menschen in seiner Welt. Schaut er mit düsterem Blick auf seine Welt, so ist die Stimmung gedrückt; sieht er sie in hellen Farben, so befindet er sich in gehobener Stimmung. Affekte werden häufig mit den Leidenschaften gleichgesetzt. Sie überkommen den Menschen und verursachen Lust oder Leid. Ihnen kommt somit ein wesentliches Moment von Rezeptivität zu. Wir werden regelmäßig in unserem Empfinden von äußeren Phänomenen „affiziert" (Kant). Diese Fähigkeit, innerlich affiziert zu werden, gehört zur menschlichen Sensitivität. Affektlosigkeit in diesem Sinne wäre mit Apathie gleichzusetzen.

In der neueren Phänomenologie werden Gefühle als räumliche Atmosphären beschrieben.
„Gefühle sind räumlich, aber ortlos, ergossene Atmosphären."[2] Dabei kommt es vor allem auf die durchgehende Körpergebundenheit der Gefühle

an. Der Freudige hüpft, der Kummervolle sitzt schlaff und gebrochen da, der Beschämte senkt den Blick, der Verzweifelte lacht gellend auf. Die Sprache des Körpers ist insofern Gradmesser für die Echtheit und Intensität der Emotion.

Eine phänomenologische Analyse des moralischen Gefühls „Zorn" führt zu einer Reihe von wesentlichen Strukturelementen:[3] Zorn ist

(a) eine Form von Aggression, die auf eine Verletzung, Kränkung reagiert.
(b) Zorn ist eine zentrifugal gerichtete Gefühlsregung.
(c) Zorn ist ein Kraftgefühl und insofern mit Wollust und Stolz vergleichbar.
(d) Der propositionale „Verankerungspunkt"[4] des Zorns ist stets ein Unrecht; dabei muss es sich nicht um ein Unrecht gegenüber dem Zürnenden selbst handeln.
(e) Der intentionale Gegenstand oder „Verdichtungsbereich" des Zorns ist stets ein Subjekt, mit dem der Zürnende verbunden ist.
(f) Die Aggression des Zorns besteht in einem Impuls zur Rache oder Vergeltung.
(g) Zorn, der sich ungehindert äußern kann, kühlt ab, „verraucht" wie ein Feuer.

Solche in phänomenologischer Manier durchgeführten Untersuchungen von moralischen Gefühlen wecken bzw. schärfen die Selbstwahrnehmung und Sensibilität im affektiv-körperlichen Bereich. Die Schüler lernen ihre eigenen Gefühle kennen und werden sich der moralischen Implikationen bewusst. Vieles hängt auch davon ab, dass sie die Prägungen und Besonderheiten ihrer eigenen moralischen Wahrnehmung reflexiv einholen und sich ihrer bewusst werden. Sie entwickeln darüber hinaus in einer adäquaten Kommunikation mit anderen zu diesem Thema ein Vokabular für Gefühle und vermögen körpersprachliche Signale richtig zu deuten. Damit sind wichtige Voraussetzungen für einen bewussten und sensiblen Umgang mit den eigenen bzw. den Gefühlen anderer geschaffen. Ein Hellhörigwerden auf eigene und fremde Gefühlsregungen wird sich auch auf die Atmosphäre und die Gesprächsformen des Unterrichts entsprechend positiv niederschlagen. Die Gespräche werden tendenziell umsichtiger, differenzierter; die Atmosphäre vertrauensvoller, wärmer.

Beispiel:

> „Es war an einem sonnigen Wintertag, als der Reisende mit der Eisenbahn in der Stadt anlangte. Eine einzige zusammenhängende Freundlichkeit war die ganze Welt. Die Häuser waren so hell, und der Himmel war so blau. Zwar war das Essen im Bahnhofsrestaurant herzlich schlecht mit hartem Schafsbraten und lieblosem Gemüse. Aber das Herz des Reisenden war mit einer eigentümlichen Freude erfüllt. Er konnte es sich selber nicht erklären. Die Bahnhofshalle war so groß, so licht, der arme alte

Dienstmann, der ihm die Koffer trug, war so dienstfertig mit seinen alten Gliedmaßen und so artig mit seinem alten zerriebenen Gesicht. Alles war schön, alles, alles. Selbst das Geldwechseln am Schalter des Wechselbureaus hatte einen eigenen undefinierbaren Zauber. Der Reisende mußte nur immer über alle die wehmütig-warmen Erscheinungen lächeln, und weil er alles, was er sah, schön fand, fühlte er sich auch wieder von allem angelächelt [...]."

Luc Ciompi[5] – er zitiert das Beispiel aus Robert Walser – hat seinerseits ein systematisches Konzept einer „Affektlogik" erarbeitet. Es geht davon aus, dass der Mensch

„... die Welt nicht anders als aus einer bestimmten emotionalen Perspektive, einer kontextgebundenen momentanen Gestimmtheit heraus betrachten kann ... Affekte sind eminent wichtige Komplexitätsreduktoren ... (mit ihnen) gelingt es uns, die ungeheure Fülle von Informationen sinnvoll zu beschränken".

Der Text kann dazu dienen, grundlegende Fragen der Wahrnehmung und die Rolle von Affekten (Emotionen) zu untersuchen.

z. B. – Abstrahiere aus obiger Schilderung das Gefühl der Freude und schildere die Geschehnisse aus dem Blickwinkel eines übel gelaunten, eines traurigen oder eines gehetzten Schreibers.
– Wie hängen Wahrnehmen und Fühlen zusammen; wie Urteilen und Fühlen?
– Wovon hängt die Auswahl deiner Wahrnehmung ab?
– Entwerft selbst solche kurzen Texte und untersucht, wie das Gefühl bzw. die Atmosphäre die Schilderung bestimmt.

Übungen zur Wahrnehmung und Beschreibung von Gefühlen

(a) Wort und Gefühl: Die Übung setzt sprachanalytisch an. Schüler nehmen wahr und beschreiben, welche Gefühle durch bestimmte Worte in ihnen ausgelöst werden.

„Das Wort löst in mir aus":

	Ärger	Sympathie	Angst	Zufriedenheit	Nervosität
stark					
mittel					
schwach					

Gefühle wahrnehmen:
Lies den Satz laut vor und versuche dabei, das nebenstehende Gefühl mit in deiner Stimme auszudrücken.

»Das kann ich nicht glauben« ___ Überraschung
»Das kann ich nicht glauben« ___ Bewunderung

»Das kann ich nicht glauben« ___ Vorwurf
»Das kann ich nicht glauben« ___ Enttäuschung
»Das kann ich nicht glauben« ___ Wut
»Das kann ich nicht glauben« ___ Unsicherheit
»Das kann ich nicht glauben« ___ Schadenfreude

(b) Erstellen einer Matrix zu Gefühlen. Die Schüler erhalten bzw. erarbeiten eine Matrix, anhand derer Gefühle analysiert werden können.

Mögliche Kriterien:

1. *Gegenstand / Inhalt*: Gegen oder an wen richtet sich das Gefühl (Personen oder Sachen)?
2. *Richtung*: Ist das Gefühl mehr nach außen oder nach innen gerichtet?
3. *Umfang*: Wie weitreichend ist das Gefühl, trifft es z. B. nur auf Einzelfälle oder auf „die ganze Welt" zu.
4. *Wertung*: Wie wird durch das Gefühl gewertet?
5. *Kriterien*: Von welchen Normen wird ausgegangen (z. B. wenn etwas verabscheut oder bewundert wird)?
6. *Intersubjektivität* : Zielt das Gefühl darauf ab, Einstellungen mit anderen zu teilen, z. B. Freude?
7. *Abstand*: Welchen Abstand (oder welche Nähe) stelle ich zum andern in dieser Gefühlslage her?
8. *Strategie*: Welche (oftmals unbewusste) Strategie verbirgt sich hinter einem Gefühl? Was will ich bewirken?

Urteilsfunktion

Gefühle zeigen uns unmittelbar, woran wir sind. Ihnen kommt somit ein spezifischer Erkenntniswert zu. Diese Gefühlsevidenz unterscheidet sich sicherlich von den üblichen gegenstandsgerichteten objektiven Erkenntnisakten. Sie ist aber in analoger Weise welterschließend und gibt uns eine erste, weichenstellende Orientierung. „Orientierungsgefühle" (Agnes Heller) sind zu vergleichen mit den menschlichen Instinkten. Als solche haben sie die Funktion des Abtastens der Umwelt, um eine erste Richtung anzuzeigen. Sie zeigen uns den „richtigen" Weg oder lassen uns zu den „richtigen" Mitteln greifen, um zum Ziel zu kommen.

Was wir dabei „Intuition" nennen, setzt sich im Wesentlichen aus früher gespeicherten Erfahrungen und einer spontanen Einschätzung der konkreten Situation zusammen. Intuitionen müssen genau besehen von Gefühlen unterschieden werden. Da sie auf sedimentierten Erfahrungen gründen, kommen ihnen kognitive Bedeutungsanteile zu. Die Erfahrung eines Gegenstandes wird im Unterschied zu seiner Wahrnehmung immer auch von einer gesellschaftlich vermittelten Beurteilung desselben beeinflusst. Intuitionen sind also in der Regel ein Gemisch von subjektiven Gefühlen und mehr oder weniger intersubjektiven kognitiven Elementen der Bewertung.

In vielen Situationen zeigt sich, dass Gefühle immer schon wertend sind. Sie bewegen sich grundsätzlich im Horizont von Wertungen mit der bekannten dualen Kodierung angenehm / unangenehm, nützlich / schädlich, richtig / falsch oder gut / schlecht usw. In existentiellen Entscheidungssituationen geben sie uns eine erste, wenn auch sprachlich nicht immer leicht zu fassende Orientierung („Ich habe das Gefühl, mein Gefühl sagt mir, dass …"). Sie sind so etwas wie Ausrufezeichen – halten zurück oder fordern auf. Alltagspsychologisch können wir beobachten, dass beim ersten Blickkontakt mit Sachen oder Menschen eine erste, zunächst unbewusste normative Etikettierung („labeling") erfolgt. Diese kann dann in einem maieutisch verfahrenden Gespräch behutsam bewusst gemacht werden. An dieser Stelle zeigt sich schon, dass in der Reflexion über Gefühle sofort die Kognition hinzutritt. Einer Explikation von tendenziell präskriptiven Gefühlsregungen („Mein Bauch sagt mir, dass …") wird man in aller Regel den Urteilscharakter absprechen können. Dass beide – Emotion und Kognition – irgendwie zusammenhängen, ist allgemeiner Konsens. Die Frage bleibt jedoch, wie nun in den unterschiedlichen Phasen ethischen Urteilens beide zusammen agieren, nach welchen Regeln, nach welchem Muster. Es hat den Anschein, als ob jenes „Mischungsverhältnis" von affektiv-emotionalen und argumentativ-kognitiven Anteilen ein anderes ist, je nachdem ob wir damit anfangen, über unsere Intuitionen zu reflektieren, ob wir unsere Urteile versuchen rational zu begründen oder ob wir z. B. versuchen, bestimmte abstrakte Normen auf einen konkreten Fall zu applizieren.

Moralische Basis-Gefühle (Schema)

Gefühl	Perspektive	Personalpronomen	Performativer Aspekt (verbalisiert)
Scham, Schuldgefühle	Ich-Perspektive	1. Person	sich vorwerfen
Schmerz / Kränkung	Du-Perspektive	2. Person	einem anderen vorwerfen
Wut / Empörung	Er-Perspektive	3. Person	verurteilen

Schamgefühl

„Scham im allgemeinen ist der (angenommene) Wertverlust in den Augen der anderen, aber diese Augen bleiben für gewöhnlich ungerührt ... Im Fall der moralischen Scham aber sind die Mienen der anderen empört. Wenn jemand die eine oder andere Fähigkeit schlecht beherrscht, sind wir anderen nicht empört. Der Grund dafür ist klar: Bei anderen Fähigkeiten ist es allein sein Problem, daß er sie schlecht beherrscht (es kann uns für ihn leid tun o. ä.). Aber wenn er moralisch schlecht handelt, dann ist es nicht allein seine Angelegenheit, es ist, als würde er einen Vertrag brechen. Wir sind entsetzt. Insofern ist Empörung das genaue Spiegelbild moralischer Scham. Es ist die Empörung der anderen, die wir in der moralischen Scham fürchten. Deswegen ist es so schlimm für die moralisch bewertende Person, daß der andere unfähig sein könnte, sich zu schämen; daß er schamlos ist – die Psychologen nennen es Mangel an moralischem Sinn (moral sense)."[1]

Für Tugendhat können normative moralische Urteile („Man kann das nicht tun ...") nur im Zusammenhang mit den Basisemotionen Scham / Empörung erklärt werden. Insofern kommt diesen Gefühlen eine grundlegende explikative Bedeutung zu. Von der Empörung her wird die Bewertung einer Person als Person („schlechter Kerl ...") verständlich. Nur die in diesem Gefühl implizierte innere soziale Sanktion gibt dem Modalwort „sollen" seinen eigentlichen Sinn. In der moralischen Scham – so meint Tugendhat weiter – erfahren wir einen Mangel an Selbstwert. Wer gegen moralische Normen verstößt, setzt sich nicht nur der Verachtung anderer aus, sondern er verachtet, da er jene Sanktionen verinnerlicht hat, auch sich selbst. Jeder hat aber ein Interesse daran, sich selbst zu achten und von andern geachtet zu werden. Selbstachtung erfordert offensichtlich gegenseitige Achtung. Ich kann mich nur dann bejahen, wenn ich von solchen anderen geschätzt werde, die sich so verhalten, dass sie ihrerseits Achtung verdienen, also auch von mir geschätzt werden können. Am Ende steht bei Tugendhat also eine Moral des wechselseitigen Respekts. Wir alle sind gleichermaßen Mitglieder einer Gesellschaft von sich wechselseitig respektierenden Individuen. Diese Mitgliedschaft ist für Tugendhat konstitutiv für die moralische Identität eines jeden von uns.

An dieser exemplarischen Analyse des Schamgefühls – verquickt mit normativen Rechtfertigungs- und moralischen Identitätsproblemen – ist der hohe Stellenwert von moralischen Gefühlen in der Ethik wiederum deutlich geworden. Dass in einem moralischen Urteil ganz wesentlich moralische Gefühle impliziert sind, bedeutet allerdings noch nicht, dass selbige eine ausschließliche Rolle spielen. Hinzu kommen wohl immer unverzichtbare kognitiv-rationale Elemente in Form von Universalisierungsbestrebungen. Sie sind in der allgemeinen Struktur jener Anerkennungsverhältnisse, die das Selbstverständnis als Person und als Angehöriger einer moralischen Gemeinschaft ermöglichen, zu sehen.

Urteilsfunktion 257

Kognition und Emotion

Das Verhältnis von kognitiven und im engeren Sinne emotionalen Elementen im moralischen Gefühl muss noch weiter differenziert werden. Als kontrastierende Hintergrundfolie kann an dieser Stelle die Position Kants kurz herangezogen werden. Für Kant sind Gefühle grundsätzlich schwankend. Daher ist gefühlsmäßig motiviertes Handeln nicht prinzipiengeleitet, inkonsistent und somit in diesem Sinne irrational. Gefühle beziehen sich in seinen Augen hauptsächlich auf spezifische Akteure in spezifischen Situationen und entziehen sich somit prinzipiell einer Generalisierung bzw. Universalisierung. Sie lassen sich also per definitionem nicht auf Prinzipien gründen, sind insoweit nicht unparteilich, sondern parteilich.

Bild-Impuls:
Paul Klee, Schande, 1933, 15

Im Gegensatz zu Kants Sichtweise kann man moralischen Gefühlen einen weitaus höheren Stellenwert einräumen. Dieser rührt daher, dass ihnen eine wichtige funktionale Bedeutung zukommt. Sie können als Indikatoren bestimmter kognitiver bzw. normativer Muster gesehen werden. In diesem Sinne implizieren Emotionen spezifische Muster von Kognitionen[2]. Schuldgefühle z. B. setzen voraus bzw. implizieren, dass das fühlende Subjekt erkennt, dass es für die Verletzung einer bestimmten moralischen Norm verantwortlich ist. Verantwortlichkeit ist dann nicht gegeben, wenn ein Handeln durch interne oder externe Bedingungen determiniert wurde. Die Intensität der Schuldgefühle hängt u. a. von der Nähe der geschädigten Person zum Handelnden bzw. vom Ausmaß des zu verantwortenden Schadens ab.

Das Zuschreiben bzw. Bestreiten von Verantwortlichkeit folgt gewissen kognitiven Mustern.

Um Verantwortung zu bestreiten, werden in der Regel folgende Argumente angeführt:

1. „Ich habe das nicht getan ..." (Bestreiten der Verursachung)
2. „Ich war handlungsunfähig ..." (Bestreiten des Handelns)
3. „Ich konnte das nicht vorhersehen ..." (Bestreiten der Vorhersehbarkeit)
4. „Ich habe das nicht gewollt ..." (Bestreiten der Absicht)

Merkwürdigerweise kann in Fällen, wo kein vorwerfbares Handeln auszumachen ist, sich doch ein „existentielles Schuldgefühl" einstellen. Ich fühle mich gegenüber dem Opfer eines von mir irgendwie mitverursachten Verkehrsunfalls schuldig, obgleich mich für den Unfall juristisch keinerlei Verantwortung trifft.

Ein grundlegendes Merkmal authentischer moralischer Emotionen (z. B. Schuld / Empörung) liegt darin, dass die ihnen zugrunde liegenden kognitiven Muster nicht hypothetisch, sondern assertorisch gelten. Wer sich empört, weiß, dass andere eine moralische Norm sträflich verletzt haben, und fragt nicht in hypothetischer Manier, ob dies so sei. Ähnliches gilt für das Gefühl eigener Schuld. Diese assertorische Gewissheit kann jedoch, wenngleich nicht immer leicht und nur unter behutsamem Einsatz adäquater maieutischer Fragweisen, aufgeweicht und in hypothetische Urteile transformiert werden.

Ein weiteres Merkmal von Emotionen in diesem Zusammenhang ist darin zu sehen, dass sie zwar Erkenntnis über Anlässe voraussetzen bzw. sie implizieren, sie aber nicht mit diesen Kognitionen identisch sind. Sie präsentieren einen je eigenen authentischen Akt der Bewertung. Dabei sind genauer betrachtet zwei Bewertungsschritte zu unterscheiden.[3] In einem ersten Schritt („primary appraisal") wird eine Situation oder ein Geschehen vom Subjekt als relevant bewertet. Die involvierte Person ist persönlich betroffen. Als nächster Schritt („secondary appraisal") folgt eine Reflexion des Subjekts über die Möglichkeiten, mit der gegebenen Situation umzugehen. Diese Schrittfolge begegnet uns in analoger Form im Versuch, gewisse „Vorverständnisse" der Schülerinnen und Schüler didaktisch sinnvoll zu explizieren bzw. zu reflektieren. Die Explikation der in Emotionen implizierten vorbewussten Kognitionen ist eine elementare Voraussetzung, sie rational zu reflektieren. Dabei geht es darum, zu prüfen, ob diese kognitiven Modelle der Realität angemessen sind, ob andere Subjekte die gegebene Situation ähnlich sehen und ob es gleichermaßen plausible alternative Sichtweisen gibt.

Moralische Emotionen sind nicht nur Indikatoren für die Existenz allgemeiner moralischer Normen. Sie stellen auch Evaluationen dar von komplexen Lagen und Handlungssituationen. Ihnen kommt somit eine „evaluative Rationalität" (Ronald de Sousa) zu. Sie verweisen die Akteure auf bestimmte Regeln für eine „kontextsensitive" Anwendung moralischer Normen in spezifischen Fallkonstellationen. Insofern kann man sagen, dass ihre Funktion darin besteht, die Lücken zu füllen, die die reine, kategorische Vernunft (Kant) bei der konkreten Festlegung von moralisch legitimen Handlungen und Überzeugungen lässt.

Das moralische Gefühl der Empörung z. B. beruht auf einer Reihe weiterer kontextueller Komponenten als nur auf der Kognition, dass eine universelle moralische Regel – im Falle einer Verleumdung die Achtung vor der sozialen Integrität anderer Menschen – verletzt wurde. So spielen z. B.

a) Wahrnehmungen bezüglich der Person des Handelnden (verantwortlich oder paranoid),
b) Verantwortlichkeitszuschreibungen (die Handlung war frei oder determiniert),
c) Hypothesen über die Konsequenzen der Normenverletzung (Schaden für das Opfer)
d) und Einstellungen des Handelnden zum Opfer (Nähe oder Distanz) eine Rolle.

Moralische Basisemotionen (Strukturmodell)

Hintergrund-variablen	Kognitionen über konkrete Situation	Moralische Emotion	Handlung
– Bestimmte Moralprinzipien – Allgemeine Wertorientierungen – Allgemeine Weltsicht und anthropologische Grundannahmen – Einstellungen gegenüber Täter und Opfer – Eigenschaften des Gefühlssubjekts: z. B. Ängstlichkeit vs. Zivilcourage	– Welche Pflichten sind situativ relevant? – Wer hat sie verletzt? – Wer ist verantwortlich? – Kann Pflichtverletzung legitimiert werden? – Wer ist das Opfer?	Schuld Empörung	– bestrafen – bereuen – Sühne leisten … – Hilfe oder Vergeltung für das Opfer fordern – wiedergutmachen

Viele Kognitionen tragen zur Auslösung spezifischer Emotionen bei. Andererseits ist die Entwicklung von Kognitionen durch unterschiedliche Faktoren bedingt (z. B. Persönlichkeitsmerkmale, moralische Grundsätze, Welt- oder Menschenbilder). Am Ende können moralische Emotionen in bestimmtes Handeln münden bzw. dieses besonders motivieren. Wenn wir mit der Reflexion der moralischen Emotionen einsetzen, so können wir zurückgehen auf die situativ relevanten Kognitionen, die von den Emotionen impliziert sind. Dies bedeutet in aller Regel eine Konkretisierung und Kontextualisierung der zunächst noch diffusen Gefühle. Deren Objektbezug und Intentionalität wird ins Bewusstsein gehoben. Dieser erste Schritt sichert gewissermaßen die Erkenntnisleistung der Emotionen und schützt vor Verblendung und Realitätsverlust. In einem zweiten reflexiven Schritt werden dann jene allgemeinen Überzeugungen und Annahmen rekonstruiert, die als Hintergrund die situative Einschätzung und die emotionale Reaktion prägen.

Diese zweidimensionale Reflexion kann dann auch zu einer Änderung der moralischen Emotionen führen. Einmal ist es denkbar, dass die kontextuelle Untersuchung zu einer Neuinterpretation des Falles führt. So kann z. B. ein Selbstverschulden des Opfers akzeptiert oder gewisse Rechtfertigungsversuche von Seiten des Täters als legitim eingestuft werden. Außerdem kann es zu einer Veränderung relevanter Hintergrundvariablen kommen: Gewisse konstitutive Moralnormen werden modifiziert oder die Einstellung zu Täter bzw. Opfer revidiert.

Dieses Strukturmodell, in dem Bedingungen und Folgen moralischer Emotionen skizziert sind, zeigt ein netzwerkartiges Geflecht von Emotionen und Kognitionen. In Analogie zum Kohärenzmodell ethischen Argumentierens[4] lassen sich Kognitionen weder eindeutig auf Emotionen reduzieren, noch diese aus jenen streng logisch deduzieren. Vielmehr scheint es sich um ein wechselseitiges multiples Bedingungsverhältnis zu handeln. Emotionale Elemente befinden sich auch in jenen von einem Subjekt bewusst und selektiv verinnerlichten Wertvorstellungen. Sie prägen ebenso die Art der Wahrnehmung und Interpretation situativer Faktoren, auf die allgemeine Normen und Werte appliziert werden. Und sie grundieren gewissermaßen die Motivation und das jeweilige konkrete Handeln. Andererseits durchzieht diese drei Dimensionen eine gewisse Rationalität wie ein roter Faden. Diese Vernünftigkeit zeigt sich einmal in einer durchgängigen, quasi-logischen Kohärenz zwischen allgemeinen Wertvorstellungen, situativen Einschätzungen und konkreten Handlungen, zum anderen in dem Kriterium der „Angemessenheit". Um abschätzen zu können, ob dieses oder jenes Gefühl „angemessen" ist, brauchen wir Normen bzw. Gründe, die ihrerseits nicht wieder Gefühl sein können. Immer dann, wenn eine Emotion zu unangemessenem Handeln führt, das sich nicht mehr mit der situativen Einschätzung oder den Hintergrundannahmen vereinbaren lässt, müssen jene Faktoren im Puzzle soweit verändert werden, bis eine zufriedenstellende Balance wieder erreicht ist: das Individuum als ein selbst-webendes und selbst-korrigierendes Netz von Überzeugungen und Gefühlen. In der Idee der Kohärenz steckt implizit auch ein schwerlich übersehbares Element von Rationalität. Die Teile eines kohärenten Ensembles sollen ja gut zusammenpassen, d. h. sich nicht widersprechen, sondern sich inferentiell gegenseitig stützen und begründen.

Kognition und Emotion – so könnte man an dieser Stelle resümieren – sollten gegeneinander porös sein. Die Gefühle sollten zumindest bis zu einem gewissen Grade sich einer rationalen, auf Universalisierung gerichteten Reflexion nicht verweigern. Ein stures Beharren auf Gefühlsevidenz kann in eine mitunter nicht ungefährliche Form von Irrationalität umkippen. Auf der anderen Seite muss der Rationalist auch offen sein für vorbewusste, emotionale Grundierungen. Bloß prinzipiengeleitetes Argumentieren übersieht elementare emotionale Bedingungen des je eigenen Standortes. Agnes Heller bringt in ihrer Theorie der Gefühle jenes symbiotische Ineinander von Emotion und Kognition pointiert zum Ausdruck:

> „Es gibt kein Erkennen ohne Gefühl, keine Handlung ohne Gefühl, keine Wahrnehmung ohne Gefühl, keine Erinnerung ohne Gefühl – doch jedes menschliche Gefühl beinhaltet entweder schon das Gefühl als Moment der Kognition oder es ist zumindest mit der Kognition, mit den Zielen und Situationen verbunden."[5]

Das Zusammenwirken von Gefühl und Vernunft lässt sich anhand der Idee der „*Menschenwürde*" illustrieren. Ohne eine Verankerung im Gefühl wäre jene häufig zu beobachtende intuitive Irritation angesichts von Verletzungen der Menschenwürde schwerlich einsichtig. Alle noch so rationalen Begründungen der Menschenwürde wären wohl ohne nennenswerte Folgen für deren Praxis. Die Idee der Menschenwürde kann sich nur insoweit in der Praxis auswirken, wie ihr Gehalt durch das Gefühl besetzt ist. Sie ist die Artikulation unserer intuitiven Vorstellungen davon, was mit einem Menschen grundsätzlich und auf keinen Fall geschehen darf. Als ein generalisiertes normatives Selbstbild steuert sie unser politisches Handeln. Ohne eine diskursive Klärung durch die Vernunft wüssten wir allerdings nicht, was als Verletzung der Menschenwürde zu gelten hat und was nicht. Emotionale Sensibilisierung und diskursive Aufklärung sind also aufeinander angewiesen und müssen sich wechselseitig stützen. Ein einseitiger Kognitivismus wie auch Emotivismus führen beide ins Leere. Der Satz „Die Würde des Menschen ist unantastbar" beschreibt sicherlich mehr als bloß rational erfassbare äußere Realität. Gerade weil die rationalen Begründungen der Universalität der Menschenwürde in der Regel schwach sind und aus sich selbst heraus nicht viel bewirken können, sind wir auf eine emotionale Sensibilisierung für die Menschenwürde angewiesen. Als ein unser Handeln wirksam steuerndes Konzept ist die Idee der Menschenwürde im Gefühl fundiert. Dieses braucht jedoch die Vernunft, um sich in der Praxis hinsichtlich der Wahrung der Menschenwürde orientieren zu können.

Begründungsfunktion

Zum Verstehen der Interessen und Gefühle anderer und damit auch zur Begründung situationsangemessener Normen gehört ganz wesentlich Einfühlungsvermögen. Es schafft gewissermaßen eine Brücke von der je eigenen Subjektivität zur Lebens- und Gefühlswelt anderer. Aus einer Vielzahl von unterschiedlichen Bedeutungen lassen sich drei Hauptelemente herausheben. *Empathie* als „Einfühlung" kann heißen

(a) die Fähigkeit, sich in andere hineinzudenken
(b) die Fähigkeit oder Bereitschaft, die Gefühle anderer Menschen nachzuempfinden und
(c) die Fähigkeit oder Bereitschaft, beim Anblick der Notlage anderer Bedauern und Anteilnahme zu empfinden.

Die Fähigkeit, sich in andere hineinzudenken, ist in erster Linie eine kognitive Leistung. Bei den anderen Teilfähigkeiten spielen emotionale Komponenten eine weitaus größere Rolle. Dabei geht es vor allem um ein annähernd adäquates Erfassen fremder Situationsdeutungen, Motive, Präferenzen oder Emotionen.

Allgemeiner Konsens in der psychologischen wie philosophischen Literatur besteht über folgende Korrelation: Je besser sich ein Ego in ein Alter hineindenken und -fühlen kann, desto höher ist in der Regel seine Motivation zu prosozialem bzw. moralischem Handeln.

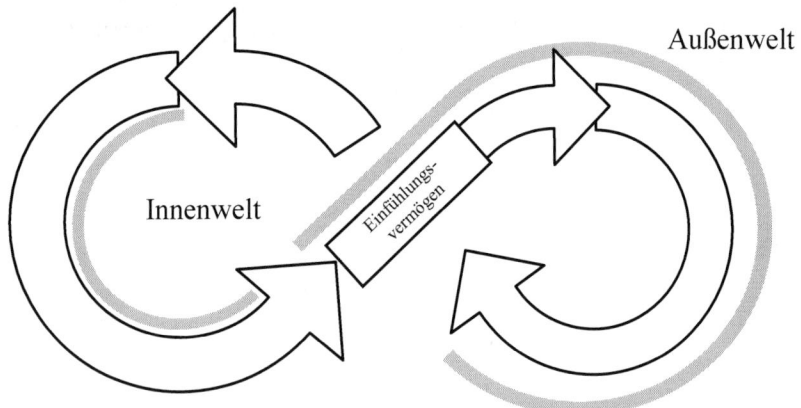

Einfühlungsvermögen zwischen Innenwelt und Außenwelt
nach: F. Glasl, Konfliktmanagement. Ein Handbuch für Führungskräfte.

Empathisches Fremdverstehen setzt auch die schon von Kohlberg analysierte Fähigkeit zur Dezentrierung bzw. zum Perspektivenwechsel voraus. Perspektivität ist eine Form von Subjektivität. Alles, was wir wissen und wahrnehmen, muss von einem vorgegebenen Standpunkt aus wahrgenommen und gewusst werden. Es ist uns genau betrachtet unmöglich, den „Blick von nirgendwo" (Thomas Nagel) zu erreichen.

Robert L. Selman hat im Anschluss an Kohlberg die Fähigkeit zur *Perspektivenübernahme* strukturgenetisch untersucht und hat folgende Stufentheorie entwickelt.

Stufe 0: Egozentrische Perspektive (Alter: 3–6 Jahre)
Das Kind nimmt zwar den Unterschied zwischen sich und anderen wahr, unterscheidet aber noch nicht zwischen seiner sozialen Perspektive (Gedanken, Gefühle) und der der anderen. Es kann von anderen offen gezeigte Gefühle benennen. Ihm fehlt jedoch die sozial-kognitive Fähigkeit, den Kausalzusammenhang zwischen den Gründen und den Handlungen eines anderen zu sehen.

Stufe 1: Sozial-informationsbezogene Perspektivenübernahme (Alter: 6–8 Jahre)
Das Kind nimmt wahr, dass der andere eine eigene, in seinem Denken begründete Perspektive hat und dass diese seiner eigenen Perspektive ähnlich oder auch nicht ähnlich sein kann. Wenn es sich zu moralischen Fragen äußert, nimmt es jedoch noch an, dass nur eine Perspektive „richtig" oder „falsch" ist.

Stufe 2: Selbstreflexive Perspektivenübernahme (Alter: 8–10 Jahre)
Dem Kind ist bewusst, dass jedes Individuum der Perspektive des anderen gewärtig ist und dass dies jeweils die Sicht seiner selbst wie die vom anderen beeinflusst. Es kann die Reaktionen des anderen auf seine eigenen Motive und Absichten antizipieren. Es kann sich jedoch nicht außerhalb der Zwei-Personen-Situation stellen und sie aus der Perspektive einer dritten Person betrachten.

Stufe 3: Wechselseitige Perspektivenübernahme (Alter: 10–12 Jahre)
Das Kind nimmt wahr, dass sowohl es selbst wie auch der andere den jeweils anderen wechselseitig und gleichzeitig als Subjekt sehen kann. Es kann jetzt aus der Zwei-Personen-Interaktion heraustreten und diese aus der Perspektive einer dritten Person betrachten.

Stufe 4: Perspektivenübernahme mit dem sozialen und konventionellen System (Alter: 12–15 und älter)
Die Person sieht, dass wechselseitige Perspektivenübernahme nicht immer zu vollständigem Verstehen führt. Soziale Konventionen werden als notwendig angesehen, weil sie von allen Mitgliedern der Gruppe unabhängig von ihrer Person, Rolle und Erfahrung verstanden werden.[1]

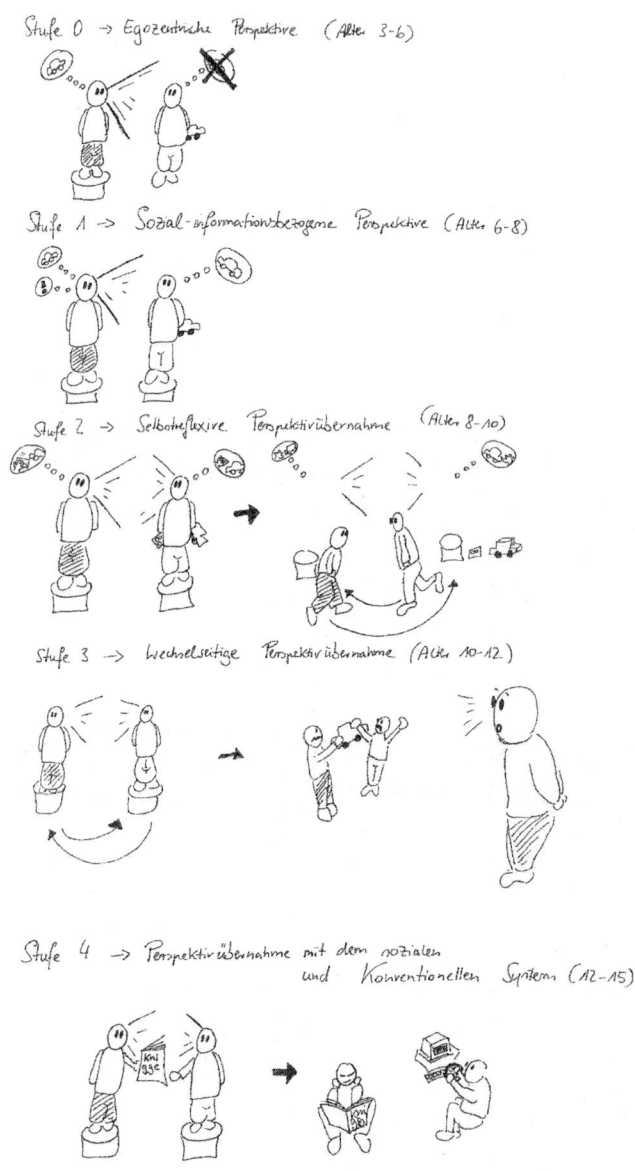

Auf Stufe 1 kann nach Selman das Kind zwar zwischen den Deutungs- und Handlungsperspektiven der unterschiedlichen Interaktionsteilnehmer unterscheiden, ist aber noch nicht in der Lage, sich in die Situation der anderen zu versetzen. Daher kann es auch noch nicht seine eigenen Handlungen vom Standpunkt der andern her beurteilen. Mit dem Übergang zu Stufe 2 lernt der Heranwachsende, seine Handlungsorientierungen mit seiner Umwelt reversibel zu verknüpfen. Er kann sich jetzt in die Perspektive der anderen versetzen und weiß, dass sich auch der andere in seine, Egos Perspektive versetzen kann. Auf der dritten Stufe lernen die Jugendlichen, die Perspektive der Teilnehmer gegen die Beobachterperspektive auszuwechseln. Schließlich sehen sie ein, dass zur Lösung von Interessenkonflikten nicht nur eine wechselseitige Übernahme der Perspektiven hinreicht, sondern noch bestimmte konventionelle Regeln oder Prinzipien von den Kommunikationsteilnehmern gefunden und eingehalten werden müssen.

Die Fähigkeit zur hinreichend objektiven Wahrnehmung von Fremdem ist entscheidend bedingt durch die Fähigkeit zum Perspektivenwechsel. Letztere baut ein für Ego und Alter gleichermaßen akzeptables soziales Miteinander auf. Dabei spielt die Kompetenz zu einem hypothetischen Standpunkttausch eine ausschlaggebende Rolle. Jene für das soziale Miteinander grundlegenden Normen sollen für alle gleichermaßen gültig sein und nicht nur für den Einzelfall. „Du sollst X tun!" ist nach dem Kriterium der Verallgemeinerbarkeit nur dann eine ethische Äußerung, wenn man sie mit „jeder in deiner Lage soll X tun" begründen kann. Auf die Frage „warum gerade ich?" muss die Antwort lauten: „nicht nur du – jeder andere in deiner Situation ebenso!" Und auf die Frage „warum gerade jetzt?" muss die Antwort kommen: „nicht nur jetzt, sondern bei jeder derartigen Gelegenheit ebenso!" Vor allem muss gelten: Wenn A zu B sagt: „Du sollst jetzt X tun", dann ist dieser Satz ein ethisch überzeugender Satz nur dann, wenn A bereit wäre, sich selbst in derselben Lage wie B genau dieselbe Anweisung zu geben. Ethische Argumentationen hängen also ganz wesentlich von einem „wenn ich du wäre" und von einem hypothetischen Standpunkttausch ab. Indem wir uns auf den Standpunkt des bzw. der anderen stellen, können wir seine / ihre Interessen neben den eigenen berücksichtigen. Diese reziproke Perspektivenübernahme garantiert ein Unparteilichkeitsurteil, das auf die Interessen aller Betroffenen gleichermaßen Rücksicht nimmt. Dass es auf die Interessen aller gleichermaßen ankommt, niemand privilegiert oder gar diskriminiert wird, ist die Quintessenz des Universalisierungsprinzips, wie wir es in den Ethiken kantianischen Zuschnitts finden. Bei genauerem Hinsehen wird an dieser Stelle deutlich, dass auch das im Universalisierungsverfahren operationalisierte Moment der Unparteilichkeit – John Rawls in seiner „Theorie der Gerechtigkeit" nennt es „Fairness" – auf emotionalen Elementen aufbaut. In der „Fairness" als einer vorausgesetzten Grundhaltung oder Tugend sind gewisse moralische Empfindungen oder Gefühle auf Dauer gestellt. Es geht dabei um den Respekt vor der Gleichheit der anderen, um jenes spezifische Element moralischer Sensibilität, das im sozialen Raum dem Ego gegenüber dem Alter keinen privilegierten Platz einräumt. Man könnte es auch schlicht als Gerechtigkeitsempfinden bezeichnen. Hinter der rationalen Fassade des Newtonianers Kant verbirgt sich also uneingestandenermaßen eine gehörige Portion an moralischer Emotionalität.

Ein unparteilicher Standpunkt lässt sich nicht durch die Preisgabe von Teilnehmerperspektiven gewinnen, sondern allein durch deren universelle Entschränkung. Jeder muss zu jener anspruchsvollen „Streckübung" (Günther Anders) fähig sein, sich empathisch in die Lage all jener zu versetzen, die von der Folge einer problematischen Handlung betroffen sind. Diese Form von strikter Unparteilichkeit charakterisiert den genuin moralischen Standpunkt („moral point of view"). Er realisiert sich in einer von George *Herbert Mead (1863–1931)* entwickelten „idealen Rollenübernahme" (*ideal role taking*). Diese muss idealiter nicht von jedem Einzelnen individuell, sondern von allen Teilnehmern eines öffentlichen Diskurses gemeinsam praktiziert werden.

Mead hat deutlich herausgearbeitet, dass die Fähigkeit zur Koordination von Perspektiven über eine differenzierte Fremdwahrnehmung vor allem auch zu einem klaren Selbst-Bewusstsein führt. Diese spezifisch humane Operation, den Standpunkt eines anderen einzunehmen und von daher die eigenen Handlungen zu beurteilen, ist eine elementare Voraussetzung der individuellen Genese, in einem psychologischen wie moralischen Sinne. Wir sind das, was wir sind, durch unser Verhältnis zu anderen. Die Sozialität ist wesentliche Ursache der Universalität ethischer Urteile. Mead hat versucht, diesen Sachverhalt durch eine Unterscheidung des „I" vom „Me" darzustellen. Das Selbst handelt und beobachtet sich selbst. Es ist gedoppelt in ein „I" und ein „Me". Das „Me" ist mein empirisches Selbst. Ich und die anderen können es hören, sehen und darauf reagieren.

> „Ich kann mir meiner selbst nicht in direktem introspektiven Zugriff, in dem ich mich dem ,I' in privilegiertem Zugang nähere, anschaulich bewußt werden, sondern kann dies nur – indirekt – im Rekurs auf den Erfahrungsmodus des „mich", auf jener Seite meines Selbst also, die ich mit Hilfe der anderen (in Rollenübernahme, Antizipation der Fremderwartung und Kritik) kennen und verändern lerne."[2]

Um in den eigenen Schuhen richtig und aufrecht gehen zu können, muss ich also auch in der Lage ein, mich in die Gangart der anderen hineinversetzen zu können, um nachempfinden zu können, wo sie der Schuh drückt. Im Englischen wird Empathie („empathy") häufig mit dem Satz umschrieben: „to be able to walk in somebody's shoes".

Zusammenfassend lassen sich eine ganze Reihe von positiven Effekten festhalten, die von einer Entwicklung der Fähigkeit zur Perspektivenübernahme ausgehen können. Sie steigert tendenziell

(a) die Kooperationsfähigkeit
(b) die Kommunikationsfähigkeit
(c) die Sympathie und Empathie
(d) den Sinn für Fairness, Gerechtigkeit und
(e) die Fähigkeit zu differenziertem ethischem Argumentieren.

Mittel zur Förderung des Einfühlungsvermögens

1. Deutung von „Gesichtern", Bildern, Alltagssituationen oder Rollenträgern: z. B.

(a) Mit einem Kleinkind an der Hand einen vertrauten Weg gehen.
(b) In die Rolle von Eltern schlüpfen und sich fragen, nach welchen Normen und Werten man seine Kinder erziehen würde.
(c) Sich versuchen vorzustellen, wie es wäre, jemand anderer zu sein, z. B. dein bester Freund, deine beste Freundin, die Person, die neben dir sitzt.
(d) Wenn dein bester Freund / deine beste Freundin traurig ist, wie zeigt sie / er das dann? Wenn dein Lehrer wütend ist, wie zeigt er das dann?
(e) Bei der Betrachtung einer kitschigen Vase, eines unmöglichen Outfits überlegen, was der Besitzer wohl daran finden mag.
(f) Zu der Bettlerin, die zudringlich wird, sagt die Besitzerin des Restaurants, und zeigt dabei auf die Langusten essenden Gäste: „Versetzen Sie sich doch gefälligst in die Lage dieser Herrschaften!"

2. Rollenspiele:
Rollenspiele gehören zum klassischen Repertoire von Empathieübungen. Das Spielen von Rollen bietet eine geradezu ideale Gelegenheit vielfältiger Inszenierung von unterschiedlichen Gefühlen. Spielszenen, Charaktere, Handlungssituationen werden entworfen oder einfach übernommen und dann nachgespielt. Der Schüler schlüpft dabei in eine Rolle, spricht deren Sprache, fühlt deren Emotionen, Stimmungen und Lebenslagen nach oder äußert deren Überzeugungen. Er kann dabei bislang fremde Erlebniswelten erfahren, sich mit ihnen auseinander setzen. Und er gewinnt vor allem ein Stück Selbsterkenntnis, wenn er sich während oder nach dem Spiel fragt, wie habe ich mich dabei gefühlt, welche neuen Aspekte über meine eigene Gefühls- und Wertewelt sind mir in dieser spielerischen Konfrontation deutlich geworden?
Rollenspiele können in Einstiegs-, in Problematisierungs- oder in Auswertungsphasen eingesetzt werden. Sie bieten eine Vielfalt von Spieltechniken, die je nach Unterrichtssituation flexibel genutzt werden können.

Beispiele:

- Das *Selbstgespräch:* Ein Spieler versucht, im Selbstgespräch die Ereignisse und Absichten, eigene Möglichkeiten und Unfähigkeiten öffentlich zu klären.
- Der *Rollentausch:* Ein Spieler wechselt ständig die Rolle mit dem Mitspieler, der die Bezugspersonen spielt. Er spielt also sich selbst und den Gegenpart. Der Mitspieler wechselt zwar auch die Rolle, spricht aber nur die Sätze des Hauptspielers nach. Damit kann der Mitspieler in die Rolle der

Bezugsperson eingeführt werden, gleichzeitig erlebt sich der Hauptspieler aus der Sicht des Gegenspielers. (Beispiel: ein Junge spielt die Rolle eines Mädchens und umgekehrt.)
- Die *Rollenübernahme*: Ein Beobachter versucht, die Rolle eines Spielers so zu spielen, wie dieser sie entwickelt hat. Er gibt diesem damit die Möglichkeit, sein Verhalten und die Wirkung dieses Verhaltens auf die anderen zu beobachten.
- Der *Rollenwechsel*: Die Rollen eines Spielers werden nacheinander von mehreren Teilnehmern gespielt. Dadurch können unterschiedliche Verhaltens- und Reaktionsweisen, bezogen auf die gleiche Situation, sichtbar gemacht werden. Der Rollenwechsel kann auch spontan vorgenommen werden: Wer den Wunsch hat, die Rolle eines Mitspielers zu übernehmen, legt ihm die Hand auf die Schulter.
- Das „*Hilfs-Ich*": Der Spielleiter oder ein Gruppenmitglied sitzt als Hilfs-Ich hinter einem Spieler und spricht alles aus, was dieser nur denkt. Er sagt dem Spieler, was dieser empfindet und nicht sagt (Eindoppeln), oder spricht es an seiner Stelle aus (Ausdoppeln).
- Das *Fragen stellen*: Der Spielleiter hilft durch Fragen, verschüttete Erlebnisse und Erfahrungen zu rekonstruieren. Er versucht, Unsicherheiten, Ratlosigkeit und Rationalisierungen durch Insistieren auf möglichst genauer Darstellung der Erlebnissituation aufzulösen.
- Die *Rollenverfremdung*: Der Spielleiter (oder ein Gruppenmitglied) reagiert auf das Spiel eines Spielers, als würde es ihn in Wirklichkeit treffen. Dadurch wird der Spieler gezwungen, über seine ‚Rolle' nachzudenken, sie zu zeigen und zu verfremden.[3]

Sollen Rollenspiele zu dem intendierten Erfolg führen, so müssen sie gut vorbereitet und organisiert sein. Sie erfordern in der Regel viel Zeit, vor allem dann, wenn die Schüler die Rollenskripte selbst verfassen, und sollten in einer nicht zu knapp bemessenen Auswertungsphase in einem Metagespräch analysiert werden. Sie sollten sich außerdem an einen von der Klasse erarbeiteten und als solchen auch erfahrenen Problemhorizont sinnvoll anschließen lassen. Bei der Ausarbeitung und vor allem Zuteilung der Rollen ist in der Regel umsichtig, d. h. mit pädagogischem Takt und Augenmaß zu verfahren. Der Schüler muss sich mit seiner Rolle hinlänglich identifizieren können und soll daher nicht in eine Rolle hineingezwungen werden. Wenn das Rollenspielen nicht zu einem vergleichsweise oberflächlichen und folgenarmen „Nur-Spielen" degenerieren soll, so muss es dosiert und nach Schülerinteresse eingesetzt werden.

Für die Durchführung empfiehlt sich folgende Sequenz:

a) Integration des Rollenspiels in einen problemorientierten Unterrichtszusammenhang.

Zu fragen wäre also: welche problematischen Sachverhalte, Handlungsweisen, Einstellungen sollen szenisch dargestellt werden? Was versprechen wir uns davon? Was interessiert uns daran?

b) Entscheidung über Art und Form des Rollenspiels.
Grundsätzlich wäre zu fragen: Sollen Situation, Rollenbeschreibung und Rollenkonflikt vorstrukturiert oder nicht vorgegeben, also weitgehend unstrukturiert und offen sein?

c) Verfassen des Szenarios.
Das Szenario sollte schriftlich skizziert werden. Ein gutes Szenario zeichnet sich dadurch aus, dass das Spannungsfeld transparent, d. h. Problemaspekte, Konflikte, Emotionen, unterschiedliche Perspektiven, Zielvorstellungen und Kontroversen klar ersichtlich werden.

d) Genaue Definition der Rollen.
Die Rollenbeschreibung sollte so gestaltet werden, dass die Spieler dazu motiviert werden, sich selbst zu spielen und nicht bloß eine unverbindliche Show abzuliefern. In der Regel ist zu unterscheiden zwischen Haupt- und Nebenrollen und den möglichen Zusatzrollen je nach Wahl der Spieltechnik.

e) Durchführung.
Für die Zuteilung der Rollen gibt es mehrere Möglichkeiten, die allerdings behutsam bedacht werden sollten. Sie kann nach Zufall, nach Entscheid der Klasse, nach Freiwilligkeit oder nach Nähe (leichte Identifikationsmöglichkeit) bzw. Ferne (Gegensätzlichkeit zwischen Person und Rolle) erfolgen.

f) Auswertung.
Sie umfasst eine Nachbereitung des Ablaufs des Rollenspiels aus der Sicht der Spieler bzw. Beobachter. Fragen könnte man: Wie habe ich mich gefühlt beim Spiel? Was ist mir schwergefallen, was hat mich belastet? Welche neuen Problemaspekte sind mir beim Spiel bewusst geworden, die ich noch weiter untersuchen wollte? Was würde ich bei einem nächsten Rollenspiel anders bzw. besser machen wollen?

Funktionen des Rollenspiels im Ethikunterricht:
Neben einer Stimulierung der kommunikativen Kompetenz – die Schüler lernen, die eigene Rolleninterpretation situationsgemäß zu präsentieren – und der Fähigkeit, sich z. B. in die Psyche des Rollenpartners hineinversetzen zu können (Empathie) wäre an dieser Stelle vor allem zu nennen:

→ die Rollendistanz: die Fähigkeit, übernommene bzw. gespielte Rollen distanziert, d. h. in der Konfrontation mit einer neuen Situation kritisch, hinterfragen und gegebenenfalls revidieren zu können. Die Schüler können dabei erfahren, dass Rollen keine starren, unverrückbaren, institutionalisierten Verhaltensmuster darstellen, sondern bis zu einem gewissen Grade von den Rollenträgern mitdefiniert werden können.

→ Ambiguitätstoleranz: die Fähigkeit, die zwischen Rollenpartnern divergierenden Erwartungen und Bedürfnisse, die häufig mit unterschiedlichen Norm- und Wertvorstellungen zusammenhängen, ertragen zu können und nicht mit Resignation oder Aggression zu reagieren.

Diese im Rollenspiel eingeübten Kompetenzen sind für das Funktionieren einer pluralistisch verfassten Demokratie elementar. Sie kann – so scheint es zumindest – ohne empathiefähige, kritisch distanzierte und tolerante, weil in ihrer moralischen Identität gefestigte Individuen schwerlich verwirklicht werden.

3. Schlüsselszenarien:
Neben Dilemma-Geschichten sind es vor allem narrative Texte, die zur Stimulierung empathischer Fähigkeit mannigfaltige Gelegenheiten liefern. Hier öffnet sich ein weites Feld für fächerverbindendes Arbeiten des Ethikunterrichts mit Literatur- bzw. Geschichtsunterricht.

Literatur und Geschichte zeigen nicht selten Menschen in Schlüsselszenen, in denen sie sich existentiell entscheiden müssen. Ideen oder Ideale sind überlagert und durchdrungen von einem schwer durchschaubaren Knäuel von Stimmungen, Affekten oder Emotionen. Die Sprache vermag dies nur fragmentarisch auszudrücken. Vor allem herrscht Ambivalenz. Die Worte der Protagonisten sind nicht klar und verständlich. Sie können dieses, jenes oder ein Drittes bedeuten. Wir tasten im Ungewissen. Nur ein feines Gespür für das Netzwerk von subtilen Nuancen, Bewegungen, Blicken oder Körpersprachlichem vermag in das Innere der Gefühlswelt zu gelangen. Die „Sprache" der Gefühle will umsichtig dechiffriert werden. Das bedeutet auch, dass die eigenen Gefühle und Erfahrungen mobilisiert und mitreflektiert werden. Nur mit ihnen können wir uns den fremden nähern und uns durch sie herausfordern bzw. stimulieren lassen. Der Begriff der Reflexion hat an dieser Stelle weniger eine kognitive, vielmehr eine affektiv-emotionale Bedeutung. Es geht um ein sich „Zurück-Beugen" über die je eigenen Gefühle und den individuellen Versuch, mit ihnen das Fremde zu verstehen. Dabei erfahren sie nicht selten eine Differenzierung, eine Verfeinerung.

Über die Gefühle gelangen wir zu den Werten oder umgekehrt. Geschichten sind insoweit auch ein „Spielmaterial" zur Untersuchung und Erprobung von Werten. Diese reizen vor allem in Augenblicken des Scheiterns zur Auseinandersetzung. Für Bertolt Brecht liegt die eigentliche moralische „Botschaft" im Versagen seiner Helden. Was Lüge heißt, erfährt der Schüler nicht so sehr durch eine beeindruckende Präsentation eines Schurken oder Gauners, sondern durch Grundsituationen, in denen einer gezwungen ist zu lügen, ohne es eigentlich zu wollen – so z. B. in Jurek Beckers „Jakob der Lügner" oder Louis Begleys „Lügen in Zeiten des Krieges".

Der Pragmatiker Richard Rorty fasst die Funktion, die narrative Texte für die Entstehung einer „praktischen Identität" bei Jugendlichen haben können, sehr plastisch zusammen:

> „Der Vorteil, den vielbelesene, reflexive, feine Leute haben, wenn es dazu kommt zu entscheiden, was zu tun das Richtige ist, besteht darin, dass sie einfallsreicher sind, und nicht dass sie rationaler sind. Ihr Vorteil liegt darin, dass sie sich vieler möglicher moralischer Identitäten bewusst sind, nicht nur einer oder zwei. Solche Leute sind in der Lage dazu, in die Schuhe vieler verschiedener Arten von Leuten zu schlüpfen ... Sokrates und Sokrates' Ankläger; Christus und Pilatus; Kant und Dewey; homerische Helden und christliche Asketen ..."[1]

Zur moralischen Kompetenz gehört also nicht nur die Fähigkeit zum rationalen, klaren, mitunter vielleicht auch rigorosen Argumentieren, sondern auch moralische Phantasie, Offenheit und vor allem Einfühlungsvermögen. Schüler sollen lernen, Verantwortung zu übernehmen, sich zu etwas zu verpflichten; daneben aber spielen in der moralpädagogischen Sprache Verben wie erleben, erfahren, erproben, erfinden, selber machen, fragen und abwägen eine nicht minder unentbehrliche Rolle.

Heuristische Funktion

Moralischen Gefühlen kommt bei der Begründung bzw. Anwendung von Normen eine wert-erschließende Funktion zu. Sie sind Anzeichen für oder eröffnen Zugänge zu Werten. Insofern haben sie einen instrumentellen bzw. heuristischen Charakter. An dem von Hans Jonas stammenden Begriff einer „Heuristik der Furcht" lässt sich dieser Zusammenhang verdeutlichen.

> „... Je weiter noch in der Zukunft, je entfernter vom eigenen Wohl und Wehe und je unvertrauter in seiner Art das zu Fürchtende ist, desto mehr müssen Hellsichtigkeit der Einbildungskraft und Empfindlichkeit des Gefühls geflissentlich dafür mobilisiert werden: eine aufspürende Heuristik der Furcht wird nötig, die nicht nur das ihr neuartige Objekt überhaupt entdeckt und darstellt, sondern sogar das davon (und nie vorher) angerufene, besondere sittliche Interesse erst mit sich selbst bekannt macht."[2]

Ohne die nicht ganz selbstverständlichen ontologischen Voraussetzungen des Jonasschen Verantwortungskonzepts zu diskutieren, kommt es uns an dieser Stelle vor allem auf die heuristische Funktion der „Furcht" an – die Nähe zur „Ehr-furcht" ist von Jonas sicherlich nicht ganz unbeabsichtigt.

Sie schärft unser moralisches Gespür und lässt uns vor allem intrinsische, in sich vorzugswürdige Werte „erkennen", d. h. erschließen. Und sie ermöglicht, aktualisiert darüber hinaus eine neue, intensivere Form sittlichen Bewusstseins, ist also in gewissem Sinne auch wert-konstituierend. Es ist diese zur Furcht gesteigerte Sorge um die Integrität von Schöpfung, die die neu ins moralische Blickfeld gerückten „Objekte" wertvoll macht, d. h. sie mit einem normativen Status versieht.

Moralische Gefühle können jedoch sowohl in ihrer wert-erschließenden wie auch wert-konstituierenden Funktion nicht letzte Instanz sein. Über eines besteht weitgehend Konsens: Hätten wir keine moralischen Gefühle, könnten wir von nichts Werthaftem affiziert werden. Unsere intrinsischen

Werte scheinen insoweit letztlich in Gefühlen verwurzelt zu sein. Auf der anderen Seite sind wir in unseren wertschaffenden Gefühlen auf Normen verwiesen, die die Angemessenheit und Rechtfertigung eben dieser Gefühle bestimmen. Wären wir nur fühlende Wesen, so verfügten wir nicht über rationale Normen, anhand derer wir über Gründe und Rechtfertigungen mit anderen kommunizieren könnten. Dadurch, dass wir einerseits empfänglich für Gefühle und andererseits offen für Gründe sind, kann es uns gelingen, diese beiden komplementären Aspekte unserer moralischen Identität zusammen zu bringen.

Dieses plausible Interdependenzverhältnis von Emotionalem und Rationalem schlägt sich sehr prägnant im Modell des „reflexiven Gleichgewichts" (reflective equilibrium) bei John Rawls nieder. Wir changieren zwischen einem vorgeschlagenen moralischen Prinzip bzw. einer rationalen Norm und unseren eigenen Emotionen bzw. Intuitionen hin und her und versuchen in einem selbst-korrigierenden Prozess eine homeostatische Balance zu finden.

Die Gilligan-Kontroverse[16]

Einseitige Polarisierungen sind in der Wissenschaft häufig produktiver als triviale Wahrheiten. Die im Zusammenhang mit Carol Gilligans Theorie von den zwei Moralen entfachte Diskussion scheint diese Regel voll zu bestätigen. Sie hat weit über typisch feministische Aspekte und bisweilen recht eigenwillige Scharmützel hinaus in der Moralphilosophie zu grundsätzlichen und produktiven Fragestellungen bzw. Differenzierungen geführt. Diese sind auch für die sich abzeichnenden grundsätzlichen Problemstellungen einer Didaktik des Ethikunterrichts stimulierend. Im Folgenden sollen die unterschiedlichen Positionen jener Kontroverse nur insoweit berücksichtigt und analysiert werden, als sie für didaktisch-methodische Aspekte relevant sind.

Gilligans Theorie von den zwei Moralen lässt sich an folgender Geschichte illustrieren:

Den ganzen Sommer über haben die Maulwürfe Gänge und Höhlen gegraben; das Stachelschwein sonnte sich derweilen. Der Winter brach an. Das Stachelschwein fror erbärmlich und bat um Aufnahme in den unterirdischen Bau. Die Maulwürfe ließen es ein. Es war aber sehr eng, und alle mussten sich dicht zusammendrängen. Das Stachelschwein aber stach.
Was tun?

Die „gerechte" Antwort: Wer nicht mitgegraben hat, hat keinen Anspruch auf einen Platz, wenn dieser knapp ist!

Die „fürsorgliche" Antwort: Bei der Kälte können wir das Stachelschwein nicht rauswerfen. Wir legen ihm eine Decke um, dann sticht sich keiner mehr an ihm!

Jungen (Männer) – so Gilligans empirisch erhärtete These – tendieren zu „gerechten", Mädchen (Frauen) zu „fürsorglichen" Antworten.

Dieser These ist schon bald widersprochen worden. Gertrud Nunner-Winkler hat – ebenfalls empirisch vorgehend – versucht, die geschlechtsspezifische Kategorisierung der zwei Moralen zurückzuweisen. In einer Längsschnittstudie wurden ca. 200 Kindern (zwischen 4 und 9 Jahren) Bildergeschichten vorgelegt, in denen der gleichgeschlechtliche Protagonist, um eigene Bedürfnisse zu befriedigen, einfache moralische Gebote übertritt und dabei negativen wie positiven Pflichten nicht nachkommt, nämlich: einem Kameraden heimlich Süßigkeiten entwendet; sich weigert, einen Preis, den er ungerechterweise erhalten hat, mit dem benachteiligten Kind zu teilen; sich weigert, seine Cola mit einem durstigen Kind zu teilen; einem anderen Kind Hilfe verweigert, um selbst bei der Aufgabe gut abzuschneiden – ein zweiter Protagonist hingegen hilft. Die leitenden Kriterien der Materialauswertung waren Regelkenntnis, Regelverständnis, Emotionszuschreibung („Wie fühlt sich der Übeltäter nach der Regelüberschreitung?") und Emotionsbegründung („Warum fühlt er sich so?").

Bild-Impuls:
Kipp-Bild: Die Wange der jungen Frau / die Nase der alten Frau;
aus: F. Attneave: Multistability in Perception. In: Recent Progress in Perception. Readings from Scientific American. San Francisco 1976, S. 146.
Gilligan deutete die beiden Moralen in Analogie zur Gestaltwahrnehmung bei ambigen Figuren als zwei simultan miteinander inkompatible Perspektiven.

Im Ergebnis weisen die minimalen Geschlechtsdifferenzen im kognitiven Moralverständnis eher die Jungen als „fürsorglich" aus. Weder in der Struktur moralischer Motivation noch in der Geschwindigkeit ihres Aufbaus unterscheiden sich Mädchen von Jungen. Keineswegs sind Mädchen von Anfang eher bereit, spontan die Bedürfnisse anderer zu erfüllen. Allerdings: Sie erfahren einen stärkeren sozialen Druck, insofern Hilfsbereitschaft und Fürsorglichkeit in unserer Gesellschaft als spezifisch weibliche Tugenden codiert sind.[17]

Die holzschnittartige Kontrastierung einer „weiblichen" Care-Ethik mit einer „männlichen" Gerechtigkeits-Ethik hat Gilligan wieder zurückgenommen. Sie hält jedoch weiterhin an einem Zusammenhang zwischen Geschlecht und moralischer Orientierung grundsätzlich fest. Für unseren Zusammenhang scheint ein anderer Aspekt ungleich relevanter. In den Perspektiven von „Gerechtigkeit" und „Fürsorge" zeigt sich für Gilligan ein bemerkenswerter Zusammenhang von Moral und Gefühl. Die Gerechtigkeits-Ethik marginalisiert Empathie, Solidarität und Anteilnahme. Sie erhalten lediglich in der Fürsorglichkeitsethik ihren adäquaten Platz in einer allgemein auf Autonomie und Individuierung fokussierten Welt.

> „Unsere Konzeption der Fürsorgeorientierung als einer in den emotionalen Bindungen gründenden Orientierung führt uns dahin, Liebe und Leid als moralische Gefühle zu betrachten, genauso wie andere Gefühle, die eng mit emotionaler Bindung und mit den Ängsten der Entfremdung und Isolierung verbunden sind. Moralische Empörung kann nicht nur durch Unterdrückung und Ungerechtigkeit hervorgerufen werden, sondern auch durch Verlassenheit oder den Verlust emotionaler Bindung oder das Nicht-Reagieren anderer."[18]

Gilligans Aufwertung von Einfühlsamkeit, Sensibilität und Mitgefühl gegen die kognitive Einseitigkeit der (neo)kantianischen Ethiken bedeutet insoweit ein Wiederanknüpfen an eine seit David Hume und Arthur Schopenhauer streckenweise vernachlässigte Tradition der Moralphilosophie.

Moralstrukturen[19]

	CARE-Struktur	FAIRNESS-Struktur
Realitätsbezug	anteilnehmend / empathisch	rational / analytisch
Bezugsmodus	personenbezogen	objektbezogen
Identifikations-Modus	Verbundenheit	Trennung

Orientierungs-Modus	prozessorientiert zyklisch	zielorientiert linear
Urteilsmodus	persönlich integrativ	unpersönlich selektiv
Wertorientierung	Leben	Gerechtigkeit
Lösungsansatz	Leben nicht verletzen	Rechte garantieren
Lösungsweg	Appell an Mitgefühl / Anteilnahme Bezug auf eine „Logik" der Beziehungen Aktivierung von Kommunikation / Verständnis / Kooperation	Analyse von Rechten und Regeln Aktivierung von Rechte- Regelsystemen Verwendung einer deduktiven Logik
Lösungsziel	Ausgleich / Integration	Balance durch „gerechte Selektion"
Handlungs-Potential	Elemente von Nähe Verbundenheit Kommunikation Kooperation	Elemente von Distanz Ausschluss Spaltung Trennung
Ethik-Konzept	Ethik der Verantwortung	Fairness / Gerechtigkeit

Unterschiede zwischen Fürsorge- und Gerechtigkeitsmoral

Die Moral der Fürsorge und Anteilnahme kreist im Wesentlichen um ein Netzwerk von gemeinschaftlichen Beziehungen und verantwortungsbewussten gegenseitigen Abhängigkeiten. Moralische Probleme ergeben sich weniger aus konkurrierenden Rechtsansprüchen als durch unterschiedliche Verantwortlichkeiten, die miteinander in Konflikt geraten. Als leitende Vorstellung fungiert für diese Moral das Bild vom Selbst, das in und von der Bindung zu anderen Menschen existiert.

Die Gerechtigkeitsmoral basiert, ganz im Sinne Kohlbergs, auf Rechten und Pflichten. Moralische Probleme entstehen immer dann, wenn individuelle mit gesellschaftlichen Ansprüchen konfligieren. Dieser Moralkonzeption liegt ein Selbst zugrunde, das sich als von anderen getrennt, als autonom und unabhängig begreift.

Die Andersartigkeit der Fürsorgemoral lässt sich in vier Punkten zusammenfassen:

(a) Sie orientiert sich grundsätzlich an Werten wie Verbundenheit, Zusammengehörigkeit und gemeinschaftlicher Verantwortung.
(b) Sie betont die Situationsbezogenheit (Kontextualität) des moralischen Urteils. Die Anwendung abstrakter ethischer Grundsätze auf konkrete Situationen und Fälle erfordert viele detaillierte Hintergrundinformationen über Protagonisten und deren Handlungsumfeld.
(c) Dabei spielen Einfühlungsvermögen (Empathie) und Anteilnahme (Sympathie) eine konstitutive Rolle.
(d) Der Antrieb der moralischen Motivation sind Gefühle. Sie ermöglichen ganz elementar ein Aufmerken (Wahrnehmen) von moralisch relevanten Sachverhalten und motivieren auch zum verantwortungsbewussten Handeln.

Grenzen einer Care-Ethik

Die von Gilligan und anderen konzipierte Care-Ethik sollte grundsätzlich von den Legitimationsproblemen einer feministischen Ethik abgekoppelt werden. Dies ist nicht der Fall, wenn sie im Wesentlichen als eine geschlechtsspezifische Perspektive von Moral interpretiert wird. Frauen neigen zur Care-Ethik, Männer präferieren instinktiv eine Gerechtigkeits-Perspektive. Es muss also möglich sein, die affektiven Werte in eine Didaktik des Ethikunterrichts zu integrieren, ohne sie auf ein traditionelles, bisweilen auch stereotypes Verständnis der Geschlechter festzulegen.

Ein weiteres Problem liegt in der impliziten Sonderstellung der Sorge-Beziehung. Sie ist Zentrum und Angelpunkt eines fürsorglichen Miteinanders. Sie motiviert dazu, den je eigenen persönlichen Bezugsrahmen zu verlassen, um sich in die „Welt" der anderen hineinzubegeben. Ihr Focus liegt auf dem sozialen Nahhorizont: es geht paradigmatisch um eine Zuwendung zu Kindern oder kranken, hilflosen Menschen. Diese intime Nähe blendet aus und übersieht andere, gleichermaßen Bedürftige; vor allem werden auch eigene Bedürfnisse und Interessen tendenziell ausgeblendet. Diese können über Gebühr vernachlässigt, ja eventuell ausgenutzt werden. Hier wird deutlich, dass eine Care-Ethik gewissermaßen als zweites Standbein Gerechtigkeit braucht. Sie gibt eine gewisse Distanz, weitet den Blick und sorgt für Angemessenheit und Gleichbehandlung. Eine Aufteilung des moralischen Terrains in einen Nahbereich für Anteilnahme und Fürsorge und einen weiteren Bereich der Gerechtigkeit mit den Standards Gleichheit und Reziprozität scheint nicht sehr plausibel. Das Prinzip Fürsorge verweist offensichtlich auf Gerechtigkeit, diese wiederum scheint ohne jene nicht auskommen zu können.

Eine einseitige Berücksichtigung des Fürsorge-Prinzips würde schließlich zu einer Verkürzung des Phänomens der Moral führen. Gerechtigkeit und Gleichheit als normative Grundprinzipien ethischen Urteilens sind unverzichtbar. Im Kern geht es hier um Probleme des Universalisierungsprinzips. Eine Care-Ethik konzentriert sich auf Personen in ganz konkreten Handlungszusammenhängen und zeigt immer wieder eine gewisse Abneigung gegen abstrahierende Verallgemeinerungen. Ohne diese ist jedoch ein moralisch begründetes Urteil schier unmöglich. Fälle, Handlungssituationen bzw. -voraussetzungen etc. müssen unter eine Regel, ein moralisches Prinzip subsumiert werden. Um sie „als Fall von X" konsistent behandeln zu können, ist eine einheitliche und allgemeine Feststellung der moralisch relevanten Punkte erforderlich.

„To argue that no two cases are ever alike is to invite moral chaos."[20]

Verallgemeinern bedeutet nicht bloß ein rigides Anwenden von mehr oder minder starren und eng definierten Prinzipien auf konkrete Situationen in einer kühl distanzierten, vor allem um Unparteilichkeit und Nichteinmischung bemühten Manier. Universalisierung impliziert auch die gedankliche Operation des wechselseitigen Rollentauschs. Sie beinhaltet nach Kohlberg die Fähigkeit, sich selbst in den Positionen jeder einzelnen Person in der betreffenden Situation vorzustellen und alle Ansprüche zu bedenken, die eine an ihrem Eigennutz interessierte Person in jeder dieser Situationen geltend machen könnte. Dazu sind Einfühlungsvermögen, moralische Vorstellungskraft und eine gewisse Distanz zu den je eigenen Interessen erforderlich. Dies wird von Gilligan und den BefürworterInnen der Fürsorge-Ethik leicht übersehen. Allerdings handelt es sich hier eher um ein „generalisiertes" Mitgefühl. Die Interessen der anderen werden weniger in ihrer konkreten Ausprägung, sondern eher in ihrer Typik gesehen. In der Regel fehlen die nötigen speziellen Hintergrundinformationen, um die individuelle Konstellation des „konkreten Anderen" wahrnehmen zu können.

Die „erweiterte Denkungsart" (S. Benhabib)

> Justice draws the limit,
> the good shows the point (John Rawls)

„Fürsorge" und „Gerechtigkeit" als zwei grundsätzliche moralphilosophische Perspektiven stehen nicht in einem unversöhnlichen Widerspruch. Tatsächlich überlappen sie sich in unseren Urteilen und Handlungen auf mannigfaltige Weise, ja, sie bilden komplementäre und sich überschneidende Elemente eines Ganzen.

Seyla Benhabibs Modell einer „kommunikativen Ethik" liefert einen Bezugsrahmen, um eine plausible Integration der beiden Konzepte – Fürsorge und Gerechtigkeit – begründet darstellen zu können.

> „Im Zentrum meiner Neuformulierung der universalistischen Tradition in der Ethik
> steht die Konstruktion des ‚moralischen Gesichtspunktes' im Rahmen des Denk-
> modells einer ‚moral conversation', eines immer neuen Gesprächs über Moral, und als
> Übung in der Kunst der ‚erweiterten Denkungsart'. Ein solches Gespräch soll nicht
> Einstimmigkeit oder einen Konsens aller herbeiführen, sondern Verständigung ..."[21]

Benhabib definiert Universalisierbarkeit als ein Bemühen, den Standpunkt des oder der anderen zu verstehen. Wenn es beim Universalisieren wesentlich auf ein Umkehren der Perspektive ankommt, so darf man die anderen nicht nur als „allgemeine Andere" denken, man muss sie vor allem auch als „konkrete Andere" wahrnehmen. Vom Standpunkt des verallgemeinerten Anderen ist jeder einzelne Mensch eine moralische Person mit den gleichen moralischen Rechten und Pflichten wie wir selbst. In dieser Allgemeinheit kommen ihr auch Gerechtigkeitssinn oder Argumentierfähigkeit zu. Diese typologisierende Perspektive wird verlassen, wenn wir uns Menschen als konkrete Andere vorstellen. Sie erscheinen dann als einzigartige Individuen mit ganz persönlichen Lebensgeschichten, bestimmten Veranlagungen, Bedürfnissen und Fehlern. Eine Einschränkung des Universalisierungsverfahrens auf die Perspektive der verallgemeinerten Anderen führt nach Benhabib vor allem dazu, dass der Andere als der vom eigenen Ich verschiedene verschwindet. Dies ist nicht der Fall, wenn er als konkret Anderer erhalten bleibt, d. h. als solcher wahrgenommen wird. Benhabib begreift den Zusammenhang zwischen dem verallgemeinerten und dem konkreten Anderen als ein Kontinuum, das von den allgemeinen gesellschaftlichen Beziehungen mit seinen typischen Rechtsverhältnissen bis hin zu den persönlichen Bezirken von Familie und Freundschaft mit entsprechend dichteren Bindungen reicht.

> „Der Standpunkt des konkreten anderen veranlasst uns ... jedes rationale Wesen als
> Individuum mit einer ganz bestimmten Geschichte, Identität und affektiv-emotiona-
> len Konstitution zu betrachten. Wenn wir uns für diesen Standpunkt entscheiden, se-
> hen wir von der Gemeinsamkeit zwischen uns ab und konzentrieren uns statt dessen
> auf das jeweils Individuelle, bemühen uns, die Bedürfnisse der anderen, ihre Beweg-
> gründe, Ziele oder Wünsche zu verstehen ... Die Normen unserer Interaktion sind
> meist, wenn auch nicht ausschließlich, privater, nichtinstitutioneller Natur; es sind
> Normen der Freundschaft, Liebe und Anteilnahme. Diese Normen verlangen in ver-
> schiedener Hinsicht mehr als die bloße Feststellung meiner Rechte und Pflichten an-
> gesichts deiner Bedürfnisse. Indem ich mich dir gegenüber den Normen der Freund-
> schaft, Liebe und Anteilnahme entsprechend verhalte, bestätige ich über dein
> *Menschsein* hinaus auch deine *Individualität*. Die mit solchen Interaktionen verbun-
> denen moralischen Kategorien sind jene der Verantwortlichkeit, der Bindung und des
> Teilens; die entsprechenden moralischen Gefühle heißen Liebe, Anteilnahme, Mitge-
> fühl und Solidarität."[22]

Wenn wir uns vom konkreten Anderen lösen und andere mit ihren Gemeinsamkeiten in ein weiteres Blickfeld aufnehmen, entsteht das schematisierte Bild des verallgemeinerten Anderen. Er ist in ein Netz von allen gleichermaßen zukommenden Rechten und Pflichten gestellt. Unser Verhältnis zu ihm wird von den Normen der formalen Gleichheit und der Reziprozität bestimmt. Jeder darf legitimerweise von uns dasselbe erwarten wie wir umgekehrt von ihm. Die diesen Interaktionen zugrunde liegenden Kategorien sind das institutionalisierte Recht mit den sich daraus ergebenden Verpflichtungen und legitimen Ansprüchen. Diesen korrespondieren die moralischen Gefühle des Respekts, der Pflicht und der Würde.

Benhabib geht es mit dieser Unterscheidung um die Entwicklung einer „erweiterten Denkungsart". Sie soll der Würde des verallgemeinerten Anderen und der moralischen Identität des konkreten Anderen gleichermaßen gerecht werden. Dem von Kant bis Rawls und Habermas reichenden „substitutiven Universalismus" – so betont Benhabib – entgleiten die konkreten Anderen. Er nimmt sie allgemein bloß in ihren typischen Gemeinsamkeiten wahr. Sie tendieren dazu, hinter einer Fassade schematischer Identität – alle werden zu rationalen Wesen gemacht – zu verschwinden. Der von Benhabib als „interaktiv" apostrophierte Universalismus hingegen „... berücksichtigt, dass jeder verallgemeinerte Andere auch ein konkreter Anderer ist"[23].

Die konkrete bzw. verallgemeinerte Sichtweise sollen im Anschluss an das Modell von Benhabib nicht polarisiert, sondern integriert, d. h. in einer ursprünglichen Bedeutung des Wortes „integrare" wechselweise aufeinander bezogen, ergänzt und in einen größeren Zusammenhang eingegliedert werden. Bestehende Konventionen, eigene Gefühle, Fürsorge für die Menschen der näheren bzw. nächsten Umgebung werden nicht einer schematisierenden, „kalten" Universalisierung zum Opfer fallen. Andererseits muss sichergestellt sein, dass sie nicht die ausschließlichen Gesichtspunkte zur Beurteilung einer Handlungsweise liefern. Der Nahhorizont der Sorge für konkrete Andere muss ausgedehnt werden, so dass auch bislang Fremdes einbezogen ist. Der angestrebte Universalismus soll nicht nur durch Schritte des Abstrahierens, des Weglassens und Ausgrenzens, sondern durch eine umfassender werdende Integration, durch Schritte des Einbeziehens also verwirklicht werden.

Grundsätzlich scheint es sinnvoll, davon auszugehen, dass die beiden Blickrichtungen – einmal als Nahhorizont und dann wieder im ausgreifenden Weitwinkel –

(a) jeweils eigenständig sind mit jeweils unterschiedlichem Standort,
(b) sich gegenseitig aber nicht ausschließen, sondern
(c) sich sinnvoll aufeinander beziehen lassen und insofern
(d) als konstitutive Elemente ethischer Urteilsfähigkeit gelten.

Integratives Modell ethischer Urteilsfähigkeit (Schema)

Gerechtigkeits-
Perspektive

Fürsorge-
Perspektive

ETHISCHE URTEILSFÄHIGKEIT

Der Zusammenhang zwischen „Gerechtigkeits- und Fürsorge-Perspektive" lässt sich beim ethischen Argumentieren und Urteilen gut verfolgen. In jedem Universalisierungsverfahren wird stillschweigend vorausgesetzt, dass gleiche Fälle gleich, ungleiche ungleich behandelt werden. Um dieses vergleichsweise abstrakte und abgehobene Prinzip anwenden zu können, müssen wir näher heran, uns die konkrete Situation genauer ansehen. Um das relationale bzw. komparative Element, das in dem Urteilsprädikat „gleiche" Fälle steckt, einlösen zu können, brauchen wir gewissermaßen eine gute Bildauflösung, d. h. wir müssen zahlreiche situationsrelevante Details ins Auge fassen, die Situation also in ihrer Konkretion erschöpfend aufnehmen. Dabei sind ein phänomenologisch geschultes Auge, Einfühlungsvermögen und eine Portion Phantasie sehr hilfreich. Eine wichtige Voraussetzung ist vor allem die Fähigkeit, die Perspektive des konkreten Anderen einnehmen zu können. Wenn wir in moralischen Fragen unterschiedlicher Meinung sind, so ist dies nicht nur auf die jeweiligen Prinzipien zurückzuführen, die wir anwenden wollen. Häufig können wir uns schon darüber nicht einigen, was wir konkret vor Ort wahrnehmen. Ist z. B. dieser oder jener Satz, dieses oder jenes Handeln oder Unterlassen als ein Akt von Arroganz oder verletztem Stolz zu interpretieren? Moralisch relevante Situationen können offensichtlich vergleichbar mit moralischen Emotionen und Verhaltensweisen nur vor dem Hintergrund unseres Wissens über den situativen Kontext der Handelnden verstanden werden. Hier öffnet sich ein weites Gebiet sozialer Hermeneutik. Im geduldigen wie genauen Hinsehen, Aufnehmen und Vergleichen können sich in einem Gespräch die Gemeinsamkeiten, aber auch Unterschiede einer kontextgebundenen Wahrnehmung herauskristallisieren. Dabei spielt die Hermeneutik der Gefühle eine besondere Rolle. Grundsätzlich gilt, dass eine Situation nicht hinreichend verstanden werden kann, wenn die Gefühle der Involvierten nicht aufgenommen worden sind. Jeder

Versuch einer Normenbegründung, der die Situation und die Gefühle der hauptsächlich Beteiligten ausblendet und davon abstrahiert, muss wohl defizitär bleiben.

Gefühle per se sind jedoch streng genommen noch keine Gründe. Ihre ethische Angemessenheit muss eigens geprüft werden. Dazu bedarf es einer kontextübergreifenden, von individuellen Gefühlen und besonderen Situationsmerkmalen absehenden Perspektive. Während vorher noch ein besonders geschärfter, kontextintensiver Blick nötig war, so sollen jetzt die Augen verbunden werden, um Gleichheit und Unparteilichkeit gewährleistet zu bekommen. Es geht dabei um den Versuch, alle gleichermaßen gerecht zu behandeln. Dazu bedarf es gewisser Verfahren des Wegsehens. Durch das Wegsehen können Regeln gewonnen werden, deren Überzeugungskraft gerade darin liegt, dass sie von den differierenden Merkmalen der Individuen unabhängig sind. So können Spielregeln und Prinzipien einer formalen Gerechtigkeit gewonnen werden. Jeder soll z. B. ohne Einschränkungen gleichermaßen an Diskursen sich beteiligen können, von niemandem eingeschüchtert oder unterdrückt werden. Allen soll gleichermaßen Chancengleichheit gewährt werden. Oder: „Niemand soll aufgrund von Dingen, für die er nichts kann, schlechter dastehen im Leben als andere" (John Rawls). In solchen Prinzipien schlagen sich gerechtigkeitstheoretische Ideale nieder. Sie dienen als grundsätzliche Zielvorgaben, an denen sich individuelles und kollektives Handeln orientieren soll. Die moralische Qualität und Substanz solcher Sätze liegt gerade in ihrer Abgehobenheit und Allgemeinheit. Diskriminierungen und „unfaire" Praktiken jedweder Art sollen prinzipiell ausgeschlossen werden. Aber schon auf den ersten Schritten eines Versuchs der Anwendung dieser Abstrakta zeigt es sich, dass Differenzen genau betrachtet und ihre Folgen berücksichtigt werden müssen. Nur so können plausible Regeln einer materialen Gerechtigkeit gewonnen werden. Ihre moralische Plausibilität besteht eben darin, dass sie die empirisch vorliegenden konkreten Ungleichheiten sensibel aufnehmen und adäquate, d. h. kompensatorische Maßnahmen legitimieren.

> „Formale oder prozedurale Fairneß ist differenz-insensitiv und verlangt, auf die Unterscheidungsmerkmale der Menschen nicht zu achten; materiale oder Hintergrundfairneß ist hingegen differenz-sensitiv und verlangt, auf die Unterscheidungsmerkmale der Menschen zu achten."[24]

Das Hin und Her von einer kontextintensiven Nahperspektive zum prinzipienorientierten „Weitwinkel" und umgekehrt ist auch typisch für den Versuch einer ausgewogenen Urteilsbildung auf dem Gebiet der angewandten Ethik.[25] Die Situationsanalyse klärt die moralisch relevanten Aspekte der konkreten Situation, in der sich die in den Fall verwickelten Akteure befinden. In der Interessenanalyse werden dann die individuellen Motive, Gefühlslagen und Interessen hermeneutisch erschlossen. Für die ethische Bewertung z. B. einer Abtreibung spielt es eine ausschlaggebende Rolle, in welchen Situationen welche Subjekte aus welchen Gründen entscheiden, ebenso wer in welcher Weise von der Entscheidung betroffen ist und welche Folgen, kurz oder langfristig, die entsprechende Entscheidungshandlung absehbar nach sich zieht. Jedes dieser moralischen Subjekte steht in einer besonderen und insofern auch unterschiedlich zu gewichtenden Nähe zur entscheidenden Abtreibungshandlung (Schwangere, Zeuger, Eltern oder Freunde, Ärzte oder Pflegepersonal). Ein kontextorientierter Ansatz konzentriert sich also nicht nur auf die deontologische oder konsequentialistische Begründbarkeit der Entscheidung selbst, sondern berücksichtigt auch die Frage nach der Begründung der Entscheidungsautoritäten. Grundsätzlich geht es also nicht nur um eine einheitliche ethische Begründung von Rechten oder Pflichten der am Geschehen Involvierten, sondern auch um ein sorgfältiges Erfassen der individuellen Interessenkonstellation, die dann in die Beurteilung einfließen muss. Ein einseitiges Herunterdeduzieren, das hauptsächlich von starren Prinzipien ausgeht und mit ihnen das Handeln vor Ort regeln und normieren will, droht den argumentativen wie affektiven Kontakt zu den in konkreten Situationen handelnden Individuen zu verlieren.

Die Lösung der ethischen Probleme im Umgang mit dem Embryo bzw. Fötus, von der Abtreibung über die Embryonenforschung bis hin zur Nutzung von fötalem Gewebe, lässt sich wohl schwerlich aus gewissen von vornherein festgelegten Prämissen über den moralischen Status beginnenden Lebens und des daran geknüpften Lebensrechts alleine deduzieren.[26] Eine solche Weitwinkel-Perspektive übersieht die Komplexität der kontextgebundenen Gefühls- und Problemlagen. Er erschwert auch das Zustandekommen von allgemein akzeptierten und insoweit vernünftigen Lösungen.

Auch in den Problemfällen der Sterbehilfe scheint ein kontextorientierter Zugang adäquat. Entscheidungen im Falle von aktiver, vom Patienten verlangter Sterbehilfe sind nicht nur anhand von Abwägungen der implizierten Rechtspositionen zu fällen. Es scheint auch sinnvoll, alle vom Wunsch des Patienten Betroffenen – Ärzte, Schwestern, Familienangehörige – an einer Entscheidung zu beteiligen. Dadurch kann einerseits Missbrauch verhindert und eine im Sinne des Patienten liegende Entscheidung gefunden werden. Dieser Ansatz bedeutet auch, den Patienten mit seinem Wunsch nicht alleine zu lassen. Er bekommt die Möglichkeit, in Gesprächen auszuloten, ob seine Entscheidung unwiderruflich oder nur auf momentane Ratlosigkeit bzw. Verzweiflung zurückzuführen ist. Dazu bedarf es allerdings auf Seiten der Dialogpartner einer gewissen Wahrnehmungsfähigkeit und moralischen Sensibilität.

Rationalitätstypen

Die „erweiterte Denkungsart" stellt mit ihrer integrativen Struktur eine besondere Form praktischer Vernunft dar und lässt sich so einem bestimmten Typ von Rationalität zuordnen.

Grundsätzlich können wir unterscheiden zwischen

(a) einer szientifischen Rationalität – im Sinn der nomologisch erklärenden Naturwissenschaften,
(b) einer technisch-instrumentellen Rationalität – sie ist in erster Linie eine Zweck-Mittel-Rationalität,
(c) einer strategischen Rationalität – ihr geht es vor allem um Erfolgsorientierung im zwischenmenschlichen Bereich,
(d) einer kommunikativen qua hermeneutischen Rationalität und
(e) einer kommunikativen qua diskursiven Rationalität.[27]

Moralgespräche der „erweiterten Denkungsart" sind in erster Linie der kommunikativen Rationalität mit ihrer hermeneutischen und diskursiven Ausprägung zuzuordnen. Das hermeneutische Moment zielt dabei auf die Interpretation eigener oder fremder Bedürfnisse, Interessen, Meinungen und Gefühle. Dazu gehört auch die empathische Wahrnehmung von Situation und Befindlichkeit des konkreten Anderen. Für das einzelne Subjekt geht es dabei um eine Klärung eigenen Wünschens und Wollens. Das diskursive Moment beinhaltet im Wesentlichen das auf rationale Gründe gestützte Einlösen von normativen Geltungsansprüchen. Hier soll grundsätzlich und universell die Position einzelner Subjekte argumentativ legitimiert werden.

Diese Rationalitätstypen schlagen sich in unterschiedlichen Diskursarten nieder. Die instrumentelle Rationalität wäre dem pragmatischen Diskurs, die kommunikativ-hermeneutische dem ethisch-existentiellen Diskurs und die kommunikativ-diskursive Rationalität dem moralisch-praktischen Diskurs zuzuordnen. Diese von Habermas 1991 vorgelegten Typologisierungen[28] lassen sich als Binnendifferenzierungen von praktischer Vernunft lesen.

Schema: Diskurstypen – Gebrauchsweisen der praktischen Vernunft

	Pragmatischer Diskurs	Ethisch-existentieller Diskurs	Moralisch-praktischer Diskurs
Leitfragen:	welche Ziele und Mittel Sind zweckmäßig bei meinen Präferenzen?	Welche Person will ich sein? Welche Gesellschaft wollen wir?	Was ist gleichermaßen gut für alle?
Beurteilungs-Aspekte:	das Nützliche	das Gute	das Gerechte
Subjektive Interessen:	eigene Präferenzen	Selbst- und Fremdachtung	Respektierung aller Personen als Gleiche

Die ganze Bandbreite moralischer Probleme, denen sich die praktische Vernunft stellen muss, lässt sich so holzschnittartig anhand der Aspekte des

Zweckmäßigen, des Guten und des Gerechten strukturieren. Ihnen entsprechen – wiederum in schematischer Vereinfachung gezeichnet – die utilitaristische, aristotelische und kantianische Tradition. Für den Empirismus der utilitaristischen Argumentierweise reduziert sich die praktische Vernunft auf eine pragmatische und zweckrationale Verstandestätigkeit. Im Vordergrund steht eine möglichst effiziente allgemeine Glücksmaximierung. In der aristotelischen Moraltheorie wird der praktischen Vernunft die Rolle der Urteilskraft zugeteilt. Sie soll vor allem ein habitualisiertes Ethos in Form von traditionellem Handeln und Reden reflexiv aufklären. Bei Kant fällt praktische Vernunft als normenprüfende Instanz ziemlich genau mit autonomer Moralität zusammen. Ihr geht es um eine kategorische Begründung von gegenseitigen Rechten und Pflichten.

Im ethisch-existentiellen Diskurs geht es um eine hermeneutische Klärung des eigenen Selbstverständnisses. Dazu gehören Fragen nach einer sinnvollen Lebensgestaltung und der je eigenen moralischen Identität. Einen reflexiven Abstand zur eigenen Lebensgeschichte gewinnt der Einzelne in solchen Gesprächen dadurch, dass er sich mit anderen Lebensformen und -entwürfen auseinandersetzt. Er wird sich auf selbstreflexivem Wege der Bedingungen und Besonderheiten seines Werdeganges bewusst. In der bewusst vollzogenen Akzeptanz bzw. kritischen Sichtung der eigenen Lebensgeschichte konturiert sich moralische Identität. Ihr inhärent ist moralische Sensibilität, d. h. Mitempfinden und Einfühlungsvermögen gegenüber den konkreten Anderen.

Die moralisch-praktischen Diskurse intendieren einen Bruch mit allen vermeintlichen Selbstverständlichkeiten der gewohnten Lebenswelt. Sie geraten allesamt auf den Prüfstand einer universell gültigen Vernunft. Vor diesem Forum können nur jene Handlungsnormen als legitim erscheinen, die ein gemeinsames Interesse aller Betroffenen zum Ausdruck bringen. Im Zentrum steht die Einsicht in das, was jeweils im Interesse aller liegt.

Entscheidend ist, dass eine dichotomische Entgegenstellung – hier das Rechte bzw. Gerechte und dort das Gute – überwunden wird. Die eigentlich moralische Perspektive (moral point of view) fokussiert beide zusammen in die zentrale Leitfrage: Was ist gleichermaßen gut für alle? Wenn man den moralischen Standpunkt so bestimmt, dass es wesentlich um eine Förderung der Bedingungen eines guten Lebens für alle geht, dann ist das Rechte und das Gute integrativ zusammengefügt.

Unter einem analytischen Gesichtspunkt ist es sinnvoll, begrifflich zwischen kommunikativ-hermeneutischer und kommunikativ-diskursiver Rationalität oder zwischen moralisch-praktischen und ethisch-existentiellen Gesprächsformen zu unterscheiden. In einer dem Ethikunterricht zugrunde liegenden Moraltheorie sollten diese Differenzierungen aufgehoben und als komplementäre Teilelemente ethischer Orientierungs- und Urteilskompetenz zusammengefasst werden.

In-Beziehung-Sein: soziale Anerkennung und persönliche Wertschätzung

> *Beziehungsdidaktik und Fachdidaktik sind zwei Seiten einer Medaille.*
>
> (Reinhold Miller)

„Die Schaffnerin beugt sich zu den Reisenden hinab, bietet jederlei Dienst und Hilfe an, und man sieht, dass sie die Leute, denen sie dienen will, nicht wahrnimmt. Sie ist offenbar durch und durch darauf eingestellt, hilfreich zu sein, zu dienen. Ihr Dienen ist kein bisschen routiniert oder achtlos oder uninteressiert. Obwohl sie keinen aus ihrer Klientel persönlich meint, strahlt ihr Gesicht vor Freundlichkeit und Wärme. Sie ist ein Genie der Zuwendung. Aber da es überdeutlich ist, dass ihre Zuwendung niemanden persönlich meint, sondern eine Zuwendung schlechthin ist, ist es also Zuwendung an sich. Dem Wortlaut nach paradox. In Wirklichkeit sehr praktisch, sehr genießbar und sogar sehr schön. Sehr schön anzusehen. Sie souffliert mir: Es gibt Zuwendung als monologische Zuwendung, als Selbstgespräch. Sie weiß, was sie tut, sie spürt wahrscheinlich die Dankbarkeit ihrer Klientel. Aber sie lässt sich dadurch nicht drausbringen und ins Persönliche verstricken. Ob sie es weiß oder nicht: Wenn sie ihre Leute so anschaute, dass sie deren Schweiß und Schicksal mitbekäme, wäre es um ihre Nützlichkeitsschönheit geschehen."[29]

Handelt es sich in dieser Momentaufnahme bloß um eine Form von virtuosem Kommunizieren mit Designer-Qualität? Was unterscheidet sie von dem kommunikativen In-Beziehung-Sein einer Lehrperson im pädagogischen Feld?

Das Kompetenzprofil einer Lehrperson lässt sich in vierfacher Hinsicht differenzieren.

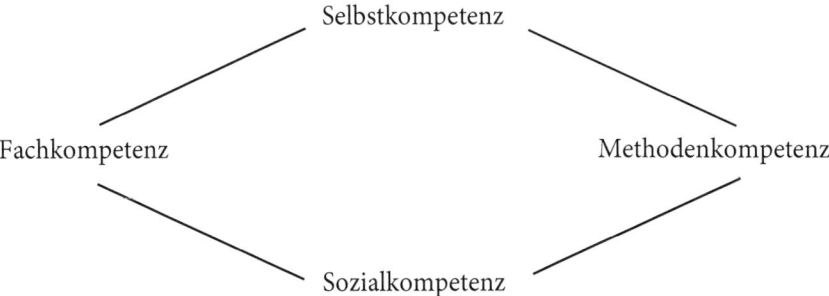

Im Rahmen einer Beziehungsdidaktik kommt den Fähigkeiten zur Selbst- bzw. Fremdwahrnehmung eine gewisse Priorität zu. Beide stehen in einem Korrespondenzverhältnis. Der Blick nach innen entspricht dem Blick nach außen. Je differenzierter sich die Lehrperson wahrnimmt, sich ihrer Empfindungen, Motive oder Bedürfnisse bewusst wird, umso sensibler wird ihr Umgang mit den Mitmenschen, umso genauer kann sie sich in deren Befindlichkeiten hineintasten.

Selbstkompetenz konstituiert sich aus verschiedenen Teilaspekten, die sich wechselweise bedingen und so aufeinander verwiesen sind. Realistische Selbstwahrnehmung, Selbstbewusstsein – im Sinne von „Bei-sich-Sein" – und Selbstakzeptanz sind elementare Voraussetzungen dafür, mit anderen eine ausbalancierte Beziehung aufnehmen zu können. Personale Identität impliziert die Fähigkeit,

- zwischen den Ansprüchen seiner psychischen Instanzen einen Ausgleich zu schaffen,
- sich selbst als komplexe, aber dennoch kohärente Einheit wahrzunehmen,
- über sich selbst zu reflektieren und spontan zu handeln, ohne seinen Affekten ausgeliefert zu sein,
- frei zu sein für Neubewertung und Neuinterpretation von Situationen und Erfahrungen und
- auf die Erwartungen anderer individuell unter Berücksichtigung eigener Bedürfnisse und mit Verständnis für die Motive und Handlungsweisen der anderen zu reagieren.

Gelungene Sozialität setzt also eine stabile Individualität voraus. Der empathische Übergang zum Du nimmt seinen Ausgang von einem fundierten, selbstkritisch-distanzierten Ich.[30]

Was die Sozialkompetenz angeht, so scheint in den letzten Jahren ein zwar schleichender, doch im ganzen unumstößlicher Paradigmenwechsel stattgefunden zu haben. Die Beziehungsebene ist neben der Sachebene immer deutlicher in den Vordergrund gerückt worden. Eine elementare, wenngleich nicht ganz unbekannte Einsicht hat sich unter Didaktiker und Pädagogen immer lauter zu Wort gemeldet. Nur auf dem Boden „geglückter" kommunikativer Beziehungen ist ein erfolgreiches Lehren und Lernen möglich. Beziehungen sind zwar nicht alles, aber der ganze Unterricht ist ohne positive, klare Beziehungen beträchtlich eingeschränkt.

Dieser triviale im Sinne von grundlegende Zusammenhang wird neuerdings von Seiten der Neurobiologie mit der ihr zukommenden Plausibilität unterstrichen.

> „Alles schulische Lehren und Lernen ist eingebettet in ein interaktives und dialogisches Beziehungsgeschehen."[31]

Neueste neurobiologische Studien zeigen, dass zu den entscheidenden Voraussetzungen für die Motivationssysteme von Kindern und Heranwachsenden soziale Anerkennung und persönliche Wertschätzung gehören, die ihnen von Seiten der Lehrpersonen entgegengebracht werden. Soziale Ausgrenzung, Missachtung oder Isolation inaktivieren die entsprechenden Gene im Bereich der Motivationssysteme.[32] Mit den bildgebenden Verfahren kann die Hirnforschung z. B. zeigen, dass soziale Missachtung in höherem Maße demotivierend sein kann als physische Gewalt.

Als unverzichtbare Elemente der Sozialkompetenz von Lehrpersonen lassen sich schlagwortartig nennen:

- Empathie
- Akzeptanz / Toleranz
- Authentizität
- Flexibilität
- Konfliktfähigkeit

Eine nicht unbeträchtliche Schwierigkeit liegt für die Lehrperson darin, eine Balance zu finden zwischen verstehender Zuwendung und zielorientierter Führung. Erstere meint, den Schüler als Person wahrzunehmen, mit je eigenen Stärken und Schwächen, individuellen Motiven und Bedürfnissen. Dabei gilt es vor allem, Bloßstellungen, Demütigungen oder gar Kränkungen zu vermeiden. Führung andererseits impliziert, in adäquater Form begründet Stellung zu beziehen, Ziele zu formulieren, für eine dem Schüler transparente Unterrichtsstruktur zu sorgen und – last not least – ihm etwas zuzutrauen, ihn zu fordern und ihm gegebenenfalls Mut zu machen.

Beispiel:

„Wertschätzung / Geringschätzung" im Verhalten von Lehrern gegenüber Schülern:

Stufe +3
„Es hat mir Freude gemacht, mit euch zu arbeiten."
„Eure Vorschläge haben mir sehr geholfen."

Stufe +2
„Bitte, du wolltest doch noch etwas sagen."
„Könntest du das bitte noch ein wenig näher erläutern?"

Stufe +1
„Wiederhole bitte noch einmal."
„Nein, diesmal irrst du dich aber."

Stufe 0
„Auf der nächsten Seite, Peter."
„Nein, jetzt noch nicht schreiben."

Stufe -1
„Jessica, weiterlesen!"
„Ja, ja, das wissen wir ja nun schon, Achmed."

Stufe -2
„Du machst nur Mist heute!"
„Los, setz deine Gehirnzellen ein bißchen in Bewegung!"

Stufe -3
„Das kann auch nur von dir kommen, Mensch!"
„Ein dämliches Volk seid ihr!"

Ein heuristisches Konzept zur Förderung von Wertschätzung und Aufmerksamkeit im kommunikativen Miteinander hat Marshall B. Rosenberg entworfen.³³ Sein Modell fußt in weiten Teilen auf der klient-zentrierten Gesprächstherapie, wie sie sein Lehrer Carl Rogers konzipiert hat. Ihm ging es ganz zentral um die Fähigkeit zum aktiven Zuhören. Rosenberg unterscheidet zwischen vier Komponenten, die zusammengenommen den Prozess der „Gewaltfreien Kommunikation" (GfK) bilden.

1. *Beobachtungen*: Zunächst wird sachlich und nüchtern festgestellt, was andere sagen oder tun. Was passiert tatsächlich in der konkreten Situation? Würde eine Videokamera auch das „sehen", was wir beschreiben? Lehrperson zu Schüler: „In der heutigen Stunde hast du wiederholt deine Mitschüler nicht ausreden lassen und bist ihnen ständig ins Wort gefallen. Ein echtes Gespräch war so kaum mehr möglich."

2. *Gefühle*: Als nächstes werden die Gefühle, die sich im Zusmmenhang mit den Beobachtungen einstellen, geäußerst, es kommt zu einer Bewertung des Beobachteten.
   Lehrperson: „Um ehrlich zu sein: ich bin ziemlich sauer!"

3. *Bedürfnisse*: In einem dritten Schritt werden die Bedürfnisse formuliert, die hinter den ausgedrückten Gefühlen stehen.
   Lehrperson: „Um sinnvoll miteinander reden zu können, brauchen wir gewisse Spielregeln, an die sich jeder hält."

4. *Bitte*: Abschließend wird um eine konkrete Handlung gebeten.
   Lehrperson: „Könntest du bitte die anderen ausreden lassen, damit jeder in der Klasse zu Wort kommt, oder gemeinsam mit mir darüber nachdenken, wie unsere Gesprächsregeln eingehalten werden können?"

Wenn Kommunikationsteilnehmer immer wieder versuchen, diese Schrittfolge in etwa einzuhalten, wird sich im Laufe der Zeit eine kommunikative Grundhaltung einstellen. Als deren konstitutive Merkmale können gelten:

- eine Fähigkeit zu distanziertem, sachlichem Beobachten,
- eine Fähigkeit zum offenen, authentischen Wahrnehmen von Gefühlen und Bedürfnissen,
- eine Fähigkeit zum Einfühlen in andere Gefühlslagen und Befindlichkeiten
- und eine Fähigkeit zu Aufmerksamkeit und Wertschätzung.

Trotz aller Kritik[34] ist die GfK ein Suchraster, mit dessen Hilfe es gelingen kann, im Klassenzimmer empathisch miteinander umzugehen und die gegenseitigen Bedürfnisse (Lehrer-Schüler; Schüler-Schüler) zu klären. Die Lehrperson hätte im obigen Beispiel wenig empathisch und beziehungsarm auch so agieren können:

„Du verhältst dich total unmöglich."	Beobachtung und Bewertung werden vermischt.
„Ich fühle mich von dir provoziert. Du machst den Unterricht kaputt!"	Der Zusammenhang zwischen Situation und Gefühl ist unklar. Es kommt zu pauschalen Vorwürfen.
„Du bist ein Chaot!"	Das Bedürfnis wird nicht geäußert; der Schüler wird moralisch verurteilt („Du-Botschaft").
„Wenn das nicht sofort besser wird, fliegst du raus, ist das klar?"	Es wird eine Forderung gestellt und mit Sanktionen gedroht.

Für den Ethikunterricht ist das „In-Beziehung-Sein" in mehrerlei Hinsicht von ganz besonderer Bedeutung. Ein Unterrichtsgespräch über Sinn- und Wertfragen erscheint nur dann sinnvoll, wenn die Gesprächsteilnehmer ein gewisses Maß an Offenheit und Authentizität an den Tag legen. Das TZI-Postulat „Störungen haben Vorrang" erhält unter diesem Blickwinkel seine volle Plausibilität. Nur wenn den Kommunikationsprozess störende oder gar ausschließende Faktoren angesprochen und hinlänglich geklärt sind, erscheint ein Weiterarbeiten an Stoff und Problemen effizient. Das Gespräch, im besonderen das Sokratische Gespräch, hat im Ethikunterricht einen besonderen Status. Es ist Leit- und Lernmedium für kommunikative Kompetenzen und darüber hinaus für moralische Sensibilisierung. Im sachlich-argumentativen Gespräch lernt der Schüler vor allem, auf andere, deren Meinungen und Empfindungen zu hören, sie wahrzunehmen und vor allem zu respektieren. Im Gespräch als „Ausprobier- und Erfahrungsraum" (Reinhold Miller) ereignen sich Selbsterfahrung und zwischenmenschliche Erfahrungen. Diese können z. B. in Metagesprächen direkt angesprochen und analysiert werden. Durch sie wird die Kommunikation selbst Gegenstand einer selbstkritischen Reflexion. Mit Fragen wie „Wie erging es mir / uns in dem Gespräch" oder „Wie verlief das Gespräch, wo ergaben sich Störungen?" kann die Lehrperson den Schülern signalisieren, dass sie individuell wahrgenommen und darüber hinaus ernst genommen werden. Metakommunikation wirkt häufig sehr befreiend. Sie fördert authentische und intensive Gespräche und schafft tendenziell in der Gruppe ein beträchtliches Maß an Vertrauen und Zusammenhalt. Auch der konsequent induktiv angelegte Unterrichtsaufbau des Ethikunterrichts mit der impliziten Schülerorientierung signalisiert eine grundsätzliche Wertschätzung von Lebens- und Erfahrungswelt der Heranwachsenden. Der Unterricht nimmt seinen Ausgang von „Vorverständnissen" der Schüler. Sie sollen dann differenziert und substantiiert werden. Letztlich geht es darum, den Schülern zu einer je eigenen, verantwortungsvollen Lebensgestaltung zu verhelfen. Die Gratwanderung zwischen vereinnahmender Indoktrination und desinteressiertem Relativismus verweist genau auf den für eine Beziehungsdidaktik ausschlaggebenden Punkt: den Respekt vor der Autonomie der Heranwachsenden.

Anmerkungen

[1] David Hume, Eine Untersuchung der Grundlagen der Moral, Stuttgart 1984, S. 88. – Das Problemraster orientiert sich an Jürgen Habermas, Die nachholende Revolution, Frankfurt 1990, S. 142ff. – Vgl. auch grundsätzlich: Hinrich Fink-Eitel u. a. (Hg.), Zur Philosophie der Gefühle, Frankfurt 1993. – EU, Heft 1/01: Gefühle. – Zu neueren empirischen Forschungen seitens der Neurobiologie, Verhaltensbiologie und Emotionsforschung vgl. J. Haidt, The emotional dog and its rational tail: a social intuitionist approach to moral judgement, in: Psychological Review 108 (4), 2001, S. 814–834. Vgl. auch: Sabine A. Döring, Die Renaissance des Gefühls in der Gegenwartsphilosophie, in: Information Philosophie H. 4 (2005), S. 14–28. Heiner Hastedt, Gefühle – Philosophische Bemerkungen, Stuttgart 2005. Ann Margaret Sharp, Unterrichtsgegenstand Gefühle: das Klassenzimmer als community of inquiry, in: Eva Marsal u. a. (Hg.), Ethische Reflexionskompetenz im Grundschulalter. Konzepte des Philosophierens mit Kindern, Frankfurt 2007, S. 205–219.

[2] Hermann Schmitz, Der Leib, der Raum und die Gefühle, Stuttgart 1998, S. 22.

[3] Vgl. ders., System der Philosophie, Bd. III, Bonn 1973, S. 3ff. – Zit. nach Andreas Wildt, Die Moralspezifität von Affekten und der Moralbegriff, in: Hinrich Fink-Eitel u. a. (Hg.), 1993, S. 199f.

[4] „Der Verdichtungsbereich einer Gestalt ist die Stelle, wo sich ihr Gepräge anschaulich sammelt, beim Blatt der charakteristisch gezackte Umriß. Verankerungspunkt die Stelle, von der aus die Gestalt sich aufbaut, beim Blatt der Ansatz am Stiel ... Es gibt Freude an etwas (Verdichtungsbereich) und Freude über etwas (Verankerungsbereich) ..." Hermann Schmitz, 1998, S. 69.

[5] Vgl. Luc Ciompi, Die emotionalen Grundlagen des Denkens. Entwurf einer fraktalen Affektlogik, Göttingen 1999, S. 192, 284 und 99.

[1] Ernst Tugendhat, Die Rolle der Identität in der Konstitution der Moral; in: W. Edelstein u. a. (Hg.), Moral und Person, 1993, S. 38 – Kritisch dazu: vgl. Jürgen Habermas, Erläuterungen zur Diskursethik, Frankfurt 1991, S. 119ff.

[2] Vgl. dazu vor allem: Leo Montada, Moralische Gefühle; in: Wolfgang Edelstein u. a. (Hg.), Moral und Person, 1993, S. 259ff. – Ronals de Sousa, Die Rationalität des Gefühls, Frankfurt 1997, S. 233ff., 281ff.

Anmerkungen 291

³ Vgl. Montada, a. a. O., S. 268.
⁴ Vgl. Oben Kapitel „Ethisches Argumentieren ...", S. 171. In der Konzeption des „Überlegungsgleichgewichts" (reflective equilibrium) von John Rawls gelten moralische Grundsätze und Prinzipien nur dann als begründet, wenn die sich daraus ergebenden Konsequenzen mit unseren wohlerwogenen moralischen Einzelurteilen übereinstimmen. Diese sollen als quasi objektive Testbasis frei von Emotionen sein. Es empfiehlt sich jedoch, den Bereich der wohlerwogenen Urteile breiter zu fassen und auch eine Reihe von moralischen Gefühlen – Empathie, Mitgefühl, Sorge für allerdings oder Abscheu vor Grausamkeit – zu integrieren, da solche Gefühle eine unverzichtbare Rolle bei der Entwicklung angemessener moralischer Positionen spielen. „An adequate moral theory should be built on appropriate feelings as well on appropriate reasoning." Virginia Held, Feminist Morality, London 1993, S. 30.
⁵ Zit. nach Carola Meier-Seethaler, Gefühl und Urteilskraft. Ein Plädoyer für die emotionale Vernunft, München 1997, S. 244. – Vgl. dazu auch Hegels Diktum über die Rolle der „Empfindungen": „Alles ist in der Empfindung, und wenn man will, alles, was im geistigen Bewusstsein und in der Vernunft hervortritt, hat seine Quelle und Ursprung in derselben; denn Quelle und Ursprung heißt nichts anderes als die erste unmittelbare Weise, in der etwas erscheint". Hegel, Enzyklopädie, S. 327: zit. nach W. Schulz, Grundprobleme der Ethik, Pfullingen 1989, S. 272. – Vgl. auch Holmer Steinfahrt, Gefühle und Werte; in: Zschr. f. phil. Forschung 55 (2001), S. 196–220. – Zum Verhältnis zwischen Intuition und Reflexion beim ethischen Argumentieren vgl. neuerdings: Monika Weidenbach, Emotionen in moralischen Urteilsbildungsprozessen, Stuttgart 2005.
¹ Nach: R. L. Selman, Sozial-kognitives Verständnis; in: D. Geulen (Hg.), Perspektivenübernahme und soziales Handeln, Frankfurt 1982, S. 223ff.
² Ludwig Nagl, 1998, S. 106. – Vgl. dazu auch Jürgen Habermas, 1983, S. 139ff. – Ders., 1991, S. 152ff. – E. Tugendhat, 1993, S. 282ff.
³ Vgl. Hilbert Meyer, Unterrichtsmethoden, II, 1989, S. 363ff.
¹ Richard Rorty, Gefangen zwischen Kant und Dewey; in: DZPhil 49 (2001), S. 195. – Vgl. auch Hartmut von Hentig, 1999, S. 67ff. – Eine stark selektive Auswahl von in Sekundarstufe I und II einsetzbaren narrativen Texten: Schiller, Friedrich, Der Verbrecher aus verlorener Ehre, aus: Lesen, Darstellen, Begreifen, A9 – Frankfurt 1985, S. 211ff. – Von Ebner-Eschenbach, Marie, Die Spitzin, aus: Krambambuli und andere Erzählungen. Stuttgart 1982. – dies., Aphorismen, Frankfurt 1996. – Böll, Heinrich, Erzählungen, Hörspiele, Aufsätze, Köln 1961–1994. – Andres, Stefan, Das Trockendock, aus: Die Verteidigung der Xanthippe, München 1960. – Bobrowski, Johannes, Mäusefest, Berlin 1965, Neuauflage Mäusefest / Mahner, Berlin 1981. – Kaschnitz, Marie Luise, Lange Schatten, Hamburg 1960. – Strauß, Botho, Paare Passanten. München 1981, S. 176. – Aichinger, Ilse, Das Fenstertheater, in: Der Gefesselte. Erzählungen, Frankfurt 1958. – Kunert, Günter, El Dorado; in: Tagträume in Berlin und andernorts, S. 27; München 1972. – Kunert, Günter, Vorschlag, in: Warnung vor Spiegeln, München 1982, S. 88.
² Hans Jonas, Das Prinzip Verantwortung, Frankfurt 1980, S. 391–392.
¹⁶ Vgl. dazu: Carol Gilligan, Die andere Stimme, München 1999. – Gertrud Nunner-Winkler (Hg.), Weibliche Moral, München 1991. – Detlef Horster (Hg.), Weibliche Moral – Ein Mythos?, Frankfurt 1998. – Annemarie Piper, Gibt es eine feministische Ethik?, München 1998. – Herlinde Pauer-Studer, Das Andere der Gerechtigkeit, München 1995. – Eva-Maria Schwickert, Feminismus und Gerechtigkeit, Berlin 2000.
¹⁷ Vgl. G. Nunner-Winkler; in: D. Horster, 1998, S. 73ff.
¹⁸ Carol Gilligan u. a., Die Ursprünge der Moral in der frühkindlichen Beziehung; in: Nagl-Docekal / Pauer-Studer, Jenseits der Geschlechtermoral, Frankfurt 1993, S. 80.
¹⁹ Diese Zusammenstellung ist entnommen aus: Carola M. Brucker, Moralstrukturen. Grundlagen der Care-Ethik, Weinheim 1990, S. 129.
²⁰ Virginia Held, Feminism and Moral Theory, 1987, S. 119; zit. nach: H. Pauer-Studer, 1995, S. 51.
²¹ Seyla Benhabib, Selbst im Kontext, Frankfurt 1995, S. 17.
²² Dies., ebd., S. 176.
²³ Ebd., S. 183.
²⁴ Wolfgang Kersting, Theorien der sozialen Gerechtigkeit, Stuttgart 2000, S. 357.
²⁵ Vgl. das Kapitel „Ethisches Argumentieren: Kohärentismus", S. 207ff.
²⁶ Vgl. dazu: Carmen Kaminsky, Embryonen, Ethik und Verantwortung. Eine kritische Analyse der Statusdiskussion als Problemlösungsansatz angewandter Ethik, Tübingen 1998, vor allem Kap. VII, S. 230ff.

[27] Die Typologisierung orientiert sich an: Karl Otto Apel, Rationalitätskriterien und Rationalitätstypen; in: Axel Wüsenhube (Hg.), Pragmatische Rationalitätstheorien, Würzburg 1995, S. 29–65. – Vgl. auch: Herbert Schnädelbach, Rationalitätstypen, EuS 9 (1998), S. 79ff. – Jürgen Habermas, 1991, S. 100ff.

[28] Vgl. Habermas, 1991, S. 111–113. – Kritisch dazu: Herlinde Pauer-Studer, 1996, S. 89ff. – Eva-Maria Schwickert, 2000, S. 163ff.

[29] Martin Walser, Über das Selbstgespräch, in: FAZ vom 13.1.2000, S. 43.

[30] Vgl. dazu und zum Folgenden: Reinhold Miller, Beziehungsdidaktik, Weinheim 2003.

[31] Joachim Bauer, Lob der Schule, a. a. O., S. 14

[32] Vgl. ebd., S. 19f., 125f. – Ders., Prinzip Menschlichkeit, München 2006, Kapitel 2 und 3. – Johannes Griesinger, Autonomie und Verletzlichkeit, Bielefeld 2007, S. 34f. – Manfred Spitzer, Lernen, a. a. O., S. 175ff.

[33] Vgl. vor allem: Marshall B. Rosenberg, Gewaltfreie Kommunikation, Paderborn 2005. Sura Hart / Victoria Hodson, Empathie im Klassenzimmer, Paderborn 2006, bieten zahlreiche praktische Übungen.

[34] Um schlagwortartig die wichtigsten Punkte zu nennen: Es wurde kritisiert: (a) das Konzept des gegenseitigen Aushandelns, (b) das Konzept der bewertungsfreien Empathie, (c) die dem Modell zugrunde liegenden Gundannahmen, vor allem der Bedürfnis-Begriff und (d) die praktische Anwendbarkeit in betriebswirtschaftlichen, politischen, aber auch schulischen Kontexten. Die GfK, so die Kritik, lasse den Machtbegriff völlig unbeachtet.

IX. Bilder im Ethikunterricht

> *keine fotoausgänge aus dieser geschichte, so viel steht langsam fest. Durch all diese medienbilder müssten wir zu fuß gehen, aber das wäre ein viel zu weiter weg, das schafft man nicht, also bewegt man sich besser selber runter ins gebiet, um sich seiner wahrnehmung zu vergewissern. Und was sieht man in „the zone"?* (kathrin röggla)

Die Macht der Bilder

Bilder waren wohl noch nie so mächtig wie heute. In Analogie zum „linguistic turn" der analytischen Philosophie, mit dem ein neues philosophisches Paradigma eingeführt wurde, wird heute im Zusammenhang mit einem neuen Bildtyp, dem digitalen Bild, von einem „pictorial turn"[1] gesprochen. Die traditionelle bis auf Plato zurückgehende Bildtheorie unterscheidet zwischen dem Original, auf das sich das Bild bezieht, dem Medium und dem Betrachter. Dieses festgefügte „Geviert" hat sich schon längst aufgelöst. Das Bild hat sich aus der Abhängigkeit vom Original gelöst. Es braucht, um Bild zu sein, nicht notwendigerweise etwas zu repräsentieren. Gegenüber dem Betrachter verselbständigt es sich immer mehr und gewinnt eine eigenständige Wirklichkeit. Gegenwärtig ist eine rapid fortschreitende Verselbständigung der Bilder gegenüber dem Darstellungsmedium zu beobachten. Bilder sind also nicht mehr Abglanz oder Repräsentation einer anderen Realität. Die Bilderwelten sind vielmehr selbst zu wichtigen, eigenständigen Bestandteilen unserer Lebenswelt geworden. Susan Sontag drückt diesen Sachverhalt auf ihre Art aus: „Das riesige Maul der Moderne hat die Realität zerkaut und die ganze Schweinerei als Bildsalat wieder ausgespuckt."[2]

Vilem Flusser hat in seiner Medientheorie drei problematische Aspekte unserer gegenwärtigen Bilderflut analysiert.

> „Was so entsetzlich an der Bilderflut ist, sind drei Momente: daß sie an einem für ihre Empfänger unerreichbaren Ort hergestellt werden, daß sie die Ansicht aller Empfänger gleichschalten und dabei die Empfänger füreinander blind machen und daß sie dabei realer wirken als alle übrigen Informationen, die wir durch andere Medien (inklusive unserer Sinne) empfangen. Das erste besagt, daß wir den Bildern verantwortungslos, aller Antwort unfähig, gegenüberstehen. Das zweite, daß wir dabei sind zu verdummen, zu vermassen und allen menschlichen Kontakt zu verlieren. Und das dritte, daß wir die weitaus meisten Erlebnisse, Kenntnisse, Urteile und Entscheidungen den Bildern zu verdanken haben, daß wir demnach von den Bildern existentiell abhängig sind."[3]

Für den dritten Punkt gibt es aus der „Ikonografie des Leidens" (Susan Sontag) ziemlich klare Beispiele. So kristallisierte sich eine allgemeine Abscheu gegenüber dem Vietnamkrieg in Bildern wie jenem berühmt gewordenen Foto von Nick Uts: Ein nacktes Kind, mit Napalm übergossen, die Arme erhoben, vor Schmerz schreiend, das die Straße herabläuft ... auf uns zu. Oder ein anderes Beispiel: Die kalifornische Senatorin Diana Feinstein erklärte, sie habe 1995 ihre Meinung zum geplanten NATO-Einsatz geändert, nachdem sie das Foto einer aus Srebrenica geflohenen Frau gesehen hatte, die sich nach einer Massenvergewaltigung durch serbische Soldaten im Wald von Tuzla erhängt hatte.

Bilder, auch jene, die in großer Zahl uns bedrängen, haben offenbar auch heute noch grundsätzlich die drei klassischen Funktionen: sie informieren (docere), unterhalten (delectare) und sie haben eine emotive Wirkung (movere), sie bewegen unser Fühlen und Wollen. Ob sie uns – wie viele immer wieder meinen – abstumpfen und auf Grund des Übermaßes unempfindlicher reagieren lassen, ist schwer zu sagen. Es gibt nicht wenig Beispiele, die derlei Annahmen zu widerlegen scheinen. Bilder von existentiellen Schlüsselszenen haften mitunter lebenslang in unserem Gedächtnis. Sie leben mit uns, verändern sich mit uns. Bilder können – und tun es auch in der Regel – das Kollektivgedächtnis einer Gemeinschaft von Menschen stiften und so zu deren Identität Entscheidendes beitragen. Wie allerdings solche individuellen oder kollektiven Prozesse heute ablaufen, ist noch weitgehend unbekannt. Wir sind gerade dabei, die ersten möglicherweise richtungsweisenden Fragen zu stellen. Ebenso noch völlig ungeklärt ist die Frage, wie wir mit jenen Schreckensbildern der Gewalt, der Barbarei oder des Hungers „fertig" werden, ob und wie wir uns mit ihnen auseinandersetzen, welche Spuren sie – bewusste oder unbewusste – in uns kurz- oder langfristig hinterlassen. Frühere Generationen konnten auf ihre Bilder im Nahbereich reagieren und so mit ihnen fertig werden. Die Konstellation heute ist eine gänzlich andere. Die multimediale Überflutung gibt der Frage, was wir mit den Bildern oder sie mit uns machen, eine ganz neue Qualität und Dringlichkeit.

Bilder können uns in keinem Fall die Auseinandersetzung mit ihnen und jenem ihnen inhärenten Stück Wirklichkeit, nicht die intellektuelle oder moralische Arbeit damit abnehmen. Sie können allerdings viel dafür tun, dass wir diese Arbeit angehen.

Bildanalphabeten

Bilder können „lügen", heute zweifelsohne besser als in früheren Zeiten. Die Manipulationspotentiale insbesondere der digitalen Bilder sind immens. Die Grenze zwischen Bildwirklichkeit und Objektrealität ist im „medialen Aggregatzustand" (Norbert Bolz) weitgehend aufgehoben. Vilem Flusser hat den Begriff des „Bildanalphabetismus" geprägt. Die technischen Bilder – Fotos, Filme, Videos u. ä. –, von Apparaten hergestellt, kodifizieren „objektive" Erkenntnisse programmgemäß. Nur jene, die diesen Kode kennen, sind in der Lage, solche Bilder zu lesen, zu entziffern. Der „normale" Empfänger, der die Regeln der Elektromechanik, Optik, Akustik und Bildkonstruktion nicht kennt, wird zum Analphabeten. Er tappt unweigerlich in die mehr oder minder geschickt arrangierten Bilderfallen. Unfähig, die Bilder zu dekodieren, nimmt er sie für bare, objektiv richtige Münze. Um von dieser Bilderflut nicht komplett überschwemmt zu werden, fordert Flusser „das Herstellen von ‚stillen' Bildern, welche hinterlistigerweise die bildspeienden Apparate überlisten sollen."[4] In solchen Bildern – er denkt dabei beispielsweise an Fotoarbeiten – soll an jene kontemplative Grundhaltung, in der Bilder „vor dem Sturm" gesehen und interpretiert wurden, angeknüpft werden. Damit verbunden ist ein Verlangsamen, eine Entschleunigung der Bilderfolgen. Nur dann haben wir eine Chance, über die elementaren Prozesse der Bildwahrnehmung zu reflektieren. Hier öffnet sich ein weites Feld für einen reflexiv angelegten integrativen Ethikunterricht.

Neben einer Untersuchung unterschiedlicher Wahrnehmungsweisen kommt es vor allem darauf an, im Rahmen einer Bildpragmatik die verschiedenen Umgangsweisen mit Bildern zu analysieren. Anknüpfend an Wittgenstein und den von ihm miteingeleiteten „linguistic turn" formuliert Gernot Böhme treffend:

> „Die Wirklichkeit der Bilder, in der wir leben, erhält ihre Konturen durch den Bildgebrauch."[5]

Nicht durch den Referenten, vielmehr durch die Art des alltäglichen Gebrauchs wird heute definiert, was ein Bild jeweils ist.

Denken in Bildern

Eine zentrale Rolle im Zusammenhang mit Begriffsbildungs- und Denkprozessen kommt den mentalen Bildern zu. Durch gegenwärtige neurophysiologische und -psychologische Forschungen ist grundsätzlich der enge Zusammenhang zwischen Wahrnehmungsbildern und „Denkbildern" (Walter Benjamin) herausgearbeitet worden.[6] Beide Bildtypen sind nicht bloß als passiv registrierte Abbilder zu verstehen, sondern als hochkomplexe Strukturen unseres Gehirns. Fallen z. B. die an der Bildherstellung beteiligten Areale des visuellen Cortex aus, so ist nicht nur eine Einschränkung der visuellen Wahrnehmung zu registrieren, sondern auch eine entsprechende Beeinträchtigung des Vorstellungs- und Erinnerungsvermögens. Die bildhafte Vorstellung ist daher „eine der mnemotechnisch effektivsten Formen der Enkodierung".[7]

Diese Visualisierung kann im Unterricht in einer mehr passiven oder aktiven Variante umgesetzt werden. Die Schüler suchen z. B. als Abschluss einer Unterrichtseinheit zum Thema „Freiheit" ein Bild, das zu diesem Thema „passt". In der Bildinterpretation müssen die einzelnen Bildelemente in einen sinnvollen Zusammenhang zu dem gespeicherten kognitiven Begriff gebracht werden. Das Wahrnehmungsbild wandelt sich dabei zu einem kognitiv imprägnierten Vorstellungs- und Denkbild. Die aktive Variante besteht darin, dass die Schüler sich ein Bild (Zeichnung) zu ihrem Gedankenkonstrukt „Freiheit" machen. Jeder Begriff und viele noch so abstrakte Sachverhalte können durch ein Schema oder eine gegenständliche Zeichnung dargestellt werden. Durch die figurative Repräsentation von abstrakten Inhalten im Bildmedium wird das Denken erleichtert und die Ergebnissicherung in aller Regel stabiler. Das Bild prägt nachhaltiger und haftet länger. Dabei kommt es entscheidend darauf an, die einzelnen Schritte des Kodierungsprozesses deutlich zu markieren und reflexiv zu sichern. Das zeichnerische Darstellen ist grundsätzlich vieldeutig. Seine Elemente – Strich, Form oder Farbe – haben keine festen, klar definierten Bedeutungen. Da sie aber andererseits etwas „bedeuten", wird hier ein von der sprachlichen, durch Grammatik und Syntax geordneten Sphäre verschiedener unendlicher Spielraum eröffnet. Zeichnung als „Verlängerung des Gedankens" (Joseph Beuys) erweitert den Denkhorizont auf eine Art und Weise, die über Sprache hinausgeht. Sie „sagt" Dinge, die im Wort nur schwer oder gar nicht auszudrücken sind.

Möglichkeiten der Verwendung und Interpretation von Bildquellen im Ethikunterricht

Für einen pragmatischen Umgang mit Bildern liefert die Sprechakttheorie von John L. Austin einen adäquaten Rahmen. Aus der ursprünglichen linguistischen Frage „How to do things with words" wird die bildpragmatische Frage „How to do things with pictures?" Bilder sprechen auch eine Sprache und haben Anteil an unserer symbolisch vermittelten Existenz als Kulturwesen. Bilder sind also performative Äußerungen. Wir tun etwas mit ihnen, oder sie tun etwas mit und in uns.

Austin unterscheidet zwischen drei Sorten von Sprachhandlungen: die lokutionären, die illokutionären und die perlokutionären Akte.[8] Diese drei Bezeichnungen beziehen sich nicht auf drei unterschiedliche Handlungen, sondern lediglich auf drei Aspekte ein und derselben Sprachhandlung.

Zum lokutionären Akt gehört, dass man einen bestimmten Satz äußert, d. h. etwas Bestimmtes ausgesagt wird, das im traditionellen Sinne Bedeutung hat und verstanden wird. Der lokutionäre Akt kann daher fehlerhaft sein: Seine Bedeutung kann unklar sein oder es können ihm sprachliche (grammatikalische / phonetische) Fehler anhaften. Auf die Ebene der Bildersprache übertragen liegt somit ein lokutionärer Akt vor, wenn z. B. eine Nachrichtensendung oder ein Foto als solche von einem Adressaten verstanden werden. Es geht um die im Bild anwesenden Inhalte (Gegenstände) oder Sachverhalte.

Unter *illokutionären Akten* versteht Austin Äußerungen, die auf eingefahrenen Sprachkonventionen beruhen, z. B. Informieren, Befehlen, Warnen, Sichverpflichten. Es kommt also darauf an, ob die jeweilige Intention des Sprachhandelnden von den Adressaten entsprechend aufgenommen wird. Auf die Bildebene übertragen stellt sich dann die Frage: Was will das Bild uns sagen? Will es aufrütteln, schockieren, warnen, nachdenklich machen oder bloß informieren? Im Vordergrund steht also die expressive Seite des Sprechakts.

Wesentlich für den *perlokutionären Akt* ist, dass die Äußerung beim Adressaten ankommt und Wirkung zeigt. Es besteht also eine Kausalität zwischen dem Sprechakt und der Wirkung. Diese Wirkung kann darin bestehen, dass sich bestimmte Gefühle, Gedanken, Haltungen oder Handlungen bei bestimmten Personen einstellen. Perlokutionäre Akte sind z. B. Überzeugen, Überreden, Abschrecken, Überraschen oder Irreführen. Im Zusammenhang mit Bildern stellt sich also hier die Frage: Was macht das Bild mit uns? Wie wirkt es auf uns? Welche Gefühle, Gedanken, Wünsche oder Handlungsmotive werden von ihm in uns ausgelöst? Worauf beruht diese Kausalität? Hier liegt der Akzent vor allem auf der appellativen Seite des Sprechakts.

Die Übertragung der Spechaktanalyse auf die Interpretation von Bildern hat einen gerade für den Ethikunterricht ausschlaggebenden Vorteil. Sie zeigt Bilder als genuin performative Äußerungen. Bilder als polyvalente und inhaltlich häufig vage Konstrukte stecken voller normativer Elemente. Welche Wertnuancierungen werden mit welchen Stilmitteln transportiert? Diese normative Dimension der Bildersprache bezieht sich vor allem auf die expressiven (illokutionären) und appellativen (perlokutionären) Aspekte. Einmal müssen mit hermeneutischem Spürsinn die versteckten Wertsetzungen des Bildes wahrgenommen werden. Schüler werden so im Umgang mit Bildern und deren Performanzcharakter sensibel für den Unterschied zwischen Deskriptivem und Normativem. Unter einer sinnlich wahrnehmbaren konkreten Bildoberfläche von Formen, Farben, Perspektiven oder räumlichen Figurationen – man denke etwa an Fotos, Karikaturen oder Bilder wie den „Streichholzverkäufer" von Otto Dix – können subtile Wertsetzungen in Form von Kritik, Parteinahme oder Provokation wahrgenommen werden. Zum andern fragen sich die Schüler, wie wirkt das Bild auf mich? Welche Gefühle löst es in mir aus? Warum reagiere ich so und nicht anders? Was macht das Bild mit mir? Welche Appelle nehme ich wahr? All diese Fragen führen zu einer Form der Selbstreflexion, die für den Ethikunterricht charakteristisch ist. Der Schüler denkt über seine individuellen Voraussetzungen der Bildinterpretation nach. Er beugt sich über sich, re-flektiert und gewinnt in der Auseinandersetzung mit anderen Sehweisen ein Stück Klarheit über sich selbst. In dieser Reflexion wendet sich der Blick vom Objekt ab, um sich auf die Art und Weise zu richten, in der dieses Objekt wahrgenommen wird. Die auf selbstreflexivem Wege gewonnene Klarheit ist vielleicht einer der wichtigsten Schritte, um verhindern zu können, ein Opfer von Manipulation durch Bilder zu werden. Die Fähigkeit zum kritischen Umgang mit Bildern ist darüber hinaus gerade heute eine Schlüsselkompetenz für eine hinreichend autonome Lebensgestaltung.

Der Einsatz von Bildern im Ethikunterricht hängt im Einzelnen davon ab, an welcher Stelle der Unterrichtssequenz sie verwendet werden: als Einstieg, in der Problematisierungsphase oder als Überprüfung bzw. Sicherung von Ergebnissen.

In der Einstiegsphase spielen Bilder traditionell eine große Rolle. Ihre Anschaulichkeit, Konkretion und ihre Deutungsoffenheit lassen sie für einen visuellen Einstieg besonders geeignet erscheinen. Indem sie performativ sind und entweder anklagen, provozieren, übertreiben (Karikierung / Idealisierung) oder verwirren (Verfremdung / Verrätselung) sorgen sie in der Regel für Aufmerksamkeit, Motivation und zahlreiche Sprechanlässe. Sie sind ein hervorragendes Mittel für eine Explikation von Vorwissen, Vorurteilen und Vorverständnissen, auf denen der weitere Unterricht in genuin induktiver Manier aufbauen kann.

Bilder können auch als Medium der *Problematisierung* eingesetzt werden. In der Regel findet dann ein Dialog zwischen Text und Bild statt. Dabei handelt es sich um ein Hin- und Hergehen, vom Text zum Bild oder umgekehrt. Die Leistungen des Bildes müssen dann exakt Punkt für Punkt reflektiert werden. Welche Textelemente werden in der Sprache des Bildes wie kodiert? Welche Bildelemente treffen prägnant den Text, wo gehen sie über ihn hinaus, verselbständigen sich oder führen gar in die Irre? Ein Beispiel für eine Bildinterpretation in der Problematisierungsphase wäre das Titelkupfer zu Thomas Hobbes' „Leviathan" (1651). Bildmeditationen bieten sich in dieser Phase immer dann an, wenn es darum geht, einen hinreichend klar ins Auge gefassten begrifflichen oder systematischen Sachverhalt durch Visualisierung zu vertiefen. So kann z. B. für eine Problematisierung des Phänomens „Zeit" Salvador Dalís Bild „Der Traum der Venus" (1939) herangezogen werden. Für eine bildmeditative Erschließung des Gefühls der „Schande" böte sich Paul Klees Bild „Schande" (1933) an. Mit dem „Streichholzverkäufer" von Otto Dix ließe sich das Phänomen „Mitleid / Mitgefühl" im Bildmedium problematisieren.[9] Bildmeditationen haben den unschätzbaren didaktischen Vorteil, dass sie helfen, den überaus schnellen und „gedankenlosen" Fluss der Bilder, dem wir alltäglich ausgesetzt sind, vorübergehend anzuhalten oder ihn zumindest zu verlangsamen. Als „stille Bilder" (Vilem Flusser) geben sie die Chance, genau hinzusehen, um die konstitutiven Bildelemente in aller Ruhe und Eindringlichkeit wahrnehmen zu können.

Möglichkeiten der Verwendung und Interpretation von Bildquellen 299

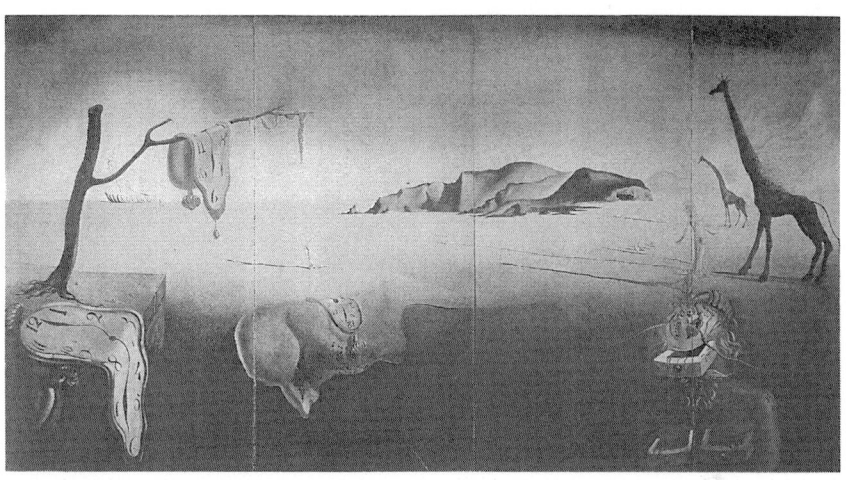

Bild-Impuls:
Salvador Dalí, Der Traum der Venus
© Salvador Dalí, Fundació Gala – Salvador Dalí / VG Bild-Kunst, Bonn 2020

Aspekte einer Bildinterpretation:
- → interne (ästhetisch-expressive): z. B.
  - Form
  - Farbe
  - Bildlicht
  - Komposition (Raumaufteilung)
  - Perspektivik
- → externe: z. B.
  - stilgeschichtliche
  - ikonografische
  - biografische
  - psychologische
  - soziologische
  Aspekte

Zur *Überprüfung* von erarbeiteten Problemzusammenhängen können Bilder grundsätzlich im Sinne einer Aktualisierung, Kontrastierung oder Generalisierung genutzt werden. Die *Sicherung* des Ergebnisstandes erfolgt nicht selten durch das Erstellen einer Wandzeitung oder anhand einer Ausstellung von eigenen Bildern (Zeichnungen oder Grafiken) ergänzt durch einen kommentierten Katalog.

Unabhängig vom unterrichtlichen Ort des Einsatzes gibt es eine breite Palette von Möglichkeiten, mit Bildern im Ethikunterricht kreativ und interaktiv zu arbeiten, z. B.:

→ *Bilder aussuchen und präsentieren:*
Die Schüler suchen zu einem bestimmten Thema passende Bilder und begründen ihre Auswahl.

→ *Bildbefragung:*
Ein oder mehrere Schüler stellen abwechselnd Fragen an ein Bild.
Eine Gruppe hat sich mit dem Bild beschäftigt und versucht, die Fragen zu beantworten.

→ *Schreibmeditation:*
Die Schüler schreiben auf einen Zettel auf, was ihnen spontan zu einem Bild einfällt.
Der Zettel, auf dem die Einfälle festgehalten werden, wandert in der Gruppe.
Variante: Die individuellen Einfälle oder Deutungen werden zu einer Wandzeitung zusammengestellt oder auf Folie präsentiert, um anschließend diskutiert zu werden.

→ *Bildtitel suchen:*
In Gruppen wird nach einem passenden Titel gesucht. Die Vorschläge sollen begründet werden.

→ *Verzögerte Bildbetrachtung:*
Von einem größeren Bild wird zunächst durch Abdecken ein Ausschnitt vorgestellt.

→ *Lücken füllen:*
Es wird ein Bild vorgegeben, bei dem wesentliche Elemente ausgeschnitten oder abgedeckt sind.

→ *Reizwortaufgabe:*
Ein Bild wird kommentarlos aufgehängt und ein Reizwort an die Tafel geschrieben. Die Schüler schreiben einen knappen Text über einen möglichen Bezug zwischen Bild und Reizwort.

→ *Weitermalen:*
Zu einem Bild soll ein Folgebild gemalt werden. Auch Comic-Bildfolgen sind möglich.

→ *Bilder nachstellen:*
Die Schüler stellen ein Bild als Tableau szenisch dar.

Visiotype

Geht es darum, den Bau eines Flughafens, die Einführung einer neuen Biotechnik oder einen Präventiv- bzw. Vergeltungskrieg öffentlich zu legitimieren, so werden Bilder – Fotos, Diagramme, Schaubilder, Tabellen und Kurven – eingesetzt. Zahl und Bild sind hier Grundelemente und gehen im Visiotyp eine sehr enge Verbindung ein. Ein Visiotyp ist das Pendant zum sprachlichen Stereotyp und meint den durch die Entwicklung der Medientechnik begünstigten Typ sich immer schneller standardisierender Visualisierung. Aus der Flut typisierender Veranschaulichungen heben sich immer wieder einzelne Visiotype ab, die durch ständiges Wiederholen kanonisiert werden. Sie werden zu öffentlichen Sinnbildern, ja internationalen Schlüsselbildern, die für manche Glück, für andere Gefahr signalisieren. Wir sind umgeben von solchen Zeichen. Sie sind als eine Art von „Schlagbildern" wohl wirkmächtiger als Schlagwörter.

> „Auswandernde über die dürren Sandfläche der Sahara und der finstere Kopf einer Asylantenschlange, überhaupt nicht endende Schlangen, tickende Zeitbomben, ansteigende Kurven und ihnen gegenüber das schachbietende Computerhirn, neue Kombinationsmöglichkeiten im Zeitalter der Doppel-Helix, die große Vernetzung."[10]

Solche Schlüsselbilder sind umgeben von einem Assoziationshof von Gefühlen und Wertungen. Von ihnen geht eine beträchtliche normierende Kraft aus. Vilem Flusser hat diesen Sachverhalt prägnant beschrieben:

> „Um eine komplexe Gesellschaft, wie es die nachindustrielle ist, verwalten zu können, muss man ihr Verhalten voraussehen können. Die geeignete Methode ist, ihr Verhaltensmodelle vorzuschreiben. Bilder sind, wie in der Höhlensituation erkennbar, gute Verhaltensmodelle. ... Also stellt die Verwaltung Spezialisten an, um derartige Bilder herzustellen. Diesen Spezialisten stellt man andere Spezialisten zur Seite, welche die Bilder in die Gesellschaft transportieren oder den Wirkungsgrad der Bilder messen. Diese Spezialisten sind nicht die eigentlichen Sender, sondern die Funktionäre der Sendung."[11]

Von den Visiotypen geht eine unterschwellige soziale Normierung aus. Diese zu untersuchen gehört auch zu einer im Ethikunterricht zu praktizierenden Bildpragmatik. Eine Bildkritik, als Äquivalent zur Sprachkritik, ist vor allem Kritik des jeweiligen Bildgebrauchs. Im Einzelnen ist zu fragen: Was bedeutet die rasante Ausbreitung von Visiotypen in einer „Info-Gesellschaft"? Worin besteht ihr Wirkungspotential? Wer bestimmt deren Inhalt und Gestalt? Wer legt ihre Lesart fest und regelt den Gebrauch? All diese Fragen haben einen gemeinsamen Nenner. Es geht um den Versuch, auf ideologiekritischem Wege die verdeckt transportierten Normierungen und Wertsetzungen aufzudecken und kenntlich zu machen.

Ein Beispiel: Die Doppel-Helix als globales Visiotyp

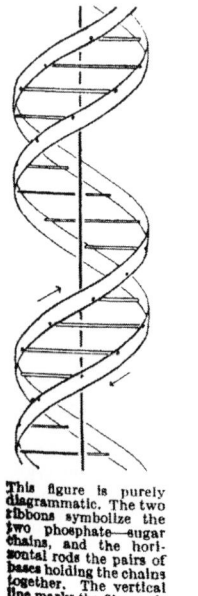

a) Die erste öffentliche Darstellung der DNS (1953)

b) Die Spirale des Lebens. Bayer Magazin 1/1994

BILD-IMPULS: zwei Bilder: a) Die erste öffentliche Darstellung der DNS (1953): vgl. Pörksen S. 125; b) Die Spirale des Lebens. Bayer Magazin 1/1994: vgl. Pörksen, S. 127

Die Doppel-Helix wandelte sich von einer zunächst nüchternen wissenschaftlichen Hypothese zur öffentlichen, populären Tatsache und wurde schließlich ein globales Visiotyp. Der Übergang zum populären Wissen ist bedingt durch

> „... den Wegfall der Einzelheiten und hauptsächlich der streitenden Meinungen, wodurch eine künstliche Vereinfachung erzielt wird. Sodann die künstlerisch angenehme, lebendige, anschauliche Ausführung. Endlich die apodiktische Wertung, das einfache Gutheißen oder Ablehnen gewisser Standpunkte. Vereinfachte, anschauliche und apodiktische Wissenschaft – das sind die wichtigsten Merkmale exoterischen Wissens. An Stelle des spezifischen Denkzwangs der Beweise, der erst in mühsamer Arbeit herauszufinden ist, entsteht durch Vereinfachung und Wertung ein anschauliches Bild."[12]

Diese Form der Popularisierung unterscheidet sich – nebenbei bemerkt – wesentlich vom didaktischen Reduzieren, wo es trotz anschaulicher, aber gleichmäßig proportionierter Vereinfachung nicht zu einseitigen und subjektiven Wertungen kommt bzw. kommen sollte.

In der Endgestalt als emblematisches Visiotyp hat die positive und optimistische Ausstrahlung einen Höhepunkt erreicht. Der Charakter einer ursprünglichen wissenschaftlichen Hypothese ist kaum mehr zu erkennen. Auf einer farbenfrohen Fortschrittsleiter bewegen sich geschäftig junge Experten im weißen Kittel und entziffern DNA-Sequenzen. Aus einer hypothetischen geometrischen Figur ist ein anschauliches Fortschrittsprojekt der Menschheitsgeschichte geworden: „Spirale des Lebens entschlüsselt". Dieses stabile Visiotyp macht nun erst recht Karriere auf einem Weltmarkt der Bilder. Daran hängen Hoffnungen, Verheißungen, aber auch nüchterne Wirtschaftsinteressen. Das Visiotyp ist ein Forschungs- und Firmendesign, mit dem Nachfrage produziert und Forschungsgelder locker gemacht werden können. Die Nähe zum Kode der Werbung ist schwerlich zu übersehen.

Strukturmerkmale von Visiotypen

1. Es sind Identitätszeichen mit genormtem Kontext.
2. Es gibt einen Vorrang des Designs vor der Information.
3. Es herrscht das grundsätzliche Vertrauen in die wissenschaftlich beherrschte Welt.
4. Die Technik erscheint als einfach und grenzt ans Kinderspiel.
5. Es gibt einen Hang zum Perfektionismus, zum verbesserten Modell.
6. Visiotype sind und haben Zukunft.
7. Es gibt einen fortwährenden Innovationsdruck.
8. Visiotype lehnen sich häufig an die Tradition religiöser Ikonographie an.
9. Sie lassen die Frage „gut" oder „schlecht" in den Hintergrund treten.
10. Sie sind eine Kette von suggestiven Bildern, Losungen und Verheißungen.

In Visiotypen schlagen sich konventionalisierte Wahrnehmungsschemata nieder. Durch ihre ständig wiederholte Verwendung in den Medien werden sie allmählich zu öffentlichen Sehgewohnheiten mit unterschwelligem normativem Kontext. Aus einer simplen molekularen Struktur wird ein „Schlüssel des Lebens". Die Nähe des Visiotyps zur sozialen Norm zeigt sich deutlich.

Dieser elementare Zusammenhang prägt auch Bilder, die im Umkreis der „Asylantenflut" in die Öffentlichkeit gelangt sind. Bildaufbau und Perspektivik sprechen eine eindeutig suggestive Sprache. Eine homogene, dicht gedrängte Masse von „Ausländern" schiebt sich unaufhaltsam und bedrohlich nach vorne und drückt all jene zur Seite, die an ihrem gewohnten Platz stehen.[13] Montagen von endlosen Menschenströmen, die umspülte Burg, das übersetzte anlandende Boot, der gefüllte Korridor gehören zu jenen Bild-Stereotypen, die die öffentliche Wahrnehmung im Umfeld der Asyldebatte kanalisieren und prägen. Ängste werden geweckt: „Asien holt auf!", „Wir werden überrollt", „ASYL: Die Politiker versagen", so die geläufigen sprachlichen Verstärker. Und eine klare konsequente Handlungsanweisung wird mitgeliefert: „Dämmt die Flut", „Setzt der Gewalt Gegengewalt entgegen", „Schließt die Pforten!"

Solche Bilder eignen sich gut für eine *Konnotationsanalyse*. Es ist zu fragen, welche konventionellen Werte ein Menschentyp, eine konkrete Situation oder bestimmte Bildaccessoires konnotieren. Diese Konnotationen sehen, sich ihrer bewusst werden, heißt den ihnen zugrunde liegenden normativen Kode dechiffrieren können. Darin verbindet sich ein ideologiekritisches Moment – der Schüler deckt allgemeine gesellschaftliche Meinungen, Vorurteile und Perspektiven auf – mit einem elementaren Moment selbstkritischer Reflexion: der Schüler wird sich bewusst, inwieweit er diese Kodes übernommen oder sich davon schon distanziert hat.

Allgemeine Schritte einer Bild-Interpretation

1. Empfinden und Wahrnehmen: Phänomenologische Methode:
    Klärung des ersten Eindrucks
    → Was sehe ich?
    → Was fühle / denke ich dabei?
    → Woran erinnere ich mich?
    → Was gefällt mir an dem Bild?
    → Was interessiert mich daran?
    → Was würde ich gerne noch zu dem Bild in Erfahrung bringen?

2. Beschreiben und Analysieren: Analytische Methode:
    Argumentatives Begreifen des Bildes
    → interne Aspekte
    → externe Aspekte

3. Sinn-Reflexion: Hermeneutische Methode:
    Bildinterpretation
    → Formulieren von bilderschließenden Fragen
    → Behandlung dieser Problemfragen anhand von
      – Textarbeit (in Still-, Partner-, Gruppenarbeit oder Plenum)
      – Schülerreferat, Lehrervortrag
      – oder Unterrichtsgespräch

4. Werten: Dialektische Methode
    Argumentative Auseinandersetzung
    mit dem Bild
    → Worin steckt für mich der normative Gehalt des visuell Dargestellten?

> → Was will das Bild mir sagen?
> → Wie wirkt es auf mich? (Sprechaktanalyse)
> → Welche Wertungen verbinde ich mit den einzelnen Bilddetails? (Konnotationsanalyse)
> → Wie haben sich meine anfänglichen Gefühle, Ideen, Assoziationen im Laufe der Interpretation verändert?
> → Was ist mir besonders klar und bewusst geworden?
> (Metareflexion)

Diese vorgeschlagene Schrittfolge ist zu variieren je nach Bildtyp (z. B. Kunst-Bild, Karikatur, Comic, Foto oder Visiotyp) bzw. Unterrichtsphase (z. B. Auftakt, Problematisierung oder Ergebnissicherung). Bei der Interpretation einer Karikatur als Auftakt, wo es nur um wenige Sachverhalte geht, die zur Problematisierung hinführen sollen, werden viele der oben skizzierten Schritte wegfallen bzw. in gekürzter Form Anwendung finden.

Elemente einer Bilddidaktik im Ethikunterricht

Abschließend sollen zentrale Aspekte eines didaktisch reflektierten Umgangs mit Bildern im Ethikunterricht zusammengefasst werden:

→ Bilder sind in gewissem Sinne identitätsbildend. Sie transportieren Erfahrungen, Wissen, Urteile und Entscheidungen. In ihnen sind individuelle, wie kollektive Erinnerungen kodiert und insofern auch abrufbar.

→ Bilder konstituieren unsere Lebenswelt. Sie sind zunächst ein effizientes Darstellungs- und Lernmedium. Darüber hinaus bestimmen sie ganz zentral unsere Lebenswirklichkeit. Der von William J. Mitchell geprägte Begriff des „pictorial turn" soll diesen kulturellen Aspekt verdeutlichen. Visiotypen, Pictogramme oder eine Vielzahl von Animationen signalisieren den allgemeinen Bedeutungszuwachs des Bildhaften, das immer mehr zum Selbstzweck geworden ist.

→ Die moderne Bilderflut führt zu einem verwirrenden Überangebot an Bildern. Um unter diesen Umständen die Aufmerksamkeit der Rezipienten zu bekommen, sehen sich die Bildproduzenten gezwungen, zu immer raffinierteren Methoden zu greifen. Dies bedeutet, dass bei der Bildwahrnehmung und Bilddeutung ein erhöhtes Maß an Sensibilität und Reflexion erforderlich ist.

→ Bilder können auf besonders prägnante Weise kulturelle Unterschiede zum Ausdruck bringen und somit erfahrbar machen. Sie können daher auch in pointierter Form provozieren und eventuell Gewaltpotentiale freisetzen (vgl. Mohammed-Karikaturen).

→ Bilder sollten im Ethikunterricht grundsätzlich unter einem ideologiekritischen Aspekt behandelt werden. Bilder eignen sich besonders gut als Träger ideologischer Wertungen und Programme. Mit der Entwicklung der digitalen Bilder und der entsprechenden technischen Möglichkeiten der Bildbearbeitung sind die Manipulationspotentiale enorm gestiegen. Daher wird es immer schwieriger, aber auch wichtiger, hinter den vielschichtigen Bildfassaden die mehr oder minder subtilen Normierungen wahrzunehmen und zu analysieren.

Als die Bilder das Laufen lernten … Filme im Ethikunterricht

Drei Thesen zum didaktischen Umgang mit Filmen:

a) Filme haben aufgrund ihrer multimedialen Dichte und Unmittelbarkeit eine besondere Suggestivkraft.
b) Sie liefern darüber hinaus ein breites Spektrum von Identifikationsangeboten.
c) Sie fordern – direkt oder indirekt – dazu auf, sich zu den dargestellten Handlungen, Entscheidungen, Charakteren, Werthaltungen und allgemeinen gesellschaftlichen Problemen normativ zu positionieren.

Filme sind ein ideales Medium für den Ethikunterricht, filmisch inszenierte Werthaltungen wahrzunehmen, zu analysieren und dazu Stellung zu beziehen. Durch eine didaktisch reflektierte Analyse von Filmen lassen sich folgende Kompetenzen induzieren bzw. steigern:

→ *Wahrnehmungskompetenz*:
Die Schüler nehmen moralische Sachverhalte und Probleme in den filmisch präsentierten Sequenzen wahr.

→ *Analytische Kompetenz*:
Die Schüler können Struktur, Intention und Wirkung des Films anhand der eingesetzten filmischen Mittel untersuchen und erklären.

→ *Argumentationskompetenz*:
Die Schüler erkennen die moralisch relevanten Konflikte, Dilemmata und können sie mit einer adäquaten Begrifflichkeit differenziert beurteilen.

→ *Empathiekompetenz*:
Die Schüler nehmen die unterschiedlichen Perspektiven der Akteure und Protagonisten ein. Sie können sich in deren Lebenssituation einfühlen und sie so gewissermaßen verstehen.

→ *Interkulturelle Kompetenz:*
Die Schüler erkennen und schätzen zeit-und kulturspezifische Wertungen.

→ *Handlungskompetenz:*
Die Schüler reflektieren kritisch Möglichkeiten einer Identifikation mit dargestellten Charakteren und deren Verhalten. Sie sind auch in der Lage, alternative Verhaltensweisen im Umgang mit Konflikten zu entwickeln.

→ *Orientierungskompetenz:*
Die Schüler können sich kritisch zu den filmisch dargestellten Charakteren und Werthaltungen moralisch positionieren.

Ganz praktisch: Was es zu bedenken gibt beim Einsatz von Filmen

Problembezug:
Welches ethisch-philosophische Problem fokussiert der Film?

Altersangemessenheit:
Passt er Film und seine Fragestellungen in die Lebenswelt der Schüler?

Didaktische Verortung:
Welche didaktische Funktion soll der Film haben:
(a) soll er als problem-induzierender Impuls (Aufreißer) am Anfang der Unterrichtseinheit stehen?
(b) soll er primär als Informationsinput in der Mitte der Unterrichtseinheit stehen?
(c) soll er als Vertiefung und weiterführende Problematisierung am Ende der Unterrichtseinheit stehen?

Die Details:
- Welche Szene eignet sich besonders gut für eine entsprechende Analyse?
- Wie oft muss die Szene gezeigt werden?
- Müssen zum adäquaten Verständnis der Szene andere Teile der Handlung bekannt sein?
- In welchem Verhältnis steht der mediale Aufwand zum anvisierten Ergebnis?
- Kann bzw. sollte der Film in ganzer Länge gezeigt werden?

Fragebogen zur Vorbereitung eines Unterrichtsgesprächs

Der Film als Ganzes:	__ Der Film behandelt ein zentrales Problem. __ Es werden Lösungen aufgezeigt. __ Der Film ist nahe an der Wirklichkeit. __ Es ist ein guter Unterhaltungsfilm.
Kognitiver Aspekte:	__ Ich habe durch den Film Wissen vermittelt bekommen. __ Durch den Film sind mir wichtige Zusammenhänge klarer geworden. __ Der Film hat mich zum Nachdenken gebracht.
Emotionale Aspekte:	__ Ich bin durch den Film emotional stark berührt worden. __ Der Film hat mich deprimiert. __ Der Film hat mir Mut gemacht. __ Ich fand den Film einfach lustig.
Affektive Aspekte:	__ Ich habe durch den Film meine Einstellung zu den dargestellten Problemen verändert. __ Es ist sehr wahrscheinlich, dass ich mich ganz ähnlich verhalten würde wie einer der Akteure.
Persönliches Urteil:	__ Ganz und gar nicht gefallen hat mir: __ Ganz besonders gefallen hat mir:

Zu den wirkungsvollsten Ausdrucksmitteln einer filmischen Darstellung gehört die Kamera mit ihren Perspektiven und Bewegungen. Die Art, in der mit einer Kamera ein Stück Wirklichkeit eingefangen und transportiert wird, ist weit mehr als nur ein technisches Problem. Hinter den Kameraperspektiven und Kamerabewegungen steht ein Regisseur mit seinen Intentionen, Wertungen und Entscheidungen. Um dessen Aussage im Rahmen einer Filmanalyse adäquat deuten zu können, bedarf es also eines besonderen Augenmerks auf den Umgang mit der Kamera.

Kameraperspektiven und Kamerabewegungen – Eine kurze Übersicht

Normalansicht	Gegenstände oder Personen sind auf Augenhöhe des Zuschauers.
Vogelperspektive	Die Kamera filmt von schräg oben; es wird eine Draufsicht geboten.

Froschperspektive	Die Kamera filmt von schräg unten; Gegenstände und Personen werden von unten eingefangen.
Stand	Die Kamera steht fest und behält eine bestimmte Perspektive bei.
Schwenk	Die Kamera schwenkt nach links oder rechts, folgt so der Kopfbewegung eines Betrachters; das Stativ bewegt sich nicht.
Reiß-Schwenk	Rasantes Schwenken der Kamera. Bilder werden in der Regel unscharf, sie „verwischen".
Neigung	Die Kamera bewegt sich senkrecht nach oben bzw. unten. Das Stativ bleibt unverändert.
Fahrt	Die Kamera bewegt sich, z.B. auf einer Schiene.

Zu ergänzen wären an dieser Stelle noch die unterschiedlichen Größeneinstellungen der Kamera mit den Unterscheidungen „Total / Halbtotal / Halbnah / Nah". Die Kamera wechselt von einem Panoramabild zu einer Detailaufnahme. Der Wirklichkeitsausschnitt verändert sich, wird immer kleiner, konkreter und detaillierter. Dies geschieht wiederum nicht willkürlich. Es kann letztlich auch als das filmische Zeichen einer normativen Sicht auf Dinge (Welt) und Menschen des Filmemachers gedeutet werden.

Medienethik[14]

Zur reflexiven Lebensgestaltung Jugendlicher heute gehört vor allem ein bewusster Umgang mit den Medien, vor allem Fernsehen, Computer bzw. Internet. Primär geht es darum, den Jugendlichen für die Voraussetzungen und besonders die Folgen der Nutzung von Medien zu sensibilisieren. Welches sind die internen Strukturen der in Anspruch genommenen Medien, wie funktionieren sie? Was geschieht im Umgang mit ihnen? Wie prägen sie oder beeinflussen sie Wahrnehmung, Denken, Empfinden oder Verhaltensmuster ihrer Benutzer? Welche Vorstellungen der externen Realität – vor allem der Raum-Zeit-Kategorien – werden suggeriert? Und welche Normen sozialen Verhaltens werden direkt oder indirekt vermittelt?

Medienethik ist also in erster Linie eine deskriptive Form der Ethik. Sie versucht, das Verhalten der Menschen unter medialen Bedingungen zu erhellen, den Akteuren – Produzenten und Konsumenten – bewusst zu machen. Sie ist so weniger normenbegründend als vielmehr in Richtung Verantwortlichkeit sensibilisierend. Dazu gehört auch, den Heranwachsenden dazu zu motivieren, eigenverantwortlich seinen Umgang mit Medien zu gestalten. Hierin wäre ihr pädagogisch-emanzipatorischer Charakter zu sehen. Sie reflektiert, kritisiert und evaluiert gewisse moralische Verhaltensweisen auf individueller wie kollektiver Ebene.

Das Realitätsproblem: Das Medium ist prinzipiell kein neutraler Vermittler, also keine Brille, kein Mikroskop oder Teleskop, sondern etwas, das selbst Wirklichkeit schafft. Die Qualifizierung dieser „Wirklichkeit" ist ein Schlüsselproblem medienethischer Bemühungen. Entspricht die Ordnung der Dinge der medialen Ordnung? Oder genauer: Wie viele mediale Elemente weist die nichtmediale Wirklichkeit auf und wie viele nichtmediale Elemente die mediale Wirklichkeit? Realität – so der mannigfaltige Schein – ist ein Manipulationsprodukt geworden, das beliebig konstruiert und dekonstruiert werden kann. Diesen Prozessen muss philosophische Reflexion nachgehen und ein Bewusstsein dafür schaffen. Hierbei gilt es, ganz konkret am erfahrenen und erlebten Umgang der SchülerInnen mit den Medien anzusetzen, um von da aus weiterfragen zu können.

Das Kommunikationsproblem: Ein damit eng verknüpftes zweites Schlüsselproblem dreht sich um die neue, medial vermittelte Qualität von Kommunikation: Vom face to face zum interface. Obwohl das Internet die Vision eines zugleich universalen und dezentralen, d. h. selbstbestimmten Mediums zu verwirklichen scheint, ist die Frage nach Chancen und Grenzen eines ethischen Dialogs in und über dieses Medium noch offen.

Im Netz scheinen sich die äußeren Bedingungen für Argumentationen zu verbessern. Wir tauchen in virtuellen Räumen nur noch als schemenhafter *stand-in-body* auf und müssen nicht mehr länger körperlich präsent sein, wenn wir argumentieren. Kein Schweiß mehr auf der Stirn, wenn die Argumente ausgehen; keine herrische Geste mehr, um mit einem Argument aufzutrumpfen; kein Vibrieren der Stimme mehr, wenn man empört ist; kein Lispeln und kein Stottern mehr; kein Indiz mehr, das einen sozialen Status und damit ein Interesse verrät; kein Stirnrunzeln, Lächeln oder Augenzwinkern und keine verstohlenen Zeichen von Langeweile und Missbilligung mehr. Wir tauchen auf den virtuellen Foren gleichsam nur als eine abstrakte Körperprothese oder als *persona* im ursprünglichen Wortsinne (lat. *personare:* hindurchtönen) auf. Auch die räumlichen Zwänge lassen sich im Cyberspace aufheben. Von allen Punkten dieser Welt aus kann man zur Versammlung hinzukommen, sich „einschalten". Einschränkungen durch Raum und Zeit sind ausgeschaltet, die Merkmale der Personen neutralisiert. Das Medium erlaubt, den gesamten Verlauf der Diskussion zu protokollieren.

Etwas schematisch lassen sich die Chancen und Risiken der Internet-Kommunikation wie folgt veranschaulichen.

PRO	CONTRA
Erweiterung von Erfahrung	*Wirklichkeitsverlust*
Wissenserweiterung	Beliebigkeit / Trivialisierung
Erlebnissteigerung	Sucht

Kommunikationszunahme	*Anonymisierung*
Mitsprachemöglichkeiten	Kontaktarmut
Kooperation	Reizüberflutung
Persönlichkeit	*Manipulation*
Kreativitätsentfaltung	Überwachung
Unabhängigkeit	Demagogie

Es zeigt sich hier ganz deutlich: Der Umgang mit den neuen Medien ist grundsätzlich ambivalent. Ob sich die großen Erwartungen oder Befürchtungen einstellen, ist derzeit noch ziemlich offen. Noch sind wir es als Nutzer dieser Systeme, die diese Ambivalenzen selbst nach der einen oder anderen Seite auflösen können. Dazu bedarf es eben ethischer Reflexion, die eigenes Tun und Verhalten sensibel wahrnimmt und sorgfältig evaluiert, je nach den plausiblen Kriterien einer gelungenen, sinnvollen Lebensgestaltung. Die möglichen Entwicklungen hinsichtlich Gemeinschaftsbildung, Kommunikation und Demokratie sind jedoch niemals quasi schicksalhaft im Medium Internet angelegt. Sie sind etwas, das von den Nutzern verantwortet werden muss – eine Verantwortung, die grundsätzlich nicht auf das technische Medium abgeschoben werden darf.

Das Verantwortungsproblem: Ist eine Gesellschaft medial erschlossen und strukturiert, führt kein Weg sowohl der gesellschaftlichen Gestaltung wie der individuellen Selbstfindung mehr an diesen Medien vorbei. Die Verortung des Verantwortungsproblems ist dabei nicht ganz einfach. Für den medial geprägten, mehrfach vernetzten Menschen unserer Tage scheint seine Verantwortung teilbar zu sein. Er lebt zerstreut und flüchtig, als ein „Divisum", das schwer zu fixieren und für sein Tun zur Verantwortung zu ziehen ist. Wo Zwischenschaltungen gelegt sind, ist direkte Zuordnung von Verantwortung nicht mehr leicht möglich. Hinzu kommt, dass angesichts des unsicheren Realitätsgehalts der Nutzer nicht so recht weiß, wie und warum er auf die vermittelten Geschehnisse reagieren soll. Wenn Realitätsebenen sich nicht mehr streng scheiden lassen, wenn es eine wachsende Gleichordnung und Vermischung von Realität, Simulation und Fiktion gibt, dann verliert auch das konkrete Handeln seinen notwendigen Orientierungsrahmen. Demgegenüber kann eine das individuelle wie allgemein gesellschaftliche Umfeld abdeckende Reflexion durchaus unverzichtbare Träger und Kontexte der Verantwortung ausfindig machen:

(1) die *Medienschaffenden,*
(2) die *Besitzer und Betreiber von Massenmedien,*
(3) die *Mediennutzer, z. B. Jugendliche*: kritische Beobachtung des eigenen Mediengebrauchs; Verantwortung für eigene Freizeit und Lebensgestaltung,
(4) die *freiwillige Selbstkontrolle der Medien,*

(5) die *medienkritische Öffentlichkeit* und
(6) die *institutionelle Kontrolle und Gestaltung* (Rundfunkräte, Parlamente, Gerichte).

Medienethik und Medienkompetenz

Computer und das Internet gehören zu unserem Alltag. Eine kritische Reflexion dieser schon für selbstverständlich gehaltenen Medien scheint dringend notwendig. Nicht selten wird sogar für die Erziehung zur Medienmündigkeit der Ruf nach einem eigenen, interdisziplinär angelegten Schulfach laut. Neben dem Deutsch-, Politik- oder Geschichtsunterricht bietet sich vor allem der Ethik- und Philosophieunterricht an. Der Argumentationsraum einer Medienethik ähnelt jenem der Technikethik. Eine ethische Reflexion technischen Handelns setzt allgemein an zwei Stellen an:
a) einmal an den Zwecken, es wird gefragt: Sind die anvisierten Ziel ethisch legitim; wie lassen sie sich ethisch rechtfertigen? → Zielreflexion.
b) Zum anderen: Sind die eingesetzten Instrumente und Techniken zweckmäßig? Welches sind die Folgen der eingesetzten Mittel? Werden sie von den vorausgesetzten Zwecken abgedeckt, insofern legitimiert, oder verselbständigen sie sich und sind dann ethisch nur sehr schwer zu rechtfertigen? → Mittelreflexion.

Dem Ethikunterricht geht es ganz zentral um eine Erziehung zu praktischer Urteilskraft. Diese findet in der Medienethik ein ideales Betätigungsfeld und kann hier eingeübt werden. Inhaltlich geht es ganz wesentlich um eine altersgerechte Analyse des Mediengebrauchs in der digitalen Welt. Im Vordergrund steht hier eine auf bestimmte Kriterien gestützte Einschätzung der Quellen, deren Verlässlichkeit und Objektivität. Selbstreflexiv denken die Schülerinnen und Schüler über ihren je eigenen Umgang mit den digitalen Medien nach. Eng damit verbunden ist das Problem der Anonymität und der Sicherung der Privatsphäre. Weiter geht es hier auch um eine Untersuchung der Wirkungsweise der eigenen Postings. Darüber hinaus kann raffiniert verpackte Werbung und Propaganda erkannt und demaskiert werden.

Ein nächstes medienethisches Lernziel ist wohl die Erkenntnis, dass es genauer besehen wohl keine bloß konsumierende Haltung im Internet gibt. Wer einen Blog oder Tweet ins Netz stellt, betritt gewissermaßen die globale Internetöffentlichkeit – auch ein reichlich neues Phänomen.

Selbst das Liken, Weiterleiten oder bloße Zuschauen ist viel mehr als passives Danebenstehen. Suchmaschinen ranken eine Meldung nach der Zahl der User, dabei spielt es keine Rolle, ob sie falsch oder richtig ist.

Zu einer ganz essenziellen Einsicht kann die Medienethik verhelfen. Es geht ihr grundsätzlich weniger um instrumentelle Fertigkeiten, also die praktische Nutzung dieses Mediums im oder außerhalb des Unterrichts. Vielmehr muss auch die ethisch-normative Seite berücksichtigt werden. Es geht ganz zentral um die Frage, wie der Umgang mit der Digitalisierung unser Leben und unser Zusammenleben verändert und wie wir diese Veränderungen bewerten. Letztlich geht es also auch um die Frage, wie wir leben wollen. d. h. an welchen Werten wir uns in der Suche nach einem „guten" Leben orientieren wollen. Das Wissen um Normen und Werte, die Fähigkeit zu einer grundsätzlichen Debatte über Technikfolgen macht eine Gesellschaft argumentier- und urteilsfähig. Ethik ist kein schöngeistiges Orchideenfach – das hat sich noch nicht überall herumgesprochen –, sondern die zentrale Errungenschaft einer Gesellschaft, der es um ein humanes Miteinander geht.

Für einen Unterricht in einem zukünftigen Fach Medienethik, in dem es ganz zentral um eine Vermittlung und den Erwerb von Medienkompetenz geht, könnten folgende **10 Gebote**[15] zielführend sein.
1.) Sei dir stets bewusst: Du bist das Internet. Du bist verantwortlich für all das, was du im Netz schreibst oder postest.
2.) Je gründlicher du dich informierst, desto größer ist dein Gewicht beim Diskutieren.
3.) Beachte: Zu jeder Meinung gibt es Gegenmeinungen.
4.) Prüfe sorgfältig die Quellen, aus denen du schöpfst.
5.) Untersuche als Fakten ausgegebene Aussagen auf ihren Wahrheitsgehalt.
6.) Übernimm keine Nachricht oder Information, deren Quellen du nicht trauen kannst.
7.) Falls du auf Fake-News hereingefallen bist, informiere die Empfänger darüber.
8.) Vermeide auch im Netz haltlose Übertreibungen. Argumentiere sachlich.
9.) Wenn du eine Meinung im Netz äußerst, solltest du dich zeigen und sie als deine persönliche bezeugen.
10.) Lies deine Posts oder Tweets, bevor du sie losschickst, gründlich durch und nimm dir dazu die nötige Zeit.

Allgemeine didaktische Elementarisierung des Begriffs „Medienkompetenz" im Ethik- und Philosophieunterricht:
- Wahrnehmungsschulung: Der Unterricht verhilft den Schülerinnen und Schülern, mediale Vorgänge, Prozesse und Protagonisten wahrzunehmen.
- Identifikationsschulung: In bestimmten Situationen, Ereignissen oder Handlungen können die Schüler genuin ethische Fragestellungen und Probleme identifizieren.
- Argumentationsschulung: Sie können weiterhin unterschiedliche Argumente in einer ethischen Debatte erkennen, sie miteinander vergleichen und gewichten. Sie können in ethischen Problemen steckende Werte und Normen logisch korrekt und konsistent begründen.
- Sie sind in der Lage, den eigenen Umgang mit digitalen Medien zu beschreiben und zu bewerten.

– Sie können den Einfluss von Medien auf den Bezug der Menschen zur Wirklichkeit untersuchen und sich damit kritisch auseinandersetzen.
– Sie beschreiben und beurteilen gängige Erklärungsmuster zu den Auswirkungen von Gewaltdarstellung in den digitalen Medien.
– Sie analysieren und beurteilen die Macht der Bilder.
– Sie erläutern und beurteilen die Grenzen der Meinungsfreiheit.
– Sie entwickeln Strategien, mit denen sie die eigene Mediennutzung kontrollieren können.
– Sie entwickeln einen Leitfaden, anhand dessen sie Falschmeldungen („Fake News") erkennen können.[16]

Ein didaktischer Problemaspekt soll an dieser Stelle besonders hervorgehoben werden. Ein analytisch verfahrender kritischer Umgang mit Quellen im Internet sollte stets die vier Ws beachten:
WER: Wer spricht hier, eine Privatperson oder eine Institution? Welche Interessen sind im Spiel? Wie kompetent und informiert ist sie?
sagt WAS: Ist das Gesagte wahr und hinreichend gut begründet? Werden unterschiedliche Meinungen und Standpunkte berücksichtigt?
WARUM: Was ist wohl die Intention des Schreibers? Will er/sie informieren, überzeugen oder bloß überreden und Propaganda machen?
mit welcher WIRKUNG: Wo sind eklatante Informationslücken? Wie lassen sie sich füllen, mit welchen weiteren Informationen?

Drei Beispiele probleminduzierender und selbstgesteuerter Aufgabenstellungen für die Sekundärstufe I. Sie aktivieren in besonderem Maße die Schülerinnen und Schüler zu selbständigem Lernen:

A) Ein nicht so leicht zu lösendes Problem für die Schülerinnen und Schüler besteht darin, anhand von bestimmten Kriterien die Zuverlässigkeit von in den Medien transportiertem Wissen zu beurteilen – das Problem der Falschmeldungen, der „Fake News" also".
  – Sammle Indizien dafür, dass eine Information seriös und glaubwürdig ist.
  – Formuliere Fragen, mit denen du überprüfen kannst, ob eine Information glaubwürdig ist oder nicht.
  – Recherchiere im Internet, welche Möglichkeiten es gibt, Informationen zu überprüfen, z. B. Apps.
  – Stelle deine Ergebnisse als Leitfaden zusammen. Du kannst ihn als Plakat, Broschüre oder Comic gestalten.
  – Stellt euch wechselseitig eure Leitfäden vor und beziht kritisch Stellung. Welche findet ihr gut? Welche weniger gut und warum?
  – Wendet eure Leitfäden auf Meldungen an, die ihr im Internet, z. B. in sozialen Netzwerken, findet.
  – Tauscht eure Erfahrungen aus und diskutiert darüber.

B) Eine weitere Möglichkeit, das kritische Unterscheidungsvermögen der Schülerinnen und Schüler zu schärfen, besteht in einer Analyse von medial vermittelten Bildern. Die Macht der Bilder hat eine kaum zu überschätzende Suggestivkraft, der man allzuleicht erliegt.
- Gestalte eine Fotoreihe zum Thema „Bilder, die lügen". Suche dir zunächst ein passendes Thema aus, das sich gut für eine Fotoreihe eignet, z. B. „Ich in meinem Alltag".
- Spiele mit möglichst vielen Kameraeinstellungen und Perspektiven. Finde zu jedem Foto einen Titel.
- Du kannst deine Fotos noch weiter bearbeiten, z. B. indem du Filter verwendest. Untersuche nun, wie sich durch solche Veränderungen der Kamera die Aussagen der jeweiligen Fotos verändern.
- Formuliere Bildunterschriften und untersuche, ob du zu einem Foto möglichst unterschiedliche Aussagen machen kannst.
- Stelle die Fotos zu einer kleinen Ausstellung zusammen. Suche dir einen passenden Titel für die Fotoreihe aus, z. B. „Bilder, die lügen".
- Betrachtet eure Fotoreihen und sprecht über die Wirkung der Bilder und wie sie erzielt wurde.

C) Die Kompetenz, selbstkritisch über eigenes Tun und Lassen zu reflektieren, kann anhand eines medialen Handlungskontextes geschärft werden. Die Schülerinnen und Schüler denken über ihren persönlichen Umgang mit Daten („Big Data") nach. Sie stellen ihre eigene digitale Fußspur dar.
- Überlege, wozu du das Internet nutzt. Du kannst dazu eine Mindmap erstellen.
- Notiere, ob und wann du an einem für dich normalen Tag das Internet nutzt.
- Überlege, welche Daten du dabei preisgibst und wer wohl Interesse an deinen Daten haben könnte.
- Stelle für einen Tag deine digitale Fußspur dar. Du kannst z. B. dazu ein Plakat „Mein Tag in Daten" anfertigen.
- Überlege, was für Probleme dir durch eine Weitergabe deiner Daten entstehen könnten. Recherchiere dazu auch im Internet.
- Stellt euch eure Ergebnisse vor und tauscht euch darüber aus.
- Schreibe dein persönliches Fazit auf: Was ist dir durch diese Aufgabe bewusster geworden? Worauf willst du in Zukunft mehr achten?

Zusammengefasst kann man sagen, dass die Medienkompetenz viel weniger ein Wissensproblem impliziert, sondern viel elementarer eine Grundhaltung (attitude building) anvisiert. Die Schülerinnen und Schüler sollten in ihrer Nutzung digitaler Medien stets eine gewisse Grundskepsis an den Tag legen. Das heißt nicht, dass sie die Vorteile dieser Medien nicht sehen und nutzen sollen. Sie sollen jedoch eine konstruktiv-kritische Haltung entwickeln und neben den unbestreitbaren Vorteilen auch die Risiken und Gefahren sehen.

Der Ethik- und Philosophieunterricht kann sich in besonderer Weise den Herausforderungen, die die digitalen Medien mit sich bringen, stellen. Kaum ein anderes Fach verfügt über ein so breites Spektrum fachspezifischer Methoden, mit denen diese neuen Phänomene beschrieben, analysiert, interpretiert und vor allem rational kritisiert werden, wie ein didaktisch reflektierter Philosophie- und Ethikunterricht. Er ist in der Lage, gemeinsam mit anderen Fächern zu einem kompetenten Umgang mit den digitalen Medien zu verhelfen.

Dem kantischen Programm des „Ausgangs aus der selbstverschuldeten Unmündigkeit" verpflichtet geht es vor allem darum, „… sich gegen eine mediale Benutzeroberfläche durchzusetzen, die so dicht gewoben ist wie nie zuvor, – was bedeutet, dass es noch nie so leicht war, sich mit Wissen zu versorgen, und noch nie so schwer, sich in der scheinbaren Unterschiedslosigkeit unendlich verfügbarer Informationen zurechtzufinden. Aufklärung bedeutet heute: Gewinnung von Unterscheidungsvermögen."[17]

Häufig meinen wir, auf ein reales Ereignis zu reagieren, es als solches wahrzunehmen. Genauer betrachtet handelt es sich dabei beinahe regelmäßig um ein mediales Konstrukt. Der Unterricht kann hier aufzeigen, dass dieses Ereignis verschiedene Filter passieren muss, ehe es in der Öffentlichkeit auftritt. Auf dieses Bewusstsein und Differenzierungsvermögen kommt es an, nämlich dass wir kein reales Ereignis vor uns haben, sondern ein möglicherweise vielfach bearbeitetes, selektiertes und somit manipuliertes.

Anmerkungen

[1] Vgl. William J. Mitchell, Picture Theory, Chicago 1994, S. 12ff. Eine ausführliche und praxisnahe Darstellung des didaktischen Einsatzes von Bildern im Philosophie- und Ethikunterricht bringt Juliette Gloor, Bilder und Filme, in: Jonas Pfister / Peter Zimmermann (Hg.), Neues Handbuch des Philosophieunterrichts, Bern 2016, S. 331–352. – Vgl. ebenso Jörg Peters, Bilder und Comics, in: Julian Nida-Rümelin u. a. (Hg.) Handbuch Philosophie Ethik, Band 1: Didaktik und Methodik, Paderborn 2015, S. 277–294.

[2] Susan Sontag, Die Anleitung, den Ausgang aus der Hölle zu finden; in: SZ vom 24.11.2001. – Vgl. allgemein zu diesem Kapitel: Reinhard Brandt, Philosophie in Bildern, Köln 2000. – Gernot Böhme, Theorie des Bildes, München 1999. – Uwe Pörksen, Weltmarkt der Bilder. Eine Philosophie der Visiotype, Stuttgart 1997. – Bilder im Unterricht. Stellungnahmen von Stefan Maeger, Volker Pfeifer und Bernd Rolf; in: Information Philosophie, 12/2006, S. 100–106. – Eva Schürmann, Sehen als Praxis. Ethisch-ästhetische Studien zum Verhältnis von Sicht und Einsicht, Frankfurt 2008.

[3] Vilem Flusser, Medienkultur, Frankfurt 1998, S. 73.

[4] Ebd., S. 75.

[5] Gernot Böhme, 1999, S. 133.

[6] Vgl. dazu grundsätzlich: Wolfgang Nöth, Handbuch der Semiotik, Stuttgart 2000. – Ebenso: Umberto Eco, Einführung in die Semiotik, München 2002, bes. S. 250ff. 267ff. – Ein eindrucksvolles Beispiel dafür, dass ein „Denkbild" hinter dem Gedachten zurückbleibt und droht, es nur verkürzt darzustellen, liefert Sigmund Freud mit seiner Zeichnung vom Ich, Über-Ich und Es, vgl. Sigmund Freud, Werke, Studienausgabe, Bd. 1, Frankfurt 1969, S. 515.

[7] Philip G. Zimbardo, Psychologie, Stuttgart 1992, S. 281.

Anmerkungen

8   Vgl. das Kapitel „Arbeit am Logos"; S. 141. – Allgemein zu Austins Sprechakttheorie: Eike von Savigny, Die Philosophie der normalen Sprache, Frankfurt 1993, bes. S. 123ff.
9   Zahlreiche weitere Beispiele finden sich z. B. in „Projekt Leben. Ethik für die Oberstufe", Stuttgart 2008. – Für die Sekundarstufe I bringt Gabriele Münnix, Menschlich? Philosophie für Einsteiger, Leipzig 1997, ebenso viele gelungene Beispiele. – Vgl. auch: Brigitte Wiesen, Bilder zeigen den ganzen Menschen; in: Barbara Brüning / Ekkehard Martens (Hg.), Anschauliches Philosophieren, Weinheim 2007, S. 90–109.
10 Uwe Pörksen, 1997, S. 28. – Vgl. auch: Michael Diers, Schlagbilder, Hamburg 1997.
11 Vilem Flusser, 1997, S. 85.
12 Ludwik Fleck, Entstehung und Entwicklung einer wissenschaftlichen Tatsache, Frankfurt 1980, S. 146; zit. nach Pörksen, a. a. O., S. 110.
13 Vgl. exemplarisch das Titelbild des SPIEGEL vom 9.9.1991.
14 Vgl. dazu grundsätzlich: Klaus Wiegerling, Medienethik, Stuttgart 1998. – Larissa Krainer, Medien und Ethik, Klagenfurt 2001. – Rafael Capurro, Medien (R-)Evolutionen. Platon, Kant und der Cyberspace, 2000: http://www.capurro.de/leipzig.htm. – Bernhard Debartin, Ethik und Internet, Überlegungen zur normativen Problematik von hochvernetzter Computerkommunikation, 1998: http://www.uni-leipzig.de/debatin/German/Netzethik.htm. – Mike Sandbothe, Pragmatische Medienphilosophie, Göttingen 2001. – Konrad Ott / Johannes Busse. Ethik in der Informatik, Tübingen 1999.
15 Vgl. dazu Martin Spiewak, Nachhilfe in Skepsis, in: DIE ZEIT, Nr. 10/2018, S. 35.
16 Vgl. dazu den Bildungsplan Baden-Württemberg, Juli 2016, Ethik, S. 7ff.
17 Harald Welzer, Selbstdenken, Frankfurt 2013, S 16.

X. Lehr- und Lernprozesse im Ethikunterricht

> *„Die Kindheit der Kinder gehört den Erwachsenen. Erwachsene Hände drücken die Kinder zurecht, unabweisbare Hände, Tast- und Tätschelpfoten fremder Leute, Kleideranzieh- und Kleiderausziehhände, Ohrfeigenhände und streichelnde Fingerspitzen. Gichtige, krumme Hände der Großmütter und fade, weiche, weiße Tantenhände ... Es gab die harten und feuchten, mühsam gepflegten Hände des Dienstmädchens und die zu allem berechtigten Hände der Eltern ... Aus den Händen der Erwachsenen kam das Bonbon, das Taschengeld und die schlecht gemeinte Dressur. Kindheit – Widerwillen gegen erwachsene Hände, Protest gegen jede Hand, die nicht kinderleicht war, gegen alles, was Hand war und sich nicht abschütteln ließ.“*[1]

Der Prozess moralischen Lernens aus kognitiv-konstruktiver Sicht (Lawrence Kohlberg)

Der Aristotelische „bag-of-virtues-approach" mit einer prägnanten Tugendlehre und von substantieller Sittlichkeit geprägten Lebensformen steht mit am Anfang einer langen Reihe von sehr unterschiedlich strukturierten Konzepten der Moralerziehung. Im Gegensatz dazu versuchte Lawrence Kohlberg (1927–1987), den Prozess der Werterziehung unter einem entwicklungspsychologischen Blickwinkel zu begreifen und darzustellen. Unter dem Einfluss von Autoren wie Kant, Rawls, Dewey und vor allem Piaget konzentrierte er sich auf eine Untersuchung der Ontogenese des Gerechtigkeitsurteils als des Zentrums von Moralität.

Kohlberg geht bei seiner Beschreibung der Entwicklung moralischer Urteilsfähigkeit von einem Stufenkonzept aus. Die moralische Entwicklung verläuft in Stufen und zeigt so eine grundlegend strukturelle Komponente.

Kohlberg gewann seine Kenntnisse über die Eigenschaften der Stufen moralischer Urteilsfähigkeit aus Interviews, die er mit Versuchspersonen führte, denen verschiedene moralische Dilemmata vorgelegt wurden. Eines der bekanntesten ist das so genannte Heinz-Dilemma:

> „Irgendwo in Europa stand ein krebskranke Frau kurz vor dem Tode. Es gab ein Medikament, das sie hätte retten können, eine Radiumverbindung, die ein Apotheker in jener Stadt vor kurzem entdeckt hatte. Der Apotheker verlangte dafür 2000 Dollar, das Zehnfache dessen, was ihn die Herstellung des Medikaments kostete. Der Mann der kranken Frau, Heinz, bat alle seine Bekannten, ihm Geld zu borgen, aber er konnte nur etwa die Hälfte des Preises zusammenbringen. Er sagte dem Apotheker, daß seine Frau im Sterben liege, und bat ihn, ihm das Medikament billiger zu verkaufen oder ihn später bezahlen zu lassen. Aber der Apotheker sagte ‚Nein'. In seiner Verzweiflung brach der Ehemann in die Apotheke ein und stahl das Medikament für seine Frau."[2]

Die Versuchspersonen sollten sich zu der Frage äußern, ob Heinz hätte einbrechen sollen oder nicht und warum er dies tun sollte oder nicht. Die für die moralischen Stufen charakteristischen Denkmodi kommen in der Begründung der Entscheidung zum Ausdruck.

Kohlberg unterscheidet in der Entwicklung des moralischen Urteils ein präkonventionelles, ein konventionelles und ein postkonventionelles Niveau. Jedes Niveau umfasst zwei Stufen, so dass sich insgesamt sechs Stufen ergeben.

Stufe 1: Gehorsamsorientierung: Das Kind orientiert sich unmittelbar an Strafe und Gehorsam. Moralisch gutes Handeln bedeutet, den Autoritätspersonen Gehorsam zu zollen und ihre Gebote einzuhalten. Die Intentionen anderer werden noch nicht wahrgenommen.

Stufe 2: instrumenteller Hedonismus: Die eigene egozentrische Perspektive wird ein Stück weit überwunden. Den anderen wird auch das Recht zugestanden, Interessen anzumelden und Bedürfnisse einzufordern. So kann es zu einem wechselseitigen „deal" kommen. Man handelt instrumentell zweckorientiert und zeigt sich austauschinteressiert. Man tut etwas für andere in der Erwartung, dass man dabei einen Vorteil hat.

Stufe 3: Gruppenkonformität: Moralisch gutes Handeln auf dieser Stufe besteht vor allem darin, den Erwartungen seiner Umgebung nachzukommen und seine soziale Rolle als Sohn, Bruder, Schwester, Schulfreund oder Mitspieler möglichst gut zu erfüllen. Den Bezugspunkt für diese Form der Moralität bildet daher die umgebende Primärgruppe (Familie) oder die Gruppe der Freunde und Bekannten (peers). Man bemüht sich, „a good boy" bzw. „good girl" zu sein.

Stufe 4: Orientierung an Recht und Ordnung: Der Jugendliche trachtet danach, Gesetze und Konventionen einzuhalten, um so zum Wohl der ganzen Gesellschaft beizutragen. Das System „funktioniert", weil der Einzelne die Nützlichkeit gesamtgesellschaftlicher Regeln erkennt und seinen Verpflichtungen nachkommt.

Stufe 5: Orientierung an sozialen Abmachungen: Auf dieser Stufe wird es möglich, institutionelle Regelungen auf ihren Wert für eine Gemeinschaft zu hinterfragen und sie gegebenenfalls zu ändern. Während auf Stufe 4 Gesetze als grundsätzlich nützlich unterstellt werden, so ist auf dieser Stufe die Überlegung maßgeblich, wie Gesetze aussehen müssten, um von der ganzen menschlichen Gesellschaft akzeptiert werden zu können. Der Standpunkt der Binnenmoral wird überschritten und durch die Idee der Freiheitsrechte aller Menschen ersetzt. Das Recht gründet jetzt auf dem Abschluss von freien

Verträgen. Diese zielen darauf ab, das größtmögliche Wohl für möglichst viele Menschen zu sichern.

Stufe 6: Orientierung an universalen Prinzipien: Moralisches Handeln auf dieser höchsten Stufe besteht darin, in Übereinstimmung mit universalen moralischen Prinzipien wie Gerechtigkeit, Gleichheit und Achtung vor der Würde des Menschen zu sein. Im Anschluss an John Rawls und G. H. Mead führt Kohlberg hier das Konstrukt der idealen Rollenübernahme (ideal role taking) ein. Der auf Stufe 6 Urteilende nimmt die Perspektive einer jeden Person, einschließlich der eigenen, ein und erwägt in vollkommener Unparteilichkeit alle Ansprüche, die man erheben könnte. Moralische Prinzipien auf der 6. Stufe sind nach Kohlberg kategorische Imperative, alle anderen Normen bloß hypothetische.

Es ist klar zu sehen, dass diese Stufen sich in zwei deutlich voneinander zu unterscheidende Teile gliedern: Stufe 1 bis 3 enthalten eine vornehmlich unter einem moralpsychologischen Blickwinkel vorgenommene Beschreibung der Genese der moralischen Urteilsfähigkeit im Kindes- bzw. Jugendalter. Auf den Stufen 4 bis 6 hingegen werden Teile moralphilosophischer Lehren positioniert: Utilitarismus, kantianischer Idealismus bzw. Rawlscher Liberalismus.

Unter einem sozialisationstheoretischen Blickwinkel betrachtet lassen sich charakteristische Merkmale des Stufenmodells von Kohlberg festhalten.

a) Die Entwicklung von 1 nach 6 impliziert einen Prozess der Dezentrierung. Die höheren Stufen erweitern jeweils die konkret-personale Perspektive der niedrigeren zur abstrakt-gesellschaftlichen.
b) Das moralische Subjekt entwickelt sich vom Triebbündel über den Rollenträger zur individuierten, autonomen Person.
c) Die Handlungsregeln werden immer abstrakter. Durchgesetzt werden sie zunächst durch elterliche Gewalt (1), dann durch Gruppengeist (3), autoritären Legalismus (4) und durch rationale Herrschaft (5).
d) Der Geltungsbereich der Regeln wird kontinuierlich erweitert: von konkreten Personen über Bezugsgruppen bis hin zu allen Menschen und dem Leben schlechthin.

Stufe und Sequenz

Das Stufenkonzept ist für Kohlberg der Nukleus seiner kognitiven Moraltheorie. Seine Beschreibung der Entwicklung der moralischen Urteilsfähigkeit ruht im Wesentlichen auf drei strukturgenetischen Hypothesen:

1. Die Stufen des moralischen Urteils bilden eine invariante, unumkehrbare und konsekutive Reihenfolge diskreter Strukturen. Mit dieser Annahme wird ausgeschlossen:

- dass verschiedene Versuchspersonen dasselbe Ziel über verschiedene Entwicklungspfade erreichen;
- dass dieselbe Versuchsperson von einer höheren zu einer niedrigeren Stufe regrediert; und
- dass sie im Laufe ihrer Entwicklung eine Stufe überspringt.

2. Die Stufen des moralischen Urteils bilden eine Hierarchie in dem Sinne, dass die kognitiven Strukturen einer höheren Stufe diejenigen der jeweils niedrigeren Stufen „aufheben", d. h. sowohl ersetzen wie in reorganisierter und ausdifferenzierter Form aufbewahren.

3. Jede Stufe des moralischen Urteils lässt sich als ein strukturiertes Ganzes charakterisieren. Mit dieser Annahme wird ausgeschlossen, dass eine Versuchsperson zu einem gegebenen Zeitpunkt verschiedene moralische Inhalte auf verschiedenen Niveaus beurteilen muss.

Dieser strukturgenetische Ansatz enthält auch Elemente einer konstruktivistischen Lerntheorie. Die kognitive und die moralische Entwicklung findet nach Kohlberg – wiederum auf Annahmen Piagets zurückgreifend – in der Auseinandersetzung des Individuums mit seiner Umwelt statt. Das Fortschreiten auf den Stufen moralischer Urteilsfähigkeit ist an diese Interaktion und die damit verbundenen Erfahrungen geknüpft. Denkstrukturen moralischer Urteilsfähigkeit werden dann in Strukturen der nächsthöheren Stufe aufgelöst, wenn das Individuum in Situationen gerät, in denen bestehende Strukturen zur ‚Bewältigung' oder Verarbeitung nicht mehr ausreichen und einen kognitiven Konflikt evozieren. Ein solcher Konflikt bildet den Ausgangspunkt für Akkomodationsprozesse in den Strukturen moralischer Urteilsfähigkeit. Jeder Entwicklungsschritt ist – im Hinblick auf die Überwindung des Konflikts – auf ein besseres Gleichgewicht zwischen Individuum und Umwelt gerichtet (Äquilibrium). Die entwicklungsstimulierenden Faktoren müssen „einerseits genügend inkongruent sein, um einen Konflikt im bestehenden Stufenschema des Kindes hervorzurufen, und andererseits genügend kongruent, um bei einiger Anpassungsbemühung assimilierbar zu sein"[3]. Unter die genannten Stimuli fallen insbesondere Möglichkeiten zur Rollenübernahme und zum Perspektivenwechsel.

Die anthropologische Grundannahme, die konstruktivistischen Lerntheorien in der Regel zugrunde liegt, fasst Leo Montada prägnant zusammen:

> „Der Mensch selbst wird als Gestalter seiner Entwicklung betrachtet. Er wird als erkennendes und selbstreflektierendes Wesen aufgefasst, das ein Bild von sich und seiner Umwelt hat und beides im Zuge der Auswertung neuer und vorausgehender Erfahrungen modifiziert. Dieser reflexive Mensch reagiert nicht mechanisch auf äußere Reize, seine Entwicklung ist nicht nur biologische Reifung, er handelt ziel- und zukunftsorientiert und gestaltet damit seine eigene Entwicklung mit."[4]

Beim gegenwärtigen wissenschaftlichen Diskussionsstand ist es nicht einfach, den Konstruktivismus klar zu definieren und verschiedene Formen voneinander abzugrenzen. Ein entscheidendes Proprium des Konstruktivismus als Lerntheorie liegt in der Auffassung über den Wissenserwerb. Es gibt im strengen Sinn kein objektives Wissen. Wissen als Prozess und Produkt wird individuell konstruiert. Die Konstruktivisten lehnen im Wesentlichen jegliche Form von Wissensübertragung von einer Lehrperson auf den Schüler als objektivistisch ab. Ihnen geht es darum, wie die Lernenden dieses Wissen für sich verständlich machen, ihm ihren persönlichen Sinn geben. Dazu bedarf es einer Interaktion zwischen dem Lerngegenstand und der lernenden Person, d. h. den Lernenden ist zu helfen, neue Informationen in das eigene Denken einzubauen, ihnen Sinn und Verständnis zu geben, damit sie immer wieder einen neuen (erweiternden) Sinn bekommen (Akkomodation). Deshalb handelt es sich nicht nur um entdeckendes Lernen, sondern es geht um eine neue Interpretation in einem neuen Schema oder in einer veränderten Struktur. Es soll nicht nur erreicht werden, dass die Lernenden etwas repetieren, was schon bekannt ist, sondern dass sie neues Verständnis generieren, demonstrieren und präsentieren können.

Eine strukturelle Weiterentwicklung im Prozess der Moralerziehung Jugendlicher kann aber nur realisiert werden, wenn der Jugendliche selbst erfährt, dass ein bestimmtes Denkmuster nicht mehr greift, d. h. ein konkretes und neues Problem mit den alten Schemata nicht zu lösen ist. Grundsätzlich kann der Schritt zur nächsthöheren Stufe durch die Lehrperson nicht direkt herbeigeführt, sondern nur begünstigt, also indirekt, quasi maieutisch vermittelt werden. Zur Förderung moralischer Entwicklung ist es also zunächst einmal wichtig, die Schülerinnen und Schüler mit Situationen zu konfrontieren, in denen unterschiedliche Positionen und Interessen aufeinanderstoßen. Diese Interessen bieten ihrerseits Möglichkeiten zur Rollenübernahme. Die damit verbundenen Denkmuster reichen jedoch über die momentan verfügbaren hinaus, stehen mit ihnen in einer Dissonanz. Die Reaktionen des Jugendlichen in solchen Situationen

> „bildet typischerweise ein Muster, das sich zusammensetzt aus der dominanten Stufe, auf der er sich befindet, der Stufe, die er hinter sich lässt, aber noch in gewissem Umfang benutzt, und der Stufe, zu der er fortschreitet, die sich jedoch noch nicht kristallisiert"[5].

Der Prozess moralischen Lernens aus kognitiv-konstruktiver Sicht 323

Es zeigt sich, dass moralisches Lehren und Lernen sich methodisch ganz wesentlich auf „sokratischen" Pfaden bewegt. Es werden keine fertigen Antworten vorgegeben, sondern Wege der Erkenntnisfindung aufgezeigt.

> „The teaching of virtue is the asking of questions and the pointing of the way, not the giving of answers. Moral education is the leading of people upward, not of putting into the mind of knowledge that was not there before."[6]

Schema:

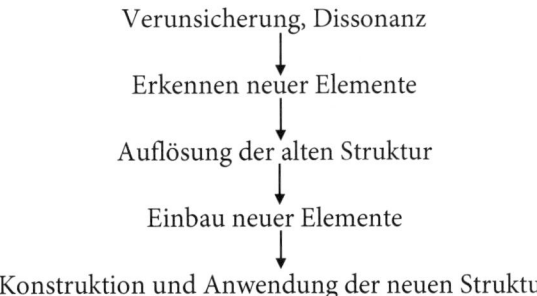

Verunsicherung, Dissonanz
↓
Erkennen neuer Elemente
↓
Auflösung der alten Struktur
↓
Einbau neuer Elemente
↓
Konstruktion und Anwendung der neuen Struktur

Die Erfahrungen, die ein Jugendlicher macht, begreift und bewertet er mit seinen jeweiligen kognitiven Schemata (Assimilation). Wenn Widersprüche (Dissonanzen) auftreten, die die verfügbaren Schemata als defizitär erscheinen lassen, werden diese verändert (Akkomodation). Konkret kann man sich das so vorstellen, dass eine Stufe a hinsichtlich ihrer Grenzen reflektiert wird. Diese Reflexion jedoch kann nach dem strukturgenetischen Ansatz nur von einem höheren Standpunkt aus erfolgen. Dieser bildet dann die Struktur der nächstfolgenden Stufe a+1. Die alte Struktur wird modifiziert, neue Elemente integriert. So kommt es zu einer neuen Struktur, die ihrerseits eine Weiterentwicklung durchlaufen kann, sofern sie zur Lösung von Problemen nicht mehr genügt.

Dilemma-Methode und „+1-Konvention"

Moralerziehung im Sinne Kohlbergs verlangt Herausforderungen und kognitive Konflikte. In moralischen Dilemma-Geschichten stehen sich in der Regel zwei Wertoptionen diametral gegenüber. Eine Diskussion dieser Optionen schärft das Bewusstsein des Wertkonflikts, in dem die jeweilige Hauptperson steckt. Die abgegebenen Urteile provozieren Widerspruch, der seinerseits zu einer Entwicklung und Differenzierung der Argumente beiträgt.

Für Kohlberg sind hinsichtlich der Entwicklung moralischer Urteilsfähigkeit in Dilemma-Diskussionen vier Argumente konstitutiv:

„(1) Veränderungen betreffen die Art des Urteilens, und nicht so sehr die enthaltenen spezifischen Überzeugungen.
(2) Die Schüler einer Klasse urteilen auf unterschiedlichen Stufen. Das Ziel besteht darin, jedem zur Entwicklung auf die nächsthöhere Stufe hin zu verhelfen; es besteht nicht in Annäherungen an ein gemeinsames Schnittmuster.
(3) Die Meinung der Lehrerin wird weder als maßgeblich hervorgehoben noch in diesem Sinne angerufen. Sie kommt nur als eine von vielen Meinungen ins Spiel, hoffentlich als eine derjenigen auf (nächst-)höherer Stufe.
(4) Der Schüler wird ermutigt, einen Standpunkt zu artikulieren, der ihm selbst angemessen erscheint, und die Angemessenheit der Argumentation anderer zu beurteilen. Hier meint Angemessenheit die philosophische Begründbarkeit und nicht die bloße Übereinstimmung mit einer Mehrheitsmeinung."[7]

Zur Praktizierung der Dilemma-Methode können folgende Punkte eine gewisse Orientierung liefern:

- die Schüler sollen Situationen ausgesetzt werden, die zur aktuell verfügbaren Struktur des Einzelnen Probleme oder Widersprüche aufwerfen und einen kognitiven Konflikt, d. h. Unzufriedenheit mit dem momentan erreichten Niveau, herbeiführen,
- die Schüler sollen mit Denkstrukturen der jeweils nächsthöheren Stufe moralischer Urteilfähigkeit konfrontiert werden („+1-Konvention"),
- die Diskussion soll in einer moralischen Atmosphäre geführt werden, in der konkurrierende und widerstreitende Ansichten offen miteinander ausgetauscht und verglichen werden können.

Es gilt grundsätzlich zu unterscheiden zwischen:

→ hypothetischen,
→ real-life Dilemmata
→ und fachspezifischen Dilemmata.

(a) Hypothetische *Dilemma-Geschichten* (z. B. Kohlbergs „Heinz-Dilemma") sind konstruiert und daher abstrakt. Ihr Zweck liegt hauptsächlich darin, bestimmte konfligierende Werte oder Normen deutlich, wenngleich holzschnittartig herausarbeiten zu können. Eine gewisse Homogenität und Symmetrie der sich entgegenstehenden Werte ist impliziert. Im Mittelpunkt steht vor allem der Versuch einer argumentationslogisch plausiblen Begründung für die eine oder andere Position. Die Abstraktion solcher Geschichten jedoch stimuliert in gewisser Weise die moralische Phantasie der Schüler. Sie versuchen, sich einen passenden situativen Kontext, eventuelle Motive oder Absichten der Akteure vorzustellen. Und sie variieren diese hypothetischen Zusatzannahmen und modifizieren entsprechend ihre Begründungen und Urteilsversuche. Das braucht keinesfalls in Beliebigkeit und

Relativismus zu enden. In der Regel werden ganz im Gegenteil dadurch moralische Phantasie und kritisch-differenzierendes Urteilsvermögen nicht unerheblich gefördert.

Es kommt noch hinzu, dass Diskussionen über fiktive Probleme für Jugendliche häufig eine Chance bieten, einen moralischen Konflikt engagiert zu untersuchen, ohne sich der Gefahr persönlicher Wertung durch andere Schüler auszusetzen. Über Konflikte zu diskutieren, in die man persönlich involviert ist, bedeutet in der Regel ein gewisses persönliches Risiko. Eine schützende Distanz zum jeweiligen Fall ist nicht mehr gegeben.

(b) Dilemma-Geschichten, die aus dem wirklichen Leben – Schule, Freunde, Eltern, Gesellschaft – gegriffen sind, sind zweifelsohne ungleich anschaulicher und daher auch motivierender. Die Konkretion geht einher mit einem höheren Grad an Komplexität. Bei einer hinlänglich exakten Untersuchung müssen zunächst einmal die situativen Details und Umstände erfasst werden. Es gilt weiterhin terminologisch zwischen ganz pragmatischen Motiven, Interessen, Normen und Werten zu unterscheiden. Erst dann können die entscheidenden Konfliktstränge gesehen und herauspräpariert werden. Offensichtlich ist dann die Begründung situationsbezogener Normen im Blick auf real-life-Geschichten nicht weniger rational. Sie fordert jedoch eine anderen Form von Rationalität, die weit kontextsensitiver und integrativer zu sein scheint. Die Mehrdeutigkeit von situativen Handlungskontexten macht besondere Sensibilitäten erforderlich, um eine bestimmte Situation überhaupt als moralisch wahrzunehmen und zu qualifizieren. In einer Art sozialer Hermeneutik werden kontingente situative Details als moralisch relevant interpretiert bzw. normiert.

Grundsätzlich rücken Diskussionen über real-life-Geschichten der Handlungspraxis von Schülern näher. Die Chance, dass die in solchen Diskussionen gewonnenen bzw. gefestigten Perspektiven und Einsichten in eigenes Handeln münden, ist größer als das bei der Behandlung von hypothetischen Dilemmata der Fall zu sein scheint.

(c) Bei einem fachspezifischen Dilemma handelt es sich um Wertkonflikte, die aus dem Bereich des jeweiligen Fachs stammen. Die Fächer Geschichte, Politik (Gemeinschaftskunde), der Deutschunterricht oder die Naturwissenschaften liefern zahlreiche Fallbeispiele, in denen Menschen mit moralischen Entscheidungskonflikten konfrontiert sind.

Das in der Regel von der Lehrperson ausgewählte Dilemma sollte inhaltlich altersgerecht sein und die emotionale Belastbarkeit der Zielgruppe grundsätzlich nicht übersteigen.

Die inhaltliche Ausgestaltung des Dilemmas sollte sich an der Stufenzugehörigkeit der Mehrheit der Schüler orientieren: Befinden sie sich zwischen den Stufen 1 und 2, dann sollte in dem zur Diskussion stehenden Dilemma der Konflikt zwischen den eigenen Bedürfnissen und den Interessen anderer im Mittelpunkt stehen (z. B. selbstbezogener Spaß vs. Gehorsam gegenüber Autoritäten). Überwiegt das Denken auf Stufe 2 bis Stufe 3, ist ein Szenario zu empfehlen, das den Konflikt zwischen Normen der Gegenseitigkeit und ichbezogenen Interessen ansiedelt (z. B. Versprechen vs. Egoismus). Bei Schülern der Urteilsstufen 3 bis 4 bietet sich die Wahl eines Dilemmas an, das den Konflikt zwischen den Interessen einer Bezugsgruppe und dem Gesetz problematisiert (z. B. Loyalität vs. Gesetz). Übersteigen die Urteilsstrukturen einiger Teilnehmer der Lerngruppe die Stufe 4, ist es sinnvoll, ein Dilemma zu wählen, das konventionelle mit postkonventionellen Orientierungen konkurrieren lässt (z. B. Gesetz vs. Prinzip der Meinungsfreiheit).

Wichtig ist auch, dass die Struktur des problematisierten Wertekonflikts klar und eindeutig ist. Dem Dilemma sollte ein zentraler (bipolarer) Wertekonflikt zugrunde liegen, der die Schüler zu einer begründeten Stellungnahme ernsthaft herausfordert. Dabei sollte auf pragmatische Kompromisslösungen, die dazu tendieren, die offene Spannung der im Raume stehenden Werte und Normen zu relativieren, zunächst verzichtet werden. In einem zweiten Schritt können Situation und Umstände modifiziert werden, um so im vergleichenden Verfahren die zunächst getroffene Entscheidung und die ihr zugrunde liegenden Argumente u. U. weiter differenzieren zu können.

Schema einer Dilemma-Diskussion

→ Präsentation des Dilemmas
→ Spontane Äußerungen
→ Problemstellung (Wertkonflikt) herausarbeiten, ggf. mit Strukturskizze
→ Probeabstimmung
→ Individuelle Gründe für die eigene Meinung schriftlich fixieren lassen
→ Diskussion in kleinen Gruppen:
  - Gründe miteinander austauschen und klären
  - Gründe in eine Rangfolge bringen
  - Rangfolge begründen
  - Kernargumente notieren, z. B. auf Kärtchen

→ Diskussion in der Klasse:
  - Pro- und Kontra-Argumente festhalten (Tafel / Overhead)
  - Gruppensprecher tragen die jeweils besten Argumente vor
  - „Schlagabtausch": Schüler rufen sich gegenseitig auf
  - Schlussabstimmung

→ Metagespräch:
  - Schüler überdenken ihre ursprüngliche Position

- Stellen fest, wo und warum sie ihre Position geändert bzw. daran festgehalten haben
- Stimmen zu der Art und Weise der Dilemma-Diskussion
→ Abschließendes Urteil individuell schriftlich festhalten lassen.[8]

Die Vorstellung des Dilemmas kann in der Form variieren. In der Regel wird es vorgelesen. Möglich ist auch eine Präsentation per Video oder Rollenspiel. Unverzichtbar scheint es, schon in dieser frühen Phase den bipolaren Wertkonflikt deutlich herauszuarbeiten. Dies kann mit Hilfe einer von den Schülern erstellten Strukturskizze erfolgen, in der die wesentlichen Konfliktlinien der Geschichte visualisiert werden. Zu einer ersten, grundsätzlich revidierfähigen Standortbestimmung („Wie soll sich der Hauptakteur entscheiden?") sollen dann die individuellen Gründe festgehalten werden. Die Diskussion der Entscheidungen und der jeweiligen Begründungen erfolgt in Kleingruppen. Wichtig ist hierbei eine eindeutige und zeitlich begrenzte Aufgabenstellung. Jeder Schüler sollte die Möglichkeit haben, seine Gedanken und seine Argumente den anderen mitzuteilen, um sich mit ihnen auseinanderzusetzen. Die Kleingruppenarbeit kann ebenfalls variieren. Es gibt zum einen die Möglichkeit einer homogenen Gruppierung: Schüler mit gleicher Ansicht arbeiten in einer Kleingruppe zusammen. Sie sammeln möglichst umfassend Begründungen für ihren Standpunkt und untersuchen diese auf Zugkraft und Relevanz. In der folgenden Klassendiskussion trägt dann ein Gruppensprecher die „besten" Gründe vor. Wichtig ist hier, dass die Schüler durch entsprechende Frageimpulse der Lehrperson für die Qualität der vorgebrachten Begründungen sensibilisiert werden. Zum anderen können Schüler mit unterschiedlicher Ansicht in einer Kleingruppe zusammengefasst werden (heterogene Gruppierung). Sie haben die Aufgabe, die besten Gründe für beide Standpunkte zu finden und dann der Klasse zu erläutern, warum ein Grund überzeugender ist als ein anderer. Möglich ist auch zuerst homogen und anschließend heterogen zu gruppieren. Jede Partei hat dann die Aufgabe, die überzeugendsten Argumente der Gegenpartei dem Plenum vorzutragen.

In der abschließenden Diskussion im Plenum sollten die konträren Positionen mit den jeweiligen Argumenten so präzise wie irgend möglich an der Tafel oder am Overhead festgehalten werden. Im folgenden Metagespräch können Form und Inhalt der Dilemma-Diskussion rückblickend kritisch reflektiert werden. Der Schüler hat die Möglichkeit, jene Punkte zu überdenken, in denen sich sein „vorläufiges Urteil" modifiziert bzw. differenziert hat. Außerdem kann er sich kritisch zur Art und Weise der Argumentation seiner Mitschüler äußern.

> Welche Kompetenzen können durch Dilemma-Diskussionen gefördert werden?
>
> - *Selbstreflexion*: Die Schüler werden sich ihrer Werthaltungen bewusst.
> - *Empathie*: die Schüler fühlen sich durch Perspektivenwechsel in fremde Wahrnehmungen, Einstellungen ein.
> - *Kommunikation*: Die Schüler verbalisieren ihre Positionen, nehmen andere auf und setzen sich damit auseinander.
> - *Argumentation*: Die Schüler untersuchen Gründe auf ihre Relevanz und Triftigkeit. Sie setzen Prioritäten und nehmen Güterabwägungen vor. Sie urteilen kontextsensitiv, indem sie die Besonderheiten des Einzelfalls berücksichtigen. Sie suchen konstruktiv nach Lösungen und entwickeln moralische Phantasie.
> - *Argumentierhaltung*: Die Schüler entwickeln eine rationale Argumentierhaltung. Sie werden sich bewusst, einer rationalen Diskursgemeinschaft anzugehören, in der ein „milder Zwang des besseren Arguments" herrscht.
> - *Ambiguitätstoleranz*: Die Schüler lernen, mit Zweideutigkeiten, Widersprüchen und Aporien umzugehen.

Es zeigt sich hier, dass in einer Dilemma-Diskussion die für den Ethikunterricht zentralen Möglichkeiten der Kompetenzförderung fokussiert und versammelt sind.

Die unterrichtspraktische Durchführung von Dilemma-Diskussionen stellt an die Lehrperson nicht geringe Anforderungen. Neben der Schaffung eines guten, vertrauensvollen Diskussionsklimas geht es vor allem darum, die Schüler dazu zu bringen, ihre Thesen und Meinungen zu begründen, um so eine kognitive Strukturierung und Integration zu ermöglichen. Die Schüler sollen idealiter durch Diskussion und Analyse von Argumenten die Überlegenheit der nächsthöheren Stufe begreifen. Vieles hängt dabei wiederum an den flexibel und sorgfältig gesetzten *Frageimpulsen der Lehrperson*.
Grundsätzlich kann man in diesem Zusammenhang unterscheiden zwischen

→ *Klärenden Fragen*: z. B. Begriffsklärung: „Was meinst Du mit X?"
→ *Begründungsfragen*: z. B. „Warum meinst du, dass …?"
→ *Problematisierenden Fragen*: z. B. Wert- oder Normenprobleme: „Welche Norm N liegt der Handlung H zugrunde?"
→ *Fragen nach Handlungsalternativen*: z. B. „Wie könnte A den Konflikt K lösen?"
→ *Konfliktfragen*: z. B. Abwägungsprobleme: „Welche Norm wiegt im vorliegenden Fall mehr?"
→ *Fragen nach Perspektivenwechsel oder Rollenübernahme*: „Wie empfindet B die Situation"?

„Wie könnte A seine Position begründen?"
„Wem gegenüber trägt C Verantwortung?"
→ *Fragen nach universellen Konsequenzen:* Universalisierungsproblem:
„Was wäre, wenn alle y täten?"

Diese Art der Fragestellung der Lehrperson wirkt sich auch auf die Argumentierweise der Schüler, zumindest mittel- oder langfristig betrachtet, aus. Noch nachhaltiger kann deren Argumentier-Habitus beeinflusst werden, wenn *innerhalb der Gruppe selbst* bestimmte Formen der Fragestellung üblich werden. Ein kritisches Hinterfragen eines Arguments von Seiten eines Mitschülers kann, im Vergleich zur Lehrerfrage, eine sehr viel stärkere Herausforderung für den Befragten bedeuten. Er kann sich in sehr viel stärkerem Maße motiviert fühlen, eines seiner Argumente zu revidieren. Der kognitive Konflikt, den er erlebt, kann ihn so zu einer stufenmäßigen Weiterentwicklung des Denk- und Argumentationsniveaus bringen.

Der amerikanische Entwicklungspsychologe Berkowitz hat schon Mitte der 80er Jahre elementare Formen eines entwicklungsfördernden Dialogs unter den Mitgliedern einer Lerngruppe untersucht. Er spricht von einer „transaktiven Diskussion". Sie zeichnet sich dadurch aus, dass „der Sprecher die Argumentation des anderen aktiv in Beziehung zu oder im Kontext mit der eigenen Argumentation analysiert und transformiert".[9] Berkowitz unterscheidet zwischen 18 Typen des Dialogverhaltens *(„Transakte")*, die das kognitive Niveau der Diskutanten à la longue transformieren können.

Zu jenen, die in besonderem Maße entwicklungsfördernd sind, gehören:

1. Konkurrierende Erklärung:
   „Meine Position ist nicht unbedingt so, wie du sie auffasst."
2. Widerspruch:
   „In einem Punkt ist deine Argumentation unlogisch."
3. Kritik der Argumentation:
   a) „Deine Position enthält eine fragliche Annahme ..."
   b) „Deine Meinung ist nicht ausreichend gerechtfertigt ..."
4. Vergleichende Kritik:
   a) „Deine Argumentation ist weniger überzeugend als meine, weil ..."
   b) „Dein Beispiel stellt meinen Standpunkt keineswegs in Frage, denn ..."
5. Gemeinsame Voraussetzungen:
   „Hier ist eine wichtige Prämisse, die unseren Positionen gemeinsam ist."

Solche schüleradäquaten Frageimpulse können innerhalb der Peer-Gruppe Konsistenz und Niveau von moralischen Diskussionen sicherlich fördern. Vieles, wenn nicht gar Entscheidendes hängt an der vertrauensvollen Atmosphäre, in der die Diskussionen und Gespräche stattfinden. Sie spielt eine konstitutive Rolle für Ernsthaftigkeit und Wahrhaftigkeit von Unterrichtsgesprächen.

Um mittel- und langfristig eine entsprechende Argumentierhaltung aufzubauen, ist es in der Regel sinnvoll, die Gruppe ein paar wenige, sie überzeugende Diskussionsregeln aufstellen zulassen, an die zu halten sich jeder verpflichtet. Sie können sich grundsätzlich an den „transaktiven" Interaktionen von Berkowitz orientieren und ähneln in gewisser Weise dem „kontrollierten Dialog". Das Aufstellen und Einhalten solcher Regeln soll den Schülern nicht bloß zu einer Reihe mehr oder minder effizienter Gesprächstechniken verhelfen, mit denen man besonders gut „punkten" kann. Ungleich wichtiger ist, eine Argumentierhaltung aufzubauen, die durch Sachlichkeit, Fairness und Rationalität gekennzeichnet ist und die moralkognitive Entwicklung der Schüler weiterbringt. Dabei kommt der Lehrperson durch ihre kommunikativen Interventionen eine kaum zu unterschätzende Vorbildfunktion zu.

Checkliste für die Durchführung von Dilemma-Diskussionen im Unterricht:
- Liegt dem Dilemma eine moralische Zwangslage zugrunde, aus der sich keine leichten Auswege finden lassen?
- Führt das Dilemma zu Abstimmungsergebnissen von ca. 50:50?
- Eignet sich das Dilemma für die entsprechende Altersgruppe?
- Ist die Geschichte kurz und verständlich dargestellt?
- Hat die Dilemma-Person einen Namen?
- Weckt die Geschichte Neugier, Spannung und Empathie?
- Werden bei den Schülern keine Ängste ausgelöst?

Kritische Rückfragen an Kohlberg

Das „Kohlberg-Modell" hat von sehr vielen Seiten unterschiedliche Kritik erfahren. Kohlberg selbst hat schon früh Defizite gesehen und immer wieder Modifikationen vorgenommen. Vor allem seine Schüler versuchten durch zahlreiche Neuansätze und Reformulierungen Einseitigkeiten und Widersprüche zu beheben.[10] Im Folgenden sollen kritische Aspekte zur Relevanz Kohlbergs für eine Didaktik des Ethikunterrichts zusammengetragen werden.

1. Das Stufenkonzept:

Die Homogenität und strenge Sequenzialität ist sicherlich zu Recht kritisiert worden. Die Zuordnung bestimmter Schüleräußerungen zu einer bestimmten Stufe ist selten eindeutig, hängt stark von entwicklungspsychologischen, situativen und anderen relativierenden Faktoren ab, so z. B. dem interpretierenden Auge der Lehrperson. Und doch kann mit der entsprechenden kritischen Distanz das Stufenkonzept als ein heuristisches Instrument zum Verstehen von Schüleräußerungen *(diskursive Funktion)* gesehen werden. Es sensibilisiert im Allgemeinen für das kognitive Urteilsniveau der Schüler. Die Lehrperson kann dann adäquater auf gewisse Schüleräußerungen reagieren. Hinzu kommt, dass die Affinität der Schüler zu Themen, Problemen und methodischen Zugriffen besser abgeschätzt werden kann *(diagnostische Funktion)*. Gehen wir etwa davon aus, dass 16–18-jährige sich zu 44,4% auf der Stufe 3 und 24,4% der entsprechenden Kohortengruppe sich auf der Stufe 3,5 befinden – die Stufe 4 von dieser Altersgruppe noch nicht erreicht ist –, so dürften wir bei der Behandlung des kategorischen Imperativs, insbesondere des „Würde-Arguments" auf gewisse Schwierigkeiten stoßen. Ein analoges Problem stellt sich in der Sekundarstufe I etwa bei der Behandlung des Gerechtigkeitsproblems. Die noch stark gruppenbezogene Perspektive und Wertung der Schüler kann dem Versuch, sie für universellere Gerechtigkeitsaspekte (Gemeinwohlorientierung) zu sensibilisieren, hinderlich im Wege stehen.[11] Schließlich kann das Stufenkonzept als Instrument – auch in der Hand der Schüler – zur Analyse der Moralstufe bestimmter Segmente der Gesellschaft (z. B. Rechtsdiskurs, ökonomische Argumentationen, Bereich des Sports) genutzt werden *(analytische Funktion)*. So kann auch das Verhalten von Individuen in bestimmten Situationen (Kommandant eines Konzentrationslagers), aktuelle Begründungsversuche für politische Entscheidungen (Durchführung oder Beteiligung an einer kriegerischen Aktion) oder generell politische Theorien (Pluralismustheorie) auf die Möglichkeit einer stufentheoretischen Zuordnung untersucht werden.

Beispiel zur Einschätzung der moralischen Urteilsstufe

Der Fall:
Claus, ein wegen verschiedener Vergehen gefährdeter Schüler, stahl den Geldbeutel seiner Lehrerin. Die Lehrerin gab Claus Gelegenheit, ohne bestraft zu werden, die Sache ins Reine zu bringen. Er nutzt jedoch die Chance nicht. Daraufhin kündigt sie an, den Vorfall der Direktion zu melden. Sven, der engste Freund von Claus, hatte genau beobachtet, wie Claus den Geldbeutel an sich nahm. Er sagte zur Lehrerin, dass er den Dieb kenne. Er wolle aber seinen Namen nur dann nennen, wenn sie ihm verspreche, Claus nicht zu bestrafen. Die Lehrerin zögerte einen Moment, willigte dann aber ein. Sie sprach Claus darauf an und bekam sofort ihren Geldbeutel wieder zurück. Dann meldete sie dem Direktor, dass die Sache erledigt sei. Dieser wollte jedoch den Namen des Diebes erfahren, um ihn bestrafen zu können. Die Lehrerin weigerte sich jedoch hartnäckig, obwohl sie wusste, dass damit ihre anstehende Beförderung akut gefährdet war ...

Argumente des Schulleiters bzw. der Lehrerin:
Stufe 1:   „weil ich hier der Chef bin"

Stufe 2:   „weil doch sonst, liebe Kollegin, Ihre Beförderung warten muss"
Stufe 3:   „weil ich in den Augen meiner Schüler an Ansehen verlieren würde"
Stufe 4:   „weil wir hier alle gleich behandeln müssen. Wir haben alle anderen Diebe bestraft und können hier keine Ausnahme machen".
Stufe 5:   „weil mir die Anweisung des Chefs weniger wichtig ist als meine pädagogische Entscheidung"
Stufe 6:   „was wäre, wenn ausnahmslos alle Menschen ihre Versprechen jederzeit brechen würden?"

2. Dilemma-Methode:

Gegen die von Kohlberg favorisierte Dilemma-Methode wurde häufig die Heterogenität des Urteilsniveaus der Schüler ins Spiel gebracht. Diese Kritik ist allerdings wenig überzeugend, denn Heterogenität steigert tendenziell die Möglichkeiten argumentativer Auseinandersetzungen und Erfahrungen. Unterschiedliche Standpunkte müssen begründet, überzeugend verteidigt, gegebenenfalls auch zugunsten besserer revidiert werden. Schüler unterscheiden sich hinsichtlich ihrer Urteilsstufe häufig so weit, dass die Argumente der einen eine Herausforderung an das Denken der anderen bedeutet. Ein solcher argumentativer Austausch unter den Schülern selbst stimuliert deren moralpsychologische Entwicklung. Hier liegt der eigentliche didaktische Sinn von Partner- oder Gruppenarbeit im Ethikunterricht.

In eine ähnliche Richtung wirken – wiederum über einen längeren Zeitraum gesehen – die adäquat, mit „pädagogischem Takt" (Herbart) gesetzten „+ 1-Stimulationen" durch die Lehrperson. Dabei kann es sich natürlich nicht um eine quasi automatisch wirkende, in behavioristischer Manier genutzte Intervention handeln. Dazu ist der Prozess der Moralerziehung ein viel zu komplexer und subtiler. Die Dilemma-Methode einschließlich der „+ 1-Konvention" markieren gewissermaßen einen durchaus gangbaren Korridor, durch den die Förderung der moralischen Entwicklung Jugendlicher versucht werden kann.

Kritiker der Dilemma-Methode meinen darüber hinaus, sie sei nutzlos, ja sogar schädlich, weil sie durch das Diskutieren, Problematisieren und „Hinterfragen" von fundamentalen moralischen Normen die bereits vorhandene Orientierungssicherheit der Schüler zunichte mache und moralischer Relativismus an ihre Stelle trete.[12]

> „Im Mittelpunkt ... steht eine psychische Fähigkeit, die zwar für das moralische gute Handeln relevant, aber bei den meisten Schülern schon in einem für die Bewältigung der meisten moralischen Anforderungssituationen ausreichenden Maße vorhanden ist. Die weitere Förderung dieser Spezialfähigkeit schlägt sich deshalb nur in geringen Gewinnen nieder ..."[13]

Abgesehen von der durch nichts gesicherten pauschalen Vermutung, dass die moralische Urteilsfähigkeit schon in ausreichendem Maße vorhanden sei und insoweit kaum mehr gefördert zu werden brauche, verkennt diese Kritik ein Grundanliegen des an Kohlberg orientierten „progressiven Ansatzes" von Moralerziehung. Die Dilemma-Methode ist ganz wesentlich eine maieutische Befragungsmethode. Sie dient dem Zweck, das intuitive moralische Wissen der Schüler bewusst zu machen, auf den Begriff zu bringen und zu differenzieren. Auf diesem Wege kann wirkliche Orientierungssicherheit erreicht werden, die sich zwischen verordneter Indoktrination und substanzlosem Relativismus in einer Mitte zu halten versucht.

3. Der Weg vom Urteilen zum Handeln

Kohlberg hat in den siebziger Jahren die These von der linearen Beziehung zwischen Urteil und Handeln („monotonic relationship") entwickelt. Vor allem auf postkonventionellem Niveau sei die Bereitschaft, durch eigenes Handeln das als richtig Erkannte auch unter hohen persönlichen Kosten in die Tat umzusetzen, verlässlich gesichert. Kohlberg bringt hier die sokratische Grundüberzeugung zum Ausdruck, dass einer rationalen Einsicht als solcher quasi automatisch eine motivierende Kraft zukommt. Derjenige, der um das Gute weiß, der tut es auch.

„Du könntest, wenn du wolltest und du würdest wollen, wenn du verstündest."[14]

In einem analytischen Modell hat Kohlberg versucht, die komplexen Zusammenhänge zwischen Urteil und Handeln (Kompetenz / Performanz-Problem) darzustellen. Im Wesentlichen lässt sich seine Theorie auf fünf Thesen reduzieren:

(a) Die Verbindung des moralischen Urteils zum moralischen Handeln unterstützt eine „eingleisige" Prozess-Theorie.
(b) Moralische Stufen-Strukturen interpretieren die moralisch relevanten Merkmale einer Situation. Die Strukturen beeinflussen das Verhalten durch zwei Urteile, ein deontisches Urteil (ein Urteil des „Sollens" oder des „Richtigen") und ein Verantwortlichkeitsurteil (ein Urteil der Verpflichtung, etwas auszuführen).
(c) Moralisches Handeln kann auf zweifache Weise als „richtig" angesehen werden. Im schwächeren Sinn ist jede Handlung richtig, die mit der eigenen deontischen Entscheidung des Aktors, was richtig ist, konsistent ist. Wir haben diesen Typ richtigen Handelns auch „verantwortliches Handeln" genannt. Im stärkeren Sinn ist jene Handlung moralisch richtig, die den Prinzipien auf Stufe 5 entspricht und die faktisch zumindest mit einer intuitiven Vorstellung von solchen Prinzipien ausgeführt wird.

(d) In moralischen Situationen, in denen eine deontische Übereinstimmung unter den Personen auf den konventionellen und höheren Stufen besteht, erwarten wir, aufgrund der Zunahme von Verantwortlichkeitsurteilen auf jeder höheren Stufe, eine monotone Beziehung zwischen moralischer Stufe und Handlung.

(e) In moralischen Situationen, die auf den konventionellen Stufen kontrovers sind, über die Subjekte der Stufe 5 aber übereinstimmen, besteht eine monotoner Zusammenhang zwischen moralischer Stufe und Handlung.[15]

Modell der Beziehung zwischen moralischem Urteil und moralischem Handeln[16]

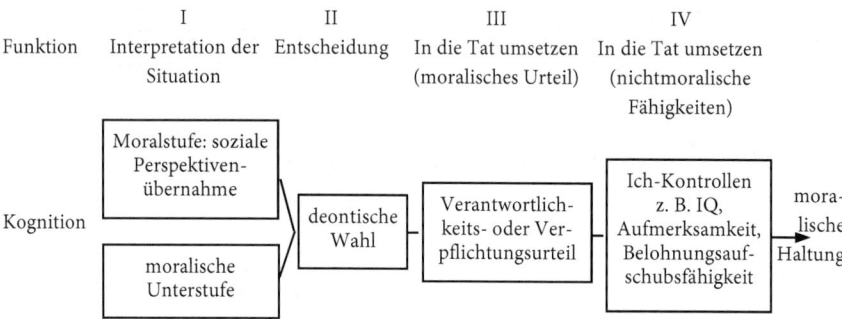

Das Modell integriert vier unterschiedliche psychologische Funktionen (I bis IV). Jede Funktion umfasst eine oder mehrere Kognitionen. Die erste Funktion ist gekennzeichnet durch eine Wahrnehmung der Situation. Was ist los und handelt es sich hier überhaupt um ein typisch moralisches Problem? Die kognitive Interpretation der Situation und die Wahrnehmung der normativen Komponenten wird entscheidend von den Strukturen der moralischen Stufe festgelegt. Diese Strukturen interpretieren also nach Kohlberg die moralische Situation und sie legen die relevanten Ansprüche, Rechte und Pflichten für jede Person fest. Sie determinieren auch zwei sich unmittelbar anschließende spezifischere Urteile, die direkt mit dem moralischen Handeln verbunden sind. Einmal geht es dabei um Urteile der deontischen Wahlentscheidung: „Was soll in dieser Situation getan werden?"; zum anderen um Urteile der Verantwortlichkeit oder Verpflichtung: „Soll es von mir getan werden?" Grundsätzlich gilt für Kohlberg, dass die Subjekte auf jeder höheren Stufe sich selbst häufiger als verantwortlich für die Praktizierung ihrer deontischen Entscheidungen ansehen. Die 4. Funktion umfasst schließlich nichtmoralische Fertigkeiten, die für das Umsetzen der Urteile erforderlich sind: „Kann ich es tun?" Dazu gehören Willensstärke, Konzentrationsfähigkeit, instrumentelle Intelligenz (z. B. Aufstellen eines Plans, um das anvisierte moralische Ziel zu erreichen) oder die Fähigkeit zum Triebverzicht (Aufschub von Belohnungen).

Das Kognitionsmodell Kohlbergs stellt im Ganzen gesehen sicherlich ein differenziertes heuristisches Konstrukt zur Untersuchung der Zusammenhänge zwischen Urteilen und Handeln dar. Diese scheinen jedoch viel zu komplex, um in abstrakten Modellen erschöpfend analysiert werden zu können. Kohlberg hat selbst wiederholt die „Kopflastigkeit", die Betonung des moralischen Urteilens und weniger des Handelns kritisiert. Nicht unerhebliche Aspekte jenes vielschichtigen Urteils-Handlungs-Zusammenhangs sind von ihm zu wenig berücksichtigt worden, so die mannigfaltig variierenden Formen von äußerem Handlungsdruck, die Frage nach der Besonderheit der konkreten Handlungssituation oder die Rolle des individuellen Gewissens.

Noch differenzierter und umfassender hat der amerikanische Psychologe und Pädagoge *Augusto Blasi* versucht, erhellendes Licht auf den Problemkomplex „Urteil und Handeln" zu werfen. Er entwirft ein Modell mit sieben Hypothesen:

1. Moralische Handlungen sind Antworten auf Situationen. Diese werden gemäß den moralischen Urteilsstrukturen definiert und interpretiert.
2. Moralische Handlung hängt direkt von der moralischen Wahl ab, d. h. vom Inhalt des moralischen Urteils. Die Strukturen oder Kriterien des moralischen Urteilens können direkt zur Wahrscheinlichkeit in Beziehung gesetzt werden, mit der bestimmte Verhaltensweisen auftreten oder nicht auftreten.
3. Moralische Urteile werden, bevor sie zur Handlung führen, durch eine zweite Reihe von Regeln und Kriterien bearbeitet, nämlich durch diejenigen, die sich auf persönliche Verantwortlichkeit beziehen. Die Funktion des Verantwortungsurteils ist es, zu bestimmen, in welchem Ausmaß das, was moralisch gut ist, auch unbedingt verpflichtend für einen selbst ist.
4. Die allgemeinen Kriterien, nach denen eine Person ein Verantwortungsurteil bildet, sind von Person zu Person verschieden und hängen mit der Selbstdefinition oder der Organisation des Selbst zusammen.
5. Der Übergang vom Verantwortungsurteil zur Handlung wird dynamisch unterstützt durch die Tendenz zur Selbstkonsistenz, welche eine zentrale Tendenz in der Persönlichkeitsorganisation darstellt.
6. Die Konsistenz zwischen dem moralischen Urteil und der Handlung wird in dem Maße höher sein, in dem das Individuum über Einstellungen und Strategien verfügt, mit deren Hilfe es Störungen begegnen kann, die durch konfligierende Bedürfnisse entstehen.
7. Im Anschluss an eine Handlung, die dem Verantwortungsurteil der Person widerspricht, empfindet diese Schuldgefühle, welche eine emotionale Antwort auf die Inkonsistenz im Selbst darstellen.[17]

Blasi selbst spricht von einem „Selbstmodell moralischer Funktionszusammenhänge". Mit dem Konzept der Selbstkonsistenz versucht er, eine Brücke zwischen Urteil und Handeln zu finden. Kohlberg benutzt diesen Begriff auch als einen wichtigen Eckpfeiler seiner kognitiven Entwicklungstheorie. Allerdings ist bei ihm moralisches Handeln kein direktes Ergebnis eines Urteils über das Selbst, wie das bei Blasi der Fall ist. Der Begriff der „Selbstkonsistenz" umfasst essentielle Aspekte einer moralischen Identität und kommt dem Begriff der „Selbstüberwachung" (self-monitoring) sehr nahe. Des Weiteren gehören als konstitutive Elemente Angst- und Ambiguitätstoleranz oder die Kompetenz zum Gratifikationsaufschub dazu. Ein zentraler Punkt der so skizzierten moralischen Identität liegt in einer genuin moralischen Motivation. Moralisches Handeln verdankt sich nicht bloß einer entsprechenden Urteilskompetenz, sondern entspringt ganz wesentlich einer originären Entscheidung fürs Moralische. Karl-Otto Apel hat diesen Aspekt auf seine Art sehr präzise festgehalten:

> „Vor der Umsetzung der Einsichten der moralischen Urteilskompetenz in Handlungsentschlüsse bedarf es auf allen Stufen der Moral noch einer *willentlichen Bekräftigung* der Einsicht im Sinne einer *Entscheidung fürs Moralischsein*. Diese willentliche Bekräftigung kann niemals durch die Einsichten der Urteilskompetenz garantiert sein, aber sie kann und muß doch auf den verschiedenen Stufen in verschiedener Form (auch) *kognitiv motiviert* sein; und in dem Maße als etwa die *konventionellen* Motive des Beifalls in der konkreten Bezugsgruppe oder der Verpflichtung gegenüber der Autorität der staatlichen Gesetzesordnung ihre *letztverbindliche* Kraft verlieren, in dem Maße muß die willentliche Bekräftigung des Moralischseins letztlich durch eine philosophisch begründete *postkonventionelle Gewissenentscheidung* angesichts der fundamentalen moralisch-strategischen Ambiguität der Rationalität menschlicher Interaktion getroffen werden."[18]

Blasi betont immer wieder, dass sein theoretischer Entwurf, der auf Anhieb durch seine Kohärenz und Integrationskraft beeindruckt, noch ein ganzes Bündel von empirisch einzulösenden Fragen aufwirft.

→ Wann im Verlauf der kognitionspsychologischen Entwicklung beginnt Moralität zu einem Teil der Selbst-Definition zu werden?

→ Welche Beziehungen bestehen zwischen der Selbst-Definition einer Person und ihren allgemeinen Kriterien für Verantwortlichkeit?

→ Verändert sich die Organisation des Selbst in Hinsicht auf Inklusivität, Reichweite und Integration im Laufe der Entwicklung?

→ Gibt es einen Entwicklungsfortschritt im Gefühl der Verfügungsgewalt über die eigenen Werte, Maßstäbe und Urteile und somit in der Verantwortlichkeit ihnen gegenüber?

→ Sind Entwicklungsunterschiede in der Ich-Stärke empirisch mit der Entwicklung von moralischen und Verantwortlichkeitsstrukturen verbunden?

Hier ist die empirische Forschung gefragt, um Stück für Stück die noch fehlenden Mosaiksteine zusammenzutragen. Und von hier aus werden sich auch für die Didaktik des Ethikunterrichts noch eine ganze Reihe von elementaren Fragestellungen ergeben.
Blasi mit seinem holistischen Ansatz unterstreicht deutlich – dies gilt es an dieser Stelle festzuhalten –, dass zur moralischen Identität untrennbar eine verantwortliche Aktualisierung dessen gehört, von dem man weiß, dass es richtig und wahr ist. Der Einfluss Kohlbergs und dessen Akzent auf kognitiven Moralstrukturen zeigt sich hier ganz klar.

> „… deren Einfluß auf das Handeln wird jedoch nicht als etwas gedacht, das automatisch erfolgt, sondern als eine freie Entscheidung des Selbst, das, während es seine verschiedenartigen Bedürfnisse und Ansprüche ordnet, der Vorherrschaft der Wahrheit gegenüber sensibel bleibt."[19]

Oder in den Worten von Fritz Oser, der die Kritik an Kohlberg und die Aufgaben zukünftiger Forschung sehr prägnant zusammenfasst:

> „… Die Stufenmerkmale sagen zu wenig darüber aus, wie Handeln gesteuert wird. Die kognitiven Muster der moralischen Welterschließung haben zu wenig Reichweite. Wir benötigen eine Erweiterung des Modells der „monotonic relationship" dahingehend, daß die empfundenen situationalen Zwänge mit ins Kalkül der Handlungsbegründung eingehen. Gleichzeitig müssen wir akzeptieren, daß jenes Stück Freiheit, das die moralische Autonomie bestimmt, jegliches lineare Modell des Zusammenhangs von Urteil und Handeln auflöst. Die Zukunftaufgabe wird darin bestehen, die hier erwähnten Einflüsse in ein umfassenderes Kausalmodell zu betten, ein Paradigma zu schaffen, das die Möglichkeit, anders zu handeln, als jene stimmende latente Variable begreift, die das Moralische erst moralisch werden läßt."[20]

Der Weg vom einsichtigen Urteilen über die in moralischen Dilemma-Geschichten agierenden Protagonisten zu eigenem Tun ist weit, mit mitunter zahlreichen Abzweigungen und Sackgassen. Was im „Schulfach" Ethik an „Schulwissen", d. h. günstigenfalls eine gewisse ethische Wahrnehmungs- und Urteilskompetenz, erworben wird, lässt sich nicht unmittelbar, quasi linear in moralische Praxis transformieren. Faktoren der konkreten Handlungssituation, der vorangegangenen sozialen Erfahrung und der inneren Dynamik der Person des Schülers – um nur das Wichtigste zu nennen – verhindern dies. Hinzu kommt, dass die Institution Schule ein besonderes Beispiel eines allgemeinen Prozesses der Segmentierung darstellt. Häufig erzeugt auch heute noch Schulwissen seiner Tendenz nach geschlossene Welten, ohne direkt ersichtliche Beziehung zu dem Erfahrungswissen, das außerhalb der Schule erzeugt wird. Dies signalisiert ein besonderes Problem für moralisches Lernen. Nur wenn es gelingt, die Segmentierung des Schulwissens zu überwinden, können moralische Argumentationen (Dilemma-Geschichten) die moralische Sensibilität und die situationstypischen Handlungsdispositionen der Schüler so beeinflussen, dass sie auch außerhalb des Lernorts Schule praktisch werden.

Das Just Community Konzept

Moralisches Handeln findet in der Regel in einem Gruppenkontext statt. Dieser Kontext beeinflusst die individuellen Entscheidungen der Akteure. Das „Gruppenklima" prägt gewissermaßen die Qualität ihrer moralischen Urteile. Für Kohlberg war damit klar, dass sich moralische Erziehung nicht nur auf die Förderung individueller Kompetenzen konzentrieren darf. Entscheidend ist auch, dass ein Rahmen für moralische Lernprozesse in der Gruppe geschaffen wird. In diesem Zusammenhang entwickelte er das Schulmodell einer „Gerechten Gemeinschaft"[21]. Darin soll ein auf Erfahrung gegründetes moralisches Lernen stattfinden.

Die „Just Community" umfasst eine ganze Reihe von Methoden, die es den Schülern und Lehrern ermöglichen, das innere Leben einer Schule durch demokratische Entscheidungsfindungsprozesse selber zu gestalten, um auf diesem Wege moralisch und sozial zu lernen. Umfassendes Ziel der zahlreichen institutionellen und organisatorischen Maßnahmen ist, eine Art moralischer Schulkultur zu schaffen. Jedes Mitglied – Lehrer wie Schüler – leistet mit seiner engagierten Teilnahme einen jeweils konstitutiven Beitrag. Die Schule soll zu einem besonderen Erfahrungsraum werden, zu einer „embryonic society" (John Dewey), zur „Polis im Kleinen" (Hartmut von Hentig).

Kohlberg hat gefordert, dass die Schule ein zentraler Ort moralischen, sozialen und demokratischen Lernens werden soll. Kindern und Jugendlichen muss die Möglichkeit eingeräumt werden, an wirklichen Entscheidungssituationen partizipieren zu können. Daher scheint eine konsequente Demokratisierung der Schulorganisation fundamental für die soziale und vor allem moralische Entwicklung der Schüler zu sein.

Wie funktioniert eine „Gerechte Schulgemeinschaft"?

Institutionelles Zentrum ist die Gemeinschaftsversammlung. Hier finden hauptsächlich der Meinungsaustausch, die gemeinsame Planung und Beschlussfassung aller Mitglieder statt. Schülerinnen und Schüler, Lehrer und Lehrerinnen sind gleichberechtigt. Jede Person hat eine Stimme. Der Schulleiter hat allerdings ein Vetorecht. Wie häufig, wie lange und in welchem Umfang sie zusammentritt, muss grundsätzlich den lokalen Verhältnissen angepasst werden. Die Versammlungen sind jedoch integrativer Bestandteil des Lehrplans und sind daher verpflichtend.

Die Vorbereitungsgruppe wird aus allen Klassen gewählt. Sie bereitet die nächste Gemeinschaftssitzung vor und führt sie durch. Dort besprochene Themen können für die Sekundarstufe I z. B. sein: Rauchen in der Toilette, Zerstörung von Bänken oder Fahrrädern, Planung einer Feier oder das Zuspätkommen von Lehrern.

Der Vermittlungsausschuss – in amerikanischen Schulen Fairness Committee genannt – ist das ausführende und beratende Organ. Er achtet darauf, dass die Beschlüsse des Parlaments ausgeführt werden, berät Schüler, die die beschlossenen Regeln übertreten und vermittelt im Streit zwischen Einzelnen oder zwischen Gruppen. Er gilt somit als ein zentrales Instrument der Verhaltensreflexion. Die Parallele zu den pädagogischen Mediationskonzepten wird deutlich.

Jede Klasse sollte regelmäßig – im wöchentlichen oder 14-tägigen Rhythmus – fächerspezifische Dilemma-Diskussionen führen. Dabei geht es darum, im Zusammenhang mit den lehrplanmäßig vorgesehenen Themen der Fächer Deutsch, Sozialkunde, Geschichte, Biologie, Sport usw. jene Konflikte herauszufiltern, die dann eine sinnvolle Dilemma-Diskussion mit den Schülern ermöglichen.

Das Lehrerkollegium muss speziell zur Durchführung der Dilemma-Diskussionen geschult werden.

Das Modell der Just Community

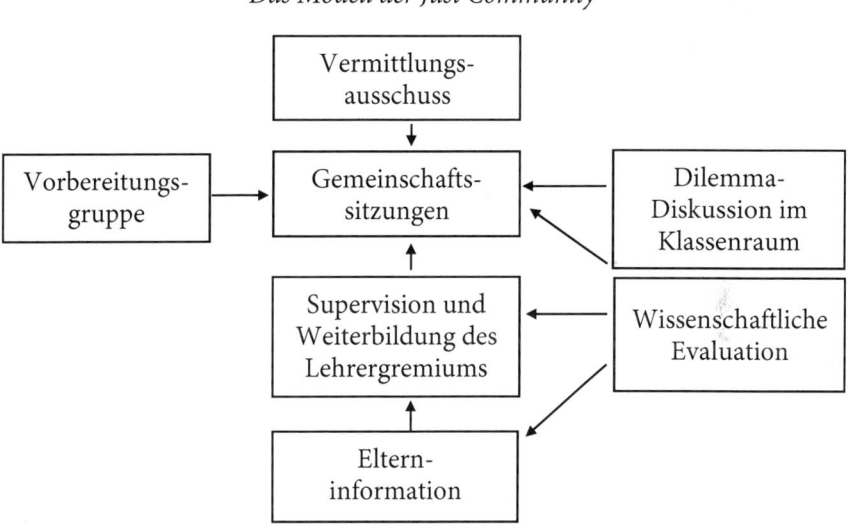

Elemente einer Gerechten Gemeinschaft[22]

→ Inhaltsbezug:
Die Urteilsbildung der Schüler erfolgt durch die Diskussion von ganz realen Klassen- und Schulproblemen. An den aus der Schulpraxis stammenden Inhalten kann die jeweils höhere Stufe des moralischen Urteils erprobt werden.

→ Urteil und Handeln:
Ein aktive Teilnahme an der Gerechten Gemeinschaft soll die durch zahlreiche persönliche und situative Faktoren bedingte Diskrepanz zwischen Urteil und Handeln der Schüler verringern. Das reflektierte Urteil wird institutionell in Handeln umgesetzt. Ein gewählter Vermittlungsausschuss kontrolliert die

Art der Handlungsausführung. So kann kongruentes Handeln gewissermaßen habitualisiert werden.

→ Geteilte Normen („shared norms"):
Die Normen, die das Schulleben regulieren, werden von den Schülern weitgehend autonom aufgestellt und so gemeinsam gelebt. Sie stellen gewissermaßen eine kontraktualistisch generierte Minimalmoral dar, die die Schulgemeinschaft trotz aller unterschiedlichen Interessen und Meinungen zusammenhält. Wichtig ist, dass die normativen Leitlinien – z. B. Gerechtigkeit, Gemeinschaft oder Solidarität – durch die Konfrontation mit immer neuen Problemfällen fortwährend appliziert und konkretisiert werden müssen. So kann die differenzierende Urteilsfähigkeit wohl nachhaltiger gefördert werden, als dies im Klassenraum anhand von hypothetischen Fallkonstruktionen der Fall sein dürfte.

→ Demokratisierung:
Die dem Modell Gerechte Gemeinschaft inhärenten basisdemokratischen Elemente beziehen sich auf den eingegrenzten Bezirk schulinterner Probleme und deren Regelung. Insofern handelt es sich um ein Mini-Modell demokratischer Partizipation. Die der Institution Schule zugrunde liegenden allgemeinen Gesetze und gesellschaftlichen Normen werden davon freilich nicht tangiert. Das Beschließen und Praktizieren von Verhaltensrichtlinien für die gemeinsame Lebenswelt Schule gibt jedoch einen breiten und pädagogisch sehr fruchtbaren Raum für mannigfaltige Formen der Übernahme von Verantwortung. Die Schüler erfahren eine in Teilbereichen exekutierte Macht und können so lernen, wie sich diese in der besonderen und überschaubaren Welt ihrer Schulgemeinschaft auswirkt. Dazu gehört auch, widersprüchliche Bedürfnisse und Interessen wahrzunehmen, soweit möglich zwischen ihnen zu vermitteln und geduldig an Kompromissen zu arbeiten, die sich in der Folge als sehr zerbrechlich erweisen. Die Schüler bekommen so einen direkt vermittelten Eindruck von der „ewigen" Baustelle Demokratie:

> „Demokratie ist wie ein Floß. Es sinkt nie, aber, verdammt, deine Füße sind dauernd im Wasser."[23]

→ Rollenübernahme:
Schüler haben in ihrem gemeinsamen Projekt Gerechte Schule zahlreiche Möglichkeiten der Perspektiven- und Rollenübernahme, einem unverzichtbaren Element moralischen Lernens. Sie setzen die Motive, Absichten, Gefühle oder Strategien anderer in Beziehung zu ihrem eigenen Urteil. Deren Interessen und Standpunkte werden so in einem allmählichen Annäherungsprozess verstehbar, nachvollziehbar und akzeptierbar. Es entsteht neben und über einem konfliktträchtigen Gegeneinander à la longue ein soli-

darisches Miteinander. Dadurch identifizieren sich die Schüler mit dem Projekt „Unsere Schule", an dem es fortwährend häufig in minutiöser Kleinarbeit weiter zu basteln gilt.

→ Selbstwirksamkeitsüberzeugung („efficacy beliefs", Bandura):
Die Schüler erfahren auf kleinem Raum, dass sie gemeinsam etwas bewegen, Defizite beheben, Konflikte schlichten und somit zu einer gut funktionierenden Schulgemeinschaft beitragen können. Das System, ihre schulische Welt, wird als grundsätzlich veränderbar und nicht nur als starr und immobil erlebt. Den Schülern wird klar, dass es entscheidend auf ihre gemeinsame wie individuelle Partizipation ankommt. Nur so können sie lernen, jene prozeduralen Wege einzuschlagen und durchzuhalten, die zu möglicherweise bloß kleinen, aber immerhin spürbaren Fortschritten führen.

Aktives Lernen: „Learning by Deweying"

In der von Kohlberg konzipierten Idee einer „Gerechten Schulgemeinschaft" schlägt sich neben gewissen Grundsätzen der Moralpsychologie Piagets vor allem der Pragmatismus eines John Dewey (1859–1952)[24] nieder. „Lernen" bedeutet für Dewey vor allem aktiv und kreativ mit seiner Umwelt zu interagieren, sie einerseits zu transformieren, andererseits sich ihr anzupassen. Die Begriffe „Lernen" und „Erfahrung" bedingen sich wechselseitig. Paradigma menschlichen Erfahrungs- und Lernhandelns ist für Dewey die Untersuchung oder Erforschung („Inquiry"). Sie stellt ein komplexes Verfahren dar mit unterschiedlichen, aufeinander aufbauenden Operationen:

> „(Inquiry means) ... the controlled or directed transformation of an indeterminate situation into one that is so determinate in its constituent distinctions and relations as to convert the elements of the original situation into a unified whole."[25]

Dewey unterscheidet fünf verschiedene Denkschritte des Problemlösungshandelns:

(1) die empfundene oder erlebte Problemlage. Dabei handelt es sich um eine unbestimmte, verworrene Ausgangslage. Sie ist grundsätzlich instabil, weil disäquilibriert.
(2) die hinreichend präzise Lokalisierung des Problems. In diesem Stadium beginnt die eigentliche „Inquiry" (Erforschung). Ein ernsthaftes Problem, das einer Lösung bedarf, wird erkannt.
(3) die Phase des hypothetisch-kreativen Findens einer möglichen Lösung. Jetzt werden Hypothesen, innovative Ideen formuliert, die eine Lösung versprechen.
(4) die logisch-rationale Prüfung der in den Hypothesen implizierten Konsequenzen.
(5) das Stadium experimentellen Vorgehens. Die Lösungsansätze werden experimentell geprüft und beurteilt.

Das Untersuchungs- und Forschungshandeln ist nach Dewey stets ein situiertes oder kontextualisiertes Handeln. Die anthropologische Feststellung, dass Menschsein immer ein In-der-Welt-Sein bedeutet, meint hier ganz konkret, dass das Individuum wie die Gruppe stets in einer Reihe von Situationen lebt und agiert. Um auf die in diesen konkreten Kontexten wahrgenommenen Probleme adäquat reagieren zu können, gilt es, möglichst intelligente Lösungen zu versuchen. Diese sind grundsätzlich einem ständigen Revisionsprozess unterworfen. Für Dewey bleibt die „Logik der Forschung" ganz pragmatisch selbst Gegenstand des Zweifels und Weiterdenkens. Sie und ihre Ergebnisse sind prinzipiell reflektier- und verbesserbar.

Um möglichst optimale Lösungen für anstehende Probleme zu finden, bedarf es nach Dewey vor allem einer spezifischen Sensibilität gegenüber Art und Qualität der gewählten methodischen Vorgehensweisen. Die Methodenreflexion ist für ihn integraler Bestandteil jedes Untersuchungsprozesses (Inquiry). In den intelligent zu transformierenden alltäglichen Problemsituationen kommt es nicht nur auf die Ergebnisse, sondern ganz entscheidend auf die Art und Weise der Problemlösung an. Das dabei geweckte bzw. geförderte Methodenbewusstsein ist ein konstitutives Element der Lernerfahrung. Ein zentrales Anliegen des Deweyschen Pragmatismus ist weniger, eine bestimmte Position im Streit um die Wahrheit einzelner Aussagen zwischen „Empiristen" bzw. „Transzendentalisten" zu beziehen, als vielmehr eine praktikable Methodologie des zweckrationalen Problemlösungsverhaltens im Alltag und in der Wissenschaft zu entwickeln.

Die methodische Reflexion, die effektives Problemlösen bewirkt und wirksames Lernen ermöglicht, ist für Dewey ein Qualitätsmerkmal intelligenten Verhaltens. Durch Nachdenken über die Art unseres Erfahrungserwerbs lernen wir mehr und anderes als durch die konkreten Erfahrungen selber. Daher ist es so elementar wichtig, dass wir uns bei der Bearbeitung kognitiver Aufgaben beobachten und kontrollieren. Wir können letztlich nur dann lernen zu lernen, wenn wir uns selbst als Lernende wahrnehmen und bewusst sind.

Die methodische Reflexion ist entweder vergangenheits- oder gegenwartsbezogen. Sie kann ein Nachdenken während des Handelns oder ein retrospektives Nachdenken über Handlungen sein. Letzteres findet in der Regel in Meta-Gesprächen statt. Die introspektive Selbstbeobachtung und -beurteilung – wie bewege ich mich methodisch richtig, um die anstehenden Probleme zu lösen ? – gehören ganz wesentlich zu einer metakognitiven Kontrolle. Im reflexiven Regelkreis zwischen Beobachten – Bewerten und Planen realisiert sich ein grundsätzlich offener, auf korrigierende Modifikationen angelegter methodischer Lernprozess.

Schema:[26]

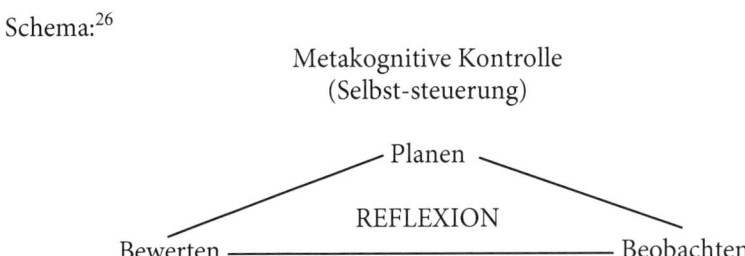

Das von Dewey propagierte „aktive Lernen" mit seinem unverkennbar diskursiven und induktiven Grundduktus ist nicht nur methodologisch relevant. Es findet auch seine Anwendung im gesellschaftlichen Kontext. Gesellschaftliche Probleme können dadurch gelöst werden, dass man das Verfahren der „Inquiry" auf sie anwendet. Demokratie ist für Dewey grundsätzlich mehr als eine bloße Regierungsform. Sie ist in erster Linie eine bestimmte Qualität der sozialen Kommunikation. Sie zielt auf eine spezifische Art der Problemfindung und -lösung.

> „Democracy is much broader than a special political form, a method of conducting government, of making laws and carrying on governmental administration by means of popular suffrage and elected officers. It is that, of course. But it is something broader and deeper than that. It is a way of life, social and individual. The keynote of democracy as a way of life may be expressed as the necessity for the participation of every mature human being in formation of the values that regulate the living of men together which is necessary from the standpoint of both the general social welfare and the full development of human beings as individuals."[27]

Demokratie als individueller und sozialer Lebensstil basiert vor allem auf einem Vertrauen in die Fähigkeit der Menschen, ihr Leben autonom zu gestalten. Dewey qualifiziert den Modus eines demokratischen Miteinanders häufig als „aktivierend", „integrierend", „offen", „tentativ" oder „undogmatisch". Das demokratische Lern- und Erfahrungshandeln zeigt sich als ein offener, freier Umgang mit Begriffen und Argumenten. Der demokratische Diskurs ist nicht dogmatisch geschlossen, sondern prinzipiell revisions- und verbesserungsfähig. Dabei ist die Mehrheitsregel ein institutionalisierter Notbehelf, um letztlich notwendige Entscheidungen zu bekommen.

> „Majority rule, just as majority rule, is as foolish as is critics charge it with being. But it never is merely majority rule…The means by which a majority comes to be a majority is to meet the opinions of minorities…The essential need, in other words, is the improvement of the methods and conditions of debate, discussion and persuasion."[28]

Hier wird ein essentielles Moment eines prozeduralistischen Demokratieverständnisses berührt. Das Hauptaugenmerk liegt auf der Art und Weise des Diskurses. Es müssen Methoden und Regeln gefunden und eingehalten werden, die möglichst viele Einzelinteressen, Meinungen integrieren. Nur so kann der egalitäre, faire und rationale Charakter des Diskurses gewährleistet sein.

Kritische Rückfragen

Das Just Community Projekt weist eine ganze Reihe auf Anhieb plausibler didaktischer Vorzüge auf. Schüler lernen – aktiv und handlungsorientiert – die Probleme und Chancen eines solidarischen Miteinanders in der Schule kennen. Unterschiedliche Bedürfnisse, konträre Interessen werden wahrgenommen und auf ihre Verallgemeinerbarkeit hin reflektiert. Diskursives Argumentieren kann neben Rollenwechsel und der Fähigkeit zur Empathie eingeübt werden. Darüber hinaus lernen Schüler, im Kontext Schule Verantwortung zu übernehmen und sich somit mehr oder minder mit ihrer Schule zu identifizieren. Es kann somit ein vor allem für moralische Lernprozesse günstiges Klima aufgebaut werden.

Wie lässt sich dieses sehr attraktive Konzept in die Schulwirklichkeit umsetzen und integrieren? Hier tauchen zahlreiche Probleme auf.[29] Die Hauptprobleme liegen sicherlich im Bereich der Schulorganisation. Fachunterricht und Fachlehrer pochen nicht ganz unplausibel auf ihr Recht. Würden umfangreichere Elemente der Gerechten Gemeinschaft institutionalisiert, so könnte dies wohl nur auf Kosten des Fachunterrichts geschehen. Hier wäre mit erheblichem Widerstand nicht nur von Seiten der Schulleitung, sondern auch von Seiten zahlreicher Fachkollegen, möglicherweise auch der Eltern zu rechnen.

Versuche einer Transformation des Just Community Konzepts in die Schulwirklichkeit müssen sich wohl auf einzelne Elemente konzentrieren, die es vor Ort, sich den lokalen Bedingungen anpassend, umzusetzen gilt. Dabei handelt es sich um einen langfristigen Prozess, in dem auch viel Überzeugungsarbeit gegenüber Schulleitung und Kollegen geleistet werden muss. Das Prinzip des fächerverbindenden bzw. Projekt-Unterrichts zielt in diese Richtung. Unterschiedliche Fächer und Kollegen vernetzen sich in einem gemeinsamen Diskurs über normative Fragen. Schülermitverwaltung (SMV) oder aktuelle Schulprojekte (Weihnachtsbasar, Spendenaktionen, Planung einer Cafeteria, Patenschaften usw.) tragen ihrerseits zur Entwicklung von Schulklima und Schulethos bei. Die neuerdings stark vorangetriebenen Bemühungen um Schulprofil und Schulentwicklung tendieren ebenfalls in diese Richtung.

Das wenngleich nur partiell umgesetzte Modell der Gerechten Gemeinschaft bietet dem Ethikunterricht ein ideales Praxisfeld. Das zunächst theoretische Reflektieren über menschliches Handeln und konstitutive Normen und Werte kann in zwanglosen Diskussionen praktisch erprobt werden. Andererseits erhält die Schulgemeinschaft vom Ethikunterricht in Form von bestimmten Argumentier- bzw. Kommunikationsweisen oder Begrifflichkeiten differenzierende Impulse. Die gelegentlich beschworene Gefahr einer allgemeinen letztlich kontraproduktiven Moralisierung oder zunehmenden „Sozialpädagogisierung" (Leschinsky) scheint überzogen. Die Schüler sollen sich der ständig zunehmenden moralischen Konflikte in und vor allem außerhalb der Schule bewusst sein. Die nicht nur im Ethikunterricht zu vermittelnde ethische Kompetenz umfasst neben einer Wahrnehmungsfähigkeit solcher Konflikte die Kompetenz, sie hinreichend differenziert zu analysieren. Entscheidend wäre hierbei, den Schülern ein Gespür für die ethischen Dimensionen der jeweils fachspezifischen Fragestellungen (z. B. Politik, Biologie oder Physik) zu vermitteln. Voraussetzung dafür ist eine entsprechende ethisch-philosophische Qualifikation der Fachlehrer. Dadurch wird eine interdisziplinäre Kooperation wesentlich fundiert.[30]

Eine Gerechte Schulgemeinschaft bietet – dies gilt es festzuhalten – eine ganze Reihe von soziobiographischen Bedingungen, die prinzipiell als günstig für die moralische Entwicklung von Heranwachsenden eingestuft werden können.

- durch eine offene Auseinandersetzung mit unterschiedlichen Interessen, Werten und Normen wird die Fähigkeit, Konflikte differenziert wahrzunehmen und auszuhalten, geweckt bzw. stimuliert
- die konsequente soziale Anerkennung durch Autoritätspersonen und Peers fördert Selbstbewusstsein, Vertrauen und Achtung gegenüber anderen
- eine freier Diskurs über Legitimation von Interessen, Normen und Werten verhilft zu argumentativer Kompetenz
- ein kooperatives Mitentscheiden über gemeinsames Handeln steigert die Fähigkeit zur Perspektivenübernahme und Koordination kollektiver Aktionen
- die Zuweisung von Aufgaben und Zurechnung von tatsächlichen Handlungsfolgen fördert Verantwortungsbewusstsein
- das Nutzen von situativ bedingten Handlungsspielräumen schärft den Blick für Möglichkeiten und Grenzen des individuell wie sozial Machbaren.

Die unter diesen Bedingungen erworbene moralische Kompetenz ist im Kern als ein diskursives Ethos zu interpretieren. Dabei steht nicht so sehr die rationale Qualität erzielter Konsense im Vordergrund. Worauf es eher ankommt ist, dass in diesen realen Diskursen die Interessen, Bedürfnisse und Perspektiven der anderen, die das egozentrische Handeln Einzelner notorisch ausblendet, wahrgenommen und koordiniert werden.

Wertklärung („value clarification")

Das Verfahren der Wertklärung zielt darauf, Jugendlichen in unübersichtlichen und unklaren Lebenslagen zu Klarheit über ihre eigenen Wertvorstellungen zu verhelfen. Die Diagnose der Autoren dieses Ansatzes (Raths, Harmin und Simon, 1976)[31] ist, dass ein erheblicher Teil der Heranwachsenden apathisch, oberflächlich, ziellos, übertrieben angepasst oder überkritisch sind und lediglich eine ihnen zugeschobene Rolle ohne echte Überzeugung spielen. Ein entscheidender Grund hierfür liegt darin, dass sie durch die Fülle der auf sie eindringenden Angebote und Ansprüche verwirrt und verunsichert sind. Ihre Wertvorstellungen bleiben verschwommen. Also geht es darum, einen an den jeweils eigenen Wertvermutungen und Präferenzen ansetzenden Lernprozess in Gang zu setzen, der dem Einzelnen die Wertpräferenzen ins Bewusstsein hebt und deutlich werden lässt.

Aufgabe der Lehrpersonen ist dabei, zum Nachdenken und konsistenten Argumentieren anzuleiten. Die Methode ist insoweit nicht produktorientiert, sondern prozessorientiert. Die Schülerinnen und Schüler sollen nicht heteronom vorgedachte Lösungen übernehmen, sondern selbständig in autonomer Weise entscheiden können.

> „Das Konzept der Wertklärung (…) richtet sich deutlich gegen Nachahmungslernen, Wege der Überredung, appellative Beeinflussung des Gewissens und Indoktrination. Es soll durch verschiedene Arten der Klärung die jeweils zugrundeliegende Wert-Dimension des eigenen Handelns bewusst gemacht, reflektiert und zu einer bewussten Stellungnahme hingeführt werden. Beim Bewertungsprozess geht es um die drei Vorgänge des Wählens, Schätzens und dementsprechenden Handelns."[32]

Im Einzelnen sollen dem Unterricht folgende Zielvorstellungen zugrunde liegen: Es geht darum,

(1) Jugendliche zu ermutigen, freiwillig eine Auswahl zu treffen.
(2) Ihnen zu helfen, andere Möglichkeiten zu entdecken und zu prüfen.
(3) Ihnen zu helfen, die Alternativen sorgfältig abzuwägen und dabei über die Konsequenzen einer jeden zu reflektieren.
(4) Ihnen Gelegenheit zu geben, das von ihnen Gewählte öffentlich vertreten zu können.
(5) Sie darin zu bestärken, in Übereinstimmung mit dem Gewählten zu handeln und danach zu leben.

Primäres Erziehungsziel ist also nicht ein Vermitteln von inhaltlich fixierten Werten. Worum es lediglich gehen kann, ist, den Schülern Beurteilungs- und Entscheidungskriterien für ihre Suche nach subjektiv adäquaten Werten an die Hand zu geben. Vom entwicklungsorientiert-kognitiven Modell Kohlbergs unterscheidet sich der Ansatz der Wertklärung nicht unerheblich. Er arbeitet weniger mit kognitiven Dissonanzen, um eine kognitive Weiterentwicklung moralischer Urteilsfähigkeit zu stimulieren. Im Zentrum steht nicht so sehr eine theoretische Diskussion um Dilemmastrukturen, sondern eine punktuelle, introspektive Reflexion eigener Wertvorstellungen. Diese soll weniger moralisches Wissen in Form von Urteilsfähigkeit mehren als alltägliches authentisches und wertbewusstes Handeln ermöglichen, in dem die Schüler im Sinne der humanistischen Psychologie sich mit ihren Präferenzen begründetermaßen identifizieren. Sie sollen in die Lage versetzt werden, im durchaus konstruktivistischen Sinne eigenständig ein eigenes Wertgefüge aufzubauen.

Kritische Rückfragen

> „Unser Bemühen um Wertneutralität der Lehrkräfte hat wahrscheinlich traditionelle Vorstellungen über Werte und Moral unterlaufen ... Wenn ich zurückschaue, wäre es besser gewesen, wenn wir ein ausgeglicheneres Bild präsentiert und die Bedeutung beider Seiten der Hilfestellung an die Lernenden, nämlich ihre Werte zu klären und moralische Werte der Gesellschaft zu adoptieren, stärker betont hätten ... Es ist sehr sinnvoll zu sagen, dass Vertrauenswürdigkeit besser ist als Misstrauen, das Sich-sorgen besser ist als das Verletzen, Loyalität besser ist als Betrug und das Teilen besser ist als die Ausbeutung."[33]

Diese Selbstkritik eines der Hauptvertreter der Wertklärung zeigt klar die Grenzen des Ansatzes auf. Moralerziehung kann sich nicht beschränken auf eine weitgehend wertneutrale Identifizierung und Präsentation subjektiver Meinungen oder Präferenzen. Unterschiedliche persönliche, ästhetische, soziale oder moralische Werte können nicht grundsätzlich als gleichwertig angesehen werden. Hier droht ein gefährlicher Wertrelativismus. Der Präsentation einer pluralen Meinungsvielfalt muss deren diskursiv-argumentative Begründung folgen. Sie hat das Ziel, die bloße Subjektivität einer Meinungsäußerung auf einen universalisierbaren Wert hin zu überschreiten. Bleibt der Unterricht beim psychologisierenden Feststellen vorfindlicher Präferenzen stehen, so begeht er einen naturalistischen Fehlschluss. Aus dem bloßen Beschreiben von faktischen Werterlebnissen wird deren legitimierende Funktion für individuelles Handeln erschlossen.

Der Ansatz der Wertklärung zeigt auch, wo eine wohlverstandene Wertneutralität an Grenzen stößt. Sie resultiert prinzipiell aus einem Respekt gegenüber der je individuellen Schülermeinung. Ihr und ihm gilt das Indoktrinations- und Überwältigungsverbot. Auf der anderen Seite des Spektrums didaktischer Intervention liegt dann die Haltung des „Anything goes", einer kontur- und profillosen Beliebigkeit. Und in einer nicht immer leicht zu findenden Mitte läge eine Haltung, welche die Frage, ob Menschen nach ihrer Rasse, Religion oder Geschlechtzugehörigkeit bei der Verteilung von Gütern oder der Zuerkennung von Rechten und Pflichten unterschiedlich behandelt werden dürfen, prinzipiell nicht mehr dem subjektiven Werterleben anheimstellt.

Die Klärung der je eigenen Werthaltungen ist ein erster, wenngleich unverzichtbarer Schritt moralischer Lernprozesse. Nur wenn der Schüler sich über seine individuelle Wertposition im Klaren ist, kann er sich mit anderen und deren Wertungen auseinandersetzen. Nur dann sieht er Ähnlichkeiten oder Widersprüche. Nur dann vermag er im Zuge einer diskursiven Prüfung zu allgemeineren Wertkonzepten weiterzuschreiten und seine persönliche Ausgangsposition in ihrem Lichte kritisch zu überdenken. Insofern setzt eine didaktisch sinnvolle Reflexion über Werte immer eine introspektive Selbstreflexion voraus. Sie ist für erstere eine unverzichtbare lernpsychologische Basis. Die „maieutische" Ermittlung der Wertintuitionen ist bereits der Beginn ihrer Explikation. Diese gelingt dann umso leichter, als die Schüler sich ernstgenommen fühlen, konstruktiv mitarbeiten und so eine gute Unterrichtsatmosphäre entstehen kann. Grundsätzlich steigert eine wertklärende Selbstreflexion à la longue die Sensibilität in Wertfragen.

In einem vereinfachten drei-dimensionalen Modell moralischen Lernens kommt der Wertklärung eine fundamentale Position zu:

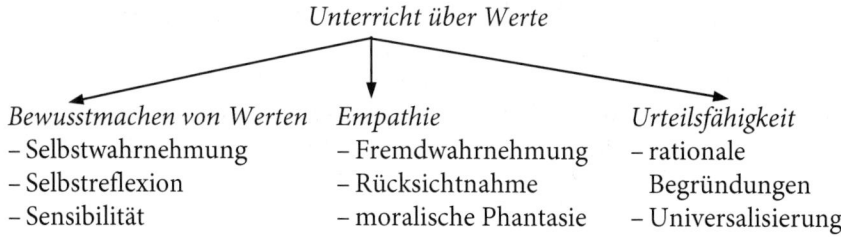

Bevor eine Wertklärung in die Phase der Begründung übergeht, ist es schon sinnvoll, den Wertbegriff in adäquater Form zu strukturieren. Zu einer Klärung von Werten gehört wohl auch ein hinlänglich klares Gerüst von entsprechenden begrifflichen Unterscheidungen. Zunächst kann man im Ethikunterricht didaktisch sinnvoll unterscheiden zwischen „theoretischen" (z. B. Wahrheit), „praktischen" (z. B. Gerechtigkeit) oder „ästhetischen" (z. B. Schönheit) Werten. „Moralische" Werte (z. B. Hilfsbereitschaft) wären von „außermoralischen" (z. B. Effizienz: ein gutes, scharfes Messer) zu unterscheiden. Weiterhin lassen sich „persönliche Präferenzen" (z. B. „Finde ich gut (besser) … ist mir lieb") von „Grund- oder Basiswerten" unterscheiden (z. B. Leben – Freiheit – Frieden – Gesundheit – usw.). Im Zusammenhang der Zweck-Mittel-Relation sind „Zielwerte" (z. B. Glück) von „instrumentellen Werten" (z. B. Geld) zu unterscheiden.[34]

Das „Compassion"-Projekt

Das an zahlreichen Schulen in Baden-Württemberg, Hessen und Nordrhein-Westfalen praktizierte „Compassion"-Projekt stellt einen Versuch dar, moralisches Lernen durch Lebensnähe zu intensivieren und ihm gleichzeitig eine nicht selten zu beobachtende kognitive Einseitigkeit zu nehmen. Zum Kernelement des Projekts gehört, dass die Schüler sich während eines Schuljahres ein oder zwei Wochen lang in einer sozialen Einrichtung – Altenheim, Krankenhaus, Kindergarten oder Behindertenheim – aufhalten. Sie sollen dort eine ihnen weitgehend fremde Lebenswelt kennenlernen, sich in die Menschen dort – Alte, Kranke, Behinderte, auch deren „Helfer" – einfühlen, deren Nöte, Ängste, auch Glücksmomente kennen- und beurteilen lernen. Dabei geht es nicht bloß um Empathie und Altruismus, sondern auch um ein Moment von Selbstwahrnehmung bzw. Selbstfindung. Die Schüler können sich u. a. fragen: Wäre das mein „Ding", hier zu arbeiten, den täglichen Emotionen und Konflikten ausgesetzt zu sein? Wäre ich damit möglicherweise überfordert? Oder ist diese Tätigkeit, hautnah mit Menschen zusammen zu sein und ihnen mannigfaltige Hilfe zukommen zu lassen, letztlich befriedigender als ein „normaler" Bürojob?

Dieses auch organisatorisch anspruchsvolle Projekt bedarf allerdings einer sorgfältigen Vorbereitung, Begleitung und vor allem Aufarbeitung. Letztere kann in unterschiedlichen Fächern erfolgen; neben der Ethik kämen der Religionsunterricht, Gemeinschaftskunde, Geschichte oder das Fach Biologie in Frage. So könnten neben den ethischen Aspekten auch gesellschaftliche, sozialpolitische oder medizinische Fragen bearbeitet werden.

Die Evaluation des Projekts zeigt überaus deutlich, dass diese Form außerschulischen Lernens von den Schülern ganz überwiegend angenommen und gutgeheißen wird. Viele von ihnen erfahren – zum Teil erstmals so intensiv – das Gefühl, für andere nützlich zu sein. Gewisse Indizien scheinen sogar dafür zu sprechen, dass jene Schüler, die an dem Projekt engagiert teilgenommen haben und es vor allem im Nachgang differenziert aufbereiten konnten, am Ende des Schuljahres eine signifikant höhere Handlungsbereitschaft im Sozialen aufweisen.[35]

Anmerkungen

[1] Christoph Meckel, 1980, S. 53f., zit. nach: Wilfried Lippitz, Phänomenologische Studien in der Pädagogik, Weinheim 1993, S. 231.
[2] L. Kohlberg, Zur kognitiven Entwicklung des Kindes, Frankfurt 1974, S. 66. – Grundsätzlich zu Kohlberg vgl. vor allem: Fritz Oser / Wolfgang Althof, Moralische Selbstbestimmung, Stuttgart 1992, S. 64f. – Bardo Herzig, Förderung ethischer Urteils- und Orientierungsfähigkeit, Münster 1998. Gottfried Adam / Friedrich Schweitzer (Hg.), Ethisch erziehen in der Schule, Göttingen 1996. Matthias Tichy, Die Vielfalt des ethischen Urteils, Bad Heilbrunn 1998. Wolfgang Edelstein / Gertrud Nunner-Winkler (Hg.), Moral und Person, Frankfurt 1993. Dies., Moral im sozialen Kontext, Frankfurt 2000. Detlef Garz / Fritz Oser (Hg.), Moralisches Urteil und Handeln, Frankfurt 1999. Detlef Garz, Lawrence Kohlberg, Hamburg 1996. Jürgen Habermas, Moralbewusstsein und kommunikatives Handeln, Frankfurt 1996. Siegfried Uhl, Die Mittel der Moralerziehung und ihre Wirksamkeit, Bad Heilbrunn, 1996. Hermann Dülmer, Argumente, Bildung und Moral, Opladen 2000. Georg Lind, Ist Moral lehrbar? Ergebnisse der modernen moralpsychologischen Forschung, Berlin 2000. Marcus Düwell u. a. (Hg.): Handbuch Ethik, Stuttgart 2002, S. 428ff. Georg Lind, Moral ist lehrbar, München 2003.
[3] Kohlberg, 1974, S. 109.
[4] L. Montada, Themen, Traditionen, Trends, in: R. Oerter / L. Montada (Hg.), Entwicklungspsychologie, München 1987, S. 77. – Zur konstruktivistischen Lerntheorie vgl. grundsätzlich: Rolf Dubs, Lehrerverhalten, Zürich 1995, S. 22f. Norbert M. Seel, Psychologie des Lernens, München 2000.
[5] Kohlberg 1974, S. 79.

[6] Ders., The philosophy of moral development. Moral stages and the idea of justice, San Francisco 1981, S. 30.
[7] Kohlberg, Moralische Entwicklung und demokratische Erziehung; in: Georg Lind (Hg.), Moralische Urteilsfähigkeit, Weinheim 1987, S. 35. – Vgl. dazu auch: Norbert M. Seel, Psychologie des Lernens, München 2000, S. 289ff. Vgl. dazu auch: Oser / Althof, 1992, a. a. O., S. 107.
[8] Vgl. dazu auch: Georg Lind, Moral ist lehrbar, a. a. O., S. 83f.
[9] Marvin W. Berkowitz, Die Rolle der Diskussion in der Moralerziehung; in: F. Oser u. a. (Hg.), Transformation und Entwicklung. Grundlagen der Moralerziehung, Frankfurt 1986, S. 89f.
[10] Vgl. etwa den Überblick bei Althof / Oser, 1992, S. 188ff: „Kritische Diskussionen der Kohlberg-Theorie: Themen, Revisionen, Weiterentwicklungen". – Vgl. auch die knappe Zusammenstellung der Kritik an Kohlberg von Hans Albert Hartmann, Trübe Aussichten für die Moral?, in: Ethik und Unterricht, Sonderheft: „Ethik und Moral in der Kritik", Frankfurt 1996, S. 36–50.
[11] Vgl. die Kohlberg-Statistik in: Althof / Oser, 1992, S. 79. – Zum Problem der Zuordnung von Schüleräußerungen nach Kohlbergs Stufenkonzept vgl. www.stangl-taller.at/Arbeitsblätter/Moralentwicklung/KohlbergDilemmataPaul.shtml.
[12] Vgl. z. B. Siegfried Uhl, 1996, a. a. O., S. 93f.
[13] Ebd., S. 109.
[14] Carl Friedrich v. Weizsäcker, Bewusstseinswandel, München 1988, S. 162. – Vgl. Kapitel „Wertevermittlung im Ethikunterricht", S. 28.
[15] Nach: L. Kohlberg / D. Candee, Die Beziehung zwischen moralischem Urteilen und moralischem Handeln; in: Garz / Oser / Althof, 1999, S. 41.
[16] Nach: L. Kohlberg / Daniel Candee, Die Beziehung zwischen moralischem Urteilen und moralischem Handeln, 1984; in: Garz / Oser / Althof (Hg.), 1999, S. 13ff.
[17] Nach: Oser / Althof, 1992, S. 242f. – Vgl. vor allem: Augusto Blasi, Moralische Kognition und moralisches Handeln; in: Garz / Oser / Althof, 1999, S. 47ff.
[18] Zit. nach: Oser / Althof, 1992, S. 242.
[19] Blasi, Moralische Kognition und moralisches Handeln, a. a. O., S. 76. – In ganz ähnlicher Richtung weist die Kritik von Gertrud Nunner-Winkler an Kohlberg. „Der Aufbau moralischer Motivation jedoch erfordert mehr als ein bloß kognitives Wissen um die faktische Existenz moralischer Normen. Er erfordert die Entwicklung einer Bereitschaft, die Befolgung dieser Normen zu einem wichtigen Ich-Ziel zu machen." Dies., Die Entwicklung moralischer Motivation; in: Wolfgang Edelstein u. a. (Hg.), Moral und Person, Frankfurt 1993, S. 299. – Ebenso Fritz Oser, Die missachtete Freiheit moralischer Alternativen: Urteile über Handeln, Handeln ohne Urteile, in: Garz / Oser / Althof, 1999, S. 168ff, bes. S. 191: „Wir postulieren eine Freiheit des Entscheidens, die selbst noch im Wissen um richtig und falsch ein gewisses Ausmaß an gegensätzlicher Reaktion zulassen muß ... Diese Freiheit der Entscheidung wurde von Jaspers (1956) als ‚Sprung' in die Verantwortung bezeichnet, die selbst bei der Abwägung allen Für und Widers in Freiheit geleistet werden muß."
[20] Ebd., S. 216.
[21] Vgl. dazu grundsätzlich: Oser / Althof 1992, S. 337–458. – Dies., Die Gerechte Schulgemeinschaft. Lernen durch die Gestaltung des Schullebens; in: Wolfgang Edelstein u. a. (Hg.), Moralische Erziehung in der Schule, Weinheim 2001, S. 233ff. – Karl Ernst Nipkow, Bildung in einer pluralen Welt, I, Gütersloh 1998, bes. S. 274f., 288f. – Siegfried Uhl, Moralerziehung, 1996, S. 104ff. – Matthias Tichy, Die Vielfalt des ethischen Urteils, 1998, S. 136ff.
[22] Edelstein u. a. (Hg.), 2001, S. 247. – Eine Beschreibung einer Just Community-Sitzung findet sich in Oser / Althof, 1992, S. 345f.: „In der Johannes-Gutenberg-Realschule in Langenfeld kommen ca. 80 Schüler aus den fünften Klassen und ca. 20 Lehrer zu ihrer gemeinsamen Just Community-Sitzung zusammen, die von 11.45 bis ca. 13.20 Uhr dauert. Diese Sitzungen finden in der sehr schönen Aula des Schulhauses statt. Die Stühle sind von der Vorbereitungsgruppe im Halbkreis so aufgestellt worden, daß jeder Beteiligte sowohl an die Tafeln als auch direkt zum Leitungstisch sieht; von dort aus gestalten zwei Schüler und zwei Lehrer die Sitzung. Eine Vorbereitungsgruppe von 9 Schülern (drei Abgeordnete pro Klasse) und 3 Lehrern (je ein Lehrer, der mit einer Klasse in engerem Lernkontakt steht) haben das Thema vorbereitet.
Ein Schüler eröffnet die Sitzung. Das Thema lautet: „Pflichten der Schüler gegenüber der Schule". Die Begründung für die Wahl des Themas scheint wichtig: „Wir waren betroffen," sagt einer der Schüler, die die Versammlung leiten, „daß so viele von euch dem Sporttag ferngeblieben sind. Es war die Aufgabe unserer Schule, diesen Sporttag auszurichten. Es war unsere Pflicht mitzutun. Wie können wir eine gute Gemeinschaft haben, wenn einige einfach wegbleiben und

ihre Pflicht nicht erfüllen?" (Der Sprecher gibt dann noch einige Regeln für die Diskussion an, die in früheren Gemeinschaftstreffen beschlossen worden waren: Keine Namen sollen genannt werden, keine verletzenden Bemerkungen gemacht, Wiederholungen vermieden werden, jeder hört zu etc.) In einer ersten Phase lassen die Leiter Pflichten aufzählen, welche die Schüler gegenüber der Schule haben. In einer zweiten Phase werden Situationen aufgelistet, in denen diese Pflichten zur Anwendung kommen. Dies geschieht in Gruppen, die spontan im Sitzungsraum gebildet werden. Diese beiden ersten Teile sind relativ stark strukturiert. Sie haben mehr Appellcharakter. Ganz anders nun der zentrale dritte Teil. Hier entsteht eine Kontroverse, die heftig hin- und herwogt. Es gibt eine Gruppe von Schülern und Lehrern, die meinen, man könne doch im Zusammenhang mit dem Sportfest nicht von Pflicht gegenüber der Schule sprechen. Einmal sei Sport nicht jedermanns Sache, dann seien nicht alle genau über die Helferpflichten informiert gewesen, schließlich seien die Spiele für viele Schüler langweilig gewesen. Andere finden diese Argumentation unfair ... Die Kommunität beschließt diesmal keine Regel ... (außer) dem Beschluss, dass in einem ähnlichen Falle das Thema „Verpflichtung gegenüber der Schule" vor dem Ereignis (in diesem Fall der Sporttag) besprochen werden müsse ...
Nach der Sitzung diskutieren Schüler und Lehrer erregt über Ablauf und Ergebnis und Nutzen solcher Diskussionen".

23 Zit. nach Oser / Althof, 1992, S. 458.
24 Vgl. Thomas Gil, Einführung in philosophisches Denken, München 1998, S. 95–123. – Ludwig Nagl, Pragmatismus, Frankfurt 1998, S. 111–143.
25 John Dewey, Logic: The Theory of Inquiry, New York 1938, S. 104.
26 Vgl. Norbert M. Seel, Psychologie des Lernens, München 2000, S. 232.
27 J. Ratner (Hg.), Intelligence in the Modern World. John Dewey's Philosophy, New York 1939, S. 400.
28 John Dewey, The Public and its Problems, Chicago 1954, 207f.; zit. nach Jürgen Habermas, Faktizität und Geltung, Frankfurt 1992, S. 369.
29 Vgl. dazu zusammenfassend: Edelstein / Oser u. a., 2001, S. 262ff.
30 In der neuen (März 2001) Studienordnung für Gymnasiallehrer in Baden-Württemberg wird für alle Fächer ein „Ethisch-philosophisches Grundlagenstudium" vorgeschrieben, in dem es vor allem um die „Ethischen Dimensionen und Fragen des jeweiligen Fachs im Kontext der Bereichsethiken" und um „Grundlegende Ansätze und Methoden einer interdisziplinären angewandten Ethik" geht.
31 Vgl. dazu: Oser / Althof, 1992, S. 475–514, mit einer detaillierten Darstellung der Unterrichtsstrategien. – Edelstein / Oser u. a., 2001, S. 68ff. – Adam / Schweitzer, 1996, S. 114ff. – S. Uhl, 1996, S. 59–80. – Hartmut von Hentig, Ach, die Werte, München 1999, S. 77ff. – Vgl. auch: Hans-Joachim Werner, Moral und Erziehung in der pluralistischen Gesellschaft, a. a. O., S. 211–219.
32 Adam / Schweitzer, a. a. O., S. 114f.
33 M. Harmin, Value Clarity, High Morality: Let's Go for Both!, 1988; zit. nach: Dubs, Lehrerverhalten, 1995, S. 349.
34 Zum Wertbegriff vgl. Thomas Nagel, Moral Dilemmas, New York 1987, S. 145ff. – Jean-Pierre Wils, Werte und Normen, in: Adam / Schweitzer, 1996, S. 332ff. – Zu den in den 70er Jahren des vorigen Jahrhunderts in Großbritannien entwickelten Programmen „Startline" und „Lifeline" („Schools Council Project in Moral Education") vgl. vor allem Oser / Althof, 1992, S. 517–560 und Hans-Joachim Werner, Moral und Erziehung in der pluralistischen Gesellschaft, a. a. O., S. 237–243.
35 Vgl. L. Kuld / S. Gönnheimer, Compassion. Sozialverpflichtendes Lernen und Handeln, Stuttgart 2000, S. 89–94. Hans Joachim Werner, Moral und Erziehung in der pluralistischen Gesellschaft, a. a. O., S. 235–237. Ethik und Unterricht, Heft 1 (2007): Außerschulische Lernorte. Ebenso: Hartmut v. Hentig, Bewährung. Von der nützlichen Erfahrung, nützlich zu sein, München 2006; Margit Stein, Wie können wir Kindern Werte vermitteln, a. a. O., S. 171.

XI. Bildungsstandards im Philosophie- und Ethikunterricht

> *Generation Always-On?*
> *„Zwischen 15 und 30 ist es heute absolut normal, ständig erreichbar zu sein, alles immer sekundenschnell greifbar zu haben und vollkommene Flexibilität zu leben. Alles nur dank unserer Smartphones. Das ist einfach cool!"*
> (Jessica, 17)

Eine Momentaufnahme

„In einem Schulraum, der etwas größer ist als ein normaler Schulraum, eine Art Halle, rutschen Schülerinnen und Schüler in der Pause auf ihren Hausschuhen lustvoll herum. Sie nehmen Anlauf und brausen dann bis zu den Schulbänken heran. Es ist wie auf einer Eisbahn, es ist eine Art Dahergleiten, ohne dass Schaden angerichtet würde. Eine ca. elfjährige Schülerin kommt mit einem besonders großen Anlauf auf die Bänke zugeglitscht. Der Lehrer, der zufälligerweise dort steht, hält sie mit dem Arm auf, und er sagt zu ihr: „Schau, hier liegt ein sehr schön beschriebenes Blatt am Boden, bitte hebe es auf." Die Schülerin sagt: „Nein, das tu ich nicht. Es ist nicht mein Blatt." Meint der Lehrer: „Aber schau, der Schüler hat sich sehr Mühe gegeben, und wenn du darüber gleitest, ist das Blatt zerrupft. Bitte hebe es auf." Die Schülerin macht nochmals Widerstand, und sie sagt: „Aber ich kann doch nicht alle Blätter aufheben, die am Boden liegen. Zudem ist es ja nicht meine Sache." Die Lehrperson insistiert nochmals. „Der Schüler, der dieses Blatt beschrieben hat, hat sich sehr viel Mühe gegeben. Dummerweise ist es jetzt runtergefallen. Wenn du oder ein anderer Schüler darüberrutschen, ist es kaputt. Wir haben auch für die anderen eine Verantwortung. Bitte hebe es auf." Die Lehrperson dreht sich um und geht, ohne zurückzublicken, zum Zimmer hinaus. Die Schülerin steht lange nachdenkend da. Plötzlich hebt sie das Blatt auf und rennt weg."[1]

Diese alltägliche schulische Episode wirft eine Reihe von Fragen auf. Wie lässt sich der offensichtliche Lehr-Lern-Prozess der Schülerin beschreiben? Inwiefern ist er für das im Ethikunterricht praktizierte Lehren und Lernen relevant und typisch? Und vor allem: Lässt sich das von der Schülerin Gelernte anhand von Standards normieren und messen?

Im Oktober 1997 hat die Kultusministerkonferenz beschlossen, das deutsche Schulsystem im Rahmen wissenschaftlicher Untersuchungen international vergleichen zu lassen (Konstanzer Beschluss). Ziel war und ist es, gesicherte Befunde über Stärken und Schwächen der Schülerinnen und Schüler in den zentralen Kompetenzbereichen zu erhalten. Hinter diesem bildungspolitischen Bemühen sind unschwer zwei grundlegende Absichten zu erkennen: Begrenzung der ständig steigenden Kosten bei gleichzeitiger Effizienzsteigerung der Bildungsprozesse.

Daraufhin kam es zu deutscher Beteiligung an den Studien TIMSS, PISA und IGLU. Die Ergebnisse haben schnell deutlich gemacht, dass die in Deutschland vorrangige Inputsteuerung im Schulbereich allein nicht zu den erwünschten Ergebnissen im Bildungssystem führt. Die Festlegung und Überprüfung der erwarteten Leistungen müssen hinzukommen. Deshalb hat die Kultusministerkonferenz in der Folgezeit einen besonderen Schwerpunkt ihrer Arbeit auf die Entwicklung und Einführung von bundesweit geltenden Bildungsstandards gelegt. Sie sind schließlich zum Schuljahresbeginn 2004/2005 eingeführt worden.

Konzeption von Bildungsstandards

Bildungsstandards orientieren sich an allgemeinen Bildungszielen und konkretisieren diese in Form von Kompetenzanforderungen.[2] Als übergeordnete Bildungsziele gelten

(a) die Entwicklung einer individuellen Persönlichkeit
(b) die Aneignung von kulturellen und wissenschaftlichen Traditionen
(c) die Bewältigung praktischer Lebensanforderungen
(d) eine aktive Teilnahme am gesellschaftlichen Leben.

Damit diese recht generellen Leitlinien praktisch umgesetzt werden können, bedarf es eines Mediums, in dem sie sich entsprechend spezifizieren und definieren lassen. In der Vergangenheit wurden dazu Lehrpläne konzipiert, neuerdings soll diese Funktion weitgehend von Kompetenzmodellen übernommen werden.

„Kompetenz" wird definiert als

> „die bei Individuen verfügbaren oder durch sie erlernbaren kognitiven Fähigkeiten und Fertigkeiten, um bestimmte Probleme zu lösen, sowie die damit verbundenen motivationalen, volitionalen (=willentliche Steuerung von Handlungen und Handlungsabsichten) und sozialen Bereitschaften und Fähigkeiten, um die Problemlösungen in variablen Situationen erfolgreich und verantwortungsvoll nutzen zu können".[3]

Kompetent-Sein meint also hier ein dreifach zu differenzierendes Können:

→ Wissen / Kenntnisse
→ Fähigkeiten / Fertigkeiten
→ Einstellungen / Haltungen.

Dabei scheint das Element einer bewussten Reflexion von eigenverantwortlichen, handlungs- und anwendungsorientierten Problemlösungen ganz zentral zu sein.

Das „Neue" – häufig etwas übertrieben als Paradigmenwechsel bezeichnet – in seinem Verhältnis zum „Alten" soll an einem Beispiel aufgezeigt werden.

Im Lehrplan von Baden-Württemberg der Klasse 11 („Philosophische Ansätze zur Begründung von Ethik – Die Figur des Sokrates") werden 1994 folgende allgemeine Lernziele formuliert:

> „Die Schülerinnen und Schüler lernen verschiedene Ansätze philosophischer Ethik kennen und setzen sich dabei mit dem Problem der Rechtfertigung moralischen Handelns und der Begründbarkeit moralischer Normen auseinander. Sie lernen die Ansätze auch in ihrer historischen Bedingtheit verstehen, analysieren die Argumentationsstruktur, fragen nach ihren möglichen Schwächen und Grenzen und überprüfen ihre Anwendbarkeit auf gegenwärtige Probleme."

Im Folgenden werden verbindliche bzw. frei zu wählende Inhalte und methodische Hinweise gegeben.

In den Bildungsstandards des Jahres 2004 wird unter der Rubrik „Moralphilosophie" zur „Philosophischen Ethik. Die Figur des Sokrates" das folgende Kompetenzprofil umrissen:

> „Die Schülerinnen und Schüler können die Figur des Sokrates als paradigmatische Verkörperung des Philosophen (Einheit von Lehre und Person, Vernunft als unbedingte Orientierungsnorm) deuten sowie eine moralische Argumentierweise in Ansätzen analysieren und beurteilen."

Unter der Rubrik „Moralisch-Ethisches Argumentieren" ist weiter zu lesen:

> „Analytische Dimension: Die Schülerinnen und Schüler können philosophische Theorien in ihren Grundzügen erläutern ... Hermeneutische und kommunikative Dimension: Die Schülerinnen und Schüler können anspruchsvolle philosophische Texte sinngemäß wiedergeben und moralbezogene Probleme angemessen erörtern ... Kreativ-konstruktive Dimension: Die Schülerinnen und Schüler können philosophische Sachverhalte und Texte visualisieren, mit moralbezogenen Texten kreativ umgehen".

Hier wird ganz offensichtlich auf „Altem" in Form von bestimmten Inhalten aufgesattelt. „Die Figur des Sokrates" bleibt verbindlicher Inhalt oder In-put. In der Können-Semantik meldet sich dann deutlich der anvisierte Out-put. Die Schülerinnen und Schüler sollen am Beispiel „Sokrates" explizite Fertigkeiten – hermeneutische, analytisch-argumentative und kreative – entwickeln, die dann auf analoge Problemkontexte transferierbar sind. Diese Fertigkeiten stecken jedoch implizit zum großen Teil schon im Curriculum des Jahres 1994.

Was in den Bildungsstandards als Kompetenzstandards jedoch expliziter gemacht wird, ist dreierlei:

Bildungsstandards sind

(a) schülerorientiert. Sie sind angebunden an die Erfahrungswelt, Qualifizierung und Identität der Schüler;
(b) ergebnisorientiert. Bisherige Lehrpläne haben vor allem festgeschrieben, was Lehrpersonen lehren sollen. Die Bildungsstandards hingegen verlegen den Schwerpunkt auf das, was Schüler am Ende einer Unterrichtseinheit oder am Ende eines bestimmten Zeitraums („Standardzeitraum") an geeigneten Inhalten gelernt haben, d. h. können sollen. Das bedeutet, dass Lehrpersonen die jeweils für ihre Schüler passenden und sachlich gebotenen Inhalte bestimmten vorgegebenen Kompetenzen zuordnen;
(c) prozessorientiert. Sie nehmen einen längeren Zeitraum der Lernbiographie der Schüler in den Blick und versuchen, akkumulativ und schrittweise Fähigkeiten, Fertigkeiten wie Dispositionen zu stimulieren.

Das Kompetenzniveau, das Schülerinnen und Schüler dann tatsächlich erreicht haben, soll letztendlich anhand von Aufgabenstellungen und Verfahren empirisch zuverlässig überprüft werden.[4]

Im Ganzen soll durch die kompetenzbasierten Standards größere Transparenz hinsichtlich der Anforderungen hergestellt und so über klar strukturierte Zielformulierungen der schulischen Lehr- und Lernprozesse eine spürbare Qualitätssteigerung erreicht werden. Die angestrebte Standardisierung soll darüber hinaus die Vergleichbarkeit der jeweiligen Bildungsinstitutionen und so auch ein wesentliches Moment von Chancengleichheit auf dem Bildungssektor gewährleisten.

Bildungsstandards im Philosophie- und Ethikunterricht

Aus den vor allem im 2. Kapitel „Wertevermittlung im Ethikunterricht" entwickelten didaktischen Prinzipien ergeben sich nun umrisshaft elementare Kompetenzfelder mit entsprechenden Teilkompetenzen. Beide zusammen kostituieren als Oberbegriff eine moralische Kompetenz, worauf letztlich jede philosophisch ausgerichtete Wertevermittlung mehr oder minder ausdrücklich abzielt.

Moralische Kompetenz

ICH(Personal)-Kompetenz:
- Selbstwahrnehmung von Körper, Empfindungen, Motiven und Interessen
- Über eigene Gefühle reflektieren und sie ausdrücken
- Sich eigener Fähigkeiten und Grenzen bewusst werden
- Konfliktfähigkeit

- Sprachlich-diskursive Ausdrucksformen beherrschen
- Eigene Standpunkte argumentativ begründen
- Eigene Meinungen und Wertvorstellungen kritisch reflektieren
- Eigenes Handeln an moralischen Kriterien messen und kritisch reflektieren
- Nachdenklichkeit, Disposition zum reflexiv-kritischen Fragen

DU(Sozial)-Kompetenz:
- Perspektivenwechsel
- Sich in fremde Lebenswelten einfühlen
- Empathie
- Fremde Denk- und Verhaltensweisen als Ausdruck unterschiedlicher Lebensformen und kultureller Prägung verstehen
- Sich auf Alterität und Fremdheit einlassen
- Kommunikationsregeln formulieren und praktizieren
- Urteile gemeinsam finden und argumentativ begründen
- Werthaltungen anderer anerkennen und über die Grenzen von Toleranz reflektieren

ES(Sach)-Kompetenz:
- Differenziertes Beschreiben und Strukturieren von Wahrnehmungen und Beobachtungen
- Begriffsklärung, Fachbegriffe
- Grundlegende Kommunikations- und Argumentationsformen kennen
- Differenzierung von Sach- und Werturteil
- Kenntnis der für moralisches Urteilen grundlegenden empirischen und fachwissenschaftlichen Fakten und Zusammenhänge
- Elementare philosophisch-ethische Inhalte und Sachverhalte mit den damit verbundenen Fragestellungen kennen
- Kritische Reflexion von Lösungsansätzen und deren Anwendungsmöglichkeiten

METHODEN-Kompetenz:
- Beherrschen von fachbezogenen und fächerübergreifenden Methoden und Arbeitstechniken
- Methoden der Konfliktbearbeitung kennen und anwenden, z. B. Rollenspiele, Dilemma-Methode, Fallanalysen
- Diskussionen oder Debatten und Gespräche nach (neo)sokratischem Vorbild führen
- Recherchen durchführen (z. B. Interviews, Expertenbefragung, Internetrecherche)
- Texte verfassen (produktionsorientierte Verfahren), z. B. Dialoge, argumentierendes Schreiben, Essay, philosophisches Tagebuch
- Kreativität entwickeln, etwa durch Gedankenexperimente, Umschreiben oder Visualisierung und Inszenierung von philosophisch-ethischen Texten z. B. mittels Standbildern, inneren Monologen oder Pantomimen

- Projektarbeit, z. B. eigene Positionen in ethisch-philosophischen Fragestellungen in Ausstellungen, Projekten veröffentlichen und engagiert vertreten

ARGUMENTATIONS-Kompetenz:
- Differenzierte Beschreibung von moralischen Phänomenen
- Definieren und Abgrenzen von elementaren moralphilosophischen Begriffen
- Reproduktion und kritische Analyse von moralphilosophischen Argumentationsmodellen
- Anwendung von allgemeinen ethischen Prinzipien auf konkrete Fallkonstellationen
- Erschließung von philosophischen Texten anhand von Argumentations- bzw. Strukturskizzen
- Logisch konsistentes und kohärentes Argumentieren
- Fähigkeit zum differenziert kritischen philosophisch-ethischen Urteilen

Diese Aufzählung von den Philosophie- und Ethikunterricht grundsätzlich leitenden Kompetenzen bedarf noch einer chronologischen und themen-, schüler- und unterrichtsbezogenen Spezifizierung. Ein schrittweiser Erwerb der einzelnen Fähigkeiten wird u. a. davon abhängen, von welchen Vorkenntnissen und Fähigkeiten bei den einzelnen Schülerinnen und Schülern ausgegangen wird, welche Kompetenzen also schon zu einem früheren Zeitpunkt anvisiert wurden. Erfahrungsgemäß ist die leidliche Zeitplanung schwerlich zu umgehen. Als didaktisch sinnvolles Orientierungs- und Kontrollinstrument könnte daher folgendes Notationsschema hilfreich sein.[5] Es soll vor einer Überdimensionierung von Kompetenzen schützen und so eine hinlänglich realistische und didaktisch flexible Umsetzung ermöglichen. Solche Schemata können die traditionellen Stoffverteilungspläne ergänzen bzw. ersetzen.

Notationsschema

Thema der Unterrichtseinheit

Name der Lehrperson   Klasse   Datum

Woche	Stundenthema	Ich-Komp.	Du-Komp.	Arg.-Komp.	Varianten

Kritik

Aus bildungstheoretischer Sicht ist wiederholt kritisiert worden, dass sich im Anspruch auf allgemeinverbindliche und messbare Basiskompetenzen ein höchst problematischer Bildungsbegriff offenbare. Er sei einseitig funktionalistisch, vom gesellschaftlichen Bedarf abgeleitet und dem gesellschaftlichen Verwertungszusammenhang unterworfen. Bildung werde, so der Vorwurf, reduziert auf das, was sich in Kompetenzen zerlegen und normieren lässt, folglich werde auch das Individuum auf das gesellschaftlich Nützliche und Messbare zurückgefahren.[6] Die Schule müsse hingegen eine „Stätte unverrechenbaren Lerngewinns" (K. E. Nipkow) bleiben.

Dieser historisch nicht ganz unbekannte Reduktionismusvorwurf ist sicherlich einseitig. Es sei nur daran erinnert, dass „Bildung als Ausstattung zum Verhalten in der Welt" (S. B. Robinsohn) ja grundsätzlich auch das Individuum, seine Bedürfnisse und Interessen an einer persönlichen Lebensgestaltung mitberücksichtigt. Er gibt allerdings erneut Anlass, über Chancen und Grenzen gegenwärtiger Kompetenzstandards zu reflektieren.

Kompetenzstandards – schematisch und unbedacht gehandhabt – laufen Gefahr, eine Lehrende wie Lernende demotivierende Nivellierung der Vielfalt des Lerngeschehens zu begünstigen. Die gerade für den Philosophie- und Ethikunterricht typischen variablen Lerninteressen, Lernzugänge oder Lernwege würden dann eingeebnet.

Diese Vielfalt der Inhalte und Lerndimensionen sollte jedoch nicht unter Kontroll- und Überprüfbarkeitsgesichtspunkten eingeengt werden.

Hinzu kommt ein gerade für den Prozess der Wertevermittlung konstitutiver Punkt. Die Lernenden sind im Philosophie- und Ethikunterricht in einer ganz besonderen Art und Weise aktiv in das Lerngeschehen integriert. Ausgehend von alltäglichen Wahrnehmungen und Erfahrungen formulieren sie Problemfragen, die ihnen wichtig und sinnvoll erscheinen. Dadurch initiieren sie Suchbewegungen, in deren Verlauf in der Regel plausibel erscheinende Lösungen kooperativ gefunden werden. Entscheidend dabei ist, dass die Schüler die Lernproblematik aktiv erarbeiten bzw. übernehmen. Sie erscheint ihnen vor allem deshalb sinnvoll und motivierend, weil sie Anknüpfungspunkte zu ihrer eigenen Lebensgestaltung sehen, zur Frage also, wie sie jetzt oder in Zukunft ihr Leben führen wollen, besonders wie sie es in Verantwortung gegenüber anderen gestalten wollen. Das Entscheidende ist also, dass das lernende Subjekt durch einen konsequent handlungsorientierten und induktiv angelegten Unterricht gewissermaßen zum „Regisseur und selbständigen Konstrukteur" (H. E. Tenorth) seines moralischen Lernprozesses wird.

Welche Rolle können hierbei Kompetenzstandards spielen? Sie haben zweifelsfrei eine orientierende Funktion.[7] Sie sind eine Art Hintergrundfolie, die zum Abgleich der im Unterricht anvisierten Kompetenzen mit gesellschaftlichen Anforderungsprofilen dient. Sie sind – analog zu den „alten"

Lehrplänen – ein möglicher Referenzrahmen für selbstbestimmte Lernprozesse. Dabei gilt es vor allem eines zu bedenken: Moralische Lernprozesse sind grundsätzlich keine Produktionsprozesse, deren Output durch eine höhere Steuerungsqualität zielgenau optimiert werden könnte. Zum moralischen Lernprozess gehört auch ein „destandardisiertes" Verweilen und Vertiefen in einen Gegenstand. Das Mitteilen von Erlebtem und von Begegnungen, von Freundschaften und Liebe oder Sinnfragen und deren persönliche Begründung entziehen sich wohl einer punktgenauen Standardisierung. Außerhalb des Kompetenzhorizonts liegen ganz eindeutig die Person der Lernenden, deren Identität, wie sie sich z. B. in moralisch relevantem Handeln außerhalb des Unterrichts zeigen kann. Diese Grenzziehung ist aber erst möglich, wenn das davorliegende Terrain „vermessen" und die einen moralischen Lernprozess anstoßenden und eröffnenden Orientierungslinien aufgenommen und mit didaktischem Augenmaß gehandhabt werden.

Beurteilungskriterien
Die folgende Zusammenstellung von für eine Leistungsbeurteilung relevanten Kriterien beansprucht nicht, vollständig zu sein. Sie will lediglich eine gewisse Orientierung liefern und ist offen für unterrichts- und situationsspezifische Anpassungen.
  Zum Erstellen einer schriftlichen Aufgabenstellung sind Operatoren unverzichtbar. Sie signalisieren dem Schüler, auf welcher Kompetenzebene die Aufgaben angesiedelt sind und garantieren ein notwendiges Maß an Transparenz, Trennschärfe und Präzision.

Operatoren im Fach Philosophie / Ethik[8]

Reproduktion – Wiedergabe von Gelerntem
Beispiele:
- Wiedergabe der Formulierung des kategorischen Imperativs
- Wiedergabe von Gerechtigkeitsfomeln
- Paraphrase eines Textes

Operatoren: nennen, angeben, aufzählen…

Reorganisation – Selbständige Anwendung des Gelernten
Beispiele:
- Textvergleiche unter einem bestimmten Gesichtspunkt
- Die „goldene Regel" oder den kategorischen Imperativ erklären
- Verschiedene Menschenbilder miteinander vergleichen

Operatoren: erklären, vergleichen, zuordnen…

> *Transfer – Einbringen von Kenntnissen und Verfahrensweisen in vergleichbare neue Fragestellungen und Zusammenhänge*
> Beispiele:
> - Gerechtigkeitstheorien erläutern und ihre Folgen für die gesellschaftliche Praxis entwickeln
> - ethische Modelle miteinander vergleichen
> - ethische Sichtweisen, Probleme und Argumentationsmuster in aktuellen Kontroversen entdecken und analysieren
>
> <u>Operatoren</u>: erläutern, prüfen, entwickeln …
>
> *Begründete Stellungnahme – logische Stimmigkeit einer Argumentation überprüfen*
> Beispiele:
> - Gegenargumente, Alternativen erarbeiten
> - eigenes Urteil begründen
> - Konsequenzen einer ethischen Position erörtern
> - Unerwähntes im Text entdecken und beurteilen
> - die Notwendigkeit eines ethischen Minimalkonsenses kritisch erörtern
> - Wandlungen des Menschenbildes darlegen und Konsequenzen antizipieren
> - Argumente gegen eine ethische Position beurteilen
>
> <u>Operatoren</u>: beurteilen, Stellung nehmen, deuten, antizipieren, auslegen …

Bewertungskriterien für eine schriftliche Arbeit[9]

→ Wie vollständig und exakt sind Aussagen und Positionen des Textes wiedergegeben?
→ Wie präzise sind Fragen und Problemstellungen aufgenommen worden?
→ Sind Sprache und Begrifflichkeit dem Thema bzw. Problem adäquat?
→ Wie genau kann der Schüler gewisse Problemstellungen als „moralische" identifizieren?
→ Wie differenziert, kritisch und logisch konsistent ist der eigene Argumentationsgang?
→ Wie vollständig, exakt, argumentativ und selbständig kann der Schüler allgemeine ethische Prinzipien auf konkrete Fallkonstellationen anwenden?
→ Wie stark ausgeprägt sind beim Schüler Vorstellungskraft und Sinn für alternative Argumentationsweisen?

Bei der Beurteilung einer schriftlichen Arbeit kommen wohl vornehmlich Sach- bzw. Argumentations-Kompetenzen zum Zuge. Diese wiederum lassen sich gliedern in analytische (Begriffsarbeit), hermeneutische (Textarbeit), konstruktiv-kreative (Denken in Alternativen) und die eigentlichen argumentativen (widerspruchsfrei, kohärent, begründet argumentieren) Kompetenzen.

Allgemeine Kriterien für die Qualität von Lernerfolgskontrollen

Ein Test muss, sofern er hinreichend klare und verwertbare Ergebnissen bringen soll, gewissen kriteriellen Anforderungen genügen:

1) Objektivität: Wenn verschiedene Beurteiler unabhängig von einander zum gleichen Ergebnis kommen, kann man den Test als objektiv einstufen. Unmissverständlich formulierte Erwartungshorizonte mit eindeutig festgelegten Punkteverteilungen können die Objektivität eines Tests garantieren.

2) Validität: Valide ist ein Test dann, wenn mit ihm ausgesuchte Kompetenzbereiche tatsächlich gemessen werden können. Wenn z.B. die argumentative Kompetenz getestet werden soll, so muss der Kontrolltext entsprechend argumentativ angelegt und strukturiert sein.

3) Reliabilität: Mit der Reliabilität wird die Genauigkeit der Testergebnisse gemessen. Die Testergebnisse werden dann zuverlässiger, wenn die einzelnen Testaufgaben unabhängig voneinander formuliert werden.

4) Transparenz: Für Transparenz ist dann gesorgt, wenn allen Beteiligten hinreichend klar ist, welche inhaltlichen bzw. methodischen Lernziele abgeprüft werden. In Wiederholungsstunden können in der Regel die relevanten Schwerpunkte markiert und abschließend geklärt werden.[10]

Bewertungskriterien für die mündliche Leistung

- verbale Kompetenz: Sprachgebrauch / Begriffe: klar – genau – konsistent
- reflexive Kompetenz: Selbstwahrnehmung: eigene Gedanken, Gefühle beschreiben, analysieren
- kommunikative Kompetenz: zuhören – ausreden lassen – Kontext beachten – offen sein für andere Standpunkte – eigene Position revidieren
- empathische Kompetenz: Einfühlungsvermögen, moralische Sensibilität, Engagement

- argumentative Kompetenz: begründet argumentieren, argumentative Defizite erkennen

Anmerkungen

[1] Das Beispiel stammt von Fritz Oser, Willkür als Feind der Spontaneität. Aspekte der Standardisierung des Lehrerhandelns; in: Dietrich Benner (Hg.), Bildungsstandards, Paderborn 2007, S. 103.
[2] Vgl. zum Folgenden: Zur Entwicklung nationaler Bildungsstandards, Berlin 2003, S. 13f.
[3] Ebd., S. 15. – Vgl. auch Julia Dietrich, Ethische Kompetenz – Philosophische Kriterien für die Klärung eines Begriffsfelds; in: Peggy H. Breitenstein u. a. (Hg.), Geschichte – Kultur – Bildung. Johannes Rohbeck zum 60. Geburtstag, Hannover 2007, S. 206–221. – Zum Problem der Kompetenzorientierung unter einem differenziert didaktischen Blickwinkel vgl. dazu neuerdings: Anita Rösch, Kompetenzorientierung im Philosophie- und Ethikunterricht, Münster 2011. Rösch verwendet ein sehr breit gefächertes, überaus komplexes Spektrum von nicht immer trennscharfen und schwerlich praktikablen Kompetenzen:

Wahrnehmung	Moralisches Urteil
Perspektivenübernahme	Ethisches Urteil
Empathie	Diskurs
Interkulturelle Kompetenz	Darstellung
Textkompetenz	Konflikt
Sprachkompetenz	Orientierung
Reflexion	Handlung
Interdisziplinär	
Argumentation und Urteil	

Das Proprium des Ethikunterrichts mit dem ihm besonders adäquaten Kompetenzmodell wird dabei nicht so recht deutlich. – Vgl. auch grundsätzlich dazu: Werner Wiater, Ethik unterrichten, Stuttgart 2010, insbes. S. 99ff.
[4] Vgl. dazu das Positionspapier des Netzwerks Empiriegestützte Schulentwicklung (EMSE) vom 8.12.2006. Die Begriffswahl für standardorientierte Überprüfungsarbeiten – „Lernstandserhebung", „Kompetenztest", „Orientierungsarbeit", „Diagnosearbeit", „Jahrgangsstufentest" oder „Vergleichsarbeit" – ist über die Bundesländer hinweg zur Zeit nicht einheitlich festgelegt. Einzelne Bundesländer haben hier eine unterschiedlich lange Tradition mit teilweise unterschiedlicher Gewichtung der Funktionen und Verfahrensweisen.
Geplant sind ab dem Schuljahr 2007/2008 *Vergleichsarbeiten* erstmals bundesweit in der Grundschule. – Vgl. www.iqb.hu-berlin.de
[5] Vgl. dazu: Gerhard Ziener, Bildungsstandards in der Praxis, Stuttgart 2006, S. 66f.
[6] Vgl. exemplarisch: Heinz-Elmar Tenorth, Bildungsstandards und Kerncurriculum; Zschr. f. Pädagogik, 50 (2004), S. 651f.
[7] Vgl. Thomas Rihm / Thomas Häcker, Nachhaltig Lernen angesichts normierender Standards und faktischer Vielfalt; in: Päd. Rundschau 61 (2007), S. 199f. – Eine in mancherlei Hinsicht recht pauschal geratene Kritik am auf Bildungsstandards und Kompetenzmodelle gestützten Unterricht übt Andreas Gruschka in „Verstehen lehren. Ein Plädoyer für guten Unterricht, Stuttgart 2011.
[8] Vgl. dazu Anita Rösch, Kompetenzorientierung im Philosophie- und Ethikunterricht, Berlin u. a. ²2011. Vgl. auch exemplarisch die Operatorenliste des Bildungsplans von Baden-Württemberg 2016 mit drei Anspruchniveaus: www.bildungspläne-bw.de.
[9] Sehr ausführlich zum Thema Leistungsbeurteilung Philippe Patry, Leistungsbeurteilung, in: Jonas Pfister / Peter Zimmermann (Hg.), Neues Handbuch des Philosophieunterrichts, Bern 2016, S. 415–433.
[10] Zur Leistungskontrolle und Bewertung vgl. neuerdings ausführlich: Bernd Rolf, Formen der Lernerfolgsüberprüfung, in: Jonas Pfister / Peter Zimmermann (Hg.), Neues Handbuch des Philosophieunterrichts, Bern 2016, S, 395–408, und Philippe Patry, Leistungsbeurteilung, ebd., S. 415–430.

Schluss

> *„Nachdenklich machen ist die tiefste Art zu begeistern"*
> (Albert Schweitzer)

Der Philosophie- und Ethikunterricht kann hinreichend plausibel als integratives Reflexionsmodell didaktisch konzipiert werden.

Wahrnehmung (Selbstreflexion), Kommunikation (Empathie) und Argumentation / Urteil (Gründe) sind von einem reflexiven Grundduktus zusammengehalten. Der selbst-reflexive, kommunikative und diskursiv-argumentative Eckpfeiler sind so integriert.

In der Sprache der Basisqualifikationen zusammengefasst:
Dreierlei soll anvisiert werden:

→ *Ich-Kompetenz:* Damit ist das reflexive Umgehen-Können mit sich selbst gemeint, seinerseits eine elementare Voraussetzung für eine gelungene Lebensgestaltung.
→ *Du-Kompetenz:* Dazu gehören die Fähigkeit zur Fremdwahrnehmung (Empathie), zur Kommunikation und Argumentation.
→ *Es-Kompetenz:* Wesentliche Elemente sind hierbei die Fähigkeit des Erwerbs von (Welt)Wissen, der kritisch-differenzierten Rekonstruktion von Traditionsbeständen und wiederum die Fähigkeit rationalen Argumentierens und Urteilens.

Die integrative Klammer greift noch auf einer anderen Ebene, wenn es darum geht, in der ethischen Urteilsfähigkeit die Gerechtigkeits- und Fürsorge-Perspektive (Kognitio und Emotio) zusammen zu bringen. In der moralischen Leitfrage „Was ist gleichermaßen gut für alle?" ist das Rechte und das Gute integrativ zusammengefügt.

Der Prozess der Wertevermittlung kann sich nicht in einem Anleiten zu gesellschaftlicher Konformität erschöpfen. Dem Ethikunterricht geht es ganz wesentlich um Nachdenklichkeit und Orientierungsautonomie. Heranwachsenden soll diskret Hilfe angeboten werden, sich von fragloser und naiver Übernahme herkömmlicher Verhaltensmuster zu befreien. Erst dann scheint eine eigenverantwortliche Lebensgestaltung möglich.

Moralisches Lernen ist ein aktiver, autopoietischer Prozess. Ob es dem Schüler gelingt, Einsicht, Wollen und Handeln in Übereinstimmung zu bringen, hängt von zahlreichen kontingenten Faktoren ab. Die moralische Praxis lässt sich zwar im Unterricht simulieren und didaktisch reduziert aufbereiten. Ob sich das so Dargestellte und Reflektierte aber in persönliches Handeln transformieren lässt, bleibt grundsätzlich offen.

Eines scheint sich deutlich abzuzeichnen bzw. zu bestätigen: Durch ein umsichtig und sensibel betriebenes Einüben in jene Basisqualifikationen, die allgemein eine Mündigkeit in demokratischen Prozessen bewirken können, vermittelt der Philosophie- und Ethikunterricht in der Tat eine notwendige vierte Kulturtechnik.

Literatur

Ach, Johann S. u. a. (Hg.): Hello Dolly? – Über das Klonen, Frankfurt 1998
Adam, Gottfried / Schweitzer, Friedrich (Hg.): Ethisch erziehen in der Schule, Göttingen 1996
Albert, Hans: Traktat über kritische Vernunft, Tübingen 1991
Alexy, Robert: Theorie der Grundrechte, Frankfurt 1996
Alexy, Robert: Theorie der juristischen Argumentation, Frankfurt 1991
Apel, Karl-Otto u. a. (Hg.): Hermeneutik und Ideologiekritik, Frankfurt 1971
Appiah, Kwame Anthony: Ethische Experimente – Übungen zum guten Leben. Beck/München 2009
Baacke, Dieter: Die 13- bis 18jährigen. Weinheim 1993
Bauer, Joachim: Lob der Schule, Hamburg 2007
Beck, Ulrich: Risikogesellschaft, Frankfurt 1986
Behrmann, Gisela: Werte und Sozialisation, in: Gotthard Breit u. a. (Hg.), Werte in der Politischen Bildung, Schwalbach 2000, S. 136–163
Benhabib, Seyla: Selbst im Kontext, Frankfurt 1995
Benner, Dietrich (Hg.): Bildungsstandards, Paderborn 2007
Berlin, Isaiah: Four Essays on Liberty, Oxford 1969
Birnbacher, Dieter: Analytische Einführung in die Ethik, Berlin 2003
Birnbacher, Dieter: Verantwortung für zukünftige Generationen, Stuttgart 1988
Bochenski, J. M.: Formale Logik, Freiburg 1956
Bodenheimer, Ronald: Die Obszönität des Fragens, Stuttgart 1985
Böhme, Gernot: Theorie des Bildes, München 1999
Brandt, Reinhard: Philosophie in Bildern, Köln 2000
Bredemeier, Karsten: Provokative Rhetorik, Zürich 1996
Breitenstein, Peggy H. u. a. (Hg.): Geschichte – Kultur – Bildung. – Johannes Rohbeck zum 60. Geburtstag, Hannover 2007
Brüning, Barbara (Hg.): Ethik/Philosophie Didaktik. Cornelsen/Berlin 2016
Brüning, Barbara: Philosophieren in der Sekundarstufe, Weinheim 2003
Bühler, Karl: Sprachtheorie, Jena 1934
Cohn, Ruth: Von der Psychoanalyse zur themenzentrierten Interaktion, Stuttgart 1997
Daniels, Norman: Justice and Justification, New York 1996
Danner, Helmut: Methoden geisteswissenschaftlicher Pädagogik, München 1998
Ders., Warum ich fühle, was du fühlst. Intuitive Kommunikation und das Geheimnis der Spiegelneurone, Hamburg 2006
Dewey, John: Logic: The Theory of Inquiry, New York 1938
Diesenberg, Norbert: Unterrichtsideen – Textarbeit im Philosophieunterricht, der Philosophieunterricht der Sekundarstufe II, Stuttgart 1996
Dietenberger, Marcus: Moral, Bildung, Motivation, Weinheim 2003
Dreisholtkamp, Uwe: Jacques Derrida, München 1999
Dubs, Rolf: Lehrerverhalten, Zürich 1995
Dudda, Friedrich: Die Logik der Sprache der Moral, Paderborn 1999
Düwell, Marcus u. a. (Hg.): Handbuch Ethik, Stuttgart 2002
Eco, Umberto: Einführung in die Semiotik, München 2002
Edelstein, Wolfgang / Nunner-Winkler, Gertrud (Hg.): Moral und Person, Frankfurt 1993
Edelstein, Wolfgang u. a. (Hg.): Moralische Erziehung in der Schule, Weinheim 2001
Eemeren, F. H. von u. a. (Hg.): Handbook of Argumentation Theory, Dordrecht 1987
Engels, Helmut: „Nehmen wir an ..." – Das Gedankenexperiment in didaktischer Absicht, Weinheim 2004

Fellmann, Ferdinand: Die Angst des Ethiklehrers vor der Klasse. Ist Moral Lehrbar?, Stuttgart 2000
Fend, Hans: Sozialgeschichte des Aufwachsens, Frankfurt 1988
Ferchow, Wilfried: Jugend in den 90er Jahren; Ethikunterricht kontrovers, Heft 3, Frankfurt 1996
Fink-Eitel, Hinrich u. a. (Hg.), Zur Philosophie der Gefühle, Frankfurt 1993
Flusser, Vilem: Medienkultur, Frankfurt 1997
Forst, Rainer: Kommunitarismus und Liberalismus; in: Axel Honneth (Hg.): Kommunitarismus, Frankfurt 1993
Franzen, Winfried: Ethikunterricht; in: Heiner Hastedt / Ekkehard Martens (Hg.): Ethik. Ein Grundkurs, Reinbek 1994, S. 312f
Freese, Hans-Ludwig: Abenteuer im Kopf. Philosophische Gedankenexperimente, Weinheim 1996
Gadamer, Hans-Georg: Wahrheit und Methode, Tübingen 1965
Garz, Detlef / Oser, Fritz (Hg.): Moralisches Urteil und Handeln, Frankfurt 1999
Garz, Detlef u. a. (Hg.): Moralisches Urteil und Handeln, Frankfurt 1999
Geertz, Clifford: Dichte Beschreibung. Beiträge zum Verstehen kultureller Systeme, Grenzen der Normalisierung, Frankfurt 1998
Gerhard, Volker: Selbstbestimmung, Stuttgart 1999
Giesecke, Hermann: Pädagogische Illusionen, Stuttgart 1998
Gil, Thomas: Einführung in philosophisches Denken, München 1998
Gilligan, Carol: Die andere Stimme, München 1999
Gosepath, Stefan: Motive, Gründe, Zwecke, Hamburg 1999
Gowans, Christopher: Moral Dilemmas, Oxford 1987
Greving, Johannes / Paradies, Liane: Unterrichtseinstige, Berlin 1996
Gruschka, Andreas: verstehen lehren. Ein Plädoyer für guten Unterricht. Reclam/Stuttgart 2011
Gudjons, Herbert / Winkel, Rainer (Hg.): Didaktische Theorien, Hamburg 1997
Gugel, Günther: Methodenmanual Bd. 1 und 2, Weinheim 1997
Habermas, Jürgen: Die nachholende Revolution, Frankfurt 1990
Habermas, Jürgen: Die Zukunft der menschlichen Natur, Frankfurt 2001
Habermas, Jürgen: Erläuterungen zur Diskursethik, Frankfurt 1991
Habermas, Jürgen: Faktizität und Geltung, Frankfurt 1992
Habermas, Jürgen: Moralbewusstsein und kommunikatives Handeln, Frankfurt 1996
Haker, Hille: Moralische Identität, Tübingen 1999
Hare, R. M.: Die Sprache der Moral, Frankfurt 1983
Heimann, Paul: Didaktik als Unterrichtswissenschaft, Stuttgart 1976
Heitmeyer, Wilhelm: Was treibt die Gesellschaft auseinander?, Frankfurt 1997
Heldmann, Werner: Kultureller und gesellschaftlicher Auftrag von Schule, Krefeld 1990
Hentig, Hartmut von: Ach, die Werte, München 1999
Hentig, Hartmut von: Der technischen Zivilisation gewachsen bleiben, Weinheim 2002
Herzig, Bardo: Förderung ethischer Urteils- und Orientierungsfähigkeit, Münster 1998
Hilger, Georg u. a. (Hg.): Religionsdidaktik, München 2005
Hoerster, Norbert: Abtreibung im säkularen Staat, Frankfurt 1991
Höffe, Otfried: „Ethik" und „Tugend"; in: ders., Lexikon der Ethik, München 1997, S. 66
Höffe, Otfried: Ethik und Politik, Frankfurt 1979
Höffe, Otfried: Moral als Preis der Moderne, Frankfurt 1993
Honneth, Axel (Hg.): Kommunitarismus, Frankfurt 1993
Horster, Detlef: Jürgen Habermas, Hamburg 1999
Hubert, Herbert (Hg.): Sittliche Bildung. Ethik in Erziehung und Unterricht, Asendorf 1993
Hurschler, Karl / Odermatt, Albert: Schritte ins Leben, Bd. 1 und 2, Zug 1993
Husserl, Edmund: Die phänomenologische Methode. Ausgewählte Texte, hg. von Klaus Held, Stuttgart 1998

Jank, Werner / Meyer, Hilbert: Didaktische Modelle, Berlin 1994
Janssen, Paul: Edmund Husserl, Freiburg 1976
Jonas, Hans: Das Prinzip Verantwortung, Frankfurt 1980
Jung, Matthias: Hermeneutik, Hamburg 2001
Kähler, Jutta: Arbeitstexte für den Unterricht, Klett 1999
Kaminsky, Carmen: Embryonen, Ethik und Verantwortung, Tübingen 1998
Kant, Immanuel: Werke, hg. v. W. Weischedel, Bd. 1 bis 10, Darmstadt 1975ff.
Kaufmann, Arthur (Hg.): Einführung in die Rechtsphilosophie, Tübingen 1989
Kersting, Wolfgang: Theorien der sozialen Gerechtigkeit, Stuttgart 2000
Klafki, Wolfgang: Neue Studien zur Bildungstheorie und Didaktik, Weinheim 1996
Klafki, Wolfgang: Studien zur Bildungstheorie und Didaktik, Weinheim 1975
Klippert, Heinz: Methodentraining, Weinheim 1996
Knödler-Pasch, Margarete: Zeit – ein Geheimnis wird hinterfragt, Leipzig 2001
Kohlberg, Lawrence: Die Psychologie der Lebensspanne, Frankfurt 2000
Kohlberg, Lawrence: Die Psychologie der Moralentwicklung, Frankfurt 1997
Kohlberg, Lawrence: Zur kognitiven Entwicklung des Kindes, Frankfurt 1974
Korff, Wilhelm: Kernenergie und Moraltheologie, Frankfurt 1979
Kösel, Edmund: Die Modellierung von Lebenswelten, Elztal-Dallau 1997
Krainer, Larissa: Medien und Ethik, Klagenfurt 2001
Krämer, Hans: Integrative Ethik, Frankfurt 1992
Kroeger, Matthias: Themenzentrierte Seelsorge, Stuttgart 1983
Kuld, Lothar / Schmid, Bruno: Lernen in Widersprüchen, Donauwörth 2001
Lämmermann, Godwin: Grundriß der Religionsdidaktik, Stuttgart 1998
Levinas, Emmanuel: Die Spur des Anderen, Freiburg 1999
Lind, Georg: Moral ist lehrbar. Handuch für Theorie und Praxis moralischer und demokratischer Bildung, München 2003
Martens, Ekkehard: Lesen, Schreiben und Rechnen – Philosophieren als vierte Kulturtechnik, in: Dietz, Simone u. a. (Hg.): Sich im Denken orientieren, Frankfurt 1996, S. 71–84
Martens, Ekkehard: Methodik des Ethik-und Philosophieunterrichts, Hannover 2003
Martial, Ingbert von: Einführung in didaktische Modelle, Hohengehren 1996
Martin, Gottfried: Einleitung in die allgemeine Metaphysik, Stuttgart 1974
Meier-Seethaler, Carola: Gefühl und Urteilskraft. Ein Plädoyer für die emotionale Vernunft, München 1997
Meyer, Hilbert: Unterrichtsmethoden, Bd. I und II, Frankfurt 1989
Meyer, Kirsten (Hg.): Texte zur Didaktik der Philosophie. Reclam/Stuttgart 2010
Meyer, Martin F.: Ethikunterricht in Deutschland, Koblenz 1997
Miller, Reinhold (Hg.): Schule selbst gestalten, Weinheim 1996
Miller, Reinhold: Beziehungsdidaktik, Weinheim 2003
Mitchell, William: Picture Theory, Chicago 1994
Mukerji, Nikil: Einführung in die experimentelle Philosophie. Fink/Paderborn 2016
Nagel, Thomas: Moral Dilemmas, New York 1987
Nagel, Thomas: Was bedeutet das alles?, Stuttgart 1990
Nagl, Ludwig: Pragmatismus, Frankfurt 1998
Nida-Rümelin/Spiegel/Tiedemann (Hg.): Handbuch Philosophie und Ethik, Band 1: Didaktik und Methodik. UTB Schöningh/Paderborn 2015
Nipkow, Karl Ernst: Bildung in einer pluralen Welt, Gütersloh 1998
Nunner-Winkler, Gertrud (Hg.): Weibliche Moral, München 1991
Oelkers, Jürgen: Pädagogische Ethik, München 1992
Oser, Fritz / Althof, Wolfgang: Moralische Selbstbestimmung, Stuttgart 1992
Ott, Konrad / Busse, Johannes: Ethik in der Informatik, Tübingen 1999

Ott, Konrad: Moralbegründungen, Hamburg 2005
Pauer-Studer, Herlinde: Das Andere der Gerechtigkeit, München 1995
Peterßen, Wilhelm H.: Lehrbuch Allgemeine Didaktik, München 1996
Pfeifer, Volker: Analytische Philosophie und ethisches Argumentieren, in: ZDPE 2 (2000), S. 94–103
Pfeifer, Volker: Ethisch argumentieren – „Was ist richtig, was ist falsch?" Ethisches Argumentieren anhand von aktuellen Fällen. Konkordia/Bühl 1997
Pfeifer, Volker: Ethisch argumentieren – Eine Anleitung anhand von aktuellen Fallanalysen. Schöningh/Paderborn 2009
Pfeifer, Volker: Ethisch Argumentieren, Bühl 1997
Pfister, Jonas/Zimmerman, Peter (Hg.): Neues Handbuch des Philosophieunterrichts. UTB Haupt, Bern 2016
Pfister, Jonas: Fachdidaktik Philosophie. UTB 2010
Piper, Annemarie (Hg.): Philosophische Disziplinen. Ein Handbuch, Leipzig 1998
Piper, Annemarie u. a. (Hg.): Angewandte Ethik. Eine Einführung, München 1998
Piper, Annemarie: Gibt es eine feministische Ethik?, München 1998
Pleger, Wolfgang H.: Sokrates. Der Beginn des philosophischen Dialogs, Hamburg 1995
Pongs, Armin: In welcher Gesellschaft leben wir eigentlich?, München 1999
Pörksen, Bernhard: Die große Gereiztheit. – Wege aus der kollektiven Erregung. Hanser/München 2018
Pörksen, Uwe: Weltmarkt der Bilder. Eine Philosophie der Visiotype, Stuttgart 1997
Postman, Neil: Wir amüsieren uns zu Tode, Frankfurt 1985
Raters, Marie-Luise: Das moralische Dilemma im Ethik-Unterricht – Moralphilosophische Überlegungen zur Dilemma-Methode nach Lawrence Kohlberg. Thelem/Dresden 2011
Raupach-Strey, Gisela: Das Sokratische Gespräch; in: EU 2 (1997), S. 18–24
Rawls, John: Eine Theorie der Gerechtigkeit, Frankfurt 1975
Rehg, William: Insight and Solidarity, Los Angeles 1994
Reichenbach, Roland: Philosophie der Bildung und Erziehung, Stuttgart 2007
Riedel, Manfred: Norm und Werturteil, Stuttgart 1979
Rippe, Klaus Peter / Schaber, Peter (Hg.): Tugendethik, Stuttgart 1998
Robinsohn, Saul B.: Bildungsreform als Reform des Curriculum, Berlin 1975
Rogers, Carl: Die Klient-bezogene Gesprächstherapie, München 1973
Rohbeck, Johannes (Hg.): Anschauliches Denken, Dresden 2005
Rohbeck, Johannes (Hg.): Ethisch-philosophische Basiskompetenz, Dresden 2004
Rohbeck, Johannes (Hg.): Methoden des Philosophierens, Dresden 2000
Rohbeck, Johannes (Hg.): Philosophische Denkrichtungen, Dresden 2001
Rohbeck, Johannes: Didaktik der Philosophie und Ethik. Thelem/Dresden 2. Aufl. 2010
Rosa, Hartmut/Wolfgang Endres: Resonanzpädagogik. – Wenn es im Klassenzimmer knistert. Beltz/Weinheim 2016
Rösch, Anita: Kompetenzorientierung im Philosophie- und Ethikunterricht. LIT, 2. Aufl. 2011
Rosenberg, Marshall B.: Gewaltfreie Kommunikation, Paderborn 2005
Runtenberg, Christa: Didaktische Ansätze einer Ethik der Gentechnik, Freiburg 2001
Sandbothe, Mike: Pragmatische Medienphilosophie, Göttingen 2001
Sartre, Jean-Paul: Ist der Existentialismus ein Humanismus?, Hamburg 1986
Savigny, Eike von: Die Philosophie der normalen Sprache, Frankfurt 1993
Schilmöller, Reinhard u. a. (Hg.): Ethik als Unterrichtsfach, Münster 2000
Schmid, Wilhelm: Philosophie der Lebenskunst, Frankfurt 1998
Schmidtchen, Gerhard: Ethik und Protest, Opladen 1993
Schmitt, Heinz: Didaktik des Ethikunterrichts, Bd. I und II, Stuttgart 1984
Schmitz, Hermann: Der Leib, der Raum und die Gefühle, Stuttgart 1998

Schroth, Ulrich: Philosophische und juristische Hermeneutik, Heidelberg 1985
Schulz von Thun, Friedemann: Miteinander Reden, Reinbek 1981
Schulz, Walter: Grundprobleme der Ethik, Pfullingen 1989
Schuster, Karl: Fachdidaktik Deutsch, Hohengehren 1999
Schwickert, Eva-Maria: Feminismus und Gerechtigkeit, Berlin 2000
Seel, Norbert M.: Psychologie des Lernens, München 2000
Shell Studie Jugend 2000, Opladen 2000
Shell Studie Jugend 2002, Hamburg 2002
Shell Studie Jugend 2006, Hamburg 2006
Shell Studie Jugend 97, Opladen 1997
Siekmann, Andreas: Unterrichtsideen, Stuttgart 1992
Sinnot-Armstrong, Walter: Moral Knowledge?, New York 1996
Sousa, Ronald de: Die Rationalität des Gefühls, Frankfurt 1997
Spitzer, Manfred: Lernen – Gehirnforschung und die Schule des Lebens, München 2007
Standop, Jutta: Werte-Erziehung, Weinheim 2005
Steenblock, Volker: Praktische Philosophie / Ethik. Ein Studienbuch, Münster 2001
Steenblock, Volker: Theorie der kulturellen Bildung, München 1999
Stein, Margit: Wie können wir Kindern Werte vermitteln? Werterziehung in Familie und Schule, München 2001
Steinfarth, Holmer: Was ist ein gutes Leben?, Frankfurt 1998
Terhart, Ewald: Lehr-Lern-Methoden, Weinheim 2005
Tetens, Holm: Philosophisches Argumentieren, München 2004
Tichy, Matthias: Die Vielfalt des ethischen Urteils, Bad Heilbrunn 1998
Tietz, Udo: Hans-Georg Gadamer zur Einführung, Hamburg 1999
Toulmin, Stephen: The Uses of Arguments, Cambridge 1958
Treml, Alfred: Allgemeine Pädagogik, Stuttgart 2000
Tugendhat, Ernst: Die Rolle der Identität in der Konstitution der Moral; in: W. Edelstein u. a. (Hg.): Moral und Person, Frankfurt 1993
Uhl, Siegfried: Die Mittel der Moralerziehung und ihre Wirksamkeit, Bad Heilbrunn 1996
Vopel, Klaus W.: Nicht vom Brot allein – Werteklärung für Jugendliche, Salzhausen 1994
Waldenfels, Bernhard: Einführung in die Phänomenologie, München 1992
Waldenfels, Bernhard: In den Netzen der Lebenswelt, Frankfurt 1994
Watzlawick, Peter: Menschliche Kommunikation, Bern 1969
Weischedel, Wilhelm: Skeptische Ethik, Frankfurt 1980
Wellmer, Albrecht: Zur Kritik der hermeneutischen Vernunft; in: Christoph Demmerling u. a. (Hg.): Vernunft und Lebenspraxis, Frankfurt 1995, S. 123–157
Welsch, Wolfgang: Unsere Postmoderne, Berlin 1997
Werner, Hans-Joachim: Moral und Erziehung, Darmstadt 2002
Wiater, Werner: Ethik unterrichten. einführung in die Fachdidaktik. Kohlhammer/Stuttgart 2011
Wiegerling, Klaus: Medienethik, Stuttgart 1998
Wieland, Wolfgang: Plato und die Formen des Wissens, Göttingen 1982
Wittschier, Michael: Gesprächsschlüssel Philosophie – 30 Moderationsmodule mit Beispielen. Oldenbourg/München 2014
Ziener, Gerhard: Bildungsstandards in der Praxis, Stuttgart 2006
Zoglauer, Thomas: Die Methode des Überlegungsgleichgewichts in der moralischen Urteilsbildung; in: Jürgen Mittelstrass (Hg.): Die Zukunft des Wissens, Konstanz 1999, S. 977–985
Zoglauer, Thomas: Normenkonflikte – Zur Logik und Rationalität ethischen Argumentierens, Stuttgart 1998
Zoglauer, Thomas: Tödliche Konflikte. Moralisches Handeln zwischen Leben und Tod, Stuttgart 2007

Register

Allgemeinbildung 62
Apel, Karl-Otto 149, 154
Argumentation 161, 175, 186, 189f., 199f., 216, 222f., 235f., 357
Argumentationsplakat 216
Argumentationsschemata 160f.
Aristoteles 86, 157
Austin, John L. 163

Beurteilungskriterien 175, 359
Bildassoziation 101
Bilddidaktik 305f.
Bildinterpretation 304f.
Bildungsstandards 352f., 111
Binnendifferenzierung 218
Blasi, Augusto 335
Bonbon-Modell 111f.
Bühler, Karl 165

Cohn, Ruth 128
Compassion-Projekt 349f.
Concept-Mapping 100
Curricula 41f., 68f.

Derida, Jacques 152
Dewey, John 341f.
Didaktische Schleife 105f.
Dilemma-Methode 332f.
Dilemma-Diskussion 196, 326
Dilemma-Geschichten 324
Dilthey, Wilhelm 59, 61
Diskursregeln 81f.
Diskurstheorie (J. Habermas) 79f.
Diskursethik 149f.
Doppelstundenanalyse 118f.

Empathie 43, 53, 97, 131, 262, 267, 287
Ethik, Begriff 34f.
Ethisches Wissen 43f.

Fehlschluss, naturalistischer 207f.
Filme 306
Fragetypen 96
Fragetechnik 134, 146, 210

Gadamer, Hans 137, 153
Gedankenexperiment 178f.
Gefühle 249, 251, 253

Gentechnik 232
Gerechte Schulgemeinschaft (Just Community) 339
Gesprächsformen 135f.
Gesprächssteuernde Impulse 143f.
Gewaltfreie Kommunikation 283f.
Gilligan, Carol 272f.

Habermas, Jürgen 77f., 149, 154
Heckmann, Gustav 134
Hermeneutik 153f.
Hermeneutischer Zirkel 153
Höhlengleichnis 120f., 169
Husserl, Edmund 87f.

Identität, moralische 50f., 55
Implikationsanalyse 98
Individualisierung 16f.
Interdisziplinarität 235f.

Jugend 23f.

Kant, Immanuel 98, 161, 173, 257, 316
Klafki, Wolfgang 62f., 65
Kohlberg, Lawrence 56, 318
Kompetenz, moralische 62f., 354
Kohärenzprinzip 222f.
Kompetenzprofil 280
Konkrete Diskurse 232
Konnotationsanalyse 304

Lernaufgaben 112f.
Lernziele 72, 73, 116

Maieutik, sokratische 129f.
Mead, George Herbert 266f.
Medienkompetenz 312f.
Medienethik 312f
Metaethik 38
Miller, Reinhold 285
Moral, Begriff 34f.
Moralerziehung, Konzepte 32f.
Moralische Kompetenz 52f.

Normen 35f.
Normenkonflikte 191f.
Normkomponenten 37f.
Notationsschema 357

Operatoren 359f.
Orientierungswissen 44f.
Oser, Fritz 337

Philosophische Ethik 39
Pluralismus 16, 37f.

Rationalität 149, 251, 282,
Rawls, John 229f.
Reduktion, phänomenologische 98f.
Reflexion, Begriff 40f.
Reflexivität 92f., 112f., 134f., 170f.
Rogers, Carl 131
Rollenspiele 102, 267
Rosenberg, Marshall B. 288

Sartre, Jean Paul 195
Schreibgespräch 102
Schulz von Thun, Friedemann 125f.
Selbstreflexion 179
Selman, Robert L. 263f.
Sokrates 138f.
Sokratisches Gespräch 136f
Sprachreflexion 164
Sprechakt 163, 297

Syllogismus, praktischer 199f.

Textinszenierung 167
Texterschließung 173f.
Toulmin-Schema 203
Toulmin, Stephen 203
Tugendhat, Ernst 156
Themenzentrierte interaktionelle Methode (TZI) 127
Transaktive Diskussion 329
TZI-Regeln 129f.

Urteilsfindung, Schritte einer 210f.
Urteilskraft 42f.

Västeras-Methode 159
Visiotype 300f.
Vorverständnis 153f., 157f.

Waldenfels, Bernhard 91
Watzlawick, Paul 77f.
Werte 348
Wertepluralismus 41f.
Wertklärung 98, 345f.
Wieland, Wolfgang 139